教育部职业院校文秘类专业教学指导委员会规划教材

秘书理论与实务

（第2版）

主　编　杨群欢　李强华

副主编　樊旭敏　王　茜　陈俊香

重庆大学出版社

━━ 内容提要 ━━

　　《秘书理论与实务》是高职高专文秘专业的核心课程。本教材充分结合现代秘书工作的特点,注重新时期社会对秘书职业的要求,坚持知识够用、强化技能、适应社会的原则。通过秘书职场概述、秘书事务工作、企业文档资料管理、秘书的会务与接待工作、办公室礼仪与涉外接待、信息调研与沟通协调、保密工作与安全管理、秘书职业生涯规划八个模块,分别安排了大量办文、办会、办事等秘书基本工作的实务性方法,收集了较多的符合现代社会发展情形的案例。本教材的编写强调时代性、创新性和实践性特点,尤其强调充分遵循秘书职业岗位特点及工学结合的基本编写原则,在每章后面增加案例分析和专项职业技能训练指导。

图书在版编目(CIP)数据

秘书理论与实务/杨群欢,李强华主编. —2 版.
—重庆:重庆大学出版社,2015.9(2025.2 重印)
教育部职业院校文秘类专业教学指导委员会规划教材
ISBN 978-7-5624-9438-6

Ⅰ.①秘…　Ⅱ.①杨…②李…　Ⅲ.①秘书学—高等
职业教育—教材　Ⅳ.①C931.46

中国版本图书馆 CIP 数据核字(2015)第 200673 号

秘书理论与实务
(第 2 版)

主　编　杨群欢　李强华
副主编　樊旭敏　王　茜　陈俊香
策划编辑:唐启秀

责任编辑:唐启秀　　版式设计:唐启秀
责任校对:张红梅　　责任印制:张　策

*

重庆大学出版社出版发行
出版人:陈晓阳
社址:重庆市沙坪坝区大学城西路 21 号
邮编:401331
电话:(023)88617190　88617185(中小学)
传真:(023)88617186　88617166
网址:http://www.cqup.com.cn
邮箱:fxk@ cqup.com.cn(营销中心)
全国新华书店经销
重庆新生代彩印技术有限公司印刷

*

开本:787mm×1092mm　1/16　印张:19.5　字数:433千
2015 年 9 月第 2 版　　2025 年 2 月第 9 次印刷
ISBN 978-7-5624-9438-6　定价:52.00 元

总主编　孙汝建

顾　问

| 朱寿桐 | 李俊超 | 严　冰 | 王国川 | 徐子敏 | 王金星 |
| 崔淑琴 | 陈江平 | 禹明华 | 时志明 | | |

编委会成员（以姓氏笔画为序）

丁　旻	王　茜	王君艳	王国川	王金星	王　勇
王敏杰	王瑞成	王箕裘	方有林	孔昭林	龙新辉
卢如华	包锦阳	冯修文	冯俊玲	兰　玲	朱　敏
朱寿桐	朱利萍	向　阳	刘秀梅	孙汝建	严　冰
杜春海	李俊超	李强华	杨　方	杨　梅	杨群欢
肖　晗	肖云林	时志明	吴仁艳	吴良勤	余允球
余红平	宋桂友	张　端	张小慰	张春玲	张艳辉
陈丛耘	陈江平	陈秀泉	陈　卿	陈　雅	金常德
周建平	周爱荣	赵　华	赵志强	胡亚学	胡晋梅
钟　筑	钟小安	禹明华	侯典牧	俞步松	施　新
贾　铎	顾卫兵	徐　静	徐　飙	徐子敏	徐乐军
徐　静	郭素荣	崔淑琴	彭明福	董金凤	韩开绯
韩玉芬	程　陵	焦名海	谢　芳	强月霞	楼淑君
雷　鸣	熊　畅	潘筑华			

总序

　　2005年12月,教育部发文成立了"教育部高职高专文秘类专业教学指导委员会"。2012年12月该委员会届满,教育部又发文成立了"教育部职业院校文秘类专业教学指导委员会"(以下简称"职业院校文秘教指委")。我先后担任这两个委员会的主任委员,组织、参与并见证了文秘专业教材建设的发展历程。从"高职高专文秘教指委"到"职业院校文秘教指委",都非常重视文秘专业的教材建设。"高职高专文秘教指委"时期,我们在委员会内部先是成立了专业建设组、师资培训组、实训基地建设组,后来由于工作需要,将其扩容为专业建设分委员会、师资培训分委员会、实训基地建设分委员会。在历次委员会会议、文秘专业骨干教师培训、文秘专家库学术活动、教育部课题"文秘专业规范研制"、文秘专业精品课程建设、文秘专业课题立项、文秘技能大赛等活动中,始终贯穿文秘专业教材建设这条主线。在认真调查、反复论证的基础上,我们决定组织编写教育部高职高专文秘类专业教学指导委员会"十二五"规划教材34种,由笔者任总主编。经过网上公开招标,由国家一级出版社重庆大学出版社出版。

　　2009年8月24—27日,由本委员会主办、重庆大学出版社承办的系列教材主编会议在重庆大学召开。与会者就高职高专文秘专业课程设置、教学目标以及教材编写的指导思想、编写原则、编写体例、编写队伍组成等问题进行了认真而热烈的讨论,并达成以下共识:

　　1)根据我国高职高专文秘类专业各方向的培养目标、专业设置、课程建设的发展规律与发展趋势以及国家秘书职业资格证书的考证要求、用人单位对文秘专业人才的需求,构建编写大纲、选择编写内容、设置编写栏目。

　　2)教材编写以文秘类专业学生应具备的基本素质、基础知识、基本职业能力、核心职业能力为依据。

3)教材针对高职本科职业院校文秘类专业以及一线秘书的社会需求,注重不同层次职业教育的衔接。

4)教材内容以"够用为度,适用为则,实用为标"为原则,给课堂教学留有发挥空间,突出主要知识点,实训举一反三,紧扣文秘岗位实际,用例典型,表达流畅。

5)教材由两个板块组成:秘书职业技术、职业技能训练课程板块教材18种;秘书职业基础、文化素质课程板块教材16种。

6)保证教材内容的稳定性和适度前沿性。

7)教材采用立体开发的方式出版,除了纸质教材外,还配套教学资源包。会后,本套系列教材主编积极组织,遴选副主编和参编者,形成实力较强的编写队伍,并以每本教材为单位,分别组织研讨和开展教材编写工作。

经过近一年多的组织编写工作,丛书绝大多数品种于2010年9月出版。出版近4年来,全套教材在全国一百余所院校使用,在文秘专业教育以及高职文化素质教育领域产生广泛影响。2012年12月,"教育部高职高专文秘类专业教学指导委员会"更名为"教育部职业院校文秘类专业教学指导委员会",服务对象由原来的高职高专文秘专业扩展到全国中高职院校和本科职业院校文秘专业。委员会一以贯之高度重视与重庆大学出版社合作出版的这套文秘系列教材,双方商定,在适当的时机,对34种初版教材中影响较大的品种进行修订。

2013年11月1—3日,本委员会与重庆大学出版社在苏州联合举办"全国职业院校文秘类专业目录修订暨重庆大学出版社文秘专业系列教材修订会"。在广泛吸收意见的基础上,笔者作为该套教材的总主编提出了修订原则,重庆大学出版社社文分社贾曼副社长就初版教材的修订提出了具体要求,与会代表就初版教材的修订提出了具体建议。会议根据初版教材的学术质量、社会影响和发行情况,决定对以下27种教材进行修订。

针对我国职业教育进行新一轮改革的具体要求,在坚持初版编写基本原则的情况下,提出了此次修订的新要求:1)对2010年初版教材内容老化的部分进行系统更新;2)系列教材要考虑与中高职院校本科职业院校的衔接;3)修订版教材要与教育部新确定的课程名称相一致;4)为了使教材的受众更加明确,将此次修订的27种教材(其中国家"十二五"规划教材5种)分为两个系列:"教育部职业院校文秘类专业教学指导委员会规划教材"和"高等院校文化素质教育系列教材"。

具体书目如下:

教育部职业院校文秘类专业教学指导委员会规划教材(国家"十二五"规划教材3种)

档案管理实务(第2版)(国家"十二五"规划教材)

商务秘书实务(第2版)(国家"十二五"规划教材)

商务写作与实训(第2版)

秘书理论与实务(第2版)

秘书职业概论(第2版)

秘书心理与行为(第2版)

秘书写作实务(第2版)(国家"十二五"规划教材)

企业管理基础(第2版)

秘书岗位综合实训(第2版)

秘书语文基础(第2版)

秘书信息工作实务(第2版)

会议策划与组织(第2版)

办公室事务管理实务(第2版)

市场营销理论与实务(第2版)

人力资源管理理论与实务(第2版)

社会调查实务(第2版)

新闻写作(第2版)

办公自动化教程(第2版)

高等院校文化素质教育系列教材(国家"十二五"规划教材2种)

职业礼仪(国家"十二五"规划教材)

毕业设计(论文)写作指导(第2版)(国家"十二五"规划教材)

公共关系实务(第2版)

口语交际与人际沟通(第2版)

形体塑造与艺术修养(第2版)

规范汉字与书法艺术(第2版)

实用美学(第2版)

文学艺术鉴赏(第2版)

文化产业管理概论

　　以上27种教材的主编、副主编、参编者也作了适度的调整,教材名称与教育部公布的文秘类专业目录和公共基础课程名称相一致。该套教材的使用对象为中高职院校和本科职业院校文秘专业或其他专业公共基础课教材,与教材相配套的教学资源在"中国文秘教育网"(本委员会网站)发布,供教学参考。

　　2014年6月,国务院召开"全国职业教育工作会议",国家主席习近平、国务院总理李克强对我国职业教育提出新的发展战略,教育部具体部署了我国职业教育改革的工作重点。把职业教育改革发展的新思路融进本套系列教材的编写,是这套新版系列教材始终追求的目标。

　　本套系列教材是编写者长期探索的成果结晶,也凝聚着初版教材编写者、使用者、出版者的智慧和心血。这套系列教材的参编者由200多位专家学者以及有丰富教学经验的一线教师组成,他们来自150多所学校,在本套教材出版之际,对各校和编写者给予的支持表示诚挚的谢意。同时,重庆大学出版社从领导到该项目负责人,对教材的编写与出版给予了高度重视和大力支持,特别是邱慧、贾曼两位老师几年来为教材辛苦奔走、精心策划、辛勤付出,其敬业精神令我们感动。

在教材使用过程中,我们欢迎广大师生进一步提出修改意见,使之不断完善。

教育部职业院校文秘类专业教学指导委员会主任委员

华侨大学文学院院长、教授、硕士研究生导师　　孙汝建

2014年7月4日

再版前言

2010 年 7 月,重庆大学出版社、教育部高职高专文秘类专业教学指导委员会合作组织来自全国各地开设文秘专业历史较长、办学水平较高的高职院校文秘专业骨干教师,在重庆召开了"教育部高职高专文秘类专业教学指导委员会文秘专业'十二五'规划教材"编前会议。在会前充分调研的基础上,通过这次专家讲座、会议交流等形式,使该套文秘专业系列教材更趋规范、合理并更具科学性。

《秘书理论与实务》是文秘专业的核心主干课程。教材《秘书理论与实务》是主编杨群欢教授主持的国家精品课程、国家精品资源共享课的重点使用教材。教材安排了大量秘书实务训练内容,并收集了较多的符合现代社会发展情形的案例。教材体系明晰,重点突出,技能训练操作性强。各高职高专院校在使用过程中可根据秘书工作的发展现状和教学需要,适当调整相关知识点和训练内容。同时考虑到国家有关部门经多年研究已确定了秘书岗位的能力要求,所以要求每部教材除了实现"能力本位""工学结合"的特点外,在知识点的传授方面与全国秘书职业资格考试无缝接轨。同时,在每章后面增加知识拓展链接资料,有利于拓展学生的知识面,提升学生的综合职业素质。

本教材以项目化、任务驱动为基本特点,对传统教材进行了较大的改革,重在有效提升高校学生秘书职业综合素质和职业技能。2010 年教材第一版正式发行。

本教材经过前期全国各地高校的广泛使用,普遍反映质量高,内容全,项目切合实际,并提出了宝贵的意见和建议。为满足广大高校师生的使用要求,编者对教材进行了全面的修订与更新,部分内容进行了完善,并增加了"保密工作与安全管理"模块。修订后的教材分为八大模块,教材编写分工如下:

杨群欢(湖州职业技术学院教授):主编,编写模块一、模块八以及模块四主要内容;

李强华(河北科技师范学院副教授):第二主编,编写模块六内容;

樊旭敏(浙江经济职业技术学院副教授):副主编,编写模块五内容;

王茜(湖南大众传媒职业技术学院教授):副主编,编写模块三内容;

陈俊香(河北政法职业学院副教授):副主编,编写模块二内容;

余红平(丽水职业技术学院讲师):编写模块七主要内容;

郑雅君(河北科技师范学院副教授):编写模块六部分内容。

由于教材编写时间紧,秘书工作发展变化较快,各位编者工作繁忙,教材难免还存在尚需不断完善和纠正的地方,敬请各位专家和同行提出宝贵意见。

编　者

2015 年 6 月

模块一　秘书职场概述

第一部分 秘书职场发展及其特点

【知识目标】

了解秘书的定义、种类和角色,理解秘书工作的特点、内容和原则,对秘书和秘书工作有一个初步的认识。

养成秘书职业意识的重要性。

【能力目标】

能区分不同类型的秘书,分别理解其作用。

【案例导入】

王秘书的一天

那是秋天的一个星期一,王秘书早早地来到单位上班。上周因办公室李主任要赶在星期日下午外出开会,他俩便在周末加了一天半的班,赶写好了领导交办的 4 位局领导的讲话稿,并交给张副局长审阅。今天上班时,王秘书便感到轻松,认为只要等张副局长审完稿,交文印室印发就没事了。但当到张副局长处取文稿时,张副局长却认为还要做些加工,增加一些内容,并要王秘书修改后再交他审阅。

王秘书回办公室赶紧修改。8 点 30 分左右,赵副局长要王秘书去见他,说刚接到电话通知,市委督查组要求本周三上午下班前报送一份关于小康区建设的综合汇报材料。王秘书是 2001 年才来机关工作的,而小康区建设始于 1996 年,2002 年基本建成,许多情况都不熟悉,必须查阅大量材料,并取得有关部门支持。王秘书接受了任务,立即打电话到有关部门索要材料,并亲自去档案局查阅有关资料。等他心中有了一点数,回办公室准备拟稿时,已经快 11 点了。当他撰写好提纲,到局长室请赵副局长审定时,却被一把手郑局长"逮"了个正着,郑局长要王秘书陪同,去基层看一看企业改制工作进展情况。他们先后看了 5 家企业,听取厂长汇报,深入车间听取意见,并具体了解生产与销售情况,对企业改制后的发展提出一些指导性的意见,这些王秘书都认真做了记录。

午餐后,王秘书将自己锁在办公室内,先就郑局长视察 5 家企业改制情况写了一篇通讯稿。接着修改张副局长要求审阅的 4 位领导的讲话稿,一直到下午 2 点 30 分才改好。王秘书把文稿交张副局长审阅,张副局长说 3 点钟有个会要开,他边开会边看文稿,要王秘书下班时去他那儿取文稿,连夜付印。王秘书把已写好的通讯稿交报社刊发后,回到办公室。接下来的时间,他根据自己收集到的材料,将赵副局长审阅过的提纲充实调整,并进行了必要的细化。他打算静坐构思,晚上动手一气呵成。下班时,王秘书取回张副局长的审定稿,赶紧交文印室印制,并组织了几位同事突击装订。待他吃过晚饭回到办公室要收看"新闻联播"时,"新闻联播"已经结束了。

王秘书泡了一杯浓茶,面对那堆尺把高的资料,专心致志地起草那篇大块头文章。初稿结束,已是次日凌晨3点钟。那种如释重负的感觉,至今都难以忘怀。

星期一从7点40分进办公室,到第二天凌晨3点,大约19个小时,王秘书都处于高度紧张状态。放在平时,肯定由李主任承担,而自己只是个配角罢了。但以后工作的经历却告诉王秘书,秘书这种"拼命三郎"式的工作状态实在是太正常了。

思考:

1. 星期一对于秘书部门来说,有何特殊之处?

2. 王秘书上班后共接受了哪些任务? 说明了什么?

3. 王秘书撰写小康区建设综合汇报材料前为什么要"查阅大量材料,取得有关部门支持"?

4. 王秘书为什么不向一把手郑局长说明自己很忙,不能陪同?

5. 王秘书撰写局长视察企业改制情况的通讯稿,有无领导安排? 王秘书此举说明了什么?

6. 19个小时连续工作,再加上前面一天半加班,这说明秘书工作在时间上有何与众不同?

（来源:杨群欢,秘书理论与实务[M].北京:中国财经出版社,2005.）

提示:

思考以上这些问题,你是不是觉得秘书事务是一项细致、繁杂且要求很高的工作。其实,自从秘书产生以来,秘书的特点突显出自身的工作特点。我们可以先从秘书与秘书工作的发展来分析。

第一单元　秘书职场发展沿革

秘书工作源远流长。如今,秘书已是我国党政机关、企事业单位普遍设置的一个职位,在世界范围内也是最常见的社会职业之一。秘书有各种类型,他们在各自的岗位上,按照秘书工作的基本原则,发挥重要的作用。

一、秘书职业发展沿革

"秘书"一词在我国由来已久,但在不同历史时期,其涵义有所不同。

据史籍记载,"秘书"一词在我国最早出现于汉代,最初的涵义不是指人,而是指物:一是指宫中秘藏之书。如《汉书·叙传》:"博学有俊才……与刘向校秘书。"《汉书·刘向传》:"诏向领校中五经秘书。"二是指用隐语预卜吉凶或未来作出预言的谶纬、图箓之书。如《后汉书·郑玄传》:"遂博稽六艺,粗览传记,时睹秘书纬术之奥。"到了公元2世纪,东汉桓帝时,"秘书"一词才开始用来作为官员职务的名称。《文献通考》:"后汉图书在东观,桓帝延熹二年,始置秘书监一人,掌典图书、古今文字、考核异同","以其掌图书秘记,故曰秘书。"虽然这时"秘书"一词的涵义有了变化,由原先指物变为指人,但所指的人(即被冠以"秘书"称谓的官员"秘书监"),掌管的仅仅是朝廷的图书典籍而已,并未从事真正的(现代意义上的)秘书工作。东汉末年,曹操为魏王,设秘书令以"典尚书奏事,并掌图书秘记之事"。曹操不设尚书而设秘书令,目的是为了使他的中枢秘书机构的主管人员,在名称方面有别于东汉宫廷秘书机构主管人员,以避"篡位"之嫌。但他这样做的结果,实际上是由秘书令取代了尚书的职权,使秘书令不但掌管了"图书秘记之事",还掌管了草拟奏章、发布政令之事。秘书令所掌管的这后一种职权,是以往任何一位曾被冠以"秘书"称谓的官员所没有的。因而可以说,曹操所设的秘书令,是我国历史上第一次出现的与现代"秘书"一词涵义基本相同的古代秘书官职。不久,魏文帝曹丕即位,"置中书令,典尚书奏事;而秘书改令为监"(《晋书·百官志》),即将朝廷秘书机构的纳奏、出令之事,改由中书令掌管;秘书令改名为秘书监,并恢复桓帝时秘书监只掌管书典籍的职能。此后,历代封建王朝虽然大都设有名为"秘书"的官职(如"秘书监""秘书郎""秘书丞"等),但其职能主要是掌管图书典籍,都不是现代意义上的秘书。而那些替封建王朝真正从事秘书工作的官员,却不冠以"秘书"的称谓,而分别冠以"中书令""中书舍人""记室史""掌书记""主簿"等称谓。

真正使秘书这一职务具有现代意义的开宗,是孙中山领导的中华民国临时政府。当时政府实行总统制,下设秘书处,有秘书长一人,秘书若干;政府各部局也设秘书室、秘书科和秘书官;各省都督府也设秘书。这时的秘书才真正成为现代意义的秘书职务了。

"秘书"这个字眼可以说是一个翻译名词,即英文 Secretary。这一个词又是从罗马时代的 Secretarius 而来,意为守密的人(the keeper of secret)。

罗马帝国还没有建立以前,历史上就记载着这种为重要人物操作机要事物的人,有学问,类似今天的顾问。恺撒大帝与奥古斯身边都有这样的"速写员";当时的贵族也都有自己的秘书。只不过这些秘书都是男性,通晓数种语言,而且受过通才教育。商业逐渐发达之后,产生了有权势、富贵的人,于是需要"机密"又"稳妥"的代理人来处理一些来往私密的函件。

到了15—16世纪,开始有所谓的国际贸易,秘书的地位也显著提升。到了19世纪80年代末期,由于"写字机"的发明,许多妇女因此有机会进入这一行。之后,随着工业革命诸多机器的发明,证明女性可以轻易地操作像"计算机""电话""打字机"这类科技产品,于是她们进入秘书学校,一时之间这项工作供不应求。

20世纪30年代以后,男性秘书逐渐减少,女性秘书取而代之。今天的秘书,已非仅做些"秘""书"的工作,她们写信,开会,运用电脑软件,从事资讯管理,与员工、顾客沟通,维持办公室运作,负责采购,甚至还要训练其他人,这样的一切,已经不再局限于"秘书"。

随着 e 时代的来临,在工作角色及内容,甚至头衔上,发生了快速地改变。传统"秘书"的角色将会消失,头衔也没入历史。取而代之的将是与行政相关的头衔,以便迎合更广泛的工作、更复杂的环境及更广阔的空间。

虽然"秘书"这个词早在两千年以前就出现了,但是由于各国国情不同和秘书服务的对象不同,以及人们对现代秘书职能的理解不同,因而对于"何谓秘书"即"秘书的定义是什么"这些问题,国外的一些秘书组织和我国秘书学的一些专家所作的阐释也各不相同。

国际秘书联合会对"秘书"下的定义是:"秘书应是主管人员的一位特殊助手,他们掌握了办公室工作的技巧,能在没有上级过问的情况下表现出自己的责任感,以实际行动显示出主动性和正确的判断能力,并且在所给予的权力范围内作出决定。"[①]

美国全国秘书协会对"秘书"下的定义是:"高级官员的助手,掌握机关职责并具有不在上司直接监督下承担任务的才干,发扬积极主动性,运用判断力,在其职权范围内对机关工作作出决定。"[②]

秘书"是社会主义国家工作人员的职务名称之一。其职责是协助领导综合情况、研究政策、密切各方面工作的联系,办理文书、档案、人民来信来访、会务工作以及其他日常行政事务和交办事项。在党政机关、企事业单位从事这一类工作的干部,统称为秘书工作人员,或简称为秘书。"[③]

"秘书,在我国现代主要是指党和政府机关、企事业单位、社会团体、军队、院校内的一种行政职位。其主要职能是辅助管理,综合服务;主要工作是撰拟文稿、管理文书、接待来访、组织会议、调查研究、处理信息、办理事务、参谋咨询、联络协调等。"[④]

"秘书是领导、专家、管理人员在履行其职务时的辅助人员。"[⑤]

"秘书是在管理系统决策者近身,以沟通信息、参谋决策、处理事务的综合职能,辅助决策者有效控制的工作人员。"[⑥]

"秘书是身处领导机构或附着个人,撰制掌管文书,辅助决策,并处理日常事务的服务人员。"[⑦]

"所谓秘书,就是掌管文书并直接辅助领导者全面处理事务的工作人员。"[⑧]

上述种种见解,各有其道理。比较起来,国内研究秘书学的一些专家对于"什么是秘书"所做的阐释,更符合我国现代秘书的实际工作情况。不过,近年来,由于我国的体制改革和经济发展,社会上出现了由私人出资聘用的秘书(如一些外资企业、中外合资企业、民办企业以及专业户、个体户聘用的为私人服务的秘书),因而笼统地说我国现代的秘书都是"国家工作人员""党政机关、企事业单位工作人员",便在逻辑上犯了"外延狭窄"的

①　光积昌等编译.《现代社会·秘书》.

②　詹银才.《涉外秘书学》.

③　王千弓等编著.《秘书学与秘书工作》.

④　袁维国主编.《秘书学》.

⑤　杨永清.《领导·秘书·智囊》,《华中师范大学学报(哲学社会科学版)》,1986 年第 2 期.

⑥　张清明等.《关于秘书定义的思考》,载《武汉大学学报(社会科学版)》,1986 年第 6 期.

⑦　张家仪.《也谈"秘书"的定义》,载《秘书》1986 年第 2 期.

⑧　史玉峤,陶菊怀主编.《现代秘书学》.

错误。因此,我们认为,所谓秘书,乃是组织或主管的助手,其任务是在认可的职权范围内,提供辅助工作与综合服务,并能运用办公室的工具设备,从事组织与主管指定的行政性任务的人员。

二、秘书职业的类别

秘书是个统称。如果从不同的角度来划分,我国现代秘书可以分为以下不同的类别。

(一)按服务对象划分

从秘书服务的对象来划分,可分为公务秘书和非公务秘书两类。

1. **公务秘书**　公务秘书是指为党政机关、军队、社会团体、国营(或集体)企事业单位服务的秘书。公务秘书是国家工作人员,由组织或人事部门选调,从国家或所在单位(集体企事业)领取工薪,在编制上属于所服务的机关或单位。我国的秘书人员,多数属于公务秘书,它又包括两类:

(1)集体秘书。集体秘书是与专职秘书相对而言的。集体秘书是指为某一机关或某一单位的领导集体服务的秘书。我国各级党政机关、军队、企事业单位和社会团体的秘书,大都属于集体秘书。集体秘书所从事的工作,不是为某一个领导者服务的,而是为所在机关、单位的领导班子服务的。

(2)专职秘书。专职秘书是指专门为某个领导、专家服务的秘书(有时也称为某某领导或专家的私人秘书)。专职秘书服务的对象虽然是某个领导或专家,但仍属于国家干部编制的工作人员,同样是从国家或所在单位(集体)领取工薪,这与私人出资聘用的私人秘书不同。

2. **非公务秘书(私人秘书)**　非公务秘书是指由私人出资聘请并为聘请者服务的秘书。这类秘书又可分为外资企业秘书、中外合资企业秘书、中外合作企业秘书、民办企事业秘书、民办团体秘书、专业户或个体户秘书以及其他个人聘用的秘书等。这类秘书不属于国家编制的工作人员,其工薪由聘用者支付。

(二)按从事行业和职能划分

按照秘书人员所从事的行业和职能划分,可分为八类。

(1)业务秘书。中小企业最普遍需要的,就是业务秘书。他们是老板最得力的助手。在公司里负责商业书信往返、档案、电报、报关、押汇、验货等业务,以及接待客户,了解报价、推销等实际作业,通常独立工作。

(2)一般秘书。一般秘书是指公务机关或私人机构中,主职为秘书的一般助理人员,负责打字、记录、整理、收发、档案及文书管理工作。其与私人秘书的主要区别在于主管不在时给予授权的程度,亦即其职务内之决定权不高。

(3)法律秘书。法律秘书是指协助公司或主管处理法律问题的秘书,他必须熟知一般商业法律,如劳动法、公司法等法律和规章,尤需具有准确及谨慎的处事能力。

(4)医学秘书。医学秘书是指在各医院或医学研究单位任职的秘书。这类秘书必须具备一些医学知识,了解专用医学名词,能协助医生照顾病人,了解病人心理,特别需要耐心、爱心和细心的人。

（5）教育秘书。教育秘书是指在学校中，协助处理有关教学、教务等行政工作的秘书。这类秘书必须了解教育的原则及法令规章。多半由学校学生毕业以后直接担任。

（6）广告秘书。广告与媒体单位，常雇佣这类负责宣传与公关工作的秘书。其本质虽为内勤，但亦常有接待客户或与业务性质有关的外勤工作。

（7）工程秘书。工程秘书是协助工程师、设计师、建筑师等专业人士，从事技术研究或技术执行的秘书，需要具备一般工程的知识及专业用语。

（8）演艺秘书。演艺秘书是需具备戏剧、舞台方面的学识与经验的助理人员，甚至须具备表演天分和能力。这类秘书专门为著名演员、电视电影公司、传播界、演艺团体工作。必须了解企划的过程，具备组织沟通的能力。

（三）按工作内容划分

按照秘书人员所从事的工作内容划分，可分为文字秘书、机要秘书、信访秘书、通讯秘书、事务秘书、生活秘书。

（1）文字秘书。文字秘书是指以撰拟、处理文稿为主要工作的秘书人员，即人们通常所说的一个机关或单位的"笔杆子""秀才"。

（2）机要秘书。机要秘书是指在党、政、军机关从事机密文电的翻译、处理及保管的秘书。机要秘书通常包括译电员、机要保密员等。

（3）信访秘书。信访秘书是指办理人民群众来信工作的秘书人员。信访秘书的职责是通过办信、接访，沟通领导与人民群众的联系，加速政策的贯彻落实。

（4）通讯秘书。通讯秘书是指负责管理通讯事务以及各种通讯设备（如电话总机、电传、传真等）的秘书人员。

（5）事务秘书。事务秘书是指负责总务、后勤以及机关日常行政事务工作的秘书人员。

（6）生活秘书。生活秘书是指在生活方面给领导提供服务和帮助的秘书人员。生活秘书通常是专为较高级别的领导配备的。

按照秘书人员所从事的工作性质来划分，可分为党务秘书、行政秘书、军事秘书、司法秘书、外交秘书、新闻秘书、文化秘书、教学秘书、科技秘书等。

（四）按职责范围和工作任务划分

我国党政机关的秘书，按照其承担职责范围的大小和工作任务轻重的不同，在纵向上分为以下三个层次。

（1）高级秘书。高级秘书，是指秘书长、办公厅（室）主任。其职责是"参与政务，管理事务"，协助首长综合情况、研究政策、掌握机要、推行工作，以及主持日常行政事务工作等。他们是领导者的重要助手，有的人本身就是领导成员。如省、自治区、直辖市人民政府的秘书长，同时也是省、自治区、直辖市人民政府的领导成员之一。（参见《中华人民共和国地方各级人民代表大会和地方各人民政府组织法》）

（2）中级秘书。中级秘书，是指办公厅（室）主任及其下属的秘书处长或秘书科长、秘书股长、文字秘书。他们负责起草文稿、办理公文、调查研究、收集和整理信息资料等工作。其工作效率,对领导者的决策有重要影响。

(3)初级秘书。初级秘书,是指在办公厅(室)、秘书处(科)内从事文件收发保管、打字、印校、接待、联络、会务工作和办理其他事务工作的人员。他们不一定有秘书的职称,但通常也被称为秘书工作人员。

国外秘书人员,根据各人承担责任的大小和资历等方面条件的不同,也在纵向上分为不同的层次。例如英国,把属于政府文官系统的秘书,分为行政级、执行级、文书级、助理文书级四个层次;日本企业界的秘书,则分为见习秘书、初级秘书、中级秘书、高级秘书四个层次。

三、秘书工作的原则

秘书工作的基本原则,就是准确、迅速、求实、保密。

1. 准确 准确,是对秘书工作质量的要求。秘书工作的准确性涉及的方面很多,概括地说就是:办文要准确,办事要稳妥,情况要属实,主意要慎重。秘书人员无论是为领导提供信息或向领导反映其他情况,还是协助领导起草文稿、审核文稿,都必须力求准确,数字要准确,时间要准确,概念要准确,名称要准确,不能使用"可能""大概""大约""差不多"之类字眼;抄写、打印、登记文件,都应反复校对、核实;处理和传递文件,也不能写错、投错。有时一字之差,或者一个标点符号用错,便会造成严重后果。如果差错出在关键之处,影响就更大了。所以,干秘书工作这一行,必须具有认真的态度,踏实、细致的工作作风。由于秘书工作是领导工作的重要组成部分,因而秘书工作的准确性,也在很大程度上保证了领导工作的准确性,也保证了领导工作的正常运转。

2. 迅速 迅速,是对秘书工作效率的要求。秘书工作应及时、高效,无论是办文、办事,绝不允许拖拉。凡是能在当天完成的,绝不拖到明天;凡是能在1小时内办完的,绝不延至1小时以后。领导已经作出的决定,要及时传达下去;下面反映的情况、意见,要迅速向领导部门反映。

秘书人员是秘书工作的主体。秘书工作若要做到迅速,首先,秘书人员必须具有很强的工作责任心,要坚决反对拖拉、懒散的工作作风;其次,要建立科学的工作制度,合理地安排各项工作,尽量减少环节,简化程序。此外,还要改善工作手段,尽可能使用先进的技术设备,提高工作效率。

3. 求实 求实,是对秘书工作的基本要求。秘书工作必须尊重客观事实,不仅不能脱离社会实际,而且更不能为了个人或小团体的利益而弄虚作假。秘书工作是为领导决策提供依据,必须做到实事求是,否则就会造成领导工作的失误,甚至严重损害党和国家的声誉。

求实的要求是:一是一,二是二,老老实实,不夸大,不缩小;切忌脱离实际、主观臆断、弄虚作假、谎报情况;不能夹杂个人情感,报喜不报忧,甚至捏造事实。

4. 保密 保密,既是对秘书人员的要求,也是秘书工作的基本原则。秘书人员经常接触党和国家的一些机密文件,经常参加一些重要会议,了解不少重要机密,包括秘密文件、资料、机要电文以及领导人的重要活动安排等,如不注意保密,一旦泄露,就会造成严重的损失。因此,秘书人员一定要遵守保密纪律,认真做好保密工作。

四、秘书工作的主要内容

秘书工作有广义和狭义两种。广义的秘书工作即秘书部门的工作,也称办公室工作;狭义的秘书工作是指由正式秘书部门的人员所承担的工作,即人们通常所说秘书业务工作。

广义的秘书工作,其主要内容归纳起来有以下几个方面:

第一类是事务性工作,包括处理信件、接听电话、撰写公文、管理档案、收发公文回复E-mail、整理报章杂志、操作传真、接待访客、安排上司约会、参加会议并记录、安排差旅;

第二类是管理性工作,包括办公室管理、操作电脑、会计与财务、设备采购等;

第三类是沟通支援性工作,包括客户服务、媒体应对、公关策划、主持公司庆典、参加应酬、外勤工作、其他主管临时交办的事项。

以上是广义的秘书工作内容,也即秘书部门的工作内容。当然,并非每一个秘书人员都要承担这些工作。层次较高的机关、单位,秘书部门工作量大、责任重,人员也多,分工就细一些;基层单位的秘书部门,人员少、工作面广,秘书人员便样样要干、样样要管。另外,工商企业单位、文化科研机关、学校、军队、社会团体的秘书工作也各有自己的特点和不同的侧重面。

目前,层次较高的机关、单位,有些属于广义的秘书工作已从秘书业务部门(秘书科、秘书处、秘书局)划分出去,另立工作部门。如档案部门专门负责档案管理工作,信访部门专门负责人民群众来信来访工作,总值班室专门负责值班和部分事务工作等。这样一来,剩下的起草文件、处理文电、办理会务、收集信息、调查研究、查办催办、管理印信等,就成了秘书业务部门(秘书科、处、局)和秘书人员的基本工作,即狭义的秘书工作。

五、秘书工作的基本特点

秘书工作的性质与任务,决定了秘书工作具有下列特点。

1. **从属性** 从属性是现代秘书工作最根本的属性和特点。这是因为:第一,秘书工作不能脱离领导而独立存在,秘书工作总是围绕领导工作而开展的,领导工作涉及哪里,秘书工作的范围就必须延伸到哪里;第二,秘书在处理任何问题时,只能根据领导的意图和指示精神办理,不能超越职权范围自作主张、自行其是;第三,秘书人员虽然也常常参与领导班子的某些会议,与领导者共同研究各种有关问题,但秘书人员在会上只有发言权,而无表决权。

秘书工作的从属性,是与领导者的"主导性"相对而言的。领导是决策管理的中心,处于主导地位;秘书机构是协助决策管理中心的辅助机构,处于从属地位。因此,秘书人员应听命于领导,不折不扣地完成领导交办的事务。但是,秘书人员听命于领导,并不等于对领导者只能唯唯诺诺一味盲从,而应本着对工作负责的精神,多思考、多作调查研究,一旦发现工作中存在的问题,就应及时向领导提出改进工作的合理化建议;对于领导者的某些失误与疏漏,也应及时予以提醒,并提出纠正与补救的办法,供领导者参考。这就是说,秘书人员在工作中应把"听命"与"劝谏"结合起来,即当"助手",又当"谏官"。只有这样,才能真正起到辅助领导工作的作用。

2. 被动性 秘书机构的辅助地位,决定了秘书工作的被动性。秘书工作的被动性主要表现为:第一,秘书工作是为满足领导工作活动的需要而产生和展开的,是受领导活动的制约和支配的。秘书人员虽然也有自己的工作计划或安排,不能脱离领导,但必须以领导的活动目标为中心,并根据领导工作的需要来订计划和作安排,不能脱离领导工作活动的需要而另搞一套。第二,秘书部门需要处理的许多日常事务工作(如处理来往公文、信件,接听电话,接待内外宾,以及处理某些突发事件等),往往预先估计不到,只能随机应变,来了什么文件就处理什么文件,遇到什么事或者领导叫办什么事就去办理什么事。这一类工作,大都是被动的,却又是秘书人员非干不可的。

秘书工作虽然具有被动性的特点,但这并不意味着秘书人员对工作只能消极应付,无所作为。其实,秘书工作的被动性也是相对的。秘书人员只要充分发挥自己的主观能动性,就能在常规工作中寻找到主动出击的突破口,及时向领导提供有价值的工作建议,在被动中争取到主动。譬如,秘书人员可以将深入基层调查研究所获得的重要信息,及时提供给领导,成为领导者进行工作决策的依据;秘书人员可以将从群众来信来访中发现的带有普遍性的问题,及时向领导反映,帮助领导纠正工作中的某些偏差;秘书人员还可以在认真分析、掌握规律的基础上,通过对下一步工作所进行的预测,及早提出工作中可能出现的问题,使领导者思想上有所准备,工作上统筹安排,做到防患于未然。总之,秘书工作在许多方面仍然有发挥秘书人员主观能动性的广阔天地;秘书人员也只有充分发挥自己的主观能动性,在被动中争取主动,才能当好领导的参谋、助手。

3. 事务性 秘书工作绝大多数都是具体的事务工作,如收发文件、起草文件、打印校对、接听电话、迎来送往、布置会场、派车买票、安排食宿等,虽然很琐碎、很繁杂,但都需要秘书人员一件一件地去办。有人说秘书工作"上管天文地理,下管鸡毛蒜皮",这两句俏皮话也说明了秘书工作具有事务性的特点。

秘书工作的事务性与思想性是对立统一的。从秘书工作的局部而言,具有很强的事务性,繁、杂、细、忙是其特点;从秘书工作的整体而言,则具有很强的思想性,因为它在协助各级领导机关制定和贯彻各项方针政策方面负有重要的责任。而且,秘书工作的事务性与思想性是互相渗透、相辅相成的。在平凡、琐碎的事务性工作中,往往蕴含着内在的思想性。只有搞好事务工作,使本单位内部的秩序井然,与外单位联系的渠道畅通,才能使领导机关的工作正常运转,使领导者从日常事务工作中摆脱出来,集中时间和精力想大事、干大事。因此,秘书人员要正确对待事务性与思想性的对立统一,充分认识事务性的意义,踏踏实实地做好每一件事务工作。

4. 综合性 由于秘书机构是综合性办事机构,秘书工作也就具有明显的综合性。秘书工作的综合性具体表现在以下三个方面:第一,秘书工作的内容纷繁复杂,且涉及本机关的全部工作。机关、团体、部队或企事业单位的每个职能部门(如组织、人事、宣传、保卫、财会等),都只担负某一方面的工作,各司其职;而秘书部门则必须在全局范围内为领导提供帮助和服务,凡是领导抓的工作,秘书人员都要了解、辅助。第二,秘书部门处于机关的枢纽地位,担负着沟通上下、联系左右之责。秘书人员经常要按照领导者的指示并在领导者的授权下出席各种会议或进行各方面的协调工作(如协调本单位各职能部门之间的关系、协调本单位与外单位的关系等)。第三,秘书人员在办文、办会和向领导反映情况以及处理日常事务性工作时,必须对各方面情况进行综合,才能有效地为领导者提供帮助和服务。譬如,根据领导者的意图草拟公文,不能只是简单地照搬领导者口授的每一句话,而应该在忠实于领导行文意图的前提下,综合各方面情况(包括上级或下级发来的有关文件内容、受文单位的实际情况等),并按照行文的规则下笔;再如,为领导提供各种信息,就需要对所收集的原始信息素材进行加工处理、综合分析,以便去伪存真、去粗取精,确保信息的真实性、准确性和全面性。至于处理各种日常事务性工作,也要先进行综合分析,然后按照其轻重缓急分别予以处理,才能做到及时、稳妥、有条不紊。

六、秘书工作的作用

在现代社会中,由于人们社会活动的范围越来越大,现代管理工作日趋复杂,因而秘书工作的作用比过去显得更加突出。现代秘书工作的作用,归纳起来,主要有以下几个方面。

1. **枢纽作用**　在现代社会中,各级各类机关的秘书部门,都处于本单位领导机关之下、各个职能部门之间的中心位置,是领导进行管理的中介环节和中枢机构。因此,现代秘书工作具有沟通上下左右、联系四面八方的枢纽作用。

现代秘书工作的枢纽作用,具体表现在纵向与横向两个方面。从纵向上说,秘书工作起到了承上启下、上传下达的作用。这是因为,秘书部门是上下左右的各种情况、资料、函件、信息的集散地。上级的指令大都通过秘书部门下达,下级的意见大都通过秘书部门上报,各方面的信息也大都在秘书部门加工处理,并通过秘书部门周转。总之,秘书部门是文件吞吐、信息集散、内外联系的总渠道。从横向上说,秘书工作起到了平衡、协调内外各种关系的作用。秘书人员常常在领导的授权之下,运用各种有效的方式和手段,在单位与单位、部门与部门、个人与个人之间,进行联络、沟通、平衡、协调,使彼此之间消除隔膜、化解矛盾、密切合作。这种对内对外进行平衡、协调所获得的良好效果,正是由于发挥了秘书工作的枢纽作用。

2. **参谋助手作用**　领导者的主要职责在于决策和管理。秘书人员在协助领导决策和管理时,既要为领导办事,当领导的助手,又要为领导出谋划策,当领导的参谋。因此,秘书工作既有助手作用,又有参谋作用。

秘书工作的参谋助手作用,贯穿在秘书人员辅助领导工作的整个过程中。具体说来,主要体现在以下几方面:第一,秘书人员要为本单位某一时期的重点工作、重要会议或重大活动制定出具体的措施、步骤,供领导参考;第二,秘书人员要将各种重要信息提供给领导,作为领导进行决策的依据;第三,秘书人员要经常主动协助领导制定工作规划、计划以及各种政策、法令;第四,凡是需要领导批示的文件,秘书人员不仅要及时呈送给领导,而且要事先提出一种或几种参考性的处理意见,供领导选择;第五,秘书人员在替领导办事时,为了把事情办得更好,常常要提出一种或几种办理的方案,供领导定夺。

3. 形象作用　人们常常把秘书部门称为"关口"或"窗口"。所谓"关口",是指在一个机关里,秘书部门要负责把住文字关、用印关、保密关等。因为各种文件、信息的上传下达大都要经过这里传递和输送。所谓"窗口",是指内外联系、群众来信来访、各方来人洽谈业务或协调工作等,大都由秘书部门出面办理。人们从秘书部门工作态度的好坏、办事效率的高低,大致可以看出一个单位领导机关工作作风的优劣及领导水平的高低。这就是说,秘书工作能使人"窥一斑而知全貌",具有门面作用。因此,秘书人员一定要牢记自己是代表本单位领导办事的,必须时时处处注意自己的一言一行,应以良好的工作作风和办事的高效率、高质量,为本单位树立良好的形象,真正全心全意为广大人民群众服务。

随着新技术革命的到来,秘书工作将发生巨大的变化,新技术革命将把电子计算机和现代化的文字处理机、现代化的通讯技术、现代化的音像设备结合起来,迅速有效地传播、存储、处理各种信息以及处理各种文字工作,新技术革命将对秘书工作的作用产生巨大的影响。

【实训】　经典案例认知分析

一、训练目标

通过案例分析与训练,熟练地掌握有效发挥秘书作用的技能。

二、训练方案与要求

季市长与他的秘书

与季市长接触过的中外朋友,没有一个不敬佩他学识渊博。和他见面后,文学艺术家会把他看作知己;工程技术专家把他看成同行;井下工人和他见面后说他是贴心人;种地的老农乐意与他扳着手指谈收成;就连那些在自己研究领域里痴迷的"怪人",也会与季市长有共同语言。不少人称季市长是全才、天才。只有他的妻子知道,老季不过是比别人勤奋些的凡人。这位出了名的、勤奋的凡人后面,还有一个不出名的、更勤奋的人——市长的秘书老许。

季市长上任伊始,就发现办公厅秘书处老许学识渊博,功底深厚。俄罗斯曾派出一个宇航科技代表团来市里访问。市长要出面接待,许秘书为此准备了谈话提纲。会谈中,季市长不仅对世界宇航领域的发展状况作了透彻的分析,而且展望了未来的发展,对人类共同开发宇宙资源提出了一些很有见解的看法。那些宇航专家一个个伸出大拇指赞不绝口,说季市长的见解精辟,有独到之处,对宇宙尖端科学了解如此深刻的政府官员是不多见的。后来,季市长又接见了一个考古代表团。季市长从许秘书准备的材料中,不仅掌握了本省本市的古文化遗产,而且对我国最新考古成果也了解得比较全面,特别对该考古代表团成员的成果都知晓得十分具体。有位专家私下问旁人,季市长是否是考古学者出身?当他得知市长原来是搞建筑的专业人员时,惊奇得目瞪口呆。

一天,日本一个建筑代表团要来访问。季市长认为自己是搞建筑出身,又当城建系统领导多年,对建筑行业的情况比较了解。因为工作忙,所以没有去看许秘书为他准备的资料。结果,在会谈中客人问起中国园林建筑各流派的艺术风格时,季市长一时难以说清楚。好在许秘书在座,礼貌而自然地接过话题,既回答了客人提出的问题,也顾及了领导的威信。从那以后,市长每天下班总要看看办公桌有没有许秘书留下的资料。如果有,他一定要带在身边。哪怕工作到深夜,他也要把许秘书留的资料读完、记住。

前不久,许秘书积劳成疾住院了。恰巧这时美国生物代表团前来访问。市政府办公厅为了搞一份市长参考资料,请来了高校和科研单位的水生物方面的专家,结果搞了两天因意见不统一而写不出一份材料来。明天就要与美国朋友会谈,市长下班时习惯地看看自己的办公桌,只见一份水生物研究方面的综合资料,照例已放在那儿。许秘书病中还没有忘记自己的职责。第二天,那些专家们没写出综合材料,办公厅只得安排他们一起出席座谈,以便帮助领导回答专业性很强的问题。没想到市长谈吐自如,旁征博引,毫无外行窘态。不仅美联社专家对市长的学识感到吃惊,连本市的学者也大为赞叹。

老许与市长配合了四年,市长的书籍和资料增加了五倍。市长升任省长后,每晚睡觉前看第二天需要的资料的习惯没变。秘书已经退休了,但被他画着各种符号的各类资料,还经常在原任市长、现在的省长的手中、枕下和书桌上。

思考:

(1)通过案例分析,如何理解市长夫人对市长的评价:"老季不过是个比别人勤奋些的凡人。这位出了名的勤奋的凡人后面,还有一个不出名的、更勤奋的人——市长的秘书老许。"

(2)从案例中可以看出许秘书在幕后的辛勤工作,对领导人季市长起了哪些积极的作用?

(3)若你担任市长秘书,要产生像许秘书这样有效的辅助效果,你将做哪些方面的准备?

第二单元 秘书职场特点分析

我国现代秘书事业经过三十多年的发展有了明显的变化!由传统秘书传、帮、带的培养模式到现代秘书职业教育的迅猛发展;从传统秘书知识和能力的低学历到现代秘书队伍的本专科化;从传统秘书知识能力的技能低到现代秘书队伍素养的极大提高;从传统秘书"半路出家"当秘书的就业模式到现代秘书的职业资格考试制度;从传统秘书的手工操作到现代秘书工作的办公自动化,等等。

纵观国际秘书职场,如今越来越多的秘书已经承担起了管理甚至决策的任务,尤其是那些工作在企业或单位管理者身边的秘书。英国现在出现了"executary"一词,是"executive"(执行者)和"secretary"(秘书)两个词的混合体。这个词很好地描绘了现代秘书这个多面手的特点。据西班牙网络杂志 secretariaplus. com 进行的民意测验显示,西班牙50%的秘书希望自己在工作中能扮演领导助手的角色,43%的秘书有硕士学位或者有多个硕士学位。这不只是单纯的形象问题,也是秘书这一职业随着时代发展而发生的变化,秘书希望自己的工作能得到更多认可。今天的秘书已经不再是以往的"全能女孩",不再是那种把咖啡送到上司面前,只会"听指示、做记录、保持沉默"的温顺雇员。现在的秘书可以承担各种复杂的工作,他们也已经为此做好了准备。西班牙阿拉贡职业秘书联合会主席多洛宙斯·贝尔加表示,秘书这个职业"无论在职业角色还是工作条件和工具方面,都已经发生了重大的变化。现在我们要处理电子化的信息、组织视频会议、操作因特网……多年前的秘书只是一个电话接线员、文书速记打字员,而现在的秘书已经开始在公司或单位中扮演重要的角色,秘书甚至还拥有了某些事务的决定权。秘书要比上司更了解公司和企业"。

一、新时期秘书工作的基本特点

一是智能服务,这是职能范畴的不同。传统秘书的职能范畴除文书撰拟是比较高层次的服务外,其他的服务大多都是低层次的事务性服务。比如文书的办理整理、立卷归档、会议的组织、接待工作、值班工作、信访工作、印信管理、车辆调度、后勤服务等。被社会公众看作是抄写的、跑的、办事、打杂的。随着社会的发展,这种职能范畴已远不能适应时代的发展和满足领导工作的实际需要。社会呼吁有思想、懂管理、能参谋的高级智能型秘书人才。因此,为适应时代发展的潮流,满足领导工作的实际需要。秘书的职能范畴必须做出相应的调整。现代秘书理论告诉我们:现代秘书的职能范畴是在传统的事务性服务基础上,进一步加强秘书职能服务的职能。职能服务是现代秘书与传统秘书的根本区别,现代秘书职能范畴中最高级的职能。它是以调查研究为方法,以信息工作为基础,以参谋咨询为方式,以辅助管理、辅佐决策为根本内容的。

二是主动服务,这是工作方式的不同。秘书工作具有突出的被动性,这是与生俱来的,不容置疑的属性。因为秘书活动不是一种独立的职业,它依附、受制于领导活动。但是现代秘书理论告诉我们:秘书活动包含主动与被动这一对基本矛盾。传统的秘书侧重于被动性服务,领导让干什么就干什么。而现代秘书则强调秘书主动性、创造性地开展工作。主动性服务是现代秘书与传统秘书的又一个重要区别,是现代秘书应有的新的工作方式,可以这样说:秘书被动性做好了,只能是一个称职的秘书;如果能主动地提供服务,就是一个优秀的秘书。

三是现代技能性服务,也是转型时期秘书工作的新特点,这是工作手段的不同。秘书工作包括许多技能:如计算机操作、交际礼仪、录音、录像、电传、电子商务等。这就要求秘书必须接受大学专门系统的学习才能入门,而一般秘书是很难真正掌握的。当然,技能不只是具体技术,技能中也有理论,甚至有高深的理论。一个现代意义上的秘书,必须掌握这些技能。

四是较高的法律素质。秘书应紧跟我国法制建设的步伐。不断提高自身的法律素质,凡事虑及法律,遵循法律,这样才能成为一名优秀的秘书。杜绝在辅助和处理日常事务的过程中出现的以政策代替法律、以领导之言代替法律,借自己的特殊地位超越法律办事,为自己的利益忽视法律。这不仅扭曲了现代秘书形象,也损害了领导威信,这也是党纪国法所不容的。

智能服务、主动服务、现代技能性服务、有较高的法律素质为领导服务是新时期秘书工作的新特点,也是现代秘书的重要标志。所以,在新时期,领导应树立秘书观念,重新认识秘书的现代职业价值,深入挖掘现代秘书潜能,充分利用现代秘书智能资源,为秘书工作者提供一个良好的职能环境:一个智能服务的广阔空间,一个施展才华的大舞台,秘书工作者也应与时俱进,自觉地运用"三个代表"思想武装自己的头脑,不断提高自身素养,树立智能服务、主动服务意识、现代技能性服务意识,有较高的法律素质为领导服务,为新时期的领导工作提供更高级、更全面、更科学的智能服务和主动性服务,使我国的现代秘书事业走上健康发展的道路。

二、我国当代秘书工作发展的基本趋势

就全世界而言,秘书工作不仅存在于政府机关和企事业单位,而且遍布于社会各个行业。我国进入 WTO 后,随着社会主义市场经济的发展,秘书工作也加速了与国际接轨的进程,其发展趋势为:

(一)职场任职资格化

秘书的任职资格,是指从事秘书活动应具备的条件和身份。由于长期缺乏规范化的职业资格鉴定制度,这支庞大的就业群体一直处于"无照经营状态"。因此,秘书职业一直没能得到社会的公正评价。值得庆幸的是,我国目前已对秘书实行了职业准入制度,拥有秘书职业资格正成为进入这一行的必要条件。实行秘书职业准入制度的优势主要体现在以下几个方面:

第一,任职资格化有利于提高秘书队伍的整体素质。我国现行的秘书资格审核制度由权威机构把关,有全面的考试内容,加之严格的考核办法,对我国秘书人员整体素质的提高起到十分重要的作用。

第二,任职资格化走出了与国际接轨的坚实一步。西方很多国家很久以前就对秘书人员的从业资格进行了规定,在这方面我国起步相对较晚。我国目前的职业准入制度在考虑国情的同时,也一定程度地借鉴了西方发达国家的经验。如考试级别、模块和内容的设置等逐渐与国际接轨。这种做法不仅大大缩小了我们与发达国家之间的距离,也方便了我国与世界其他各国之间的交流。除此之外,为了便于国际间的合作与磋商、协调与互利,我国还积极引进了一些国外职业鉴定机构授权开设的秘书资格证书考试。

第三,任职资格化为志愿从事秘书职业的人们提供了平等的机会。在实行任职资格化之前,对秘书的任用没有统一的标准,主要依据是领导者的好恶,随意性较大。很多有

专业才能的人未能被任用,降低了我国秘书工作的效率和质量。目前,只要是具备报考条件并经考试合格的人,均有机会获得秘书从业资格。

(二)秘书工作职业化

秘书工作职业化,是指秘书人员所从事的工作相对稳定,并成为他们的主要谋生手段。对社会而言,秘书工作的职业化是社会经济发展到一定程度的标志;对领导而言,秘书工作的职业化是领导管理工作科学化的标志;对秘书本人而言,秘书工作的职业化是其职业意识强化的标志。

我国当前的秘书工作职业化可分为两种类型:职业路线型和产业路线型。第一,职业路线型。秘书有多种层次和级别,秘书的职业路线就是指秘书遵循由低级到高级这样一条循序渐进的道路而逐步走向成功。在这一过程中,秘书的工作经验会不断增加,如协调公关、策划参谋等各种能力会获得很大提高。第二,产业路线型。目前实行的资格鉴定制度为秘书产业提供了难得的机遇。产业路线又可以分为培训之路和服务之路。所谓培训之路,是指开办秘书培训班,对各级各类秘书进行系统培训,或者根据自己的经验出版各类秘书书籍,以此为生。所谓服务之路,是指成立面向社会提供秘书有偿服务的民营机构。

(三)办公信息自动化

办公信息自动化,简称办公自动化,是指将现代化的技术和设备运用于办公活动中,使办公活动实现科学化、自动化和信息化,从而最大限度地提高工作效率和质量。办公自动化主要包括三方面内容:一是人,即秘书人员应具有现代化的思想和技术;二是信息,办公活动就是对各类办公信息进行收集、存储、处理和传送的过程;三是科学的工作程序和先进的办公设备。以电子计算机为中心形成的信息处理系统,就是办公自动化的标志。办公自动化已对秘书工作产生了巨大的影响。第一,有利于提高办公效率和办公质量。实现办公自动化后,计算机不仅可代替传统纸笔,还能及时进行修改,在大大提高书写速度的同时也提高了工作质量。第二,办公自动化有利于提高秘书人员的综合素质。目标是实现机器与机器、机器与环境之间的综合统一。因此,要实现办公自动化,秘书人员就必须要严格要求自己,使自己的思想观念、心理结构和业务素质都能紧跟时代的发展。第三,办公自动化有利于促进秘书工作规范化。办公自动化要求秘书必须按照办公自动化系统规定的程序、格式来处理大量事务,如统一收件、办件、发件等。这样工作起来不仅更具规范性,也较轻松。

当今社会信息高度发达,计算机多媒体技术和网络通信技术飞速发展,谁能以最快捷的方式获得信息,谁就能在信息社会中占有先机。网络化时代的到来以及知识经济的到来,对秘书工作形成了一股强大的冲击波,对秘书任职资格提出了新的挑战。新时期的秘书要善于通过互联网了解国际局势、国内新闻,搜集有关政务信息;要积极适应电子商务时代的到来,及时把握瞬息万变的商机,为发挥参谋助手作用积累丰富的素材;要树立信息化意识,积极培养自己的信息敏感性,随时随地捕捉有利于工作的信息,并及时把处理后有价值的信息提供给领导;要主动了解计算机、网络的发展状况,捕捉最新技术用于秘书业务之中;对日新月异的知识和汹涌而来的科技革命浪潮要有所认识;要精通现代化办公设备,这将对领导决策大有裨益。秘书还要了解与 WTO 有关的各项法规制度。如:世界贸易规则的框架体系,世界贸易规则的特殊条款,世界贸易规则的行业规范体系。只有具备新知识结构的秘书,才能在复杂的国际、国内经济环境中,利用有利条件,转化不利因素,辅助领导做正确决策。

(四)知识结构专业化

新时期的秘书除了应具备社会科学、自然科学等最基本的知识外,还应掌握与工作相关的专业知识。秘书的专业知识包括两个方面:第一,每个秘书人员都应具备的秘书业务知识。它包括文体写作知识、档案管理知识、调查研究知识、信访工作知识、会务组织知识等。不掌握这些知识,就不具备从事秘书职业的资格。第二,秘书人员所在单位和部门的专业知识。这一层次的知识因秘书服务对象的不同而有所差别。每个行业都有自己的行业知识,如果一个秘书对自己所服务的单位或部门的行业知识不甚了解,必定不能胜任工作。比如,政法机关的秘书应精通法律知识,教育机关的秘书应熟悉教育,零售行业的秘书不仅要善于公关、协调,还要掌握市场营销方面的知识,懂得如何选择恰当时机和有效手段来开展自己的业务。未来的秘书除了具备秘书专业知识外,还应在工作实践中自觉加强对专业知识的学习,把握国内外相关专业领域动态,了解新兴学科,不断完善和充实自己的知识结构。

【知识链接】

秘书工作的风范——与地县办公室干部谈心
(习近平讲话摘要)

一、办公室工作有四个特点

我曾经在中央军委办公厅作过秘书工作,和大家一样,是同行。以后又相继在县、市、地区党委或政府中工作,和办公室的关系十分密切。对于办公室工作而言,我体会最深的有四个字:

一是"重",地位重要。 办公室工作任务概括起来有三个:一个是决策的参谋、智囊作用;一个是对上对下的服务;一个是机要、保密工作。这几项任务都很重要。邓小平同志在一九七五年搞整顿时就讲过,一个地方工作要抓住几个人,办公室主任、公安局长、组织部长。这说明了办公室工作的重要性。因为它是决策的参谋部,始终围绕着首脑机关工作。参谋工作水平高,能推进党的方针、政策的顺利贯彻实施;水平低,就会影响全局工作,甚至造成严重后果。办公室对内掌握首脑机关的核心机密,泄露了重大机密,就会给党和国家造成损失。即使是我们地区一个保密的人事问题,泄露了也会影响领导班子的团结,使事情变得复杂起来。办公室对外还起一个"窗口"作用。基层的同志、外来的同志对我们地区的印象如何,对班子的印象如何,很大程度上同办公室的工作相联系。办公室工作出色,人家就会说这个地方工作真不错;办公室同志如果工作得很草率,或者是作风态度生硬粗暴,人家就会说这个地方的工作很糟糕。所以办公室工作与全局工作密切相关。

二是"苦",非常辛苦。 办公室的每一位同志都是很辛苦的,整天都有干不完的事,经常加班加点,甚至通宵工作。连星期六也难以休息。赶写材料的秘书更辛苦,工作强度很大,超过了一般部门的工作量。东汉刘祯的两句诗"驰翰未暇食,日昃不知晏;沉迷簿领书,回回目纷乱"把秘书人员埋头文稿,忘记用饭,不知早晚,头昏眼花的状况描写得十分形象。

三是"杂",事务繁杂。 办公室工作,巨至国家大事、重要决策,细至室内卫生、干部生活;上至接待首长领导,下至联系平民百姓;内至核心机密,外至社俗民情,什么都要参与了解。就内部分工来说,有调研、信息、查办、信访、接待、机要、档案、文印、收发等各项工作。办公室干部每天都要处理好几件、几十件、上百件事情,弦绷得紧紧的,犹如"山阴道上,虚接不暇"。

四是"难",难度很大。 办公室工作是全方位、开放型的。既要处理好上下左右、方方面面的关系,又要适应领导的工作风格和方法,搞好领导班子的服务工作。领导交办的事情千头万绪。这些事有的是刻不容缓,马上就要落实的,有的则是常抓不懈,时时要催办、督促的。要把握好轻重缓急,做到不遗漏、不误事,确也很费脑筋,神经始终处于高度紧张状态。同时。办公室日常事务繁多,出成绩时大家可能是无名英雄,寂寂无闻;在遇到问题时,可能成为矛盾的焦点,尝尽酸甜苦辣。有时候还得代人受过,委曲求全。这方面来讲,也确实是比较难的。可以说每一项工作都凝结着办公室同志的心血。

二、对办公室工作提三点希望

办公室工作怎么搞? 这个问题大家最有发言权。我只是从个人的体会和工作的角度提三个希望。

第一个希望:要有高度的责任感。 办公室的工作牵动全局。这就要求办公室干部要具备强烈的事业心、严肃认真的工作态度和一丝不苟的工作作风。办公室工作涉及大量机密,每一份文件传达到什么范围,都有具体规定,绝不能马虎从事。特别是有些事情涉及政治、经济情报,就更要有高度的责任心,养成保持沉默的习惯,不得出去乱传乱说。办公室工作一定得细致。古人云"一字之失,一句为之蹉跎;一句之误,通篇为之梗塞"。办公室起草的文件,并不要求文字要多优美,但一定要严谨,这要求绝不过分,因为这直接关系到工作决策问题。因此,我们还得培养、选调一些文秘写作能手,使领导在遣词造句上不用再花费脑筋,这是最起码的要求。今后送领导看的东西,除时间紧另当别论外,都应该是经过誊清的。这一道手续不要认为是多余。一篇文稿如果七删八改,乱到谁改最后一稿也弄不清楚,这里就有个负责任的问题。所以一定要有一套基于高度责任心和强烈的事业心的严谨作风。

办公室是一个单位的首脑机关,时时处处要起表率作用。各方面工作包括待人接物、清洁卫生、机关面貌都要注意。领导同志的秘书是办公室成员之一,经常传达领导意图并代表领导处理一些事情。他们的工作如何、作风好坏,直接反映了领导机关的精神面貌。因此,办公室要关心他们的政治、工作表现。表现不好的要批评教育,要让他们经常汇报思想，汇报工作。作为领导的秘书，只是工作的需要，并没有政治上的特权，总的来讲，办公室是一部完整的机器。这部机器要有明确的责任制、严格的管理、科学的办法，使办公室干部静有其位，动有其规，各司其职，各负其责，做到反应灵敏、运转迅速，适应各个方面的需求。

第二个希望：要高效率开展工作。 办公室每天都要处理许许多多的日常工作事务，解决上下左右、方方面面的各种矛盾和问题。这就需要我们不断提高工作效率。否则，就不能很好地搞好"三个服务"，影响全地区工作的大局。如何提高工作效率，我认为必须学会运用辩证法，分清层次，认真思考。"审大小而图之，酌缓急而布之，连上下而通之，衡内外而施之。"这就是说，要发挥办公室的整体效能，权衡大事小事、急事缓事，抓大事不放，抓急事先办；沟通上下左右，做到上情下达、内外有别，使各项工作有条不紊地进行。

办公室还有一个重要工作就是发挥参谋作用，及时提出决策建议，并能把领导的决策化为具体意见。如果我们办公室能够综合四面八方的情况，并进行分析，像国外"智囊团"那样，经常提出一些重大的决策建议，就能为领导迅捷进行决策选择提供便利。当前，我们经济建设和社会工作上的难点、热点问题很多，很需要加强调查研究，有针对性地提出分析问题以及解决问题的方法措施，提供各级领导决策参考。

第三个希望：实行高水平服务。 服务是办公室的一项重要工作。首先要增强超前服务和事后服务意识。例如召开地、县重要工作会议，办公室同志要提前到位，尤其是办公室主任、会议记录人员、勤杂事务人员一定要先到场做好会前准备工作，会议结束后还要撰写纪要、文件，检查落实反馈情况等。其次，服务要及时周到。做到能够为领导释流减荷，分忧解围。再次，服务还要高度负责，一丝不苟。例如办公室实行 24 小时值班，这是个严格的制度，每分钟都不能离开，不能有空档，否则在这空档出现了紧急情况或重大突发性事件就会酿成责任事故。最后，服务不仅要勤、要诚，而且要灵活。例如接待工作，就得下一番功夫。要建立一套接待制度，组织一套接待班子，还要有一套统一的对外宣传材料和汇报口径。今后可以由专人负责汇报情况，陪同参观。伙食按规定标准，突出地方特色。每个县都可以搞个地方菜谱，既有特色又省钱，既不超过规定，大家又吃得满意，了解了地方饮食文化，何乐而不为呢？地县领导按规定安排出席活动，尽量减少一般性应酬；对宾客生活服务要周到热情，努力做到设身处地，急人所急，解人所难。

三、秘书人员应当加强修养

秘书是个特殊的职业。许多人认为，秘书工作最突出的特征是当配角。我看这句话说得也对也不对。说得对，是因为秘书确实干的是辅助性、铺垫性工作，是领导的助手。说不对，是因为秘书的活动面比舞台上的配角更窄，它没有台词，没有亮相机会。秘书的工作性质，决定了它要正确对待名利荣辱，树立无私奉献的精神，不断加强和深化自身的修养。

如何加强自身修养呢？宋代吕本中写了个著名的《官箴》，讲到当官必须注意三事：**清、慎、勤。** 我想，假如我们赋以时代的内容，这也应该是办公室干部，特别是领导秘书的最基本要求：即一要"清"，公正廉洁，两袖清风；二要"慎"，周密考虑；谨言慎行；三要

"勤",勤奋好学,刻苦上进。当然,这三个要求都要建立在从政治、思想上同党中央保持一致的前提下。作为秘书人员,随时随地都要加强学习,学习马列主义、毛泽东思想,学习党的路线、方针、政策,学习时事,不断提高自己的理论素养和政治水平。

秘书的特殊性工作,光有埋头苦干的精神还是不够的。就我个人体会,秘书在加强自身修养中,还要特别注意培养良好的工作作风,注意生活小节,即要努力做到"五不":

一不自恃。 不能认为"机关牌子大、领导靠山硬"而有所依仗、有恃无恐,更不允许滥用领导和办公室的名义谋取个人私利。

二不自负。 要克服优越感,坚决防止对基层干部群众盛气凌人、态度傲慢、颐指气使、发号施令的现象。

三不自诩。 防止自我表露、吹嘘炫耀,特别是涉及领导个人的工作和生活,不能随意张扬,妄加评论;对于党的内部机密,更应当守口如瓶。

四不自卑。 克服自轻自贱、自惭形秽的心理,不能"口将言而嗫嚅,步将行而趑趄",防止唯唯诺诺,没有个人主见的现象。

五不自以为是。 不能想当然,随意删节、更改或补充领导的指示,防止粗心大意、敷衍塞责、玩忽职守的现象发生。

总之,秘书人员要经常检查自己思想、工作"到位"情况,不能"离位",更不能"越位"。在处理同领导的关系中,力求做到"参与而不干预、协助而不越权、服从而不盲从"。我想只要把握好这个"度",就能成为一个合格的、称职的秘书。

(原载《秘书工作》,2014年第4期)

第二部分 秘书职业素养

【知识目标】

了解秘书职业道德特点、意义、作用,秘书职业道德范畴。

熟悉秘书的角色定位、谦虚慎独、大局观念、奉献精神、保密意识。

【能力目标】

通过秘书职业氛围体验训练,改善学生学习习惯。

通过案例,理解理想、责任、技能、纪律、良心、荣誉的秘书职业特点。

能正确认识角色定位,养成谦虚慎独、乐于奉献、注重保密的职业操守。

【案例导入】

优质服务与工作差距

大学同窗王芳和李兰几乎同时应聘到某农产品超市当办公室文员。不久,李兰受到了总经理的青睐,一再被提升,很快就做到了部门经理,可工作起来同样吃苦的王芳却一直在做着文员。终于有一天王芳忍无可忍,向总经理提出辞呈,并痛斥总经理用人不公。

总经理耐心地听着,若有所思。忽然他说:"年轻人,别忙着辞职,先帮我到今天的集市看看有什么可买的。"王芳很快从集市回来说,"只有一个农民拉了一车土豆在卖。""一车大约有多少袋,多少斤?"总经理问,王芳又跑回去,回来说有 10 袋。"价格是多少?"总经理又问,王芳欲再次跑回集市,总经理望着气喘吁吁的她说,"请休息一会儿吧,你可以看看李兰是怎么做的。"说完,叫来李兰对她说:"请你马上到集市上去看看,今天有什么可买的。"

李兰很快从集市上跑回来了,汇报说到现在为止,只有一个农民在卖土豆,有 10 袋,价格适中,质量很好,她带回几个让总经理看看。这个农民过会儿还将弄几筐西红柿上市,据李兰看价格还算公道,这种价格的西红柿总经理可能会要,所以,她不仅带回了农民做样品的几个西红柿,还把那个农民也带来了,他现在正在外面等着回话呢!

面对着一切,王芳忽然明白了,李兰比她多想了几步,于是她在工作上总会取得成功。

思考:

1. 王芳和李兰的差距在哪里?

2. 秘书应该如何为领导提供优质的服务?

提示:

秘书工作是一项因连接上下、沟通左右、落实部署,融事务性与技能性于一体而要求很高的工作。由于秘书地位的特殊性及秘书工作的复杂性,决定了该项工作对秘书有较高的素质要求和职业道德要求。

第一单元　秘书基本职业素质

有人说,素质是人在某些方面的本能特点。也有人说,素质是实践中增长的修养,知识水平高、工作能力强的,常常被人们说成是有素质的。素质是成事之基,是立身之要。在新的历史条件下,对秘书人员的政治素养、专业知识、综合能力、心理素质、人际关系、思想观念等方面,都提出了新的更高的要求,秘书人员只有不断提高自身的综合素质,才能当好领导的参谋与助手,否则,就会事倍功半,甚至事与愿违。

一、秘书的政治素养

秘书工作是一项政治性、政策性很强的工作,因此秘书人员首先要有良好的政治素养:坚定正确的政治方向,思想敏锐;强烈的事业心;较高的理论政策水平;实事求是的思想作风;淡泊明志,乐于奉献;踏实细致,一丝不苟。

第二,要有强烈的事业心和高度的责任感。这是做好秘书工作的思想基础,优秀源于热爱,著名科学家爱因斯坦曾说"热爱是最好的老师"。只有事业心强的人,才能积极主动地处理各项事务,为领导工作出谋划策,提高工作效率,才能够以坚忍的意志和豁达的品质,承受种种挫折和磨难,始终保持乐观进取的精神。只有责任感强的人,才能使秘书工作更好地为领导工作服务。

第三,要有实事求是的思想作风。实事求是是我们党的优良传统和作风,秘书工作要注意发扬这种传统和作风。要求秘书人员在工作中、善于把党的路线、方针、政策同本地区本部门,本单位实体情况结合起来,勇于探索,与时俱进,创造性地开展工作;要求秘书人员在工作中,遵守客观事实,如实反映情况,敢于坚持原则,不弄虚作假,更不能欺上瞒下,力戒工作的片面性、主观性。

二、秘书的知识素养

一是基础知识。基础知识是秘书素养的根基。基础知识越扎实,越丰富,秘书的潜力发挥就越大。①社会科学基础知识,如语文、历史、政治、哲学。细述之,则有外语、计算机、写作基础、现代汉语、古今中外文学、逻辑学基础等。②自然科学基础知识,如数学、物理、化学、生物、天文地理等。

二是专业知识。专业知识是秘书素养的核心内容。它包括两方面的知识:①秘书学科专业知识,主要有秘书学、秘书史、秘书业务三大部分。秘书业务又包括办文、办公、办事等。②秘书的专业部门的业务知识。比如,秘书就职于金融业,就必须掌握有关财政金融方面的基本知识,如就职于文教卫系统,就得学习了解有关文教卫方面的基本知识。

三是相关知识。相关学科知识指与秘书专业密切相关的一些学科知识。主要有行政管理学、社会学、心理学、公共关系学、新闻学、运筹学、法学、编辑学、领导科学等。

三、秘书的心理素质

秘书人员由于工作岗位的特殊性,不仅人际关系较复杂,而且在紧张的工作中所遇到的矛盾和困难挫折也较多,如果没有较强的心理承受能力,就难以应付工作中所出现的各种情况,产生心理上的不适应。所以提高秘书人员的心理素质具有十分重要的现实意义。

一是具有克服心理障碍的素质。秘书工作是一项十分繁重的脑力劳动,其紧张性、快节奏和高压力,都对秘书的心理素质提出了很高的要求。作为秘书,尤其要克服三种心理障碍:①嫉妒。要正确认识自己的差距,扬长避短,发现并开拓自己的潜能,不断充实和提高自己,保持"你强我要通过努力比你更强"的积极心态,消化"我不强也不能让你强"的消极情感。②郁闷。要敢于面对郁闷,增强自信,保持心理活动的平衡,控制和调节好自己的情绪。对未来充满信心。要培养"处之泰然,安之若素"的襟怀,不为一时一事所困扰,不为小小的得失而耿耿于怀。③厌烦。要注意培养对职业自己的兴趣,要学会能忙中偷闲,忙中找乐,忙中避乱,忙中避争。法国作家大仲马说得好:"人生是一串无数的小烦恼组成的念珠,乐观的人总是笑着数完这串念珠。"秘书就是要做这种乐观的人。

二是善于处理人际关系的技巧。人际关系是属于社会心理学的一个概念,主要指个人在社会交往实践中形成的人与人之间的相互作用和相互影响。人际关系有个体性,情感性,对应性三个特点。秘书人员要接触各色各样的人际关系,是否能处理好这些人际关系,直接影响着秘书工作的成败。很显然一个经常与领导闹矛盾、与同事赌气的秘书不可能做好秘书工作。

秘书人员由于工作岗位的特殊性,不仅人际关系较复杂,在紧张的工作中所遇到的矛盾和困难挫折也较多,如果没有较强的心理承受能力,就难以应付工作中所出现的各种情况,产生心理上的不适应。所以提高秘书人员心理素质,具有十分重要的现实意义。作为秘书应具备的心理素质主要是指:树立正确的人生观;确定适度的抱负水平;学会调节心理压力;克服不良心理影响;培养健康的兴趣和爱好;克服不良的嗜好,养成良好的生活习惯;积极参加各种形式的体育锻炼活动;做事有百折不回、坚持到底的勇气和毅力;具有自信、热忱、沉着、乐观饱满的情绪,有幽默感。

四、秘书的综合能力

一是表达能力。表达能力有两种方式:①口头表达能力,②文字表达能力。

口头表达能力就是如何运用口头语言表达思维的能力。秘书人员在上情下达,下情上达的工作过程中均离不开口头表达。口头表达一要清晰自然;二要准确、简练;三要有条不紊;四要有说服力;五要反应敏捷;六要注意分寸。

文字表达能力指书面表达的能力,即写作能力。写作能力是秘书人员的基本功。要把领导交代的工作用文字写在纸上,需经常撰拟各种文稿,写作范围很广,这就要求秘书人员熟知各种应用文体的写作。尤其要熟练掌握通用公文,专用公文及公务常用文的写作。写作能力的提高没有捷径可达,而在于平时勤学苦练。

二是领悟能力。领导意图是指领导人为实现其工作目标,完成其职责任务而产生的工作意见,思想意图等内容的统称。秘书必须迅速准确地领会领导的想法,感悟其中的要点所在,领悟太慢会耽误工作,领悟错了则会"南辕北辙"反而给自己添乱。要使自己和领导之间形成"心有灵犀一点通"的默契,关键在于领悟能力的不断提高。秘书的领悟能力包括理解能力,分析能力,判断能力和学习能力等。

三是办事能力。秘书工作本身具有极其明显的事务性特征,如文书事务,接待事务,会议事务,领导交办事务等。办事范围广,内容多,任务繁杂。这就要求秘书应具备很强的办事能力,对于任何一个单位来讲,所有这些事都是有价值和必要的,秘书处理事务时,应围绕领导工作的要求,培养自己独立处理事务的能力。尽管秘书工作带有被动性,但秘书应有工作的主动性,在"不越位,不错位"的基础上,发挥自己独立办事的能力,真正成为领导的助手。这种办事能力包括组织能力,策划能力,应变能力等。

四是沟通能力。沟通是一种信息交换过程。使人们为了确定目标,用一定的符号,把信息、思想和情感在人与人之间进行传递的过程,主要沟通形式有横向沟通和纵向沟通。横向沟通一般指部门与部门、员工与员工之间平行沟通。纵向沟通主要是上下级关系之间的沟通,一般包括自上而下,自下而上两种沟通。领导从上至下的下行沟通是纵向沟通的主体,而秘书自下而上的上行沟通是纵向沟通的关键。秘书是沟通决策层与执行层,沟通劳资双方,沟通单位内各部门,沟通单位与社会等方面关系的重要人物。要使秘书工作卓有成效,秘书就必须具备很强的沟通能力。提高沟通能力要做到以善待人,以情感人,以理服人,以利动人。这种沟通能力包括交际能力、协调能力、谈判能力等。

五是信息处理能力。秘书部门是单位的综合办事机构,是为领导服务的。领导工作离不开信息,信息贯穿于领导工作的全过程。尤其当今是一个信息化时代,秘书部门为领导工作服务的一项重要内容就是加强调研,提高调查能力和研究能力,提供有价值的信息服务,从而为领导决策当好参谋,因此,秘书人员应具备较强的信息处理能力。

六是操作能力。包括办公设备、通讯工具的使用和保管等方面。随着高科技的发展和网络技术的应用,秘书的传统工作方式也有了根本性的改变,信息搜集,整理,传递,处理的速度和有效性大大提高,文字处理和扫描仪、数码相机、电脑、数码文件中心、投影仪、电视会议系统、图像编辑系统、电子辞典,多功能手机及文字处理、音像、通信等智能设备在内的所有高技术办公设备的运用,不仅能提高秘书的办事效率,也能增加秘书事务处理的准确性。作为现代秘书,必须具有操作这些现代办公设备的能力和技术。因此,秘书人员要注意训练和提高这方面的动手能力,才能真正提高担负起为领导服务的责任。

五、秘书的职业形象和气质

秘书部门俗称"窗口"。"窗口"作用发挥好坏与秘书职业道德有直接关系,也与秘书人员自身的职业形象和气质有着更紧密的联系。由于秘书人员工作性质和工作场合的特殊性,决定了秘书职业形象的标准和规范。概括而言,那就是:整洁清爽,端庄大方,忠诚精干,谦逊敏捷。秘书的职业气质,是秘书人员最本质的东西,是秘书人员气质和素质的自然流露。秘书的气质应该是内秀而充实,成熟而优雅,诚实而和蔼,深沉而含蓄,独特而不俗。不管是秘书的职业形象,还是秘书的职业气质,都是可以经过训练和自我完善培养出来的。

【实训】　秘书风采专题演讲训练

一、训练内容

以"秘书风采"为主题,开展对秘书素质和职业道德的演讲式讨论。

二、训练目标

通过组织一次"秘书风采"的演讲比赛,训练学生口头与文字综合表达能力,进一步提高学生对秘书优秀品质的认识。

三、训练方案与要求

(1)安排:歌颂和反映你心中最欣赏和敬佩的秘书。

(2)将全班分成三个组:评委组、演讲组、会务组。评委组主要负责制定评分标准,当好评委;演讲组主要负责参加演讲,当好选手;会务组主要负责布置场地,组织好演讲比赛,做好演讲结束后资料整理和活动总结工作。

(3)时间安排:正式比赛用两课时完成,准备工作在课余时间进行。老师用10分钟时间点评。

【知识链接】

秘书工作要注重言传身教
——谈谈我从事秘书工作的体会和我对秘书的传帮带

我于 2002 年 6 月参加工作,在疾控中心办公室当秘书。2007 年底由疾控中心综合科副科长岗位调乡政府任副乡长,2009 年兼党政办主任。2009 年 10 月份组织上调派一位秘书(大学毕业 1 年,通过省公务员考试招录的)过来。在秘书工作上,我不断摸索,积累了很多经验和教训。秘书来之后,我把经验教训都告诉他,希望办公室工作能够在继承中得到进一步提升。

秘书工作,文字很重要。我交给秘书的第一件事情就是清理 2008 年、2009 年的文件资料:通过整理文件资料,对乡镇工作全面了解,便于今后写材料。去年 12 月中旬,上面要求乡镇上报年终总结。我也想锻炼一下秘书,周末一起加班:他写 2009 年的成绩和做法,我写存在的问题和 2010 年的工作计划。我们一起加班到深夜十二点。秘书住在政府大院外的财政所,回宿舍还有一段路。时已隆冬,外面气温很低,我便要秘书和我一起睡。那一夜我们聊了很久:关于我的成长经历和体会。秘书写的那部分问题很多,我便自己加班重新写。他也写得很辛苦,为了保护他的积极性,我把 2009 年一季度和半年我起草的工作汇报原件给他看(书记以前为市委书记写材料,水平很高。一季度工作汇报作了很大改动,半年工作汇报改动就少)。我说:写材料都有一个过程。从陌生到熟悉,从低水平到高水平。材料被否定或者作大修改、大调整也很正常。我们也要养成一个习惯,就是把领导修改的原稿收藏,分析领导为什么要那样修改。要掌握领导的风格。写材料也有一些基本的套路,就是一定要先拟提纲,大标题小标题,一二三,并且大小标题要提炼,仔细推敲,再围绕标题去收集素材,既要有点上例子也有面上情况。在写作上不能局限于写讲话稿,写请示和报告,还要多写点其他体裁的文章。例如新闻(消息)。乡政府网页是我在 2007 年年底建立的,图文并茂,内容比较丰富,为确保网站建设的连续性,我把政府办网络科同志和市委办信息科同志的 QQ 号码告诉秘书,要他多跟他们交流,工作动态及时上报。要善于总结经验,及时上报市委办政策研究室和市政府办经济研究室,把这两室同志的 QQ 号码也告诉了他。加强与市委督查室和市政府督查考评办的联系,季度工作或专项重点工作都要形成文字材料,报请主要领导审批后上报两办。便于他们及时掌握信息。还要就乡村工作的问题和困惑调查研究、比较分析,形成文章,向市两办和上级媒体投稿。不但锻炼思维,还提升知名度,利于发展。我初来乡镇,什么也不懂,通过学习杂志《乡镇论坛》和网站"县域经济论坛",拓宽了视野,学会了思考,受益匪浅。秘书来后,我便把杂志和网站推荐给他。我乡两年来参加市里评优评先的个人材料,例如红旗村、双学双比标兵,都是我执笔,以通讯形式表现,达到了预期效果。这让我看到了通讯的重要性,所以,我特别跟秘书交代,要学会写通讯。

秘书工作,质量很重要。办公室每天都要处理大量事务。人手少(秘书来之前办公室就我和打字员),领导的要求又很高。怎么才能把工作干好? 这就要围绕质量做文章。

一是养成记日志和及时检查、汇报的习惯。作为年轻人,不能只停留在完成领导交办的工作上,不能仅仅是领导指哪就打哪,要升华,要更加主动和有超前性,围绕本职,每天做哪几件事情(我今天要读哪篇文章,要解决几个问题,例如文件督办、卫生检查、联系上级)。每天晚上计划第二天做几件事。既要做自己的事情,又要完成主要领导交办、上级部门单位和干部请办的工作,如何才能做到不遗漏不遗忘? 记日志。我2009年2月接手办公室工作,到2009年12月份,记日志就用了四个本子。我说,领导交办的工作和临时性的工作是摆在第一位。有余力,再做好自己安排的工作。这样能保证每天很充实,尽管事情很多,也不会手忙脚乱。此外,要养成两种习惯:及时检查督促每天日志上记录的事情是不是做好了,及时发现问题,及时调整工作方式和进度;对领导交办的工作要及时汇报进展,让领导心里有数。

二是搞好团结。办公室事情很多,自己只有两只手、两只脚、一个脑袋和一张嘴巴,人手越少,就越要讲团结,凝集力量,在必要的时候他们可以帮助你。不能只盯着主要领导,其他副职不放在眼里。设身处地想,你也会成为副职。将心比心。副职请求协助的尽力做好。实在忙不过来、做不了,解释说明,一般情况都会理解。对待村干部、站所干部和来访的村民,一定要热情。要做到来了有椅子坐、有茶喝。特别是来上访的群众,你热情接待,轻声细语,拍拍肩膀,都会缓解他们的情绪,一定要认真倾听、做好记录(姓名、村组名、诉求、联系方式)。自己能解释的当场解释,不能解释的及时移交给信访专干或者主管线上的领导和办点村的领导。

秘书工作,规矩很重要。办公室办事一定要立足高标准、严要求,要养成按规矩办事的习惯。

办文办会是办公室一项重要职责。通过大半年的努力,在办文办会上参照国家有关规定(例如《国家行政机关公文处理办法》),结合乡里的实际,也日渐规范。例如字体、字号、印制版记的规格,例如不同规格的会议要区别对待。2009年11月6日,我被组织上派到岳阳市委党校学习一个月。秘书来了还不到一个月。为了不影响工作的正常开展,我在报到的前两天,利用中午和晚上的休息时间,编制出了《横铺乡机关办文办会工作规则》,对机关办文办会进行了系统性的梳理,并在离开前一天交给秘书,叮嘱他按照这个执行。办文办会办事上有许多经验和技巧,为了弥补我个人经验的不足,我把我收藏的《秘书工作》《办公室主任》《如何写调研报告》《国家机关公文处理办法》悉数交给秘书,要他多学习学习别人的经验来提高自己。

由于平时事务很多,我跟秘书主要是晚饭后一起散步,或者一起加班中途休息时交流谈心。今年4月份我调离乡镇,秘书接班当办公室主任,又回到了我当初的状态:一个主任,一个打字员。有一次在网上,他告诉我已经征订了《乡镇论坛》,说工作很忙,没有什么时间思考和写作。我说,天道酬勤。年青人辛苦一点没事,再忙也要挤时间出来思考和写作。

(来源:http://www.msgz.org/article/39/4165.html)

第二单元　秘书职业道德规范

秘书人员是秘书工作的主体,能否做好秘书工作,在很大程度上取决于秘书人员所具备的素质修养和职业道德修养。这些素质修养和职业道德修养是秘书工作的性质、任务和特点所要求的。素质修养是指秘书人员在政治、思想、作风、道德品质、知识、能力、心理诸方面的综合素质。职业道德修养,主要指职业责任、职业纪律、职业情感、职业能力、职业形象、职业言行等方面的修养。这些是可以通过修炼和积累达到的。修养是目的,修炼是过程。古语说:"书中自有颜如玉","学然后知不足"。所以说,秘书人员是可以通过长期的学习和实践,以及生活磨炼,来提升自己的职业道德和综合素质。

一、职业道德的内涵和特征

道德是一个庞大的体系,职业道德是这个体系中的重要组织部分,它是社会分工发展到一定阶段的产物。职业道德是个大众化名词,与人们的职业活动紧密相连,以善恶进行评价的心理意识、行为原则和行为规范的总和,它是人们在从事职业的过程中形成的一种内在的、非强制性的约束机制。是人们在履行职责范围内所遵守的道德原则和行为规范的总和。

各行各业都有自己的职业道德。做人要讲人品,做职业则要讲职业道德。秘书相对于其他职业而言,职业道德尤其重要,其原因主要就在于这个职业最接近决策层、领导层,甚至直接参与其中,知密多、知密早、知密深。如果一旦道德沦丧,造成的损失将无法估量。由于秘书工作的从属性、被动性、事务性、综合性等特点,决定了秘书人员须具备较高尚的人格,恪守职业道德。职业道德要求主要有:忠于职守,自觉履行各项职责;服务领导,当好参谋;兢兢业业,甘当无名英雄;谦虚谨慎,办事公道,热情服务;遵纪守法,廉洁奉公,不假借领导名义以权谋私;恪守信用,严守机密;实事求是,勇于创新;刻苦学习,努力提高思想、科学文化素质;钻研业务,掌握秘书工作各项技能。

职业道德有三个方面的特征:一是范围上的有限性和一般性。任何职业道德的适用范围都不是普遍的,而是特定的、有限的。一方面,它主要适用于走上社会岗位的成年人,某一特定行业的职业道德只适用于专门从事本职业的人;另一方面职业道德有一些共同性的要求,它是所有职业均应遵守的规范。二是内容上的稳定性和连续性。由于职业分工有其相对的稳定性,与其相适应的职业道德也就有较强的稳定性和连续性。三是形式上的多样性。职业道德的形式,因行业而异,不同的行业,均有本行业特定的职业道德形式要求。

所有职业都应该遵循的职业道德规范是：文明礼貌、爱岗敬业、诚实守信、办事公道、勤劳节俭、遵纪守法、团结互助、开拓创新。

二、职业道德的作用

职业道德不仅对个人的生存和发展有重要的作用和价值，而且与企业的兴旺发达甚至生死存亡也密切相关。具体作用表现有：一个人若有良好的职业道德，他就会从劳动中体会到人生的乐趣，实现人生的价值，促进自身的发展。职工若具有良好的职业道德，不仅有利于协调职工之间，职工与领导之间、职工与企业之间的关系，增强企业的凝聚力，而且有利于企业的科技创新，有利于降低产品成本，提高产品和服务质量，从而有利于树立良好的企业形象，提高产品的市场竞争力。

三、秘书的职业道德

各行各业都有自己的职业道德。一般来说，有多少不同的行业，就有多少种不同的职业道德。做人讲人品，做职业则要讲职业道德，比如教师的职业道德是教书育人，无私奉献；医师的职业道德是救死扶伤，治病救人；法官则应秉公执法，铁面无私等。秘书的职业道德要求主要有：

(1)谦虚谨慎、文明礼貌。

(2)办事公道、热情服务。

(3)实事求是，讲究时效。

(4)兢兢业业、甘当无名英雄。

(5)忠于职守、自觉履行各项职责。

(6)钻研业务，掌握秘书工作各项技能。

(7)奉公守法，不假借上司名义以权谋私。

【实训】 秘书职业规范体验分析

一、训练内容

根据案例讨论秘书的职业规范，秘书职业意识。

二、训练目标

主要通过一些具体的训练方法，帮助学生进一步了解和掌握秘书应具备的素质和职业道德，提高学生从事秘书工作的悟性。

三、训练方案与要求

世界著名的电器公司——松下公司的人才标准

松下公司有无数神奇的经验，但其中最为成功的一条是松下幸之助有一套育人、选人、用人的有效方法和标准,正是他在这方面的成功,才使得松下公司有今天这样辉煌的成就。

现在让我们来看看松下公司的人才标准究竟是什么?

1. 不忘初衷而虚心好学的人。所谓初衷,就是松下公司的经营理念,即创造出优质产品以满足社会、造福于社会。松下幸之助在任何时候都非常强调这种初衷。他说,经常不忘初衷,又能够向别人学习的人,才是企业所需要的第一要件。

不墨守成规而经常出新的人。松下公司允许每一个人在坚持基本方针的基础之上,充分发挥自己的聪明才智,使每一个人都能够展现其自身特有的才华。同时,也要求领导能够给予部下一定的自由,使每一个人的才能发挥到极致。

2. 爱护公司,和公司成为一体的人。在欧美人那里,当人们问及一个人他所从事的工作时,他的回答总是先说职业,后说公司;而日本人则相反,总是先说公司,后说职业。松下要求自己的员工保持日本人的这种观念,要有公司意识,与公司甘苦与共。

3. 不自私而能为团体着想的人。松下公司不仅培养个人的实力,而且要求把这种实力充分应用到团队上,形成合力。这样才能给公司带来朝气蓬勃的景象。

4. 做出正确价值判断的人。松下幸之助认为,价值判断是包括多方面的。大而言之,有对人类的看法,小而言之,有对日常工作的看法。松下认为,不能作出判断的人,实际上是一群乌合之众。这样的人,永远不会有多大的成就和作为。

5. 有自主经营能力的人。松下认为,一个员工只是照着上面交代的去做事,以换取一月薪水,是不行的。每一个人都必须以预备成为社长心态去做事。如果这样做了,在工作上肯定会有种种新发现,也会逐渐成长起来。

6. 随时随地都是一个热忱的人。松下认为,热忱是一切的前提,事情的成功与否,往往是由做事情的决心和热忱的强弱决定的。碰到问题,如果有非要做成功的决心和热情,困难就会迎刃而解。

7. 能够得体地支使领导的人。所谓支使领导,也就是提出自己所负责工作的建议,促使领导首肯;或者对领导的指令等能够提出自己独到的见解和看法,促使领导修正。松下幸之助说:"如果公司里连一个支使领导的人也没有,那这个公司就糟了;如果有 10 个能够支使领导的人,那么公司就会有无穷的发展;如果有 100 个人能够支使领导,那就更不得了了。"

8. 有责任意识的人。松下认为,不论在什么职位和什么岗位上的人,都必须自觉地意识到自己所担负的责任和义务。任何岗位上的员工,只有自觉地意识到自己的责任之后,才会激发出积极的自觉探索精神,产生圆满的工作效果。

9. 有气概担当公司经营重任的人。有能力、有气概当公司重任的人,不仅需要有足够的经营常识,而且需要具备管理和经营一个公司的品质,这种品质则是以上各种能力的有机结合,不仅需要勇气、自信,而且还需要具备一种仁爱和献身的精神。

思考：

（1）从职业道德是事业成功的保证角度评析松下电器公司的人才标准？

（2）你看了松下电器公司的人才标准，受到什么启发？

【知识链接】

关于秘书价值观的相关思考

一、秘书价值观的概念和思想内涵

秘书价值观，是秘书人员关于自身（秘书这一特殊社会职业和特殊社会阶层）社会价值的认识、理解、感知，是秘书人员对秘书这一社会角色的整体把握，是秘书人员赖以承担秘书角色、从事秘书工作、进行秘书实践活动的思想基础、道德基础和精神动力。它全面、综合地反映着秘书人员的人生观、社会观、行为观和职业道德观。秘书的价值观，是秘书人员不可缺少的灵魂。秘书人员不可能须臾离开对秘书价值观的依赖，而秘书价值观又无时不在规范着秘书的社会实践和社会行为。否则，秘书就不会是能动的活生生的个体，而成为一个只会机械工作的机器。实践证明，这是违反人类思维规律和生活规律的。

秘书价值观的构成，包含着两个因素：一是秘书人员对秘书职业特殊社会分工（秘书实践对象）这一客体的全面的整体的认识和把握，这是秘书价值观的认识基础，决定着秘书价值观的正确与否；二是秘书人员对自身（主体）角色的全面的整体的认识和把握，这是秘书价值观的物质实体和真实构成，是秘书人员的人生观、道德观对秘书职业认识和感知的产物，它决定、规范着秘书人员的秘书实践和社会行为的正确与否。

在正确的人生观、社会观、道德观指导下，建立和构筑了正确的秘书价值观，秘书个体才能在秘书实践、秘书生涯中正确地认识和找到自我，正确地把握秘书角色，达到主、客观的和谐统一，最大效益地发挥秘书阶层的整体社会功能和秘书人员个体的社会作用，做一个清醒的、符合角色要求、为自身所认同又为社会所接受、有所作为的优秀秘书人员。

二、秘书价值观的错位和模糊

正确的秘书价值观作为科学、合理的秘书角色体验，它的建立只能是一个循序渐进的过程，它无时不受到各种脱离实际的主观愿望和引诱力极强的利益关系的干扰和纠缠，使之偏离正确的运行轨道，产生了各种离位和错位现象。秘书价值观的错位和模糊，就是秘书人员由于受人生观、社会观、道德观、生活经历、实践锻炼等主客观因素的限制和影响，对秘书社会角色认识上的非正确性和模糊性导致的认识偏离，是对秘书工作本质、秘书工作规律的不正确、不准确的理解和把握。这种错位和模糊在现实中有这样几种主要表现和倾向：

1.是对秘书职业地位及其社会功能主观夸大性和秘书价值的膨胀性。

2.是对秘书职业地位及其社会功能习惯藐视和低估秘书价值、认为秘书职业低人一等的心理障碍。

3.是个人欲望无限制、无节制地膨胀。

三、秘书价值观的合理定位

（一）秘书职业和社会功能的定位

秘书职业的根本属性和特征,是诸多年来颇费争议而没有很好解决的问题,这不能不影响、限制秘书对秘书职业和自身价值的认识和把握。因此,对秘书职业地位和功能的认识,是应该首先解决的问题。

第一,秘书机构是以办文办事为特点的辅助性机构。

第二,秘书机构和秘书工作的本质属性是服务。

第三,秘书工作及其机构服务活动的特征是坚定不移地贯彻执行性。

第四,秘书职业为秘书成为领导型人才提供了得天独厚的机遇。

（二）秘书价值观的定位

1.以配角为荣耀。

2.以服从为意志。

（来源:温州秘书网）

模块二　秘书事务工作

第一部分 秘书工作与环境管理

【知识目标】

熟悉秘书工作与环境管理的主要内容。

了解办公室布局、办公室装饰的基本要求。

掌握办公室日常管理的方法。

熟悉秘书机构组成设计。

【能力目标】

能够合理布置办公室。

能够营造健康安全的办公环境。

能够拟订办公室管理的制度和办法。

能够按要求设计秘书组织机构。

【案例导入】

让上司急件急批

公司的一个新客户打电话给总经理秘书于雪,说想在这几天之内找个时间请总经理吃顿饭,顺便谈谈合作的事。总经理的工作日程由于雪安排,于是于雪与对方初步拟定明天下午六点半在香格里拉饭店见面。由于时间比较急,对方又在等回复,所以,于雪写了张便笺:"××公司的×总明天下午六点半在香格里拉饭店见面。可否? 若这个时间不行,何时可以?"放到上司红色的"待阅文件夹"最上边。

过了一会再去总经理办公室时,他已做出了决定,于雪就将便笺取回。如果上司改变了时间,就将上司写下的时间打电话通知对方。

如果于雪不是总经理的专职秘书,不太了解总经理的工作日程安排的话,那她就要先询问对方希望的时间,并承诺"如果时间上有什么变化,我会及时通知您。"

然后再将对方所讲时间写在便笺上请示总经理。

思考:

1.假如你是总经理秘书,对案例中发生的情况应该如何处理?

2.案例中秘书于雪的做法对你有何启示?

第一单元 秘书工作与环境

一、秘书工作的内容

秘书工作有广义和狭义两种。广义的秘书工作即秘书部门的工作,也称办公室工作;狭义的秘书工作是指有正式秘书部门的人员所承担的工作,即人们通常所说的秘书业务工作。秘书工作通常指广义的秘书工作。广义秘书工作主要内容归纳起来有以下几方面:

第一类是事务性工作,包括处理信件、接听电话、撰写公文、档案管理、收发公文回复E-mail、整理报章杂志、操作传真、接待访客、安排上司约会、参加会议并纪录、差旅安排。

第二类是管理性工作,包括办公室管理、操作电脑、会计与财务、设备采购等。

第三类是沟通支援性工作,包括客户服务、媒体应对、公关策划、主持公司庆典、参加应酬、外勤工作、其他主管临时交办的事项。

二、秘书工作的管理

(一)秘书工作管理制度

1.目标管理制度 目标管理的过程一般包含三个步骤:第一,建立一套完整的目标体系;第二,组织目标实施;第三,进行目标考核。

2.岗位责任制度 秘书部门的岗位责任制度,一般包括领导者对秘书工作的职责、办公室主任的职责和秘书人员的职责三大部分。

3.请示报告制度 一般情况下,以下问题必须加强请示报告:①涉及大政方针的问题;②贯彻重大部署的问题;③无章可循的新情况、新问题;④对外行文和召开会议答复重要问题;⑤改变机关、单位原有规章制度和长期形成的传统惯例;⑥领导交办、批办的事项;⑦重要客人的接待;⑧重要物资设备的购置处理;⑨企事业单位发生的事故等。

4.调查研究制度 秘书部门应当建立和完善调查研究的制度和办法,积极采取定时、定人、定点深入基层的调查研究,建立蹲点轮换、下放等制度。并要建立信访、督查、信息等工作与调查研究相结合的制度。

5.专业领域制度 秘书部门的专业领域制度主要有文书工作制度、档案管理制度、会议工作制度、信访工作制度、信息管理制度、保密工作制度、印信管理制度、值班工作制度等。

(二)秘书的绩效管理

绩效是指一个组织的成员完成某项任务以及完成该任务的效率与效能。秘书的绩效管理包括岗位绩效目标的设立、绩效测评方法的选择、绩效测评标准的制定以及绩效测评的实施等,常用的绩效测评方法有等级评定法、强迫分布法、关键事件法等,其中,等级评定法是最容易操作和最普遍应用的评定方法。

等级评定法的操作形式是,给出不同等级的定义和描述,然后针对每一个评价要素或者绩效的指标,按照给定的等级进行评估,最后再做出总的评价。

最后评估等级一般设为以下5个:

A 级——卓越。

B 级——优秀。

C 级——良好。

D 级——需改进。

E 级——不足。

三、秘书工作环境与管理

(一)秘书工作环境的含义和特点

环境是指对工作绩效起着潜在影响的外部力量。秘书工作环境是指直接或间接地影响秘书工作效率的各种潜在外部力量的总和。

秘书工作环境的特点有以下几点:

1.复杂和多样性　环境无所不包,有社会的、自然的;有物质的、精神的;有宏观的、中观的和微观的。众多因素构成了类型不同而又相互联系的系统,从而呈现出复杂而又多样的特点。

2.差异性　各国各地区各单位,其秘书工作环境都存在着差别。这形成了各国各地区各单位的秘书工作风格的特殊性。

3.变异性　环境不是一成不变的,随着社会的变迁,它要经历相应的变化过程。这要求秘书工作不断地调整,以适应变化的环境。

环境与秘书工作之间是相互作用的过程:

(1)环境决定、影响或制约秘书工作。

(2)秘书工作必须适应环境。

(3)环境的变化必然导致秘书工作发生变化。

(4)秘书工作对环境有能动作用:一是改善环境,二是污染环境。

(二)秘书工作的宏观环境和微观环境

1.秘书工作的宏观环境　又称为一般环境,或大社会环境,是指处于所有组织之外,并对组织发生影响的外部环境。秘书工作的宏观环境主要有:政治法律环境、经济环境、科技环境、文化环境等。它是一种必须监测和适应的不可控制的环境。

2.秘书工作的微观环境　又叫办公室环境,是指一定的组织机构的秘书部门工作所处的自然环境。办公室环境的种类包括:

第一,办公室的空间环境,是指房屋建筑与分配,办公空间的大小,家具的布置。

第二,办公室的视觉环境,包括色彩、光线。

第三,办公室的听觉环境,指办公室所处空间的有益或无益声音。

第四,办公室的空气环境,指由生理空气因素(温度、湿度、空气流通与净化)造成的办公室整体气氛。

第五,办公室的健康与安全环境。

(三)办公室环境的管理原则

办公室环境的管理是指对办公室环境加以合理的设计、组织和控制,使其达到最符合秘书工作的需要,进而提高工作效率,完成组织欲达到的使命,展现企业类型与企业文化。在对办公室环境进行管理的过程中,要坚持以下的原则:

1.方便　办公室的布局应该力求方便省时,如相关的部门及设备尽可能安排在相邻的地方,避免不必要的穿插迂回,以便于工作的协调和同步进行。

2.舒适整洁　不论是办公室、办公桌椅,还是抽屉等,不要放置与办公无关的东西。办公文具摆放要井然有序。

3.和谐统一　办公桌椅、文件柜、办公自动化设备等的大小、格式、颜色等协调统一。这不仅能增加办公室的美观,而且能强化成员之间的平等观念,创造出和谐一致的工作环境。

4.安全　布置办公室时要留意附近的办公环境和办公室存放财物的安全条件。信息,如纸质文件、存储在计算机里的数据等的安全和保密能否得到保障;电器的电源、电线,器物的摆放是否会对人员造成生理上的危害等。

办公室是一个单位活动的重要场所,要求明快、整洁、方便、实用。确定办公室的方位应本着便于各项公务沟通协调的原则。凡与社会接触较多的部门,如收发室、传达室等,应设在人员进出的地方;综合、秘书等部门,应设在办公楼的中心地点;打字、计算机房、财务等办公室,应设在办公室楼一端;关系密切的处室应相互接近。

(四)办公室布置的具体要求

(1)办公桌的排列应按照直线对称的原则和工作程序的顺序,其线路以最接近直线为佳,防止逆流与交叉现象。同室工作人员应朝同一个方向办公,不可面面相对,以免相互干扰和闲谈。

(2)座位间通道要适宜,应以事就人,不以人就事,以免往返浪费时间。

(3)导者应位于后方,以便监督,同时不因领导者接洽工作转移和分散工作人员的视线和精力。

(4)光线应来自左方,以保护视力。

(5)常用设备应放在使用者近处。

(6)电话最好是5平方米空间范围一部,以免接电话离座位太远,分散精力,影响效率。

办公室的用具设计要精美,坚固耐用,适应现代化要求。办公桌是工作人员的必备工具,应注意美观、适用。有条件的可采用自动升降办公椅,以适应工作人员的身体高度。同时,应根据不同工作性质,设计不同形式的办公桌椅。另外,办公室应根据不同情况,设置垂直式档案柜、旋转式卡片架和来往式档槽,以便存必要的资料、文件和卡片等,便于随时翻检。这些设备和桌椅一样,应装置滑轮,便于移动,平时置于一隅,用时推至身边,轻快实用。

【实训】　拟定日常办公制度和管理办法

一、训练目标

通过训练,学生能按秘书工作与环境管理的基本要求和工作的一般程序,拟订办公室管理的制度和办法。

二、训练方案与要求

(一)场景

秘书小白从行政机关调任为新组建的某公司办公室主任。新公司的负责人让小白尽快草拟一套日常办公制度和管理办法,供领导班子讨论通过,使工作走上正轨。小白未当过领导,一时不知从何着手。

(二)要求

1.假定你是小白,请你为公司草拟一套日常办公制度和管理办法;

2.要求学生在电脑上完成上述文案制作,排版后发邮件到教师指定邮箱,并交打印稿一份。文档要求格式规范,内容正确,条理清晰,表达精确,编辑打印精美。

(三)训练步骤

1.指导学生认真阅读案例及实训内容和要求。

2.分析案例主要内容以及本次实训目的。

3.讲解秘书工作与环境管理工作的要点。

4.布置实训任务。

(四)训练提示

小白向原办公室主任请教,终于明白了制度的管理办法都要根据组织目标、职能分工、工作需要和组织规范来制定。于是,她找来组建新公司的审批文件,及有关业务内容、内部分工、工作要求等,并参照有关行业管理的标准,花了整整两周的时间,制定了一套日常办公制度和管理办法。

此案例设置的主要目的是让学生对办公室日常管理从制度上抓起,对秘书工作与环境管理有一个具体、清晰的认识。通过实训掌握日常办公制度和管理办法的拟定。

依据上述做法和方案,应制定目标管理制度、岗位责任制度、请示报告制度、调查研究制度、专业领域制度和相关办法。

第二单元　秘书工作环境设计

一、办公室硬环境设计

(一)办公室的空间设计

所谓办公室的空间设计,是指组织为节省成本,有效地利用空间,缩短工作流程,迅速处理信息,提供良好工作环境,并促进秘书与其他工作人员沟通与协调所作的办公室内的布置。此外,组织内各职能部门之间的工作流程,各职能部门的安排等,均为空间管理的范围。空间管理首重空间控制,其目的在于对空间的有效利用,使之降低成本,提高效率。

办公室空间设计的内容包括以下几个方面。

1. **各职能部门的场地设计**　各职能部门场地安排应使工作运转以不间断的方式进行,并经过很短的距离和很少的人手。在进行职能部门设计时须遵循以下原则:

集中服务单位,应设置于各部门的中心地点,使各部门均便于接触。

社会接触较多的部门,应置于靠近接待区的地方,或直接通向走廊,以减少穿过公开工作区的往来次数,如人事部门和采购部门。业务部门,如销售部门应靠近马路。凡有烦扰声音性质的工作部门,应尽量远离其他工作部门。

互相连带而时有联系的部门,均应置于邻近地点,如秘书室置于领导办公室旁边。

2. **工作中心的设计**　工作中心是指个人工作空间,即办公场地设计的基本单元。每个工作人员都要在工作空间内完成工作任务。空间设计专家精心研究机关的工作并发展了一种以工作为中心的机关布置观念和理论,因而打破了传统的以办公桌为中心的观念。现代办公室逐渐增加新式设备,如电脑、高速度复印机、新式通讯设备、显微片缩影机等,因而空间设计和工作流程的模式必须加以改变,以求最佳利用这些设备。空间布置必须依设备的功能、工作的性质加以设计,即工作为中心而做空间设计。

工作中心分为:

(1)个人工作中心,也称为个人工作站,即个人执行职务的场所,是机关空间设计的基本单位。个人工作中心的设计要考虑:个人工作站所负的职责,工作处理所需的设备,空间条件,经济弹性和未来扩展的需要等因素。

(2)集体工作中心,即部门,这是典型的团体工作中心环境。其设计时要考虑:各职位间的关系,以及职位与环境的关系,包括每个工作中心的活动,资料,文件报表的进程,个人和共同使用的文书、设备、物材等;协调个人工作中心和集体工作中心的位置,包括执行相似工作的工作中心应相比邻,共同使用档案及设备的人员应相比邻,等等。

(3)特殊工作中心,指特殊用途或专门业务的工作中心,它包括接待中心和计算机中心等。

3. **开放式办公场地的布局**　开放式办公场地,又叫自由式的聚集办公室。其特点有:

①有的没有个人办公室,工作空间的位置通过安排可活动的物架来确定;②每次进行工作间布局规划时,并不考虑窗户或其他常规结构的限制,而是以信息流和工作运转的自然路线所形成的不统一款式来安排;③工作人员的地位更多地是由分配给他们的任务来确定的,而不是根据他们的职位。如高级管理人员可以有较大的办公室及不同颜色、不同形状的办公桌,除此以外,几乎没有可以看得见的等级标志。

开放式办公室有以下优点:①降低能源成本和建筑成本;②减少占地面积;③降低了重新布局的成本;④由于拆除了办公室的隔屏,管理者与被管理者的交往障碍减少了,有利于排除心理障碍。

开放式办公室也有其弊端,如缺乏单独办公的机会,噪音太大,设计较粗糙。

4. 办公房间的空间设计　办公房间的空间设计是指各种办公设备在办公房间内的设计与布置。办公设备包括办公桌、椅子、书柜、文具、设备等,对这些设备在办公房间内的设计最为关键的目标是最充分地利用办公场地。

办公房间布置应注意以下原则:应该力求空间与时间的经济,各人所占面积应适合其工作需要;各人的位置排列,应就工作程序顺次定之,以便就近联络;办公桌布置时,事前需有计划与计算,预定布置蓝图,按图布置,以免临时盲目地搬动;办公室内的隔间不可太多超出必要的范围,以免妨碍光线射入及空气的流通。办公房间内桌位的排列,宜使光线由工作人员的左侧射入,以便用笔写作,光线不宜直接由对面射入。文件柜应该靠墙放置,但不得妨碍光线。各办公桌位间的往来道路,至少要有 1~1.3 米宽。桌与桌间的距离,应留 1 米左右。办公房间内放置必需的家具是有限的。一切文件应置于柜橱抽屉内,以便保管并防止失散。

(二)办公室的视觉环境管理

办公室的视觉环境包括办公室内覆盖物和照明。

1. 覆盖物　它包括墙壁、天花板、地面、门窗、支柱等上面的覆盖物。它们对秘书工作人员的心理状态有直接影响,因而也对他们的工作效率产生影响。

(1)有效地使用颜色。颜色会影响人的具体行为方式。色彩明亮、有吸引力的办公室看起来使人愉快,可提高效率,并且有助于激起信任感;相反,单调的、色彩乏味的办公室使人产生厌烦或低效的感觉。颜色使用得当能减少缺勤,提高工作效率。

颜色可帮助人们识别关键地方。危险的物材和地方,以黄色和橙色标识;安全的物材标绿色、灰白色;防火器材用红色以提高警觉。

(2)地面覆盖物的颜色和类型应与墙壁、天花板的颜色协调一致,以保证一个统一、和谐的环境。在接待中心和门厅等地方,使用地毯能营造出一种安静、自在的气氛,因为它的表面可以吸收声音。另外,使用地毯还可以给人一种豪华感以增加工作人员的满足心理。地毯的颜色可用米色、棕色和铁锈色。

2. 照明　是指为完成办公室的指定工作而提供适当的光线系统。

就办公室的光亮来源与分配而言,自然光优于人造光;间接光优于直接光;匀散光优于集束光。光源来自太阳者为自然光;来自灯者为人造光。光亮由发光体径直射入人眼者为直接光;发光体的光射至另一物体,由之反射入人眼者为间接光。光亮由一个发光体射出者为集束光;由几个发光体均衡射出者为匀散光。

光亮应遵循以下原则设计:减少光源的强度,避免用一个发光体,宜多用几盏灯,降低光源强度,避免集束光而用匀散光;窗上宜装半透明玻璃,以免直接光而用间接光;光源应置高处,并从后方或左侧射入;办公室宜多用几只光度较弱的灯,以取代一个光度较强的灯,使光线匀散而非集束。

(三)办公室的听觉环境管理

听觉环境指办公室所处的有益声音或有害声音。有益的声音如伴奏音乐和愉快交谈的声音;噪音,比如办公机器的振动声为有害的声音。声音的强度单位为分贝(dB),一般说来超过70分贝即为噪音,超过130~140分贝使人耳痛,超过150分贝使内耳结构破坏,以致耳聋。由于办公室所处的周围环境常有噪音发出,因此,控制有害的噪音就成为办公环境管理的又一重要任务。

那么,如何控制噪音呢?

1.消除噪音的来源 包括把办公室安排到极少有外界噪音的地方,把办公室搬到较偏僻的地方,安上门窗以提高不受干扰的密闭程度并阻挡传来的声音等。

2.用吸音的材料以减少噪音的影响 如一个NRC等级为85的吸音屏障在用于开放的办公设计时,可吸收传来的85%的噪音。另外,在有条件的办公室内铺设地毯,因为柔软的表面吸收声音。

3.适量音乐的播放 音乐能镇定神经,减轻工作强度引起的疲劳,并减少工作的单调感,避免噪音引起的烦恼。使用音乐调节时,一般采用无主题音乐。

(四)办公室的空气环境管理

办公室的空气环境管理,又叫空气调节办公室,是指为了减少人们的精神消耗,增强舒适性而经过精心调节过空气的办公室。空气调节可促进脑细胞活动,提高工作效率。据研究表明,当空气得到调节时,工作效率差不多可以提高10%,缺勤率下降2.5%,秘书工作的错误也可以减少10%。另一方面,不流通的空气与充满灰尘的空气使头脑迟钝,降低秘书工作效率。

1.温度 一般说来,秘书工作环境中最舒适并有益于健康的工作温度是15~20摄氏度。温度在10摄氏度以下时,秘书人员感到寒冷,其工作效率比正常温度下降20%;若温度超过30摄氏度时,秘书工作效率则有下降的趋势。办公自动化设备,特别是高新技术设备,由于其组成材料属性的要求,必须在一定的温度和湿度范围内安置。

2.湿度 相对湿度是指空气中所含水汽的百分比。如果办公室内空气湿度高会使秘书人员感到冷天更冷、热天更热。一般来讲,最适宜的湿度为40%~60%。

3.空气流通 办公室内的空气应该是流通、新鲜、充足的。在这样的空气环境中秘书人员才能精神愉快,不感疲倦,工作效率因而提高。一般说来,每人每分钟需要45立方公尺的新鲜空气。要达到这种要求,必须有良好的通风设备,使空气流通无碍,得以充足与新鲜。

4. 空气的净化　完整的空调系统可以净化空气，排除空气中不需要的成分，如尘埃、臭气等。一个净化了的环境更有益于秘书人员的健康；同时，可使复杂的办公设备更良好地运转。一个清洁的、充满活力的办公室给人高效的感觉，并体现了对顾客和秘书人员的关心。为减少办公室的污染和尊重所有工作人员的感受，办公室内应该禁止吸烟，以保证空气的新鲜。办公室内空气的净化包括打扫、拖洗、擦净、上蜡与打光、用吸尘器吸尘、净化家具、粉刷墙壁和天花板等。

（五）办公室的保健与安全环境管理

办公室的健康环境对秘书人员具有重要意义。秘书人员保持良好、健康的身体，可以促进工作效率的提高。组织推行对秘书人员的保健方法主要有以下一些：

1. 定期健康检查　组织应对秘书作硬性规定，定期进行身体检查以诊视其健康状况，最好1年检查1次。

2. 灌输卫生知识　组织应经常聘请卫生专家或医生向秘书人员作专题演讲或主持保健座谈会灌输卫生知识和保健方法。秘书人员获得这些知识和方法后，便能知道如何注意卫生及如何保护自己的身体健康。

3. 采取疾病预防　组织应适时按需要免费对秘书人员实行疫苗注射，以预防疾病，保护健康。

4. 保持环境整洁　整洁为健康之本。秘书人员工作区及生活区的卫生环境和其身体健康有着密切的关系。环境整洁，空气新鲜，则少生疾病，有益健康；反之，环境污秽，容易生病。组织应采取有效的卫生措施，保持环境整洁，包括院子的打扫、垃圾的清理、排水沟的疏通、食堂食品的清洁、餐具的消毒等。

5. 推行健身运动　生命在于运动，所以组织对其秘书人员应推行健身活动。组织机关内要有健身器材，要有乒乓球、羽毛球、篮球等设施，要经常举行内部比赛。

6. 举办康乐活动　所谓康乐活动包括消遣与娱乐。消遣有消除疲劳，恢复体力与精力的重要功能；娱乐的功能是松弛紧张的情绪，促进精神愉快。所以康乐活动是保护身心健康的方法。组织应适时地举办旅游、参观、音乐会、演唱、放电影等活动，以促进职员的身心健康。

要营造一个安全的环境，就必须在以下方面加强管理：

（1）防盗。在办公大楼内应设有专门的治安人员24小时值班。防盗应注意以下几点：机关公物应详细登记，严密管理，管理人员更换时，应交接清楚，以防私占；放置现金及贵重物品的保险柜或抽屉，应随时关锁，经管人员应保持警觉，防范盗窃；非消耗品公物应尽可能予以烙印或制定标志；订立公物损失赔偿规则，以加强公物保管及使用人员的责任；下班后办公室应将门窗关锁；门卫对出入人员应严密注意，以防盗窃；放置贵重物品之处，应装设铁栅、铁门以及防盗装备等。

（2）防火。火灾可对组织机关造成生命和财产的损失，所以火灾的预防为安全环境管理的一大任务。火灾首重预防，电器电线应作定期检查，以防走火跑电引起火灾；易燃易爆物品禁止堆放在办公室内，应放置于安全地方；办公场所应有消防设备，并作定期检查；

太平门及太平梯、安全门不可缺少。各组织机关应在消防部门的配合下进行火灾自救训练和消防知识教育。

（3）防止意外伤亡。办公室如有不慎，会存在许多潜在危险，如过度拥挤，办公家具和设备摆放不当，拖移的电线，破旧或损坏的楼梯，太滑的地板，损坏了的栏杆，未接地的电气设备，不彻底的绝缘等。这些现象都有发生意外伤亡的可能。因此，必须加强对以上现象或物材的管理，将办公室内的危险性降至最低程度。为了防止意外伤亡事故发生，组织应向职员进行防止意外事故的教育，使之平时养成安全的工作习惯；设计办公室的布局以减少发生事故的危险，将办公家具摆放在安全的位置，确保走廊、楼梯的安全，取高处的物体时应使用工作梯，排查电源插座和电线，避免电线过长；将机器设备稳固地放在桌子或台子上，等等。

二、办公室软环境的建设

办公室软环境的建设，主要包括人际环境、气氛环境、工作作风三项。影响办公室工作人员行为的不只是硬环境，在某些时候，软环境对人的影响更大，强调的是提高工作人员素质的重要性，即是指加强软环境的建设。

（一）人际环境

办公室内部良好的人际关系与工作效率密切相关。因此，一个好的领导者，不仅要注意改善工作场所的物质环境，还要花较大的力量建立办公室良好的人际环境，因为它是影响工作人员工作行为的活的因素。营造良好人际环境的办法主要有：

（1）一致的目标。目标是全体人员共同奋斗的方向，可激励大家奋发努力。只有目标一致，才能使大家同心同德，团结共事；否则，便可能陷入无穷的争执中而无所作为。

（2）统一的行动。在办公室内，每个成员的工作都是为了实现办公室的目标，虽然分工不同，作用大小也不同，但每一项工作就如同工作母机中的每一部件，必须一起协调运转，机器才能顺利运行。因此，要使工作人员在既定的目标下，充分发挥个人之长，彼此配合默契，必须有严格的规章制度，科学的组织管理，良好的是非舆论，公平合理的办事作风。这样，整个办公室才能呈现统一行动的状态。要坚决反对不顾大局，只顾个人或小团体利益的做法。

（3）融洽的凝聚力。凝聚力是指办公室成员之间的吸引力和相容程度。个人的许多心理需要，尤其是与工作有关的需要，如学习需要、信念与支持需要、归属需要等，只有在办公室内才能得到满足。

（二）气氛环境

和睦的气氛，通常指一种非排斥性的情感环境。如果办公室内部的气氛是紧张的、不和谐的，其成员彼此之间互相猜疑，乃至嫉恨，凡事相互推诿、扯皮，必然工作效率低下。

良好的心境是建立和睦气氛的最根本因素。它对办公室成员行为的影响是不可忽视的。情绪一旦产生，可以持续相当长的时间，左右人的心境，影响着人的行为活动。具有愉快心境的人，无论遇到什么事都能泰然处之；心境对人的身体健康也有明显的影响。因此,办公室成员应该善于调节自己的心情,克服消极情绪,努力使自己在任何情况下都保持良好的心境。这对办公室成员的身体健康及建立良好的工作气氛有十分重要的意义。

(三)工作作风

工作作风由认识、情感、意志和行为等多种因素所构成,是在共同的目标与认识的基础上,经过办公室全体成员长期共同努力,逐步形成的一种较稳定的精神状态和具有一定特色的行为规范环境。

良好的工作作风是一种无形的力量和无声的命令,对办公室成员的行为具有强大的约束力、推动力和感染力,使人很自然地接受其教育和感化,使行为举止适应工作的要求。良好的工作作风可以为人们创造良好的工作环境。它是通过情绪气氛的潜移默化、耳濡目染对工作人员发生影响的。因此,新的工作人员进入一个风气良好的集体,会不知不觉地受到感染和同化,自觉地抑制和改变自己,以适应工作的需求。

【实训】　工作环境设计

一、训练目标

通过训练,学生能按秘书工作与环境管理的基本要求和工作的一般程序,了解办公室布局、办公室装饰的基本要求,设计办公环境。

二、训练方案与要求

过去,在办公室里,最舒服的办公环境理应归老板,最理想的位置也当然非他莫属。然而,如果考虑到这样安排可能对员工效率、士气以至利润等带来影响,老板坐在哪里这个问题还会是最重要的吗? 据伦敦金融时报报道,英国航空公司(British Airways)新落成的综合办公大楼大胆地把最好的办公环境留给一天到晚坐在座位上工作的后勤人员,因为他们认为,这样做才是提升员工工作士气的好办法。

某公司准备在上海开办一家销售分公司,租用了某写字楼一层的大厅,其中,大门左边用作产品展厅,大门右边作为销售分公司办公区,包括正副经理办公区、接待区、销售部、财务部。该销售分公司的负责人将整个一层大厅全部设计为当今很流行的全开放式办公室和半开放式办公室,用能够移动的隔断来分隔,没有门,所有人员的工作状态都能够看得很清楚。

训练要求:

(1)假定你是这家销售公司的秘书,你怎样看待上述办公室格局? 其哪些地方是合理的,哪些是不合理的?

(2)要求学生在电脑上完成上述文案制作,排版后发邮件到教师指定邮箱,并交打印稿一份。文档要求格式规范,内容正确,条理清晰,表达精确,编辑打印精美。

训练步骤:

(1)指导学生认真阅读案例及实训内容和要求。

(2)分析案例主要内容以及本次实训目的。

（3）讲解秘书工作环境设计工作的要点。

（4）布置实训任务。

训练提示：

以上这个案例所涉及的问题究竟如何处理,这就牵涉到如何看待办公布局的问题。

设计办公结构和布局需要考虑很多因素,包括:职工的人数;购买或租用的面积;机构的建制和办公空间的分类;组织经营的性质或内容,如接待区一般安排在离门较近的地方,总经理办公室一般不安排在门边等;部门间的工作联系;办公室的间隔方式应既符合工作的需要也符合保密的需要;办公布局随组织发展变化而变化,要有一定的灵活性。

在这个案例中,我们可以看出设计办公环境时更多地要以公司的实际需要和最有利于发挥公司员工的积极性为出发点。英国航空公司将最好的办公环境留给后勤人员是一种激励的手段,从办公环境的角度来讲,这种打破常规的做法对公司提高工作效率是很有帮助的。

同时,我们也可以看出,某公司在上海开办的销售分公司,产品展厅采用开放式办公室是可行的,而销售分公司办公区域中的各个部门全部采用全开放式和半开放式办公室就不合适了。例如大量销售会使财务部门工作量很大,现金和支票的交流及保管极为重要,这些工作都应该在安全和保密的封闭式办公室中操作。

第三单元 秘书机构组成设计

一、秘书机构的含义和类型

（一）秘书机构的含义

狭义的秘书机构是指担负文牍性工作,并直接为领导者和领导中枢服务的办事机构,如:办公厅(室)中的秘书、文书、机要等业务部门。

广义的秘书机构是指具有参谋咨询、沟通协调、协助管理、督促检查等功能,并为领导工作和机关工作服务的办事部门。他还包括调研、信息、协调、督促、信访、档案、保密、接待、制版、印章管理等业务部门。我们所讲的是这一概念。

（二）秘书机构的类型

1. 按管理层次分

（1）高层秘书机构。高层秘书机构,指中央机关和省（直辖市、自治区）级机关的秘书机构。特点:层级高、机构大、层次多、分工细、责任重大。

（2）中层秘书机构。中层秘书机构,指地（市）、县（市）及秘书机构。特点:机构较大、层次不多、有所分工,但事务性工作较多。

（3）基层秘书机构。基层秘书机构,指县以下机关、单位的秘书机构。特点:层级低、人员少、事务繁杂。有的设立独立的秘书机构,有的和别的部门合署办公,有的只设专职或兼职秘书。

2. 按组织系统分 党委系统、人大系统、政府系统、政协系统。

3. 按法定程序分

(1)固定秘书机构。固定秘书机构,指由法律法规认定,并经由编制机构批准的机关单位,其秘书机构属于永久性的固定机构。如:党政军群机关和企事业单位的秘书机构。

(2)社团秘书机构。社团秘书机构,指由民政部门批准成立的民间社团,其秘书机构是非固定性的。

(3)临时性秘书机构。临时性秘书机构,指各级各类领导机关在实际工作需要时设置的非常设性秘书机构。主要有两类:一是为临时性的领导机构服务而设置的秘书机构,如:"抗洪救灾指挥部办公室";二是为各种重要会议而设置的秘书机构,如:"亚洲预防艾滋病学术研讨会筹备办公室"。

二、秘书机构的组织形式及布局方式

(一)秘书机构的组织形式

1. 因事分设制 即根据秘书工作的业务范围,设置相应的秘书机构。如:办公机构中的秘书处(科)、文书处(科)、调研处、信访处等部门就分别负责文字工作、文书工作等秘书业务。

优点:有利于秘书机构的规范化、科学化管理和秘书业务的开展。

缺点:不便于直接为领导者服务,协调不力会造成工作失调。

2. 因人分设制 即按照领导的职务分工,设置相应的秘书机构。如:我国党政机关办公厅(室)内所设的综合处(科)、秘书一处(科)、秘书二处、秘书三处,通常是针对主要领导或分管领导的分工而设置的秘书机构。

优点:便于领导直接指挥、调遣,易于满足领导者尤其是分管领导者的工作需要。

缺点:增加了管理层次,易产生推诿现象。

3. 混合分设制 即同时兼有因事分设制和因人分设制特点的一种组织形式。如:在办公机构中,同时设置秘书一处,秘书二处,秘书三处,综合处、信息处、信访处等。

优点:既便于为领导工作服务,也便于为机关工作服务。

缺点:工作内容易于交叉和重复。

(二)秘书机构的布局方式

我国秘书机构的布局方式,根据秘书机构的性质和基本职能,可分为:

1. 单一式 秘书机构的单一式,又称作"集中式",是指只具备一名专职或兼职的秘书人员直接为领导人员或业务部门提供综合服务的一种组织结构模式。

这种机构设置常见于级别较低的机关或企事业单位,它的优点是任务清楚,权责分明,行动迅速,便于调遣。缺点是由于任务过多,负荷过重,易使秘书人员精力分散,因工作忙乱而出错。

2. 分设式 秘书机构的分设式,又称为"分理式",是指根据领导人员和领导机构的工作实际和需要,在设置办公室的同时,又设置若干与办公室平级的其它秘书部门,以适应秘书机构职能分工需要的一种组织结构模式。

这种结构模式比较适宜于大中型机关或单位,它的优点是有利于秘书人员发挥个人业务专长,有利于规范化和科学化管理,提高工作效率。缺点是不便于直接为领导者服务,协调不力会造成工作失调,业务易重复交叉,易生混乱。

3.**综合式**　秘书机构的综合式,又称作"综理式",是指根据机关或单位的整体需要,只设置一个办文、办事、办会等秘书事务均归口管理的综合办公部门,而在它的下面再根据专业化分工和分级管理的原则设置一些派出机构或不同专业、层次内设机构的一种组织结构模式。

这种结构模式适宜于地、市、县级以上的机关或中小型单位,它的优点是因实行专业分工,而使工作效率明显提高,利于统一规划和协调,信息反馈迅速,工作程序简化,节省人力物力。缺点是办公室负责人的事务繁多,责任重大,因而难于整体协调。另外,如果分工不细不精,员工的工作也容易产生交叉和重复现象。

三、秘书机构的领导和管理

(一)秘书机构的领导

对秘书机构加强领导和管理,必须以遵循秘书实践的基本规律为前提,以提高秘书工作的质量和效率为根本目的。对秘书机构的领导一般可分两个层次:

(1)秘书机构所属机关、单位领导班子的领导。

(2)秘书机构负责人(秘书长、办公厅主任、办公室主任)对秘书机构的直接领导。

(二)秘书机构的管理

秘书机构管理总的原则是全面而有效地加强组织管理、人才管理、时间管理、物业管理、信息管理、工作质量管理等,提高工作质量和效率。

要提高秘书机构的科学管理水平,就要实现秘书工作的规范化、制度化和科学化。为此,就要做到以下几点:

(1)秘书的弹性分工和灵活调度。

(2)为领导班子服务的周密安排。

(3)对常规性工作和突击性工作的合理部署。

(4)把握秘书工作有张有弛的节奏。

(三)如何加强对秘书机构的领导和管理

首先,要加强秘书队伍建设,保持秘书队伍的相对稳定。

其次,要健全秘书机构的各项规章制度。

再次,要完善秘书机构的工作规范。

第四,要加强对秘书机构的目标管理。

目标管理又称标的管理、成果管理。这种管理不注重目标的实现过程,而注重工作的结果,根据结果来评判工作的优劣。

最后,要建立激励机制。

所谓激励机制,指的是通过一定的刺激手段来促使主体产生积极向上的心理,充分发挥出自己的主动性、积极性和创造性。

【实训】 秘书组织机构的管理与任职要求

一、训练目标

通过训练,学生能按秘书工作与环境管理的基本要求和工作的一般程序,拟订办公室管理的制度和办法。

二、训练方案与要求

30出头硕士毕业的李某年轻有为,已是某市政府机关办公室的副主任。老主任对李某的工作相当支持,在李某主持下,办公室的各项工作开展得相当顺利,办公室的人员也干劲十足,工作一派欣欣向荣的景象。后来老主任退休了,上级派来了一位拥有博士学位,同样非常年轻的孙某任正主任。

大家原以为办公室主任和副主任都是能干的、高学历的年轻人,办公室的工作一定会更上一层楼,然而,情况恰恰相反,两位主任的意见常常对立冲突,而且两人相互之间又不沟通,给下属的指令经常不一致。一件事若按副主任的要求去做,权力更大的正主任要下属从头来过,这样搞得办公室工作没有效率,时间也浪费了。更重要的是让下级感到无所适从。而且这种"两驾马车"式的管理方式越来越严重,使得整个办公室的管理相当混乱,各项工作弄得一团糟。结果,领导将两位主任全部替换,又派了一位主任,办公室工作才理出头绪。

三、训练要求

讨论案例一中,领导在安排办公室人员(主任)方面有哪些失误? 为什么?

四、训练提示

一般单位都有秘书机构。属于秘书机构的有:董事会秘书处、党委办公室、信访处、总经理办公室。

第二部分 秘书日常事务处理

【知识目标】

熟悉秘书日常事务的主要内容和基本要求。

了解日常事务处理的基本程序和特点。

掌握办公室日常管理的方法。

熟悉时间安排的规范和要求。

掌握督查信访事务的一般程序和方法。

【能力目标】

能够高效处理日常事务。

能够规范地进行接打电话和日常资料处理。

能够合理进行时间安排和工作安排。

能够按要求接待并督查信访工作。

【案例导入】

案例一:不能只做传声筒

有一次,××省委办公厅来电话通知:中央某部某领导,在××省的视察工作告一段落,定于次日乘飞机到 N 市,请接机,并请告知你省某书记。因某领导是他的老熟人,希望能在 N 市见面。接到通知后,秘书即向机场问讯处查询航班时刻,问讯处答:"正点是明日上午 9 时着陆,但可能停航。"秘书立即向某书记报告。书记指示:明天我去接机。其他接待安排,请接待部门安排好,并把情况告诉我。结果书记按时到机场接站,未接到客人,回来即查问是怎么回事? 经再次查询得知:最近民航因故暂停。当天下午 4 时有一架军用飞机在 N 市机场着陆,某领导是乘军用飞机来的。书记第二次到机场才接到客人。

简评:

秘书在接听电话时,不能只做简单的传声筒。不但要听清对方说什么事,而且要用心思想一想,有什么疑点,查询清楚后,才能向有关部门和领导报告。如果接到××省委办公厅电话时,及时问清乘什么飞机? 何时到达 N 市? 或听到问讯处说可能停航时提出疑问和追问清楚,就不会出现这次差错。可见,秘书平时还应多学习,丰富自己的知识。这样才能及时发现疑点,找到矛盾,避免出乱子。

案例二:做好来信处理

上海一家五星级饭店总经理的秘书收到一位客人写给总经理的信,反映他在该饭店住宿期间,因饭店工作人员的疏忽,未及时叫醒他而使他误了班机,既造成经济损失,又未能赶上一个重要会议。这位客人建议该饭店改进叫醒服务的手段,提高服务质量,切实防止此类事件的发生。收到此信后,秘书先在来信登记簿上作了登记,并填写了来信处理单,随后立即做了调查,发现旅客反映的情况属实。根据饭店的惯例,客人来信,每信必复;凡因饭店的过失造成旅客的经济损失,一律做适当补偿。于是,秘书以总经理的名义写了下面这封回信,在总经理批准后及时发出。

尊敬的×××先生:

您好!

首先感谢您多次惠顾我饭店。由于我饭店工作人员的疏忽,导致您10月15日误机,给您造成经济损失和工作上的麻烦,对此,我们深感遗憾和愧疚。此事反映出我饭店在管理和服务上还存在不可忽视的缺陷,应当引起我们的高度重视。我们决定采纳您的建议,立即改进叫醒服务的手段,避免此类事件再次发生。

作为对您所受损失的小小补偿,同时也是表达我们对您所提建议的谢意,我饭店将在您下一次入住时,向您提供一次性500元人民币的免费消费,有效期至××××年×月×日。此项免费消费已输入我饭店电脑管理系统,您只要在结账时出具此信和您的身份证,电脑管理系统将自动在您的费用中抵扣。敬请笑纳。

我们竭诚期待您的再次光临。

祝您身体健康,工作顺利!

××饭店总经理 ×××(签名)

××××年×月×日

提示:

回信发出后,秘书在来信处理单上作了留注,记下了处理的方式和结果,然后将来信处理单、来信以及复信的存本一起归卷保存。

第一单元　电话事务处理

在社会生活中,人们越来越离不开电话,在秘书日常的公关事务中,电话沟通更是不可缺少的形式,很多客户正是通过电话最先接触和了解对方。正确使用电话,有助于创造良好的沟通气氛,提高办事效率,树立个人和组织的良好形象。

对于秘书而言,除了接听和拨打电话之外,还要学会过滤电话。

一、接听与拨打电话的原则与基本要求

1.**表达规范、正确**　秘书电话语言表达要体现出良好的职业规范,秘书人员的工作

语言应是普通话,要始终保持接听电话时的职业语调与规范用语,这是秘书的首要基本功。另外,因为电话交谈不像口语交谈,可以用除声音之外的体态语来辅助表达,所以用语要规范。同时,电话交谈有时因为距离问题或线路干扰而使声音模糊、失真,这一切都要求在接听电话之前,必须首先注意表达规范正确。

2. **礼貌热情,语气清晰和婉**　俗话说,言为心声,声音能反映人的真情实感。秘书电话交谈,更应该运用富有人情味的声音,力求使对方既收到语言,又收到情感信息。有人将电话比喻成不速之客,常会不顾对方是否欢迎而突然闯入。对于秘书,心情在某一时刻可能很不好,此时更要求秘书人员在接听电话时态度要热情,语气要和婉,不可生硬,不能让对方感觉不舒服。

3. **简洁**　企业电话用语,不同于人们日常生活中的电话用语,电话沟通的时效性很强,秘书人员必须有很强的时间观念,长话短说,扣紧主题,不说与主题无关的事。同时,简洁并不意味着一定要少说话,在表达信息的过程中,一定要全面准确,而不是一知半解。

4. **保密**　电话保密是企业信息保密中的一项重要内容,秘书人员在接听电话时一定要注意保密,一般不要在普通电话里谈秘密事项,同时也不能将和电话内容有关的事项告诉无关的人员。如果对方在电话中问及有关机密的事,秘书人员可根据情况,或婉言拒绝,或请示领导。

5. **注意时间**　这主要是针对打电话时,要考虑对方此时接电话是否方便,要注意各地、各国的时差和工作时间的差别。一般的公务电话最好避开对方临近下班的时间。因为这时打电话,对方往往急于下班,很可能得不到满意的答复。公务电话应尽量打到对方单位,如确有必要给对方打时,应避开对方与其家人吃饭、休息时间。

二、接打电话和处理电话中问题的方法

(一)处理电话留言的一般原则

1. **简洁**　在记录留言时,要抓住要点,排除无用的话语,让人一看就明白。

2. **完整**　留言中若提到有关日期、时间、数字等重要信息,要非常仔细地记全,不要遗漏。

3. **准确**　要确保信息记录的正确,包括双方的姓名,对方的单位、电话号码,来电日期、时间,来电的内容等。一定要在留言上签字,以防收到信息的人有什么疑问。在记录完留言后应将留言中的数字信息、地址等重要内容与地方作核查,确认准确。

4. **及时送达留言**　记录者应尽早传递留言,如果留言是紧急内容,应将留言表中紧急一项标出,提醒接收者。当留言出错的时候。最好坦然向对方承认,取得谅解,并尽快采取补救措施。

(二)接电话的方法

1. **响铃不过三**　秘书在电话铃响后,应迅速接听。铃声响了3次以上才拿起话筒是缺乏效率的表现,势必给来电话者留下不好的第一印象。如果耽搁了一会儿,拿起电话后,要先向来电者真诚地表示歉意:"对不起,让您久等了。"

2.接电话的问候语 先要问候,对外报出单位名称,对内线报出部门名称。

比如:"您好! 天地公司。"或:"您好,销售部办公室,我是刘海。"

3.来电要找的人不在或因开会不能接电话,秘书可以选择

(1)如果知道上司何时回来,可以告诉对方到时再打过来。如:

"很抱歉,刘海先生正巧不在,您过一会儿再打来好吗? 估计他9点钟左右回来。"

(2)可请对方留下姓名和电话号码,等上司回来后再同他联系。如:

"请您留下电话号码好吗? 这样刘经理可以给您回电话。"

(3)可询问对方是否愿意与其他人通话,但要告知对方你要转给哪个部门人员,并征求对方同意。如:

"关于合同一事,你想同其他人谈一谈吗? 我们的销售部马经理正在办公室,要不要我把你的电话转过去?"

4.记录并引用对方的名字 秘书应该有意识地训练自己的听辨能力,假如对方是老客户,经常打来电话,你开口就弄清楚他的声音时,秘书可以用合适的称谓问好:"您好,王经理"这将给对方留下受到特别重视的印象。

5.接电话的语调 利用清晰而愉快的语调接电话能显示出说话人的职业风度和可亲的性格。在说过"你好"并自报姓名后,你是热情还是心不在焉全都会通过说话语调暴露出来。说话应稍慢而清晰,要注意措辞。说话时要面带微笑,使声音听起来更为热情。语调要平稳、安详,不可时而细语时而高声大叫,更不能陡然提高音调。

电话语言沟通的三大特点是:声音和谐有序、态度和蔼可亲,言辞得体准确。

6.排除干扰 要是在通话时想要打喷嚏或咳嗽,应偏过头,掩住话筒,并说声"对不起"。千万不要边打电话边嚼口香糖或吃东西。应避免打电话时和旁边的人交谈。注意不要让房间里的背景声音干扰电话交谈。如果通话中遇到线路出现毛病或串线,应尽快处理,并建议对方待会儿再打。这样做,也许会耽误一点时间,但比较礼貌。

7.做好电话记录 秘书一定要养成随时准备记录的职业习惯。应在电话旁边准备好电话记录表(或记录本)和笔等,电话铃一响,左手摘机,右手马上准备记录。

(三)拨打电话的方法

1.首先报出本人的姓名和单位名称 为了使对方能听清楚,说话节奏应比交谈时稍慢些。建议报出自己的全名。这实际上是一种自我推销的方式,可以使对方加深对你的印象。比如,你可以这样说:"您好! 我是天地公司的刘海。请问王先生在吗?"如果是秘书接的,等本人来接时,还需再报一次姓名和单位。

秘书介绍自己的方法主要取决于两个因素:一是确定电话是内线还是外线;二是能否清楚接电话的人是谁。如果打外线,秘书不认识对方,应作详细的自我介绍,如"您好,我是刘海。天地公司销售部的秘书。"如果打内线,秘书可区别对待。以下几种自我介绍可视不同情况采用。

"我是刘海,王先生的秘书。"

"我是销售部的刘海。"

"李涛先生,您好,我是刘海。"

秘书在电话接通并作了自我介绍后,要简明扼要地说明通话目的。在请接电话的人传呼自己要找的人时,要有礼貌。如果估计到这次通话的时间较长,应在通话开始时就询问对方此时是否方便长谈。如果对方愿意谈但此时不方便,秘书要有礼貌地请对方指定下次通话时间。

打电话时,若恰巧要找的人不在,或不能来接电话,秘书可用协商的口气请接电话的人转告。留言时要说清自己的姓名、单位名称、电话号码、回电时间、转告的简要内容等。在对方记下这些内容后,千万不要忘记问:"对不起,请问您怎么称呼?"对方告知的姓名要用笔记下来,以备查找。

2. **如果想请对方回电话,切记要留下自己的电话号码,这是最基本的礼仪** 别忘了告诉对方回电话的最佳时间。在你有可能外出时,记住这一点尤为重要。如果对方是在外地,则最好说明自己将于何时再打电话,请其等候。

3. **要问对方此时打电话是否方便** 对方必须在电话中讨论的问题,还应考虑何时去电话更方便。有的公司希望一上班就接这样的电话,以便能有一整天时间可做其他事情。而有的则宁愿在一天工作即将结束的时候再接这样的电话。如果想定期和对方进行这种讨论,应征询对方定在哪一天、哪一个钟点更为方便。这样做,既是为了使对方能定下心来与你从容讨论,同时也是个风度问题。在别人正忙时去电话是很不礼貌的行为。

明明需要占用一刻钟,切不可只说:"可以占用您几分钟时间吗?"应该说:"王涛,我想和您谈谈分配方案的事宜,大概需要一刻钟。现在您方不方便?"有时您可能只是为了和对方约定一个双方都方便的时间再去电话,但如果对方说"现在就行",则不宜再推迟。如果不得不在对方不方便的时候打电话,应当表示歉意并说明原因。

4. **注意自己的语言** 措辞和语法都要切合身份,不可太随便,也不可太生硬。称呼对方时要加头衔。听话时,最好插用一些短语以鼓励对方。对对方的要求作出反应或对方提出要求时,态度应积极而有礼貌,比如:"我很高兴为你了解相关信息"或者"请别忘了下周一到我公司开会"等。

5. **适时结束通话** 通话时间过长意味着滥用对方的善意。结束谈话时,要把刚才谈过的问题适当总结一下。最后应说几句客气话,以便显得热情些。放话筒的动作要轻,否则对方会以为你在摔电话。

在每次通话结束前,挂电话的一方应该主动说些礼貌规范的结束语,以结束通话。这虽然不是大事,但却有助于判断对方是否故意拖延通话。可以以征求意见的方式提出,如:"就谈到这里,好吗?"也可以用规范的结束语,如:

"很高兴与您通话,我们希望能尽快见到您,再见。"

"谢谢您的来电,李涛先生。再见。"

如果所在单位或部门规定了标准的通话结束语,则应在每次通话结束前使用这句结束语。切不可正题刚讲完便"啪"地挂上电话,使对方措手不及。

6. **拨错了电话号码要道歉** 道歉的态度要诚恳,话不必多,你可以说:"对不起,我可能拨错电话号码了"。不可盘问对方为什么不是自己要找的人。同时，可以询问一下对方的号码，看是否与自己所拨的号码相同，以免再次拨错。同时，别忘了要道声"再见"。

（四）通话过程中可能出现的问题以及处理方法

1. 线路中断　拨打电话的一方应主动重拨，接话方则应静待1~2分钟后方可离开。重拨应越早越好，接通后应先表示歉意，尽管这也并非是自己的过错。

即使通话即将结束时出现线路中断也要重拨，继续把话讲完。否则，就像交谈中弃人而去，是很失礼的事。况且，既使你的话讲完了，对方可能还有更多的话要讲。要是在一定时间内打电话的一方仍未重拨，接电话一方也可拨过去，并且可以这么说："刚才您是否讲完了，还有其他问题（事情）吗？"

线路中断常发生于"持机稍候"和等待转接电话的时候，虽然令人恼火，但在接通时也不可暴露任何不满。因为也许是由于对方不了解电话系统操作而出的差错，并非出于故意。但作为请人稍候和转接电话的一方而言，应主动表示歉意并迅速接通对方所需要的电话。

2. 接通时受到干扰　如果接电话时室内已经有人和通话时有人闯入而没有退出室外，你可先对话筒说声"对不起"，然后有礼而坚定地对进来的人说："我待会再去找你"，示意其退出。在上司打电话时，如果秘书确有急事必须马上找他，可以将要谈的问题写在便条上放在他的眼前，然后再退出。

3. 没有时间谈话　对于这种电话无非是接还是不接，权衡的关键在于来电的重要与否和矛盾的轻重程度（如手头的工作能不能暂时搁置，或者是来电能不能三言两语讲完）。这时对方并不知道你的处境，所以在接电话时不妨向对方直言。这样做是允许的，也不失礼。比如，可以告诉对方："我正在打今天下午要用的报告，能不能待会儿给您回电话？"这样对方了解你不想接并非出于不尊重，同时也可使他有所选择，或是同意以后再通电话，或是三言两语讲完来电。

如果当时的确很忙而又深知来电话者讲话啰嗦，则告诉对方迟些时候回电话，这样对双方都比较合适，而且不失礼貌。

4. 很难对付的电话　有的人讲话听不清或很难懂，应在通话开始时就向其说明。有的人喜欢在电话里大发脾气。可以适当地让对方发泄心中的怒气。回话人的语调要安详，沉稳。有的人东拉西扯，谈不到点子上，应有礼貌地把问题引上正题。有的人像牛皮糖，很缠人。不管是否会干扰别人，他总是在电话里说个没完，或三番五次地打电话来。对付这种人，只要不说"我对你不感兴趣"，用什么办法加以拒绝都行。对他们说话要直截了当，不能过于婉转，可以说自己正在忙，有空便回电话。比如说："谢谢您多次来电话，只是我们已经选好了办公用品的供应商"。

（五）在对方电话答录机中留言

（1）等到对方电话预先录制的请留言信息结束，在听到特殊的提示音后开始留言。

（2）先清楚地说出自己的姓名和单位的名字。

（3）清楚说明要给谁留言，最好留下全名。

（4）简洁说明留言的内容，一定要做到信息简短明了。

(5)对于姓名和地址等主要词汇,可运用拼写再次确定,如:李海先生的名字是木子李,大海的大海。

(6)如果信息中要留言数字,应缓慢述说,并再次重复。

(7)然后说出留言的日期和具体时间。

(8)挂断之前,自己要向对方说"谢谢"和其他礼貌用语。

【实训】 接打电话工作案例分析

一、训练目标

通过训练,学生能够按照接打电话工作的要求正确地接打电话。

二、训练方案与要求

意外的电话

这天上午公司孙总正在主持召开公司的董事会。公司有规定,在开董事会时,参加人员一般不接电话,等散了再说。10点左右,公司的大客户李总来电话,他对孙总的秘书于雪说他有急事要与孙总商量。面对这种情况,于雪应该如何处理?现在于雪有这几种选择:

(1)李总,对不起! 我们老总正在开会,不能接听电话。

(2)李总,实在不凑巧,我们孙总正在参加董事会,估计会议要到12点钟才结束。回头我们再给您来个电话,您看这样可以吗?

(3)李总,请您稍等一下,孙总刚刚散会,我马上帮您去找找。

(4)李总请您等一下,我马上叫我们孙总来接电话!

(5)李总,实在对不起,我们孙总不在公司。

对于于雪以上几种选择,你认为哪种选择比较合适,请说明理由,并对其他几种选择进行评析。

第二单元 时间安排规范

秘书日常事务工作之一就是做好组织的时间安排,包括日程安排、约会安排和旅行安排。帮助领导安排好时间,主要内容是做好日程安排,包括每月、每周、每天的日常工作安排。

一、日程安排的内容

秘书日程安排的内容是把领导或组织的每月、每周、每天的主要活动纳入计划,并下发给组织相关单位和部门。对秘书而言,可以及时掌握领导活动的线索,及时作出相应的调整。

领导或组织日常工作安排一般涉及以下内容:

(1)各种接待、约会。包括接待和会见本单位员工、外单位来宾和国外的来宾。

（2）商务旅行活动。当前各组织领导特别是企业领导经常到各地、各国去联系合作事宜，进行市场调研和参观学习。

（3）参加各类会议。各类组织都会经常举行不同类型的会议，领导部署重要的任务，听取员工的建议，组织各类表彰会议等。

（4）到车间进行实地检查和指导。优秀的企业家都注重及时了解本组织的生产、营销、资产运行等方面的情况，这离不开亲自去做市场分析、产品分析、资产分析的工作。

（5）组织的各类重大活动安排。

（6）领导私人活动的安排。在西方国家，包括日本秘书一般都要对领导的私人生活进行安排。比如何时去休假，替领导安排好接待领导私人亲朋的日程表等。

二、日程安排的基本要求

日程安排主要是对领导或组织日常活动的时间和程度进行统筹计划和安排的过程。其具体要求如下：

1. 统筹兼顾　所谓统筹兼顾，就是安排日常活动要从组织的全局出发统一筹划，又要兼顾领导的实际情况。有条不紊地做好时间的协调工作，避免发生撞车，使整个事件安排如同流程一样，是一个完整顺畅的动态系统。

2. 安排规范　安排规范就是根据组织领导的分工，明确规定哪一类组织活动应由哪些领导参加，避免出现随意性，注重实效，克服形式主义。

3. 效率原则　日程表的安排要体现效率原则。秘书在安排领导日程时要注意使整个日程安排有助于提高组织工作效率，设计的工作日程要很清楚。

4. 突出重点　采用 ABCD 法则，与完成中心工作有直接联系或重要的活动，要优先安排，加以保证，以便领导集中精力办大事，防止领导疲于奔命，力戒形式主义。ABCD 法则中的 A 是指先做重要而紧急的任务；再作重要而不紧急的任务，即 B 类事务；后作紧急而不重要的工作，即 C 类事务；再处理 D 类，可做可不做的事务。只有这样，才能提高效率，充分利用时间，合理分配精力，完成工作任务。

5. 留有余地　安排领导的时间要留有余地，不要安排得过于紧密，要给领导空隙时间。

6. 适当保密　领导的日程安排，一般都是自制成一览表的形式。日程表给领导一份，给秘书科长和其他领导一份，再就是有关科室和司机一份。不过，给科室和司机的日程表，内容不能太详细，以防泄密。

7. 事先同意　在安排领导的日程表时，不论是一般的工作还是重要的工作，都要事先得到领导的同意。

三、日程安排的形式

1. 年计划表　公司在一年的例行活动，商界在一年中的例行活动以及公司年度工作计划，可以事先安排。

2．月计划表　从全年计划表抄下日程安排,填写出差和聚会等预定事项,要抓住当月的重大活动。

3．周计划表　在周末要向领导报告下周计划,并得以确认。周计划的安排要考虑领导的忙碌程度以及其他因素,如果领导临时事情太多,则可以将一个月内必须完成的已知事项,安排在其他周完成。

4．日程表　领导在一天中要做许多工作,为使其事先掌握自己所要从事的重要活动,必须提供给领导日程表。在前一日下午或者当日清晨,根据周计划表,抄制当日日程表,并得到领导确认(如果不制作日程表,根据周计划表安排工作时,也必须于前一日或当日清晨得到确认)。

日程安排注意事项:

(1)日程表编写以记叙、说明为主要表达方式,不加评论,不做过多分析,简洁具体,使人一目了然。

(2)月计划、周计划、日计划不要安排得太满,尤其是后两者。因为环境随时变化,领导要根据不同的情况作出一定的改变,所以编写要留有余地。

(3)所有的日程安排都应按领导的意思去办。经领导审核通过打印成表并送给相关部门,同时要留有备份。

(4)活动与活动之间要有一定的空隙时间,以避免一些时间冲突。

(5)在制订日程表的过程中,应养成谦虚细心的习惯。事不论大小,都要认真去检查核对,然后再请领导审核,这样一方面减少错误,另一方面也提高工作效率。

(6)对已经处理完的工作,一般应注明结果,对没处理的也一样,这样避免漏掉一些重要内容,并帮助领导随时掌握信息。

四、日志

(一)日志的相关知识

秘书的一项重要责任就是节省上司的时间,保证上司高效率地工作。工作日志就是秘书协助上司通过与各方协商,对自己和上司的一天活动作出合理安排,并予以实施的辅助工具。

无论手工填写还是电子工作日志,填写的信息内容应相同,上司的日志内容通常包括:

(1)上司在单位内部参加的会议、活动情况,要记录清楚时间、地点、内容。

(2)上司在单位内部接待的来访者,要记录清楚来访者的姓名、单位详情、约会时间。

(3)上司在单位外部参加的会议、活动、约会等情况,要记录清楚时间、地点的确切细节、对方的联络方法等。

(4)上司个人的安排,如去医院看病等,以保证秘书不会在这段时间安排其他事宜。

(5)上司私人的信息,如亲属的生日,以提醒上司购买生日卡或礼物。

秘书的日志内容除了包含上司的日志内容外,还需要包括:

(1)上司的各项活动需要秘书协助准备的事宜,例如为上司会议准备发言稿、会议议程、订机票;为上司的会谈草拟合同和定餐等。

(2)上司交办自己的工作,例如为签字仪式联系地点、媒体等准备工作。

(3)自己职责中应做的工作、活动,例如撰写工作总结,参加值班等。

(二)处理工作日志的变化与调整

有时会因预想不到的事和对方的原因而必须改变日程安排,如果是我方的原因变更安排,会造成一些有形无形的影响,甚至会影响企业的信誉和双方的信赖关系。因此,应尽量想办法将日程安排的变更限制在最小的范围内。

一般的变更包括:

(1)原定结束时间延长超时。

(2)追加紧急的或新添的项目。

(3)项目的时间调整、变更。

(4)项目中止或取消。

针对上述情况,秘书应注意:

①安排的活动之间要留有10分钟左右的间隔和适当的空隙,以备活动时间的拖延或新添临时的、紧急的情况。

②进行项目的时间调整、变更,仍然遵循先重急后轻缓的原则,并将变更的情况报告上司,慎重处理。

③确定变更后,应立即做好有关善后工作,例如通知对方,说明理由,防止误解等。

④再次检查工作日志是否已经将变更后的信息记录上,不要漏记或不做修改。

(三)日志填写的工作方法

1.手工填写的工作日志　对于手工填写的工作日志同时还要准备两本,一本为上司使用,一本为自己使用。使用时的工作方法是:

(1)提前了解上司工作和活动的信息,并在2份日志上填入,并于当日一早再次确定和补充。

(2)提前在自己的日志上也清楚标出自己当日应完成的工作。

(3)输入或填写的信息要清楚、方便阅读,保持日志整洁,最好先用铅笔填写,确认后,再用水笔正式标明,还可以使用不同色彩。

(4)输入或填写的信息要完整,标明各项活动的时间、地点、姓名、联络的必要信息。

(5)输入或填写的信息要准确,当日出现情况变化,应立即更新日志,并告知上司出现的变化。

(6)在上司日志变化的同时,应更改自己的日志,并做好变更的善后工作。

(7)在自己的日志上要清楚标出为上司的有关活动所做的准备,并逐项予以落实。

(8)协助和提醒上司执行日志计划,在需要时能帮助上司排除干扰。

2.电子工作日志　计算机程序现在可以提供日历、日志和计划的功能,并应用于联网的计算机中。有条件的可以使用计算机电子日志来管理时间,通过电脑程序中的 Microsoft Outlook 可以打开个人文件夹,上面有今日的时间、本月和下月日历,只要输入工作任务即可。输入的方法和内容与手工填写日志基本相同。电子工作日志比手工填写日志用起来更方便,可以迅速修改和更新日志内容,且不留痕迹。

样表:

工作日志

主管经理工作日志		
2008 年 10 月 27 日		
时间	内容	地点

(四)注意事项

(1)秘书应确保上司日志信息的保密,只对上司授权的人查阅。

(2)要确保 2 本工作日志信息一致和准确,如果上司有了新安排,应立即补充,并且每天要进行检查和更新。

(3)秘书要熟悉上司工作习惯和约会时间的长短,每天最早和最晚可安排约会的时间,以便安排的约会符合要求。

(4)秘书应熟悉上司用餐和休息的时间,以便安排约会避开上司的休息。

【实训】　时间安排工作情景模拟训练

一、训练目标

通过训练,学生能够按照时间安排规范的要求,合理安排约会、旅行工作。

二、训练方案与要求

(一)场景一

小郝是乌鲁木齐某集团公司陈总的秘书。有一天离下班还有一个半小时,陈总告诉小郝:"明天全天我的活动较多,你快给我制作一份详细安排表,并通知各有关人员。"

陈总打算明天清晨去机场送一位重要客人,航班起飞时间是 9:00(去机场需要 25 分钟);回来后去雪岭宾馆看望昨天抵达的另一位重要客人及其随行 2 人,然后一边共进早餐一边聊聊业务合作事宜;11:00 召开总经理办公会,讨论总经理办公室郭主任起草的公司今年工作总结及明年工作要点;中午 1:00 和公司丁副总、郑总经济师一起,与昨天抵达的那位客人一行正式商谈合作事宜;中午在云岭宾馆宴请客人一行并在席间继续聊聊有关合作的一些细节问题;下午 4:00 去市里参加经济工作会议的总结大会并聆听市主要领导讲话;下午 6:30 去公司新大楼工地检查安全生产措施的落实情况;晚间陪同合作方客人一行 3 人乘车浏览城市夜景和观看冰灯。

假设你就是秘书小郝,请你制作明天陈总活动安排表。要求既详尽又简明,能让陈总及其他有关人员一目了然。

（二）场景二

陈之安先生是沈阳某飞机部件股份有限公司主管销售的经理。请把下星期一的活动安排有关内容分别填写在陈之安先生和他秘书的工作日志上：每周星期一上午10:30在办公室举行会议，所有经理都参加。要安排时间去银行取现金。12:30陈先生与王新西先生（北京代理商）在文华大酒店共进午餐。为人事部的朱迪小姐安排下午3:00见陈经理。在当天某一适当时间，秘书必须空出半个小时的时间以便安排陈先生与自己商谈下一次推销工作会议的日程安排，但不能占上午9:00—10:00的时间，因为陈经理想在这段时间里处理他的信件。陈经理和夫人晚上7:30出发去康特公寓出席晚8:00的俱乐部聚餐会。秘书本人在晚上7:00要参加社交俱乐部举行的一个会。

操作要求：

（1）领导与秘书都要去参加的活动要记录在相同的时间内。

（2）秘书单独的活动，只能安排在领导的空余时间或者单独活动的时间。

第三单元　督查信访事务

一、督查工作

（一）督查工作的含义

督查是指对下级机关和部门贯彻落实领导机关决策和领导人指示的情况展开督促检查的活动，又称督办、查办。

（二）督查工作基本程序

督查是一项重要而复杂的工作，要做好这项工作必须遵循一套科学的工作程序。概括起来可以分为拟办、立项、交办、催办、办结、反馈和归档七个环节。

1. **拟办**　在作出重大决策、重要工作部署之后，或在接到学校党委、行政和党政领导同志的指示、交办事项之后，办公室要及时提出拟办意见。拟办意见包括承办单位（牵头单位、协办单位）、承办时限和工作要求等。其中重大和复杂事项，在提出初步拟办意见后，应征求有关方面的意见，在承办单位认可的情况下，并报领导审定。

2. **立项**　办理意见确定后，即可登记立项。立项要坚持一事一项的基本原则，一个工作部署或一项决策立为一项。立项时要登记编号，具体工作人员按拟办要求认真填写《督查登记表》，以备存查。

3. **交办**　交办一般采取发《督查督办通知书》的形式，把督查事项交有关单位办理，特殊情况采用口头的形式交办。办公室在交办时要做到任务量化、时限具体化、责任明确化。

4. **催办**　为及时了解督查事项的运行情况和办理情况，办公室采取发《催办单》或直接到承办单位催办等形式，适时加以催办查办。同时，要积极协助被督查单位解决工作中遇到的困难。

5. **办结**　承办单位在工作任务完成后,应及时回复办理情况。办公室将对承办单位的回复情况进行检查,按照交办时所提的要求,对不符合交办要求的,要退回承办单位补办或重办;对符合交办要求的,呈报领导阅知。

6. **反馈**　一项具体的督查督办任务完成后,要按照事事有结果,件件有回音的原则,及时向批示领导报告结果,做到批必办、办必果、果必报。

7. **归档**　督查事项办结后,应将各种有关的文字材料,包括领导批示、办结报告、检查反馈,整理归档等。

(三)督查工作制度

建立健全督查督办工作制度,对于做好督查工作十分重要,既有利于明确职责范围,又有利于增加工作透明度和提高工作效率。

1. **专人负责制度**　督查督办工作要按照专人负责的原则。做到件件有落实,事事有部门承办,结果有反馈。

2. **检查制度**　在督查督办工作过程中,办公室要根据不同工作内容运用不同的形式,对被督查单位的工作进展情况和落实情况进行普遍检查和重点抽查。

3. **情况通报制度**　利用《办公室督查督办简报》,定期或不定期对各单位、各部门落实上级部门重大决策、重要工作部署以及重要批示的办理情况,在一定范围内进行通报。对落实好的予以表扬,加以推广;对不足之处,及时指出,督促改进;对落实差的,要进行通报批评。

(四)督查工作方法

办公室督查督办工作,将根据督查督办事项的内容采取催报督促、督查调研等方式进行。

1. **催报督促**　重要决策出台或工作部署之后,在规定的上报或办结期限内,办公室要定期或不定期对承办单位的工作进展情况和办理结果进行催报。

2. **督查调研**　办公室在开展督查督办工作时,要寓调查研究于督查之中,边督查边调研,进而形成调研成果,为领导做好参谋助手。

(五)督查工作要求

(1)工作人员要以认真负责的态度,做好督查督办工作。

(2)督查督办工作应本着实事求是的原则和一丝不苟的精神,深入调查研究,及时、全面、准确地了解和反馈有关情况,并对涉密事项严格保密。

(3)督查督办过程中,督办人员要加强与被督办部门之间的沟通与联系。对涉及几个职能部门的事项,部门之间有意见分歧不能解决时,应做好协调工作。

(4)凡列入督查督办的事项,都应当有明确的督办结论;凡未按时并保质完成的工作,应如实向领导汇报以便作出决策,并责成有关部门限时完成。

二、信访工作

(一)信访工作的含义和方法

所谓信访,是来信来访的简称,是指社会成员通过写信、走访、电话等形式,向党和国家机关、企事业、社会组织及其负责人反映情况,表达个人和集体意愿的一种政治交往活动。

信访工作是机关、团体及企事业单位的一项经常性工作,也是秘书工作的重要组成部分。做好信访工作,直接关系到各级领导能否发扬社会主义民主,保证人民民主权利和合法权益;能否接受群众监督,保持同人民群众的密切联系;能否及时了解社情民意,为领导决策提供信息和建议;能否妥善处理新时期人民内部矛盾,维护社会稳定等重大问题。因此,信访工作是一项政治性很强的群众工作。

搞好信访工作,必须掌握的方法有:

一送,指从来信、来访中筛选出与各级各部门中心工作有关的情况和问题,或可能引发重大问题的苗头,或带有倾向性、普遍性的问题,送有关机关、单位领导人,为他们指导中心工作提供依据。

二转,指将来信、来访群众提出的问题及时转交有关部门处理。

三办,指根据情况由信访部门直接办理有关信访案件,未设信访部门或信访员的单位,要由办公室指定专人进行承办。

四查,指信访部门对所转出的人民群众来信、来访的处理情况进行督促、督办;对所属下级部门处理人民来信、来访的工作进行检查。

（二）信访工作的程序

信访工作的基本程序是信访事项的提出、信访事项的受理、信访事项的办理和督办。其中信访受理包括以下内容:来信受理:收信—阅信—登记—立案;来访受理:接待—登记—接谈—现场处理—立案;来电受理:弄清身份—听记陈述—整理记录—立案。

信访工作程序可参照的标准为:登记、告知、受理、办理、复查与复核、督办、立卷归档、总结与综合研究。

1. 登记　　登记是信访工作初始阶段的基本工作。登记的基本内容有:信访人的基本情况、基本事实、具体要求、相应理由和依据、信访事项的来源、处理方式以及事项受理、答复的规定期限等。

2. 告知　　告知是指行政机关在收到信访事项后,在法定期限内,依据现有法律、法规,判断该事项是否属于所受理范围和所管辖级别,以便做出是否受理的决定,并告知信访人。不能当场答复的,应当自收到信访事项之日起15日内书面告知信访人。

3. 受理　　受理是指信访工作机构认为公民、法人或者其他组织提出的信访事项属于受理范围,决定进行处理的行为。特殊情况下,对于可能引发群体性信访行为、集中投诉行为,或对公民、法人或其他组织的权益产生较为广泛影响的事项,在公民、法人或其他组织未向信访工作机构提出信访事项前,信访工作机构可以根据相关的信息和线索主动受理。受理分为转送、交办、通报与报告。

（1）转送。信访工作机构对于决定受理的信访事项,根据职责权限和级别管辖,将信访事项转到有权对信访事项的实体内容进行调查、核实并做出处理意见的部门。

（2）交办。对转送信访事项中的重要情况需要办理反馈结果的,可以直接交由有权处理的行政机关办理,要求其在指定办理期限内反馈结果,提交办结报告。交办的信访事项应当附正式的交办函件。

(3)通报与报告。通报和报告是指县级以上各级人民政府信访工作机构要定期向下一级人民政府信访工作机构通报转送情况,下级人民政府信访工作机构要定期向上一级人民政府信访工作机构报告转送信访事项的办理情况。

4. 办理　办理是指有权处理的行政机关依据职权,对已经受理的信访事项进行研究论证或者调查核实后,依法做出处理意见、予以处理的行为。办理的程序是:

(1)开展信访调查:事前通知、表明身份、说明理由、实施调查、制作笔录。

(2)作出办理决定:请求事实清楚,符合法律、法规及其他有关规定的,予以支持;请求事由合理但缺乏法律依据的,应当对信访人做好解释;请求缺乏事实根据或者不符合法律、法规及其他有关规定的,不予支持。

(3)送达与执行:送达方式有邮寄、直接送达、留置送达、公告送达。执行是指信访人的请求得到支持的信访事项,在处理意见作出之日起即可执行。

5. 复查与复核

(1)复查。信访人对作出的信访事项处理意见不服的,可以自收到书面答复之日起30日内请求原办理行政机关的上一级行政机关复查。收到复查请求的行政机关应当自收到复查请求之日起30日内提出复查意见,并予以书面答复。

(2)复核。信访人对复查意见不服的,可以自收到书面答复之日起30日内向复查机关的上一级行政机关请求复核。收到复核请求的行政机关应当自收到复核请求之日起30日内提出复核意见。

6. 督办　督办的方式:电话督办、书面督办、实地督办、会议督办、联合督办。

督办的程序:跟进督促、专门立项、调查协调、提出建议、审核结案。

7. 立卷归档　信访工作中产生的文书材料包括群众来信、接谈和电话记录、传真件、录音和录像材料、登记簿册、转办和交办函、答复函、上复报告等。信访工作文书材料在平时就要注意收集,在结案后加以整理,并对其中有保存价值的材料立卷归档。任何人不得丢失、隐匿和擅自销毁信访材料。

8. 总结与综合研究　总结的目的在于及时发现问题,交流经验,不断提高和改进工作水平。综合研究,是在总结的基础上对一定时期的信访案件作综合分析,发现带有普遍性、倾向性问题的研究过程。目的在于为领导提供有参考价值的情况、问题、建议,提高信访工作的针对性和有效性。

【实训】　督查信访工作情景模拟训练

一、训练目标

通过训练,学生能够按照接待工作的要求,合理挡驾和处理预约、未预约客户的技巧。

二、训练方案与要求

一天上班不久,邮递员送来3个邮件:一个是发给万总经理的函件,封面上有"急件"字样,另一个是给朱经理的包裹,还有一个是税务局寄来的函件。秘书小汪在投递单上签收后,将3个邮件放在一边,开始忙昨天未结的工作,直到快中午的时候,才腾出时间处理这3个邮件。小汪打开税务局的函件,是一份关于税务管理新办法的文件。小汪又打开急件,是一封客户请求确认并要立即给予回复的商函。小汪一看这两个函件,不是重要就是紧急,不敢怠慢,急忙送交万总经理阅办。回来后,小汪还没有坐稳,办公室钱主任走了进来,叫小汪外出办一件事情。小汪于是把包裹放在办公桌上,给朱经理打了个电话,让他过来自行取走,然后放下电话出去了。

要求:分析小汪的处理有什么问题,并给出规范的操作方法。

【知识链接】

ABCD 排序法

周一上班,秘书小周需要完成很多工作。她迅速地开始逐一工作,搞得手忙脚乱,临近下班时间,仍有部分工作没有完成。秘书小周需要在周一完成的工作包括:

(1)给某客户打电话,与对方联系上司下周四将与他约会的事宜。

(2)复印下午部门经理会议所要讨论的报告及会议日程表,每人1份(共8人,每份10页)。

(3)向人力资源部门写报告,申请今年的休假日。

(4)复印1份将给某客户的答复信以备存,原件邮寄给对方。

(5)拆封、分类和分发今天收到的邮件。

(6)布置下午要使用的会议室,准备茶水和咖啡。

(7)为上司预订周末去天津的火车票(北京出发)。

(8)将财务部新发的办公经费报销规定复印1份备份,原件放置文件传阅夹中给部门同事传阅。

(9)在做这些事情的同时,她还接待了3位访客,接了几个电话。

【分析思考】

许多秘书可能都会遇到这样的情况,总感到时间不够用。那么,在日常工作中可以用哪些时间管理方法将工作安排得更有成效。

【要点评析】

1. 用 ABCD 法则排出工作的优先等级　重要并紧急的,必须立即做、优先做,它们属于 A 类;重要而不紧急的,属于 B 类,应接着处理;紧急但不重要的,属于 C 类,有时间才做;既不重要也不紧急的,属于 D 类,可以不做。每日从 A 类依轻重缓急,循序着手,就能充分利用时间,取得最佳效益。工作优先等级的 ABCD 排序法如图所示。

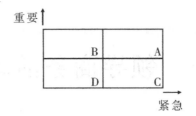

工作优先等级的 ABCD 排序法

2. 有效利用时间，事半功倍　　时间既是一个常数，公平地分配给每一个人，又是一个变数，善用则多，妄用则少。珍惜时间，一分钟劳动就有一分钟成果。为了有效利用时间，秘书应该：

（1）明确自己的工作任务和职责。你必须非常清楚在上司给你安排的工作任务中，哪些工作应该由你亲自完成，哪些工作应该是协助他人做，哪些工作不应该参与。

（2）要区分常规工作和非常规工作。哪些是每日都有的工作，哪些是每周或定期的工作，哪些是无法预料、突然出现的工作。例如案例中分管邮件的分类、拆封和分发，那么每日邮件一到就要立即处理，以免贻误紧急的信件，这就是你每日的常规工作。又如你负责办公用品的分发，这项工作不必天天做，可以协商好定期去做。如果上司让你马上外出取文件，你就要放下手头的工作，立即外出，这就是非常规工作。

（3）动脑筋思考，分清工作的轻重缓急，判断工作的先后次序，重要的工作、紧急的工作先做，科学地、有序地、一项一项地完成工作任务，而不是机械地来一件事干一件事。

（4）巧妙地运用一些方法，合理分配精力，精明地利用时间，以提高效率。如有些时候可以合并同类任务，集中起来专心致志一次完成，避免多次重复；有的工作动动脑筋、思考周密，一次就做好，不反复。在上面的案例中，小周可以将所有需要复印的文件集中在一起，集中复印；同时她还可以把所有要打的电话集中在某一时间段内统一处理，这都将帮助她节省大量的时间。

（5）使用办公辅助手段帮助组织工作。包括工作日志、时间表、计划表、日程安排或印制好的"效率手册"等，在上面编制日安排和周计划，帮助个人管理时间，使工作有条不紊。那些非常规的、重要的、紧急的或定时的工作，应在计划表中明显标注，以引起自己的注意，使那些无论如何要完成的事情绝不留到下一天。

（6）安排工作要适应整个流程的正常运转，不间断、延误或降低团队的整体效益。秘书在工作时，应考虑到自己只是团队中的一员，应考虑周围的同事们，特别是有些工作要相互接手和转交，要尽量在自己的范畴内多做些，给他人以方便。能与同事们协调互相之间的工作，团队的工作效率才会提高。

（7）要遵守组织制定的规章制度和有关工作的承办期限，不能只凭个人想象和爱好安排工作。例如组织要求电子邮件的回复应在收到后 12 小时内发出，秘书就要严格执行，安排进自己的计划。

（8）秘书应尽量坚持记工作日记，通过时间和活动的详细记录，认真分析、评估自己利用时间的有效程度，有哪些不合理的安排，有哪些工作浪费了时间，有哪些做法给他人带来了不便，从而得到启发，继续改进，不断进步。

第三部分 领导商务活动安排

【知识目标】

熟悉领导约会安排的主要内容和基本要求。

了解约会安排的原则和方法。

掌握商务活动安排的方法。

熟悉秘书商务礼仪的基本要求。

【能力目标】

能够熟练安排领导约会并编制工作表。

能够合理安排商务活动。

能够熟练安排商务计划。

能够按照商务礼仪要求辅助领导进行商务活动。

【案例导入】

过完五一黄金周于雪一上班,她就收到新疆天山公司发来的传真,他们公司的阎总一行4人5月12日到北京,与本公司商谈合作,需要帮助安排住宿等。

收到这封传真后,于雪马上打电话给行政部帮助预订宾馆。在接到了行政部已按对方要求在某某宾馆预订好房间的通知后,于雪马上给新疆方面发回复的传真,告知住宿已安排妥当。同时,因还需要安排到机场迎接的车辆,所以她在回复的传真里又加了一句"望通知具体的航班号,以便接机。"这封传真是以公司总经理秘书于雪的名义发的。

于雪发过传真之后,在新疆方面的传真上贴了张小纸条,在小纸条上写着"提醒12/05"和"已按对方要求在某某宾馆预订好房间"的字样,一起交给老总;同时,把自己发的传真也拿给老总。老总确认了宾馆已预订好之后,就在于雪回复的传真上签上了自己的名字。这件事就完成了。

5月12日早晨一上班,于雪看了自己记事本的工作记录后,在与老总确定当天工作日程时,提醒老总今天下午新疆的阎总到京。在提醒完老总之后,自己也应开始准备了。

思考:

1.请安排一次事务性约会,设计约会卡,你会怎么做?

2.当对方要变更约会时间时,你应怎样处理较为妥当?

第一单元　约会安排

约会也称约见,是指上司在事先约定的时间、地点与别人会面洽谈业务,会商工作。在企事业单位中,约见这一种交际形式被运用的频率,仅次于电话联系和书信联系。凡商量工作、解决问题、交流信息、联络感情都常用这一形式。在现代社会中,会面应事先约定,这是讲究社交礼节、注重工作效率的表现。

为上司安排约会是办公室事务中的一项常规性工作。不管是接待客人还是拜访客户,作为秘书都要事先把约见的时间、地点等细节问题安排好。一般来说,这些具体问题上司很少过问,怎么安排都是秘书的事。

一、约会安排的基本原则

(1)要根据领导的工作习惯和生活习惯来安排约见。

(2)要区分轻、重、缓、急,合理安排约见。

(3)协助领导搜集有关信息,做到使领导事先心中有数。

(4)酌情弹性。这种弹性包含两方面内容,一是指安排约见时间要错开进行,不可太紧或太松。二是早期安排的约见,时间不能太确定,届时也可能会因情况有变而更动约见时间。

(5)要注意提醒领导准时赴约,如果领导不能按事先约好的时间进行约见,办公室人员要设法及早通知对方。保证准时赴约,不误约,不失约。

二、约会安排的一般方法

(1)在领导时间比较充裕、精力比较充沛的情况下安排约见。

(2)电话安排约见。

(3)信件安排约见。

(4)制定约见日程表。

三、约会安排的注意事项

(1)要配合上司的时间表。

(2)分辨轻重缓急。

(3)约会时间要留有余地。安排上司的约会时,在时间上一定要留有充分的余地,这包括两方面的内容:一是约会时间要错开,不可太紧或太松。在安排约见时间时,要在每次约见之间留出10～15分钟的机动时间。二是远期安排或答应的约会,时间不能太确定。

(4)适当保密。上司的约会安排,一般要注意保密。

(5)内外兼顾,细致周到。

为了避免出现差错,在以下几个时间,一般不要给上司安排约见:

(1)上司快要下班的时候。

(2)上司出差刚回来。

(3)节假日过后上司刚刚上班。

(4)上司连续召开重要会议或参加重要活动后。

(5)上司身体状况不是太好的时候。

(6)如果安排了这次会谈,上司进入下一项预定工作的准备时间不足10分钟了。

约会小卡片

约会卡片的制作虽然看上去很简单,但在实际工作中非常重要、实用。为使领导的约会工作顺利进行,作为秘书要做好精心的准备工作。其中制作约会卡便是一项不可忽视的重要工作。下面列举约会卡样表,以供参考。

约 会 卡
××××年×月×日星期×

10:00 会见张××,商谈下一年度的销售问题,地点:公司会议室。

13:00 与××公司王××经理共进午餐,地点:白云大酒店三楼。

14:30 与律师商谈租赁位于中环大街的假日别墅事宜,地点:瑞金路18号。

16:00 去白云机场接××公司董事长周先生及其夫人,客房定在白云大酒店。

19:30 赴白云大酒店三楼晚宴(宴请20:00开始)服装:套装,附请柬。

【实训】 约会安排训练

一、训练目标

通过训练,掌握约会安排具体环节,掌握约会安排组织、协调、服务的基本要求。通过秘书的实务处理具体训练,了解并掌握约会的程序与注意事项。

二、训练方案与要求

王秘书在接到一位重要客户电话后,要请示领导该如何处理与客户的商务。此时领导正在会见一位来自韩国的客商,洽谈2004年春季竹工艺品的出口事宜。这时,王秘书就敲门请总经理出来,并请总经理马上给那位客户去个电话,给予答复。针对王秘书的这种处理方法,你怎么看的?

讨论:

(1)王秘书当时的处理方法是否合理?

(2)你认为怎样处理合适?

说明:

(1)分组讨论,并确定小组中心发言人;

(2)问卷调查,每组一份;

（3）由小组中心发言人总结小组答卷情况；

（4）教师分析，总结；

（5）分组讨论20分钟，班级发言15分钟，教师总结5分钟。

第二单元　商务活动安排

由于工作需要，上司会经常出差、旅行。很多旅行任务甚至是临时性决定下来的。但无论是国内出差还是国外出访，短期出差还是长期出差，在每次出差之前，秘书都要为领导做好大量的准备工作。

一、商务旅行计划的内容、旅行日程表的格式要求与内容

（一）商务旅行计划

商务旅行计划是领导出差是否能顺利完成工作任务的重要前提，一份合理、周全、程序规范的旅行计划，能保证领导在最短的时间内完成工作任务。一份周密详细的旅行计划主要从以下几方面进行考虑：

1. **时间**　一是指旅行出发、返回的时间，包括因商务活动需要到两个或两个以上地点的抵离时间和中转时间；二是指旅行过程中各项活动的时间；三是指旅行期间就餐、休息时间。

2. **地点**　一是指旅行抵达的目的地（包括中转地）。目的地名称既可详写（即哪个地区、哪个公司），也可略写（即直接写到达的公司名称）；二是指旅行过程中开展各项活动的地点；三是指食宿地点。

3. **交通工具**　一是指出发、返回的交通工具；二是指商务活动中使用的交通工具。这要求秘书了解这方面知识，如识别火车种类等。

4. **具体事项**　一是指商务活动内容，如访问、洽谈、会议、宴请、娱乐活动等；二是指私人事务活动。

5. **备注**　记载提醒上司注意的事项，诸如抵达目的地需要中转、中转站名称、休息时间、飞机起飞时间，或需要中转时转机机场名称、时间，为旅客提供的特殊服务、或开展活动及就餐时要注意携带哪些有关文件材料，应该遵守对方民族习惯等。

计划制订后，至少打印3份，一份交出差上司，一份由秘书留存，一份存档。

（二）旅行日程表的格式要求与内容

旅行日程表实际上就是旅行计划的具体细化实施表。格式要求和内容可参考下例：

旅　行　日　程　表

××总经理行程安排

上海至北京

2015年5月12日—5月14日

5月12日　星期二

上午 7：00 赴虹桥机场(公司派车送达)。

8：40 乘 Mu5143 次班机离沪赴北京。

10：20 抵达北京(×××接机),住××宾馆 606 房间(已预先订房)。

12：00 与××总经理共进午餐(在宾馆)。

下午 14：30 与××总经理在公司会议室洽谈(需用的 1、2、3 号文件在您的公文包中)。

18：00 与××总经理在公司共进晚餐。

5 月 13 日 星期三

上午 9：30 赴××公司与×××董事长洽谈(需用的 4、5 号文件在您的公文包中)。

11：30 与×××董事长共进午餐(在该公司)。

下午 15：00 拜访×××先生(由××先生陪同,礼品在您手提箱内)。

18：00 在宾馆用餐。

5 月 14 日 星期四

上午 8：50 乘 CA1501 次班机离开北京(机票已预订,由王秘书事先送交您)。

10：25 抵达上海虹桥机场(××接机)。

二、办理出国旅行手续的内容、程序

出国申请手续主要有五项:递呈出国申请书、办理护照、申请签证、准备妥健康证书、办理出境登记卡。

(一)办理出国申请

出国申请的内容,一般包括:出国事由、出国团组的人数,出国路线(外国公司所在国名称),出国日程安排(出国时间、在国外活动时间、地点、回国时间)等。申请文书后面要附出国人员名单(写清出国人员姓名、年龄、性别、职务、职称)以及外国公司所发的邀请函(副单)。

(二)办理护照

1. 护照的作用 护照是主权国家发给本国公民出入境及到国外办事旅行居留的合法身份证件和国籍证明。凡出国人员均应持有护照。

2. 护照的种类 目前,多数国家颁发外交、公务和普通三种护照,也有一些国家颁发三种以上或根本不分类的护照,或颁发代替护照的证件。

我国政府现在颁发的有外交护照、公务护照和普通护照(包括因公普通护照和因私普通护照)三种。

3. 护照的办理 在国内,外交、公务和因公普通护照,由外交部及其授权单位(各省、市、自治区的外事办公室)办理。在国外则由我国驻外使、领馆等外交机构负责办理。

秘书在办理护照时要注意几个事项。

第一,携带有关证件:主管部门的出国任务批件,出国人员政审批件,所去国有关公司的邀请书等文件。

第二，认真填写有关卡片和申请表。

第三，拿到护照后，再认真检查核对每位出国人员姓名、籍贯、出生年月和地点，若是组团出国，则要检查护照上的照片是否与姓名一致，有无授权发照人的签字和发照单位的盖章；发照日期和有效期有无问题，使用旧护照再次出国者更应注意其有效期，若已过期，必须申请延长。

（三）申请签证

1. 签证的作用和种类　护照办理好后，再申请所去国家（地区）和中途经停国家的签证。签证是一国官方机构对本国和外国公民出入国境或在本国停留、居住的许可证明。签证一般可做在护照上，也有的做在其他身份证上。如果前往未曾建交的国家，则用单独的签证与护照同时使用。我国的签证一般做在护照上。

签证也分为外交、公务和普通三种。根据不同使用情况可分为入境、入出境、出入境、过境签证，另外还有居留签证。我国政府规定，因公出国的公民出入国境凭有效护照，可不办理签证，而持因私普通护照出入国境的中国公民必须办理中国的签证。

2. 签证的办理　因公出国的人员前往国家的签证通常由外交部或中国旅行社代办处向有关国家驻华使馆（或驻华总领馆）申办。如果时间紧迫，在国内来不及办理签证，可向我有关驻外使、领馆发报，请其向驻在国申请。办妥的签证，可在抵达时，由机场移民局发给。前往国的签证应持国外邀请书，或有关国家移民局的允许证等，一般可通过中国旅行社签证代办处办理。

（四）办理健康证书

健康证书即预防接种证书，因为它的封面通常是黄色的，所以惯称"黄皮书"。为防止国际间某些传染病的流行，世界卫生组织正式通过的《国际卫生准则》规定，入境者在进入一个接纳国的国境前，要接种牛痘、霍乱、黄热病的疫苗。

（五）办理出境登记卡

在办妥了上述各项手续后，再携带出国人员的护照、户口簿、居民身份证办理临时出境登记手续。凡出国超过六个月的（含六个月）人员，秘书则要携带上述证件到其常住户口所在地的公安派出所办理注销户口手续，然后凭护照、前往国的签证或入境许可证、临时出境登记单、注销户口的证明到护照颁发单位，把办理护照时领到的第一张"出境登记卡"换为第二张"出境登记卡"之后，可以购买机、车、船票离境出国。

【实训】　旅行安排训练

一、训练目标

通过训练，使学生能根据具体情况，较熟练地掌握旅行安排的基本程序与要求，安排好旅行日程，最终有效安排领导旅行。

二、训练方案与要求

(一)情景模拟训练

1. 情景设置

杭州某公司领导因公务需要,要携王秘书到西安出差,主要是洽谈项目合作前期有关事宜。

2. 训练过程

学生担任王秘书角色,开展实务训练。

(1)收集西安公司的有关材料;

(2)选择去西安的旅行方式,查询杭州到西安的火车、航空等信息资料,书面整理(车次、航班、价位、起迄时间)等。

(3)熟悉预订车票、机票程序。收集当地预订票受理点电话、地点、联系人;了解预订火车、飞机票的基本程序,业余时间学生到有关受理点询问(或电话询问),书面整理。

(4)预订西安客房及注意事项。以所在学校为对象,收集本单位外出人员差旅费报销标准;了解西安宾馆、查询、选择资料;客房预订程序。

3. 拟订一份旅行方案

4. 教师分析与总结

(1)学生在收集资料、实务训练中的不足分析;

(2)学生拟定旅行方案的合理性分析。

注意,以上训练很多环节可以是真实的,应该做到实质性的训练。

(二)时区计算训练

(1)教师分发时区计算训练表,每人一份,5~10分钟计算完毕;

(2)教师宣布标准答案;

(3)教师分析时区计算规律及日常知识。

第三单元　秘书商务礼仪

一、商务礼仪的概念和内容

商务礼仪是在商务活动中体现相互尊重的行为准则。商务礼仪的核心是一种行为的准则,用来约束我们日常商务活动的方方面面。商务礼仪的核心作用是为了体现人与人之间的相互尊重。可以用一种简单的方式来概括商务礼仪,它是商务活动中对人的仪容仪表和言谈举止的普遍要求。

仪容仪表是指个人的形象。

言谈举止是指每一个人在商务活动中的职业表现。

二、商务礼仪的内容

(一)商务活动中仪容仪表的标准

仪容仪表方面需要注意的问题,分为男士的仪容仪表以及女士的仪容仪表两部分进行介绍。

关于男士的仪容仪表标准,首先思考一个问题,究竟什么是正确的男士仪容仪表标准呢? 即作为一个男士,在商务活动中需要注意怎样的仪容仪表。我们将通过以下几方面进行说明。

1. **发型发式**　男士的发型发式统一的标准就是干净整洁,并且要经常地注意修饰、修理,头发不应该过长,一般认为男士前部的头发不要遮住自己的眉毛,侧部的头发不要盖住自己的耳朵,同时不要留过厚,或者过长的鬓角,男士后部的头发,应该不要长过自己西装衬衫领子的上部,这是对男士发型的统一要求。

2. **面部修饰**　男士在面部修饰的时候要注意两方面的问题:

男士在进行商务活动的时候,要每天进行剃须修面以保持面部的清洁;同时,男士在商务活动中经常会接触到香烟、酒这样有刺激性气味的物品,所以要注意随时保持口气的清新。

3. **着装修饰**　在正式的商务场合,男士的着装应该穿西装,打领带,衬衫的搭配要适宜。一般情况下,杜绝在正式的商务场合穿夹克衫,或者是穿着西装,却和高领衫、T恤衫或毛衣进行搭配,这都是十分不稳妥的做法。男士的西装一般以深色的为主,避免穿着有花格子,或者颜色非常艳丽的西服。男士的西服一般分为单排扣和双排扣两种。在穿单排扣西服的时候,特别要注意系扣子的时候,一般两粒扣子的,只系上面的一粒;如果是三粒扣子西服,只系上面的两粒,而最下面的一粒不系。穿着双排扣西服的时候,则应该系好所有的纽扣,这就是男士在着西装的时候需要注意的问题。

衬衫的选择。衬衫的颜色和西装整体的颜色要协调,同时衬衫不宜过薄或过透,特别要注意的一点是,当我们穿着浅色衬衫的时候,在衬衫的里面不要套深色的内衣,或者是保暖防寒服,特别要注意领口,不要将里面的防寒服或者是内衣露出领口。还有一方面是需要特别注意的,就是当你打领带的时候,衬衫上所有的纽扣,包括领口、袖口的纽扣,都应该系好。这就是在穿衬衫时需要注意的问题。

领带的选择。它的颜色和你的衬衫、西服颜色相互配合,整体颜色要协调,同时系领带的时候要注意长短的配合,领带的长度应是正好抵达腰带的上方,或者有一两公分的距离,最为适宜。

皮鞋以及袜子的选择。男士一般在穿西服、打领带这种商务着装的情况下,要配以皮鞋,杜绝出现运动鞋、凉鞋或者布鞋,皮鞋要每天保持光亮整洁。在选择袜子的时候要注意,袜子的质地、透气性要良好,同时袜子的颜色必须保持和西装的整体颜色相协调。如果是穿深色皮鞋的时候,袜子的颜色也应该以深色为主,同时避免出现比较花哨的图案。

4. **必备物品**　在和西装进行搭配的时候,需要选择哪些修饰物呢?

公司的徽标。公司的徽标需要随身携带,它准确的佩戴位置就是男士西装的左胸上方,这是男士在穿西装的时候需要搭配的物品。

有几件物品是男士在商务活动中必备的:

(1)钢笔。因为从事商务活动经常要使用,钢笔正确的携带位置应该是男士西装内侧的口袋里,而不应在男士西装的外侧口袋里,一般情况下尽量避免把它携带在衬衫的口袋里面,这样容易把衬衫弄污。

(2)名片夹。应该选择一个比较好的名片夹来放自己的名片,这样可以保持名片的清洁整齐。同时接受他人名片的时候,应该有一个妥善的位置能够保存,而避免直接把对方的名片放在你的口袋中,或者放在手中不停地摆弄,这都是不好的习惯。

(3)纸巾。男士在着装的时候,应该随身携带纸巾,或者是携带一块手绢,可以随时清洁自己面部的污垢,避免一些尴尬场面的出现。

(4)公文包。一般男士在选择公文包的时候,它的式样、大小应该和你整体的着装保持一致。一般男士的一些物品,像手机、笔记本、笔可以放在你的公文夹当中,男士在着西装的时候,应该尽量避免口袋中携带很多的物品,这样会使衣服显得很臃肿,不适合商务场合。

和男士一样,女士的仪容仪表标准也分为这些部分,包括发型发式、面部修饰、商务着装、丝袜及皮鞋的配合,以及携带的必备物品等。有些内容与男士着装标准相同,我们就不再一一介绍了。那么女士在商务活动中,仪容仪表方面需要注意哪些细节?

女士在发型发式方面需要注意,发型发式应美观、大方,需要特别注意的一点是,在选择发卡、发带的时候,它的式样应该庄重大方。

女士在从事正式的商务场合的时候,面部修饰应该是以淡妆为主,不应该浓妆艳抹,也不应该不化妆。

女士在商务着装的时候,需要注意的细节是:干净整洁。女士在着装的时候需要严格区分职业套装、晚礼服以及休闲服,它们之间有非常本质的差别。在着正式的商务套装时,无领、无袖,或者是领口开得太低,太紧身的衣服应该尽量避免。衣服的款式要尽量合身,以利于活动,要养成良好的着装习惯。

女士在选择丝袜以及皮鞋的时候,需要注意的细节是:首先,丝袜的长度一定要高于裙子的下摆。在选择皮鞋的时候应该尽量避免鞋跟过高、过细。

女士在选择佩戴物品的时候,需要注意的是:商务礼仪的目的是为了体现出对他人的尊重。女士可以从两方面来体现:一方面是修饰物,另一方面是商务物品。在这两个方面中,修饰物应该尽量避免过于奢华,比如说在戒指、项链的选择上,都要注意这一点。必备物品的携带和男士的携带标准基本相同。

(二)商务活动中言谈举止的标准

在我们日常的商务活动当中,商务礼仪的使用非常广泛,除了在仪容仪表方面外,在言谈举止,也就是职业表现方面也将涉及很多的内容。在日常的商务活动中,在言谈举止方面需要注意哪些问题呢?

首先我们来看社交礼仪,也就是我们在同别人初次谋面的时候需要注意到的礼仪习惯。请你想一想,在与人初次谋面的时候,我们需要注意哪些问题呢?

1.目光交流 要和对方有一个目光交流,而不应该左顾右盼。

2.称谓的选择和使用 一般情况下,在商务活动中,有两套称谓方法,第一种就是称对方为某某先生、某某女士,这也是最为稳妥和最为普遍的一种称谓方式;

第二种我们可以称呼对方为某某经理、某某主管、某某总监,以及某某领导,就是说直接称谓他的职务。

3.握手 握手的次序,一般都是女士先伸手,男士再握手。领导和上级以及长辈先伸手,下级和晚辈再握手。

握手时,对方伸出手后,我们应该迅速地迎上去,握手的时候最应该避免的是很多人互相地交叉握手。

握手时还要避免上下过分地摇动。

4.相互介绍 在相互介绍的时候,应该注意顺序的选择,一般先由职位高的人开始介绍,如果是分为主方和客方的话,应该是先把主方介绍给客方,然后再把客方介绍给主方。

5.互换名片 要双手拿出自己的名片,这时候有一个停顿,要注意将名片的方向调整到最适合对方观看的位置,再双手递过去。双手接过对方的名片,要简单地看一下上面的内容,既不要把它直接放在兜里或放在其他位置根本不看,也不要长时间地拿在手里不停地摆弄,而应该把名片放在专用的名片夹中,尽量避免把名片放在口袋中,或者放在其他的位置。

6.其他注意事项 社交场所是禁止吸烟,禁止大声喧哗的,要注意音量的控制。

(三)办公室礼仪

在办公室进行沟通的时候,我们应该注意哪些礼仪习惯?最重要的一点是,你要对他人,包括你的同事、上级和下级,表现出你对他们的尊重,尊重他人的隐私,尊重他人的习惯。应该如何注意办公室礼仪呢?

(1)分清哪是公共的区域,哪是个人的空间。

(2)工位的整洁。在办公室中要保持你的工位整洁、美观大方,避免陈列过多的私人物品。

(3)谈话声音和距离的控制。在和他人进行电话沟通,或者是面对面沟通的时候,你的音量尽量要适当控制,两个人都能够听到就可以了,避免打扰他人工作。哪怕当电话的效果不好时也应该这样。

(4)尽量避免在办公区域用餐。有些公司员工中午是在自己的工位上就餐的,这不是一个良好的商务习惯。我们应该尽量避免在自己的工位上进餐。实在不能避免的情况下,尽量节省时间,或者就餐完毕之后迅速通风,以保持工作区域的空气流通。

(四)会议礼仪

按参会人员来分类,会议基本上可简单地分成公司外部会议和公司内部会议。公司外部会议,可分成产品发布会、研讨会、座谈会等。内部会议包括定期的工作周例会、月例会、年终的总结会、表彰会,以及计划会等。

以外部会议为例,在商务礼仪中需要关注的一些细节。将会议分成会议前、会议中、会议后。

1. 会议前　在会议前的准备工作中,需要注意以下这几方面:

when	时间,你要告诉所有的参会人员,会议开始的时间和要进行多长时间。这样能够让参加会议的人员很好地安排自己的工作。
where	地点,是指会议在什么地点进行,要注意会议室的布局是不是适合这个会议的进行。
who	人物,以外部客户参加的公司外部会议为例,会议有哪些人物来参加,公司这边谁来出席,是不是已经请到了适合外部的嘉宾来出席这个会议。
what	会议的议题,就是要讨论哪些问题。
others	会议物品的准备,就是根据这次会议的类型、目的,需要哪些物品。比如纸、笔、笔记本、投影仪等,是不是需要用咖啡、小点心等。

2. 会议中　在会议进行当中,需要注意以下这几方面:

(1)会议主持人。主持会议要注意:

介绍参会人员;

控制会议进程;

避免跑题或议而不决;

控制会议时间。

(2)会议座次的安排。会议座次的安排分成两类:方桌会议和圆桌会议。

一般情况下会议室中是长方形的桌子,包括椭圆形,就是所谓的方桌会议,方桌可以体现主次。在方桌会议中,特别要注意座次的安排。如果只有一位领导,那么他一般坐在这个长方形的短边这边,或者是比较靠里的位置。以会议室的门为基准点,在里侧是主宾的位置。如果是由主客双方来参加的会议,一般分两侧就座,主人坐在会议桌的右边,而客人坐在会议桌的左边。

还有一种是为了尽量避免这种主次的安排,而以圆形桌为布局,就是圆桌会议。在圆桌会议中,则可以不用拘泥这么多的礼节,主要记住以门作为基准点,比较靠里面的位置是比较主要的座位就可以了。

3. 会议后　会议完毕之后,应注意以下细节,才能够体现出良好的商务礼仪。主要包括:会谈要形成文字结果,哪怕没有文字结果,也要形成阶段性的决议,落实到纸面上,还应该有专人负责相关事务的安排;赠送公司的纪念品;参观,如参观公司或厂房等;如果必要,合影留念。

(五)商务用餐礼仪

一般在正式的商务会谈当中,往往中间会穿插商务用餐,在商务用餐的时候应该注意一些细节。前提是以商务活动为主。就是说在商务用餐当中,进餐只是一种形式,而真正的内容是继续谈商务话题,占的比重超过了50%。

商务用餐的形式分成两大类,一类是比较松散的自助餐,或者是自助餐酒会。另一类是正式的宴会,就是商务宴会。商务宴会通常还有中式宴会和西式宴会两种形式。

1. 自助餐和酒会　自助餐酒会有它自己的特点,它不像中餐或者西餐的宴会,大家分宾主入席,直接就开始用餐的过程,而是一般会有嘉宾,或者主办方,由他们先即席发言。

在嘉宾发言的时候,应尽量停止手中的一切活动,如取餐或者是在进餐,都应停止下来。通常自助餐不牵扯座次的安排,大家可以在这个区域中来回地走动。在和他人进行交谈的时候,应该注意尽量停止口中咀嚼食物。

一般公司采用商务自助餐这种形式,它最突出的一点也是体现出公司的勤俭节约。所以在我们用餐的时候,要特别注意尽量避免浪费。

2. **中餐宴会**　使用公筷。给其他人夹菜的时候,要特别注意用公筷。

敬酒。在商务用餐中经常会遇到这种情况:主办方非常热情,不停地夹菜,不停地劝酒。在正式的商务用餐中,应尽量避免这种情况的出现。也就是说,我们作为参与者,要客随主便,但是作为主办方的话,要特别注意其他人的习惯,有可能对方不胜酒力,或者说这道菜客人并不是很喜欢吃,那么在让菜的时候,应尽量地为他人着想,尊重他人的习惯。

喝汤。在喝汤的时候,声音要尽量小,不要影响他人。

座次。在商务用餐的时候,一般也牵扯座次的问题。在这里教大家一个最简单的方法:你可以从餐巾的折放上,看出哪个是主位,哪个是客位。一般主宾位的餐巾纸桌花和其他人的是不太一样的。如果你不了解情况,也可以问一下餐厅的服务员,哪个位置是主位。如果餐巾纸是折好放在你面前的,没有桌花的话,我们应该看什么呢? 主要是以门为基准点,比较靠里面的位置为主位。

3. **西式宴会**　主菜都需要用刀切割,一次切一块食用。

面条用叉子卷食。

面包需用手撕下小块放入口内,不可用嘴啃食。

喝汤时不可发出声音。

水果是用叉子取用。

正确使用餐具:左叉固定食物,右刀切割。餐具由外向内取用,每个餐具使用一次。

不要在没有进餐完毕的时候,就把刀和叉向右叠放在一起,握把都向右,这样的话服务员会以为你已经就餐完毕,会把你的饭菜撤下去。

三、商务招待礼仪

招待工作也蕴含着艺术的想象。商业经理人应该有这种意识。要获得业务并成功合作,必须使客户得到真正的快乐。商务招待,应该被看作一种投资,而且最好要有明确目的。明确目的指的是具体的需要。

商务招待的基本原则是,可以高消费,但是要反对浪费。

商务招待成功的秘诀在于细心,照顾到每一个客人的喜好,他们会高兴看到你的细心的。

商务招待是经常发生的活动,从办公室的一杯茶水到招待客人吃工作餐,再到高级别的正式宴会。好的商务招待可从以下方面去着手。

(1)在一对一的基础上去了解客人。

(2)对新老朋友都热情相待。

(3)得到帮助,真诚表达你的谢意。

(4)商业场合不要羞于推销你自己(这一点我们还做得远远不够)。

(5)得到热情招待,要在适当时机考虑回报。

(6)强化与老客户的关系(我们80%的商业利润可能就来自那20%的老客户)。

(7)在商务招待中提高公司形象。

(8)注意在招待过程中强调公司的任务,但要做得圆满而漂亮。

【实训】 商务活动情景分析

一、训练目标

通过训练,学生能够按照商务礼仪的要求,合理安排商务活动。

二、训练方案与要求

这天上午十一点左右,老总正在跟一客户就合同价格进行激烈的讨价还价。这时公司另一个重要客户打来电话,要求将原定今天下午一点半在本公司举行的合同谈判改到他们公司去,理由似乎很充分,并要求马上答复,否则谈判只能无限期推迟。面对这种情况,于雪应该如何处理? 现在于雪有以下几种选择:

(1)老总,某某公司来电话让您下午一点半去他们公司谈,并要求现在答复,您看怎么办?

(2)老总,某某公司来电话让您下午一点半去他们公司谈,并要求现在答复。我觉得他们这是在故意找茬!

(3)老总,某某公司来电话让您下午一点半去他们公司谈。我觉得您还是得去,否则生意会黄了!

(4)老总,某某公司来电话让您下午一点半去他们公司谈,并要求现在答复。要不您来打这个电话?

(5)老总,某某公司来电话让您下午一点半去他们公司谈,并要求现在答复。我刚才琢磨了一下,觉得他们说的有一定道理,可以考虑答应他们,您看如何?

问题:

对于于雪以上几种选择,你认为哪种选择比较合适,请说明理由,并对其他几种选择进行评析。

【知识链接】

乘车、乘船、乘机旅行和预订票注意事项

一、乘车

接送客户坐轿车外出办事,秘书人员应首先为客人打开右侧后门,并以手挡住车门上框,同时提醒客人小心,等其坐好后再关门,然后自己从左侧后门上车。作为陪同,一定不能先于客人打开车门上车,除非对方坚持我们是女性应女士优先。

抵达目的地时,秘书人员应首先下车,并绕过去为客人打开车门,以手挡住车门上框,协助客人下车。

如果是女性,上下车的姿势是十分讲究的。上车时仪态优雅的姿势是"背入式",即将身体背向车厢入座,坐定后即将双腿同时缩入车内(如穿长裙,应在关上车门前将裙子弄好)。下车的正确姿势是:准备下车时,应将身体尽量移近车门,车门打开后,从哪边下车则应先将该方向的脚踏出车外,立定,然后将身体重心移至另一只脚,再把整个身体移离车外,最后踏出另一只脚。总之,上下车的正确姿势是"脚先头后"。如果是穿低胸服装外出,不妨披一条围巾,这样可以避免弯身下车时出现尴尬,也可利用钱包或手袋轻按胸前,并保持身体稍直的姿态。

二、乘船

外出坐船时,应有秩序地排队上船。对号入舱位后,可在甲板上与送船的亲友同事告别。告别时,要举止得体,不要大声叫喊,也不要做出大幅度的动作。

由于轮船是公共场所,男女混居,我们进入船舱后,既要落落大方,也要注意谨慎自重,穿着上应该宽松保守些,如果太居家化,难免会遭人白眼。至于穿着睡衣在餐厅用餐或甲板上散步则更是粗俗。因为这是公共场所。

在船上就餐时如同在酒店宾馆用餐,虽然要自己动手且有些喧闹混乱,但仍应不失礼貌和风度,一要排队,二是找空位时要向旁边在座者问好,经过允许后才可就座。下船时不要抢先或拥挤,对曾经帮助过或有缘相遇的乘客和船员,应友好地告别,说些令人好感的告别语。

三、乘机

乘坐飞机旅行是件令人惬意的事,由于飞机内空间面积较小,人际关系特别紧密,而且各色人等聚在一起,对礼仪要求更高。

进入机舱找到自己的座位后,我们应侧身尽快将自己随身携带行李放入座位上方的物品箱并关上门后立即坐下来,以免站在通道上堵塞和影响其他乘客入舱。

坐下后对我们的邻座,我们应微笑致意问好,以礼相待。如果不小心碰到了其他乘客,应立即主动道歉。如果别的乘客主动向我们打招呼想找我们攀谈,除非我们十分疲倦,否则应友好地应对。若我们想休息一下或要做什么事情,譬如看商务文件,查阅商务合同等则应向对方说明并表示歉意。

飞机抵达目的地还未停稳时,不能解开安全带站起身急于拿行李,只有等空中小姐通知后才能这样做。下机前别忘了和舱门口的空中小姐道别。

四、预订票注意事项

在准备预订车票(机票)的时候,一定要查看最新的时刻表,因为现在有许多季节性的或临时性的车次,稍不留意,就会订不上。

预订车票时,最好选择直达车。因为出差途中,最麻烦的就是换车,倒来倒去,稍不注意,就会误车误点。所以能直达的就最好不要换车。如果是在大站换车,在时间上一定要安排得宽裕些。

从平时起,秘书就要注意学习预订和购买车票、机票、船票的办法及如何使用支票,如何兑换外币,等等。这样,就能保证领导工作的顺利进行。

模块三　企业文档资料管理

第一部分 企业的文书处理

【知识目标】

了解文书、企业文书的含义。

了解企业常用文书的含义及特点。

熟悉企业文书的拟写要求。

掌握收发文处理程序。

掌握企业常用文书的结构与写法。

【能力目标】

能够进行收发文处理。

能够拟写企业常用文书。

【案例导入】

一时疏忽　漏盖公章

中国维行保险股份有限公司杭州分公司是中国维行保险股份有限公司在杭州设立的一家分公司,刘萍是该企业的秘书。2005 年 5 月 12 日,杭州分公司总经理王卫国将秘书刘萍叫到办公室,对她说:"中国维行保险股份有限公司是中国改革开放的产物,企业自成立以来,始终秉承'客户至上,服务至上'的经营理念,进入 2005 年以来,中国维行保险股份公司将继续开拓,锐意创新,强化企业的各项经营管理,提升企业的核心竞争力,力争2005—2006 两年内业务规模进入世界 500 强,业务品质进入全球 400 优,为响应总公司的号召,早日实现维行进入'规模 500 强,品质 400 优'的目标,我公司决定从 2005 年 6 月 1日起开展'扎实基础,提升品质,促进杭州产险持续快速发展'活动。主要活动是头脑风暴会、主题演讲会和合理化建议征文。各部门和各分支机构必须在 2005 年 7 月 28 日前上报活动开展情况。头脑风暴会是指导每月邀请著名专业顾问前来讲座;演讲会每月一个主题,全体员工必须积极参与;合理化建议活动全体员工必须参与,每月评选出三篇优秀征文上报;定期上报活动组织和进行情况。"刘萍听完领导的吩咐后,回到自己的办公室,迅速拟写通知。刘萍写完稿子之后,马上拿给王总经理签发,王总指着稿子有些急躁地说:"怎么没写主送机关? 落款的时间应用中文数字写,前言部分写得太啰唆,有的语句表达有语法错误,写完后让陈国主任看看……"刘萍回到办公室后认真改写稿子,改完之后请办公室主任陈国审核,待陈国再次修改后,方拿到王总签发,王总看过后同意签发。刘秘书将这份通知编上发文字号,即"苏维保〔2005〕10 号",写在发文稿纸的相应栏内,再检查一遍通知的正文内容,确定无误后,把这份发文稿拿到文印室,交给小郭打印正稿,"这份通知打印 30 份,明天下午 2:00 来取",小郭认真填写了打印记录。5 月 13 日下午 2:30,刘秘书将打印好的通知正稿从文印室取回,快速地盖章,之后将通知装入信封,封了口,寄了出去。没几天,平江区营运部的张秘书打来电话询问:"我们收到一封总公司的关于'扎实基础,提升品质,促进杭州产险持续快速发展'的活动通知,但没有加盖杭州分公司的公章,不知是否是中国维行保险股份杭州分公司发出的?"

(案例来源:秘书国家职业资格考试与实训指南,中国就业培训技术指导中心,中央电大出版社 2007 年 4 月出版,第 325 页)

思考:

1.你认为刘萍哪些地方做得比较正确?

2.在整个事件中,刘萍出现了哪些疏忽?

3.平江区营运部的张秘书打电话证实是杭州分公司下发的文章,这时刘萍应如何处理这份公文?

提示:

企业文书是指企业在公务活动中,从一定的目的出发,逐渐形成具有相对规范格式、用以处理各种事务、沟通各种关系的文字材料。文书处理则是对文书的处置和办理,包括发文处理和收文处理。文书处理工作的好坏,直接影响文书的效用。任何企业的成功都源于卓越的管理,而作为企业处理各种工作的文书则是管理的一种表现形式。文书处理其中发文处理涉及文书的撰制。拟写并管理好企业文书是秘书十分重要的工作职责。

第一单元　文书的起草及制发

一、文书起草及制发的程序

(一)准确把握领导的发文意图

起草文书是秘书非常重要的一项工作。其写作内容所表达的不是个人的意愿,而是单位领导的意图。在一个单位,领导人除亲自动手撰写的文件外,一般会向负责拟稿的秘书或承力部门交代发文意图。领导的发文意图决定着文书的中心思想,秘书必须全面、细致、准确、深入地领会领导的意图,把握领导交拟的实质、重点和要求。写作前,虚心向领导求教;写作中遇到问题要及时请示领导;文稿完成后交领导审阅,并认真听取领导的修改意见。

(二)收集和选择材料

秘书在撰写文书时不能"闭门造车",应根据表达领导的发文意图需要,深入到有关部门收集一手材料。并注意从现行的政策法规中及上级的相关文件中收集权威性的依据。

(三)确定主题构思提纲

秘书人员要根据领导发文的意图,对照党和国家的方针政策和有关规定,确定好一个正确、鲜明、深刻的主旨。然后进行总体构思,明确该文书要说明哪些情况,重点是什么,如何来表达。并拟写提纲、安排结构。根据文种特点和文稿内容,安排好文书的开头、结尾及各层次。

(四)草拟文稿

文书主题的确定,材料的选择,领导的意图,拟写者的表达,都能从该环节得以充分体现。秘书起草时,要注意做到如下几点:

1.树立时效观念 拟写人员要在接受拟写任务后及时拟稿,按时完稿。

2.讲究观点与材料统一 写作中,观点要能统帅材料、支配材料,材料要能支持观点、体现观点、印证观点。

3.坚持内容与形式统一 拟写时以说明、叙述、议论为主。在语言运用要切合内容、文种、场合的需要和制发者的身份、地位,使用规范化的公文用语,努力做到准确、简明、朴实、庄重、严谨、得体。

(五)反复修改完成初稿

文稿拟好后,拟写人员要从内容到形式进行认真检查,反复修改。修改主要从主题、材料、结构、语言四个方面进行。

1.修改主题 主题是文书的"灵魂"所在。检查修改文稿主题,主要是检查其观点是否符合国家的政策法规、上级机关的有关规定以及领导意图,是否符合本单位的实际情况,明确提出主张。使主题正确、鲜明、深刻、集中。

2.修改材料 文书的材料是形成和表达主题所依据的事实、数据、经典论述、方针、政策、规定等。文书是靠材料来说明问题的。因此,要根据行文目的和发文要求对材料进行筛选修改,不能使用过时的材料、数据说明已经变化的实际情况,宁缺勿滥,做到真实、典型、新颖。

3.修改结构 文书总体结构的修正、起承转合的调整、层次的改变以及详略的变化等,使其成为一个统一的整体。

4.修改语言 文书是用规范得体的语言表达主题思想的。检查修改时,主要修改含混不清、表意不明、搭配不当、词序颠倒的语句,不规范的汉字以及错误的标点符号等,力求语言的准确、鲜明、精练、生动。

(六)填写发文稿纸首页

文稿起草好后,须在草稿前附上发文稿纸。将发文事由、附件、主送单位(部门)、抄送单位(部门)、主题词、审核人等按要求准确填写好。再连同文稿一同送交办公室负责人审核把关。

二、起草文书时应注意的问题

(1)内容要符合党和国家的方针、政策、法律、法规及有关规定。

（2）主题正确、务实、集中、鲜明。

（3）观点要明确、条理要清楚,表达要准确,结构要严谨。注意结构层次序数,第一层为"一、",第二层为"（一）",第三层为"1.",第四层"（1）"。

（4）语言准确严密、简练明了、庄重得体,直述不曲,篇幅力求简短。

（5）词语要规范,标点要准确,书写要工整,文稿中的人名、地点、数字、引文要准确。引用某份公文,应当先引标题,后引发文字号;日期应写明具体年、月、日。

（6）文稿中涉及计量单位时,必须使用国家法定的标准计量单位。文中的数字,除成文时间、部分结构层次序数和词、词组、惯用语、具有修辞色彩语句中作为词素的数字必须使用汉字外,其他应当使用阿拉伯数字。

（7）文内如果要使用简称,首先要用全称,然后注明简称。

（8）公文文种应当根据行文目的、发文机关的职权和与主送机关的行文关系确定。

（9）拟制紧急公文,应当体现紧急的原因,并根据实际需要确定紧急程度。

（10）有些文稿内容涉及其他部门的职责权限,必须征求相关单位的意见,做好会商工作,以达成共识。协商不成,不能单独对外行文。

第二单元　收文与发文管理

一、收文管理

（一）签收

企业秘书部门收到文件材料后,要进行必要的检查,确认无误后在送件人的投递单或登记簿上签署收件人的姓名和收件日期。如果是急件的话,还须注明收件在几时几分,以明确交接双方的责任。

检查内容主要是看来文是否应由本企业接收,检查包装和封口是否牢固、严密等,对投递错误的文件要及时退回发文机关,封口破损邮件的应拒收。

（二）拆封

来信来函上除标明领导人"亲启""亲收"外,其他由本企业或本部门接收的邮件,秘书部门都可以拆封。拆封后,要对信封内的文件进一步核查、清点,确认是否完整无误,特别是对政府部门发来的文件,要对信封、文件、文号、机要编号等进行"四对口"核定,如果其中一项不对,应及时与发文单位联系查询,妥善处理,核查无误后,才能进入下一步的登记环节。

（三）登记

签收后,为防止文件的积压或丢失,有效地控制文件的运转,对收文进行有效地管理和保护,对一些重要来文的基本要素和内容要进行记录。

需要登记的文件主要有:

(1)上级单位的指导性、参阅性和需要办理的文件;

(2)下级单位的请示性、报告性文件,重要的带有密级的刊物、资料;

(3)其他单位商洽问题和需要答复的文件;

(4)企业内部使用的文件、会议文件和音像文件等。

登记的具体内容是:收文顺序号、收文日期、来文机关、来文字号、标题或摘由、密级、份数、承办单位、签收人、复文号、归入卷号、备注等。其中,来文机关、来文字号、标题或摘由、密级等是文件的自然特征,收文后便可进行登记;而其他项目则是在文件运转和终结处理中逐一记录下来的。

(四)分送

文件登记后,秘书人员根据文件的内容、性质和办理要求及机构内部的分工,将文件及时、准确地分送给有关领导阅批或转交有关部门和承办人员阅办。

(五)拟办

对于一些需要办理的来文,秘书部门要根据单位的职权范围、组织机构、业务范围、文件内容的要求及时提出初步办理意见,供领导人批办时参考。在拟办意见之下,签署拟办人姓名及日期。

作为秘书,提出有参考价值的拟办意见时,首先需要明确拟办的范围;然后认真阅读文件内容,再提出明确具体的办理意见。注意具体写明需阅示文件的领导或承办部门,写清承办的时限及办理要求。

对于需要两个或以上部门办理的来文,提出拟办意见时,一定要明确主办部门,并强调部门之间相互协作,共同完成任务。

(六)批办

企业负责人对秘书部门送批的文件,参考拟办意见,提出或进一步明确承办该文件的部门或承办人。批办意见填写在《文件处理单》的"批办意见"栏内,同时签署批办人姓名和批办日期。

(七)承办

秘书人员取回领导批示办理的文件,交给相关业务部门具体办理实施。作为承办部门,首先要认真领会批办意见,然后分清轻重缓急,对于紧急文件,应先办理。对办理有困难的,应及时向领导反映说明。

(八)催办

对于交给相关部门承办的文件,秘书人员要按照文件办理时限和内容要求,对承办工作进行检查与催促,防止文件处理的延误和漏办,提高办文效率。

(九)注办

文件承办完,秘书部门对公文承办的情况和结果在公文处理单上所作的简要说明。

注办一般包括以下内容:

第一,一般的传阅文件,在有关人员传阅完毕后,文书人员应注明阅毕的日期;

第二,需要办理复文的文件办完后要注明"已复文",并注上复文的日期和文号;

第三,用口头或电话答复的,要注明答复情况,签上承办人姓名;

第四,无须答复或传阅的文件,注明"已阅",签注阅知的日期。

二、发文管理

(一)草拟

草拟就是草拟公文草稿,是整个发文处理过程的第一步。一般而言,文稿起草前,单位的领导或秘书部门的负责人会向拟稿人交代发文目的、行文意图、大致内容等交代清楚,然后由秘书人员起草。秘书人员务必弄清这些内容,进行深入调查、收集丰富的材料,然后再动笔拟写以完成起草工作。

(二)审核

文稿拟好后,不能直接拿给领导签发,而是要交给本部门的负责人或办公室负责人,由他们对该部门起草的文稿进行质量"把关"。主要看行文是否确有必要,是否符合行文方式及行文规则的相关规定,内容与法律、法规和政策以及上级的有关规定是否一致,与本部门已有的规定是否矛盾,语言是否简练,标点符号是否正确,严把政策关、内容关和文字关等"三关"。

(三)签发

文稿经过部门领导或办公室负责人审核之后,再送给单位主要领导,由单位主要领导对文稿进行最后的审定。审查无误后,主要领导会在发文稿纸上签署批准发文意见,签注领导的姓名和日期。文稿一经领导签发就转化为定稿,其他人员无权改动。这时,文件也就是由法定作者颁发的了,签发的领导人是要对文稿负全部责任的。同时,定稿是孤本文稿,要特别注意保护好。

如果是两个或以上的单位联合发出文件,则需要所有单位的负责人进行会签。

(四)复核

复核是发文办理的第二次审核,是由秘书部门对已签发的文件在正式付印前进行核查。主要核审批、签发手续是否完备、附件材料是否齐全、文件格式是否正确等。这时,如发现文稿需要进行实质性的修改,则应当按程序重新审核、签发和复核。秘书部门的复核人员是不能擅自对文稿进行直接修改的。

(五)缮印

对领导已签发并由秘书部门复核好的文件定稿,由秘书部门统一进行誊抄誊写或印制。缮印的文件一般通过打印、铅印、胶印或复印的方式进行文件的印制。

缮印文件要认真细致,注意做到:忠于原定稿;符合公文格式,页面美观大方;文字准确,字迹工整清晰;装订齐整牢固;注意保密,对缮印后的底版、校样及电子档等进行妥善处理,以确保文件在形成正本过程中的信息安全和实体安全。

(六)用印

文件印制好后,需要盖章方可正式生效(会议纪要除外)。以单位名义发文的,需在文末的成文日期处加盖单位的印章;如果是单位部门发文的,则需盖部门印章。用印时要保证用印质量,印迹要端正、清晰、完整,不允许盖倒、盖歪,而且应为红色,要鲜明、均匀。

印章是单位对文件承担法律责任和文件法律效力的认可,是单位行使职权的凭证。用印时要根据发文的份数核实用印的份数,不得随意多盖,更不能盖在空白纸张上。

(七)登记

文件在发出之前,需要对其主要内容和基本要素进行记录,以便进行统计、查找和管理。登记的信息一般包括发文字号、文件标题、发往机关、签收及清退情况等。发文字号中的顺序号,一般是按年度流水编排。

(八)封发

封发是对需要发出的文件进行封装并向主送、抄送单位发送。封装前,应对该文件进行认真清点、核查,无误后填写好封皮。填写封皮时,字迹工整、地址详细清楚、收文单位名称规范、封口牢固,并尽早发出,及时送达收文单位。

【实训】 文书的处理

一、训练目标

通过收发文处理训练,掌握公文处理流程及各个环节的操作技能。

二、训练方案与要求

古龙医药有限公司是一家集科研、生产与销售于一体的药品生产企业,是湖南省高新技术企业和湖南省重点医药工业企业。公司始建于1965年10月,具有40多年的制药生产历史。公司下设两个子公司——古龙医药有限公司和古龙医药研究有限公司。

公司主导产品之一的古龙口服液是一种快速排除胃肠积滞,全面增强、调理消化机能的特效验方,为独家发明专利产品,并荣获"湖南省高新技术产品"、"湖南名牌产品"和"湖南省产品质量奖"称号,为国家中药保护品种。

公司秉承"扬民族医药文化,创古龙驰名品牌,攻医药尖端领域,做人类健康使者"的宗旨,按现代企业制度规范运作,切实加强内部管理,提高企业整体素质,取得了较好的经济效益和社会效益。经济效益综合指标在湖南省同行业中一直名列前茅。公司先后荣获"湖南医药工业十佳企业""湖南省守信用企业"等荣誉称号,并被湖南省人民政府列入100家"小巨人"企业之列。

为深入贯彻落实科学发展观,不断促进企业自主创新能力的提升,2009年12月18日,公司总经理办公会议决定对近三年来在创新方面取得突出成绩的个人或团队进行评比表彰,进一步激发员工创新热情、挖掘创造潜力,推动公司创新创效活动不断深化。具体由行政部拟定出评比条件,由行政部、人力资源部、研发部具体组织评选。

12月19日,行政部李秘书将附有发文审批单的《关于开展企业"创新"奖评选活动的通知》公文草稿送交给行政部刘部长审核。刘部长进行认真审核修改后将文稿返给了李秘书。李秘书随后将文稿送呈给夏总经理签发。

12月21日上午10点,李秘书从夏总处取回签发的文稿,随即进行了文号的编排与登记,将文稿再认真地审核了一遍,确认无误后,将定稿交给了打字室的彭新。并要求彭新第二天上班把打印稿送到行政部。

12月25日,总公司各部门及两个分公司先后收到了这份通知。古龙医药研究有限公司办公室简秘书收到文件后,进行了收文登记,然后将文件送呈给公司肖经理。

训练条件:

(1)场地要求:一体化专业教室。

(2)实训用具:发文处理单及登记簿、收文处理单及登记簿。

训练步骤:

(1)指导学生认真阅读案例。

(2)学生自行分组(每6人为一组,分别扮演夏总、刘部长、李秘书、彭新、肖经理、简秘书),选出组长。

(3)组长分配角色,演示发文、收文流程,并将相应内容填写在发文审批单、发文登记簿、收文处理单及收文登记簿上。

(4)形成物化成果:发文审批单、发文登记条目、收文处理单及收文登记条目。

(5)教师讲评纠错。

第三单元　常见企业文书撰写

在企业的生产经营活动中,秘书人员必须熟练掌握常见文种的结构与写法,并根据工作需要正确行文。常见的企业文书可分为行政公文、事务文书、商务文书三大类文书。

一、行政公文

(一)请示的撰写

1.标题　有两种形式:(1)发文机关＋关于＋事由＋文种;(2)关于＋事由＋文种。

2.主送机关　负责受理和答复该请示的单位或组织。针对请示的目的和内容,主送机关只能选择一个,而且必须是负责回复请示事项的上一级单位。

3.正文　请示缘由＋请示事项＋结束语。

(1)请示缘由。用来说明请示的原因、目的、依据等,即明确为什么要请示,对于面临的困难和问题,要讲清楚、说明白,理由更要说充足,以求得上级的理解、认同。有时还需要说明请示事项已经具备的条件和可行性,以便上级尽快给予答复,对于次要情况或参考资料可作附件呈送。

(2)请示事项。是请示正文的核心,是向上级机关提出的具体请求,也是陈述缘由的目的所在。请示事项应具有可行性与可操作性,对需要上级机关审批的事项,进行具体明确地说明,请求批准的事项中如果涉及人力、物力、财力等方面的内容,应该把数量、用途等交代清楚。有时,为了有利于审批,还可进一步提出切实可行的办法、措施与建议。

(3)结束语。请示的结束语是请示必不可少的一个组成部分,不能遗漏,更不能含糊其辞。通常用"当否,请批示""妥否,请批复""以上请求如无不妥,请批转各地区、各部门执行"等。

4.成文日期与附注　成文日期应用汉字标注。在成文日期下一行左空2字,加圆括号注明请示单位联系人的姓名和电话号码,便于请示事项的办理。

(二)报告的撰写

1.标题　有两种形式:(1)发文机关+关于+事由+文种;(2)关于+事由+文种。

2.主送机关　一般是发文机关直接的上级机关或领导。

3.正文　发文缘由+报告事项+结尾构成。

(1)发文缘由。主要说明为什么要写这份报告,概述何时接到上级公文、指示或任务,本单位执行、办理情况及结果如何,并用"现将有关情况报告如下:"转入报告事项的拟写。

(2)报告事项。类别不同,其写法也就不同。

工作报告主要写清开展某项工作的情况,包括主要过程、措施、结果、存在的问题、今后的打算等;情况报告主要写清事件发生原因、经过、性质、办法和处理意见;答复报告须紧紧围绕上级询问的事项来写,问什么,写什么,既不能借题发挥,更不能写非所问。

(3)结尾。常用的结束语"特此报告""专此报告""请审阅""请指正"等,不能包含请求指示或批准的要求。

4.落款与成文日期与其他文书相同

(三)通知的撰写

1.标题　通常有四种结构形式:

(1)发文机关+关于+事由+文种;(2)关于+事由+文种;(3)文种;(4)发文机关+关于+批转(转发)+(原文件名)+文种。

2.主送机关　通知的发文对象比较广泛,当主送机关比较多时,采用抽象概括的写法,并注意主送机关排列的规范性。如:"各省、自治区、直辖市人民政府,国务院各部委、各直属机构。"

3.正文　不同种类的通知其正文内容各不相同。

(1)指示性通知。一般先写发文的缘由、背景、依据,在事项部分,或写发布行政法规、规章制度、办法、措施等,或写带有强制性、指挥性、决策性的原则(或指示性意见)、具体工作要求等。

(2)批示性通知(批转、转发性通知)。正文由批语(转发语、按语)+转发(印发)+执行要求+附件。附件是被批转、转发的文件,可以把它看作是通知的主体内容。

(3)告晓性通知。将行文的依据、目的和事项写清楚即可。

(4)会议通知。一般要写明召开会议的原因、目的、会议名称、主要议题、到会人员、会议及报到时间、地点、需要的材料等,通常采用条文式写法。

(5)任免通知。先写任免事项的依据,然后写任免事项。每个事项单独为一段,按先任后免的顺序安排。

(四)通报的撰写

1.**标题**　有三种形式:(1)发文机关+关于+事由+文种;(2)关于+事由+文种;(3)文种。

2.**主送机关**　通报一般都有主送单位,可以是一个,也可以多个,单位内部采用张贴形式的通报一般不必写主送机关。

3.**正文**　发文缘由+通报事项+分析与决定+要求。

(1)发文缘由。主要是写出发文意义、根据、背景等。

(2)通报事项。或是写表彰事迹、或写错误事实与事故经过,或写重要精神、情况,这部分要详写。

(3)分析与决定。分析事实性质,然后作出处理意见。情况通报不需写处理意见。

(4)要求。表彰通报主要号召人们学习先进;批评通报主要是重申某一方面纪律,要求人们引以为戒;情况通报主要是指出指导性意见,以指导全局工作。

4.**附件**

5.**成文日期**　在落款的下面写明制发此通报的年、月、日。

(五) 函的撰写

函的类别较多,这里主要介绍规范性公函的结构、内容和写法。函的结构由标题、主送机关、正文、成文机关和成文日期五个部分构成。

1.**标题**　有三种形式:(1)发文机关+事由+文种;(2)事由+文种;(3)发文机关+事由+去(复)函机关+文种。

2.**主送机关**　受文并办理来函事项的单位。

3.**正文**

(1)缘由。一般概括交代发函的目的、根据、原因等内容,然后用"现将有关问题说明如下:"或"现将有关事项函复如下:"等过渡语转入下文。复函的缘由部分,一般首先引叙来函的标题、发文字号,然后再交代根据,以说明发文的缘由。

(2)主体。函的事项部分内容单一,一函一事,行文要直陈其事。无论是商洽工作,询问和答复问题,还是向有关主管部门请求批准事项等,都要用简洁得体的语言把需要告诉对方的问题、意见叙写清楚。如果属于复函,还要注意答复事项的针对性和明确性。一般用礼貌性语言向对方提出希望。或请对方协助解决某一问题,或请对方及时复函,或请对方提出意见或请主管部门批准等。

(3)结语。通常应根据函询、函告、函或函复的事项,选择运用不同的结束语。如"特此函询""请即复函""特此函告""特此函复"等。有的函也可不用结束语,如便函,可以像普通信件一样,使用"此致""敬礼"。

二、事务文书

(一)章程的撰写

1.**标题**　由公司名称和章程两个要素构成,直接写成《××公司章程》。

2. **正文**　前言:交代写作章程的目的与依据;主体:由总则、分则、附则三部分组成。

(1)总则。写明公司的名称、住所、经营范围、公司经营年限甚至包括注册登记的机关名称等。这部分可分条表述,也可以用段落的形式分清层次。

(2)分则。这部分是章程的主体,一般分为数章若干条,包括以下事项:

a. 必备事项。这些事项必须记载于公司章程之中,若缺少它们,则章程不发生法律效力,公司也因不合法定程序而无法登记注册。必备的事项主要包括以下内容:

公司注册资本;

股东的姓名或者名称;

股东的出资方式、出资额和出资时间;

公司的机构及其产生办法、职权、议事规则;

公司法定代表人。

b. 其他事项。即根据需要应记载的某些事项,通常是指记载于章程上才产生效力,如不记载,仅该项本身并不发生效力,而章程仍然有效。其他事项主要包括以下内容:

股东会的召集及决议方法和股东表决权的计算方法;

股东如以现金以外的财产出资,还应载明出资种类、数量、价格或估价的标准;

解散事由;

应由公司承担的设立费用;

公司公告的方式;

经全体股东同意列入章程的其他事项。

(3)附则。简要说明本章程生效的日期、实施要求、修订及解释权限。

3. **结尾**

(1)股东签名盖章;

(2)订立章程的年、月、日。

(二)企业规章制度的拟写

1. **结构**

(1)标题。发文单位 + 内容 + 文种。

(2)正文。无论哪种类型,还是内容的繁简或篇幅的长短,总的来说,规章制度一般包括三方面的基本内容。

总则:说明制定本规章的目的、指导思想、依据、适用范围等。

分则:具体阐述有关事项必须遵循的行为规则,往往分章节、分条阐述。规章制度写得好不好,这部分是关键。

附则:补充说明相关事宜,包括法律责任、解释单位或部门、施行时间等。

2. **结构形式**　规章制度一般有"章-节-条-款-项""章-条-款-项"" 条-款-项""章-条""条-款"或只有"条"等几种结构类型。

3. **制定规章制度的程序**

(1)制定规章制度必须通过民主程序。用人单位在制定、修改或者决定有关劳动报酬、工作时间、休息休假、劳动安全卫生、保险福利、职工培训、劳动纪律以及劳动定额管理等直接涉及劳动者切身利益的规章制度或者重大事项时,应当经职工代表大会或者全体职工讨论,提出方案和意见,与工会或者职工代表平等协商确定。在规章制度和重大事项决定实施过程中,工会或者职工认为不适当的,有权向用人单位提出,通过协商予以修改完善。用人单位应当将直接涉及劳动者切身利益的规章制度和重大事项决定公示,或者告知劳动者。一般情况是:企业基本规章制度由责任部门拟订,董事会审议,董事长签发;重要规章制度由责任部门拟订,总经理办公会审议,总经理签发;一般规章制度由责任部门拟订,有关部门会签,分管领导(副总经理)签发。工资、福利等涉及职工切身利益的规章制度在签发前应提交职代会或职代会团(组)联席会审议。

(2)规章制度应抄报劳动行政部门备案。企业制定的有关劳动管理的规章制度,应抄报劳动行政部门备案。

(3)规章制度必须向劳动者公示。企业规章制度的适用对象是全体职工和各个部门,所以它必须让企业的所有成员知晓。公示规章制度是企业的义务,及时了解企业规章制度也是每位员工应尽的义务。规章制度向劳动者公示,也是该项规章制度可以作为人民法院审理劳动争议案件依据的必备要件之一。

(三)计划的撰写

具体说来,计划的结构大致分为文章式与表格式。

1. 文章式 把计划按照指导思想、目标和任务、措施和步骤等分条列项地编写成文,这种形式经常用于全局性的工作计划。

(1)标题。有两种形式:其一,公文式标题(单位名称 + 时限 + 主要内容 + 文种),多用于综合性计划;其二,文章式标题,多用于专题性计划。

(2)正文。由前言、主体和结尾构成。

前言部分简明扼要地交代制订计划的背景、目的与依据、现状、总目标以及实施此项计划对今后的重大影响等。

主体部分写达到工作目标、措施与步骤。即做什么? 怎么做? 先做什么,后做什么?"做什么?"要明确具体;"怎么做?"要写明有哪些有利条件、依靠什么力量、方式方法以及奖惩措施等。"先做什么,后做什么?"即对完成任务进行时间上的分配,以确保工作任务不积压。

结尾主要是说明计划的执行要求,可以是检查落实的办法、注意事项;也可以是展望实现计划后的前景。有时也可以不写结尾。

(3)落款。成文单位和成文日期。

2. 表格式 将工作任务及具体指标、完成时间、措施要求、承办单位、检查方法等内容,用表格的形式表达出来,经常用于时间较短、内容单一或量化指标较多的工作计划。这种计划制作起来比较简便,计划内容简明、清楚,便于领会和实施。

(四)工作总结的撰写

1. 标题 有两种形式:(1)公文式标题(单位名称 + 时限 + 主要内容 + 文种),多用于综合性总结;(2)文章式标题,多用于专题性总结。

2.正文　正文包括:基本情况(前言)、成绩和体会、存在的问题或教训、今后的努力方向四部分。

3.落款　一般在正文右下方写明总结的单位名称或个人姓名以及总结的日期;也可以在标题下正中或偏右处书写。

(五)简报的撰写

简报的结构由报头、报核、报尾三部分构成。

1.报头　首页上方1/3的位置,下边用横线与正文部分隔开的部分。包括的要素有:简报名称、期号、编写单位、印发日期。

2.报核　简报的核心部分,主要由(按语)、标题、导语、主体、结尾等部分组成。

导语可采用新闻导语的方法,也可采用公文导语方法,交代行文根据与目的。

主体部分采用记叙文方式行文,从新鲜典型、有指导作用和启发意义的材料中提炼观点。

结尾可以是深化主题,或是归纳全文等,也可不写结尾。

3.报尾　位于简报最后一页下部,用间隔线与报核隔开,横线下居左写明发送范围。最后在间隔线下居右的括号内注明共印多少份。

三、商务文书的拟写

(一)市场调查报告的拟写

其结构一般都包括标题、正文、署名三部分。

1.标题　公文式与文章式。

2.正文　正文分为开头、主体、结尾三部分。

(1)开头又称前言部分。这一部分常用一小段文字对调查或预测问题作说明,包括调查或预测的原因、时间、对象(地区、范围)、经过及方法(是普查还是随机抽查)等,以使读者获得初步印象。前言必须高度概括,简明扼要。

(2)主体。主体是正文的核心部分,市场调查报告的主体是对调查所得的数据及情况进行系统、科学的分析,其结构与一般的调查报告结构差别不大,也是由"基本情况、原因分析、建议措施"构成。

(3)结尾。这是全文的结束部分。如写有前言,一般要有结尾,以照应开头,或重申观点,或加深认识。这部分也可省略。

(二)招投标书的拟写

1.招标书结构与内容　招标文书一般由标题、正文和结尾三部分组成。

(1)标题。标题一般写在第一行的中间。标题下面,往往还写明该招标书的编号,以利于日后存档或查阅。

(2)正文。写明招标依据、招标目的、项目名称、资金来源、招标范围等,以便投标人从中获得必需的投标信息。招标项目的情况:具体说明招标项目名称,如工程名称、要采购的商品名称,并说明项目的主要情况,如工程的主要内容、规模,商品具体品类的数量等。如项目包含内容较多,应分类列出。招标范围:说明投标人应具备的条件,使潜在投标人明确自己是否能成为投标人。招标步骤:说明潜在投标人与招标人联系的单位名称,招标文件发售的时间、价格,投标截止的时间,开标的时间、地点,有的还说明签约的时间。

(3)结尾。这是招标书重要的组成部分,要详细而具体地写清楚招标单位名称、通信地址、邮政编码、电话号码、电传号码、电报挂号、联系人等,以便投标者参与。

2. 投标书结构与内容　一般由标题、主送单位称呼、正文、结尾、附件五部分构成。

(1)标题。

(2)主送单位。主送单位是对招标单位的称呼。在标题下隔行顶格写上招标单位的全称,与行政公文中的主送机关和信函中称谓的写法相同。

(3)正文。包括前言与主体两部分。前言:前言部分用简短的文字交代投标的依据和目的,介绍投标单位的基本情况以及对该投标项目的态度。在介绍基本情况的时候,必要情况下还要附上营业执照,资格证书的复印件。主体:主体是标书正文的核心,要写明投标项目的具体内容和指标,实现指标的具体措施以及其他要说明的应标条件和事项。标书内容可用条款说明,也可用表格来说明。

(4)结尾。结尾包括落款、联系方式、日期、印章等项内容。必须写明投标单位(或个人)名称、法人代表姓名或授权代表人姓名,单位的地址、电话、传真、邮政编码等,便于双方联系。最后注明标书的制作日期,并盖章签名。

(5)附件。附件的内容可以包括:资格审查文件、工程量清单、投标报价表、分项标价明细表、设备标价明细表、材料清单、技术规格、技术差异修订表、有关图纸和表格、担保单位的担保书、银行开具的投标保证金保函、履约保证金保函等。文末附上公司基本情况,能让招标方对投标方建立信心。

(三)意向书的拟写

1. 标题　有两种写法:(1)项目名称 + 文种;(2)文种。

2. 正文　正文由导语、主体、结尾三部分构成。

(1)导语。写明合作各方当事人单位的全称,双方接触的简要情况,磋商后达成的意向性意见。然后用"本着××原则,兴建××项目"作为导语的结束。

(2)主体。分条款写明达成的意向性意见,可参照合同或协议的条款排列。

(3)结尾。往往写明"未尽事宜,在正式签订合同或协议书时予以补充"的话语,以便给双方留有余地。

3. 尾部　意向书签订各方单位的名称、签订人姓名并加盖公章、私章及日期。

(四)经济合同的拟写

1. 首部　首部包括以下内容:标题,当事人,合同编号与签订地点、时间。

(1)标题。即合同的名称,标题在合同文本中应写在合同首页上方居中的位置。

(2)当事人。签订合同的当事人是具有法人资格的法人单位和具有公民资格的自然人,在合同标题的左下方,分行并列写明签订合同当事人的单位名称及法定代表人或自然人姓名,并在名称或姓名前面注明谁是甲方,谁是乙方。也可在名称或姓名的后面用括号注明"甲方"和"乙方"。

(3)合同编号与签订地点、时间。在合同标题的右下方,分行并列写明该合同的编号、签订地点及时间。

2.正文　正文一般包括以下几方面内容:

(1)引言。在合同标题的下方,第一段开始,应将双方签订合同的依据和目的进行交代。

(2)标的。它是当事人双方权利和义务共同指向的对象,可以是货物、劳务、工程项目、智力成果等。

(3)数量和质量。这是衡量标的的尺度。在签订合同时,数量必须按照国家法定计量标准和计量单位计量。质量是标的的内在素质和外观形态的综合反映,它可以体现出商品、产品或劳务的优劣程度,质量条款也必须符合我国标准化法和产品质量法的规定。

(4)价款或酬金。价款指为获取标的物而交付的货币数量。购销产品中支付的货款、借款合同中支付的利息、财产租赁合同中支付的租金、运输合同中支付的运费、保管合同中支付的保管费等都属于价款。

(5)履行的期限、地点和方式。履行期限是指当事人完成合同规定义务的时间范围。履行的地点是指交付、提取标的的具体地理位置。履行的方式是指当事人双方履行合同的方式。

(6)违约责任和争议的解决方法。违约责任是指经济合同依法成立后,由于合同当事人一方或双方的过错而导致合同不能履行或不能适当履行,有过错的一方应当承担的责任。对违约责任的追究,可以用支付违约金、支付赔偿金、继续履行合同等方式解决。

3.尾部　写清楚双方当事人的有关情况,一般包括以下四方面的内容:

(1)合同正本、副本的份数,留存何处。

(2)合同有效期及其他应注明的有关事项。

(3)写上立合同的各方当事人名称或代表姓名并盖章。此外,合同各方当事人的地址、电话、开户银行及账号一一写明。

(4)签订合同的时间。

【实训】　公文网络写作训练

一、训练目标

通过拟写训练,掌握请示文种格式、结构框架、内容要素、专用语言的要求,并能够写作出规范的请示。

二、训练方案与要求

金运教育科技(长沙)有限公司是一家以教育软件开发和远程教育网站运营为主要经营目标的公司。公司一直致力于研制自主版权的教育软件,独具匠心设计开发的远程教育系列产品,在业界得到充分认可。采用开放和合作的方式,建有针对不同目标客户的远程教育运营平台,提供给各地优秀的教育机构和教师开展远程教育业务。主要业务部门有:市场营销中心、网站运营中心、资源管理中心、项目管理中心、技术研发中心、业务拓展部、战略与产品研究部等。

公司因业务发展需要,网络运营中心最新招聘了两位技术人员,主要从事网站策划、网站编辑、网站功能产品规划、BBS 管理、网站流量监控、网站推广、网站资讯管理、电子杂志编辑等。目前两人均已到岗,因工作需要,更好地完成领导交办的任务,急需购置两台办公使用电脑。从性能考虑,部门决定向公司申请购置联想品牌机,费用 3 900 元/台,总费用约 7 800 元。

训练要求:

(1)假定你是该公司的秘书,请为公司拟写一份请示。

(2)要求学生在电脑上完成该文案的写作,排版后发邮件到教师指定邮箱,并交打印稿一份。文档要求格式规范,内容正确,条理清晰,表达精确,编辑打印精美。

训练步骤:

(1)指导学生认真阅读案例及实训内容和要求。

(2)分析案例主要内容以及本次实训目的。

(3)学生课后完成写作任务。

(4)教师综合典型文案进行讲评。

(5)学生修改完善文案。

训练提示:

(1)请示的结构:标题 + 主送机关 + 正文 + 落款 + 附注

(2)请示的主送机关只能写一个。

(3)请示的理由必须实事求是,有理有据,说明充分,条理清楚,开门见山。一般可以从需要和可能两方面来写。"需要"主要是强调必要性以及请示事项办成后带来的经济与社会效益;"可能"则是说明请示事项办理已具备的条件。

【知识链接】

公文处理相关资料

一、公文处理流程图

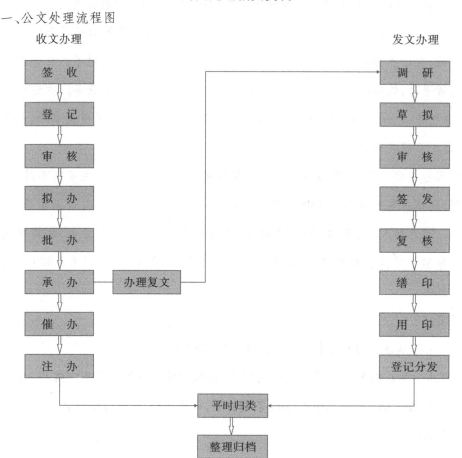

二、发文处理单

发文字号		缓　急		密级	
签发		会签			
主送					
抄送					
拟稿单位		拟稿人		审核	
打字		校对		份数	
附件					
标题					
正文					

三、发文登记条目

序号	发出日期	发文字号	文件标题	成文时间	密级	缓急	附件	份数	主送机关	抄送机关	签收人	归卷日期	存档号

四、收文处理单

来文机关		来文字号		密级	
文件标题			份数		时间要求	

拟办意见：

批办意见：

处理结果：

五、收文登记簿

收文号	收文日期	来文单位	来文标题	来文字号	密级	缓急	附件	份数	承办单位	签收人	复文字号	归卷日期	存档号

第二部分 文书与档案管理

【知识目标】

了解文书分类方案的含义。

了解电子档案、声像档案的管理。

了解企业文书资料库建立的优点。

熟悉企业档案的价值、内容。

掌握企业文书整理归档的步骤。

掌握企业档案保管的方法。

掌握企业档案利用的程序。

【能力目标】

能对企业文书进行整理归档。

能对企业档案进行有效保管。

能对企业档案进行有效利用。

能建立企业文书资料库。

【案例导入】

案例一：档案揭示学校地震不倒之谜

日前,成都市农村中小学标准化建设项目档案通过了由成都市档案局、成都市发改委组成的联合验收组的考评验收,拉开了2008年成都市重大建设项目档案验收工作的序幕。

成都市农村中小学标准化建设项目是成都市委、市政府为缩小城乡教育差距,促进城乡教育均衡发展而启动的建设工程。它的承建单位是成都市市属国有企业——成都市兴蓉投资有限公司。该公司承担项目后的3年来,按照统一标准和风格新建、改扩建410所中小学校。这410所改扩建的农村中小学分布于成都市都江堰、彭州、崇州等汶川大地震重灾区的就有86所。当特大地震降临,四周各种建筑物纷纷垮塌时,它们依然昂首挺立,创造了所有新建、改扩建学校无一垮塌的奇迹。

走进兴蓉投资公司档案室,我们找到了奇迹背后的秘密。

作为一个以项目建设为主的国资企业,成都市兴蓉投资有限公司充分认识到项目档案工作的重要性,建立健全了项目档案各项规章制度和切合实际的项目档案工作管理体制、工作程序,对项目档案工作实行统一管理。在项目实施之初,公司就组织各参建单位认真学习档案工作法律法规,增强大家的档案意识,并对参建单位的档案员进行档案知识和业务技能的培训,明确各参建单位的档案管理责任,提出档案整理的具体要求。在项目建设过程中,公司档案人员经常深入施工现场,对参建单位的项目档案资料进行检查、指导。在同建管、监理、施工、设计单位签订合同时,将工程资料的积累、整理、归档列入合同内容,并对违约责任提出明确要求。在工程竣工验收前,档案管理机构对竣工档案进行验收,验收合格后才对工程进行竣工验收,从而保证了建设项目的质量。

作为一个现代企业,成都市兴蓉投资有限公司十分重视信息化建设,并且将档案信息化建设作为单位信息化的一个重要内容,实现了档案信息化与单位信息化的同步发展。2008年,兴蓉公司定制开发了一套分布式的档案业务管理系统,实现了对档案信息资源的全过程管理,大大提高了工作效率,为又好又快地完成项目建设任务打下了坚实的基础。

(王芳:《中国档案报》,2008年11月6日第一版)

案例二:湖南凤凰县大桥垮塌

2007年8月13号下午,震惊中外的湘西土家族苗族自治州凤凰县正在建设的堤溪沱江大桥在四声巨响之中垮塌了,现场惨烈、损失巨大,造成64人死亡22人受伤,直接经济损失3 974.7万元。

事故发生后,湖南省警方在24小时内就对大桥所有资料包括财务账单等及时进行了封存。大桥建设项目经理夏有佳,湖南省路桥集团道路七公司副经理、项目监理人蒋平在事故当晚已被警方控制,以配合事故原因调查。

案例三:杨某非法持有涉密文件、资料和图纸案被逮捕

杨某,中国某集团公司所属研究所重要涉密人员、高级工程师。2002年3月,杨某在未办理任何手续的情况下擅自离所,受聘到北京某有限责任公司任职。研究所对其工作期间使用的型号图纸、资料、文件进行了清理,发现其中一些重要的图纸资料没有归还,所在单位保存的一些重要图纸资料丢失,这些图纸、资料、文件涉及多项国家秘密。研究所立即向集团公司和有关部门进行了报告。国家安全机关依法对杨某进行了传唤,并对其住宅进行了搜查。从杨建国处搜查出的图纸、资料经鉴定为机密级文件、资料共4份,秘密级文件、资料和图纸共332份(套)。杨某已以非法持有国家秘密罪被依法逮捕。

思考:

1.案例一成都市兴蓉投资有限公司所有新建、改扩建学校无一垮塌与档案工作有何关系?其档案工作分为几个阶段进行的?

2.案例二湖南凤凰县大桥垮塌案中,警方为何要在24小时内就对大桥所有资料包括财务账单等及时进行封存?

3.案例三杨某为什么会持有涉密文件、资料和图纸案的?

4.综合三个案例,你作为秘书,得到了什么启示?

提示：

随着我国经济体制改革的不断深入,企业重组、兼并、联合,实现多元化管理,企业逐步走向市场经济,企业档案在市场经济中显得越来越重要。档案工作水平是企业管理的缩影,企业档案工作以收集为基础,整理为手段,管理为保证,利用为重点。

第一单元　文书的整理与归档

一、文书整理归档的步骤

在企业当中,尽管文件材料不同,整理方法灵活多样,但一般说来还是要经过以下四个主要步骤。

（一）编制分类方案

分类方案具有相对的连续性、稳定性和客观性。如果企业原已有比较规范的分类方案,而且企业内部的基本情况没有变化或变化不大,应按原来的方案进行分类整理。如果是新组建单位且没有文书分类方案时,则应根据企业的实际情况先制定好分类方案,并以文字固定下来。

制订科学合理的分类方案首先要确定好文书的类别,然后拟写方案。

1. **依据分类方法确定类别**　分类的方法主要有以下四种：

（1）按年度分类。即按其形成的不同年度分为不同的类别。文档一体化管理的企业一般会使用其作为分类的第一个层次。未实行文档一体化的企业,因只对当年形成的文书进行整理归档,所以年度则不必作为文书整理的分类方法。

（2）按保管期限分类。保管期限分为短期、长期、永久三种。短期保管为1~15年;长期保管为16~50年;永久保管为50年以上。需归档的文书一般可以先按保管期限整理,然后再考虑其他分类。

（3）按组织机构分类。即按企业内部各部门名称分类,如按人事、财务、营销、企划等进行分类,每类中如形成的文件较多,可以再编制一定的具体条目;如文件不多,则可以不再编制条目。此方法一般适用于组织规模比较大、业务比较庞大、组织机构相对稳定的企业。

（4）按问题分类。即按工作性质及内容分类。一般适应规模比较小、职能较少或组织机构不太稳定的企业。由于问题分类方法依据的是主观标准,其特征的判断难以把握,运用这种方法时,要特别注意各类别之间应边界清楚,不能相互交叉与包含。

2. **制订分类方案**　分类方案的结构一般由序号、类别和条款构成。

（1）序号。分类后经过系统排列,依次给予每一类别固定的顺序号。

（2）类别。按一定的分类方法对文书划分的结果。

（3）条款。分别列出预先拟定的类别名称之下的子类别。

（二）初步整理

文书处理部门在平时就要有计划地将本机关一年中不断形成的应归档文书材料逐步整理起来。

文书工作人员应根据文书分类方案把已经处理完毕的文书材料，以"件"为单位进行装订，并按有关类目随时归整，装入"案盒"，到年终或第二年初再严格按归档要求进行调整。

平时归整的实质就是在平时有计划地做好文书整理的基础工作，包括有计划地收集文件，并分门别类进行管理，既便于平时的查阅利用，又为最后的整理归档奠定了基础。

注意做到及时收集已经处理完毕的文书材料，并定期检查。

（三）系统整理

随着文书人员平时归卷工作的开展，公司年内产生的文件会比较有序地存放在预设的文件夹中。尽管如此，为便于移交和日后对档案文件的管理和利用，文书工作人员还需对它进行系统地整理。

1. 区分不同价值，确定存档文件

（1）无保存价值的文件不需归档。这类文件主要有：重份文件；事务性、临时性文件；一般的参考性文件；失去价值的统计报表、登记簿册、简报等。对于失去保存价值的文件应按程序及时进行销毁。

（2）保存归档有价值的文件。文件的保存价值是由文件反映企业工作活动的作用和今后查考利用可能性的大小来决定的。凡是反映企业历史发展、记录企业生产经营活动的重要文件，包括企业印发的指导性文件、会议上形成的决议性文件和会议纪要、重要的请示文件报告、上级机关颁发的属于本企业主管业务并需要贯彻执行的文件、下级报送的有关方针、政策性和重要问题的请示报告等等，都是具有保存价值的文件。

2. 对存档价值的文件进行系统整理

（1）确定盒内文件顺序。对盒内平时归卷的文件进行检查调整、排序。调整排序时，要注意在分类方案的最低一级类目内，以"件"为单位按问题、按作者、按地区、按名称、按重要程度等方法进行排列。

为便于查阅利用，在盒内文件较多的情况下，常常是两级排列，运用问题结合时间排列或问题结合重要程度排列。

（2）案盒内文件的编号。确定好顺序后，对文件进行编号使其位置相对固定下来。文件编号以分类方案和文件排列顺序，在每件文件首页上端逐件盖上归档章注明。归档章设置的必备项目有：全宗号、年度、保管期限、室编件号、馆编件号和机构。

（3）装盒填表。将已整理好的归档文件按件号顺序装入档案盒。并填写案盒内文件目录表、档案封面、盒脊和考表。

（四）归档

文书经过系统整理成为档案，应在第二年的六月份前向单位档案室移交，即归档，以便由档案室集中统一保管。移交时，要对归档文件进行认真清点核对，确认无误后在档案

移交(接收)登记表上签字。

二、声像档案的整理与归档

(一)照片文件的整理归档

照片文件主要是由底片、照片和照片说明三部分组成,这三部分共同构成照片文件,缺一不可。在整理时底片单独整理存放,照片与照片说明一同整理存放。

(1)参考纸质文件的分类、整理方法对底片分类、排列、编号、装袋。

(2)照片与照片说明一同固定在芯页上,进行编号。编号应与对应的底片一致。

(3)编制照片文件目录。其归档目录与纸质文件项目不同。条目是照片号/底片号、照片题名、摄制者、摄制时间、备注。

(二)影音文件的整理归档

(1)参考纸质文件的分类、整理方法对影音文件进行分类。分类时,录音磁带与录像磁带要分开整理。

(2)将整理后录音、录像带装入特制的盒内并在外面帖上注有明确编号、内容、时间的标签。

(3)将编号、时间(录制时间)、内容、录制单位、带长(放送时间)、备注等项目填入归档目录里。

三、电子档案的归档

(一)分类、排序

将磁性载体传递的零散、杂乱的电子文件通过分类、标引、组合,使电子文件存储格式处于一种有序状态。文件名称、文件号、分类和隶属编号等电子文件的著录标引应由归档人来完成。

(二)组织建立数据库

1.首先是对电子文件进行分类和编号　一个单位的电子文件类别是多种多样的,对这些电子文件要进行分门别类地管理,就要进行科学地分类。要按门类划分要求,结合本单位的专业和电子文件内容制定分类编号方案。分类编号就是按照分类编号方案的规定对电子文件进行划分,并给每份电子文件一个固定的唯一的号码,从而使全部电子文件成为一个有机的整体。

2.对电子文件的登记　与纸质文件相比较,电子文件在数据库中是以虚拟形式存在的,经过对电子文件的科学管理,构成有序的虚拟状态,通过检索可以提取电子文件并在计算机屏幕上显示出来,数据库是存、取电子文件的"虚拟文件库"。特别说明的是,在任何条件环境下,都要拷贝一套保存,并对这套软、硬件环境作好说明。有些必须以纸质文件存在时,可输出纸质文件保存。

(三)归档手续

电子档案经检验合格后,形成部门或档案部门要发行归档手续,即形成部门与档案部门均应在《归档电子文件登记表》和《归档电子文件检验登记表》上签字或盖章,这两张表格均应一式两份,移交双方各留存一份备查。

第二单元　档案的保管与利用

一、档案的保管

为了防止档案损坏,延长档案的寿命,档案库房中要放置档案保管的技术设备,做到防潮、防水、防虫、防霉、防其他各种隐患。要建立健全档案保管制度,定期对档案保管情况进行检查,确保档案的安全。

(一)档案保管的方法

1.**控制档案室内温度、湿度**　档案的寿命与档案库房温度有密切关系。架柜排列保持一定的距离,以保证良好的通风。同时,档案室内要配置有空调和抽湿机进行温湿度的调节,保管一般纸质档案,档案室内湿度应控制在14 ~24 ℃(±2 ℃);相对湿度为45% ~60%(±5%),一昼夜允许温度变化范围为±2 ℃,湿度为±5%。

2.**进行卫生、安全检查**

(1)档案入库前要进行消毒和除尘。在档案室内设置消毒设备及除尘器,防止灰尘及有害气体进入库房,保持库房内外的清洁卫生。

(2)放置除虫及除霉药品,进行防虫防霉保护。

(3)配置消防设施和防盗装置。

(4)定期或不定期进行档案安全检查。检查间隔的时间不宜过长,一般以半年为宜。检查档案有无遗失、泄密、破损情况,查找不安全隐患;检查档案有无发黄变脆、字迹褪色、潮湿发霉情况;检查消防器械是否齐全,门窗是否牢固;检查保存档案数量是否与登记的数量相符;检查档案保管各项制度的执行情况。检查的情况要进行记录。

(二)流动中的档案保护

档案利用时借阅与退还档案,都要移动档案。为了防止档案在移动中的损坏,要在醒目处张贴借阅档案的保护措施。

借阅档案要履行登记和交接手续,易损档案和特别珍贵档案一般只提供复制品,原件不宜外借。档案管理人员接触档案时应穿工作服,戴手套,轻拿轻放档案;档案存放方式要利于存取;存取档案应连同包装材料一同取出、放回;复制档案应以不损坏原档案为前提。档案利用者在阅读档案时不得吸烟、喝水、吃食物,不许在档案上涂改、做标记。

1.**了解档案库房的编号**　档案库房有两种编号:一是为所有的库房编制统一的顺序号;二是根据库房所在方位及库房建筑的特征进行编号。楼房内的库房自下而上分层编号,每层的房间从楼梯口入口处自左至右顺序编号;平房应先分院或排,然后从左至右统一按顺序编号。库房编号含楼号、层号、房间号。

2.熟悉档案柜架的摆放与编号　　形状、规格、质地不同的柜架要分类集中。档案柜架的摆放应最大限度地利用库房空间,柜架的两端应与墙壁保持一定距离,与窗户垂直走向排列,避免阳光直射。以档案柜架为准,从上到下依次编排,如五节柜的搁板号自上而下依次为1号—5号。

3.调节保管场所的温湿度　　档案库房温度与档案的寿命有密切关系。根据有关规定,保管一般纸档案的温度为14 ~20 ℃,相对湿度为50% ~65% ,一昼夜允许温度变化范围为±2 ℃,湿度为±5 ℃。

4.进行卫生、安全检查　　卫生检查是查看库房的清洁状况,清除灰尘、垃圾、保持库房内外的清洁卫生。

档案安全检查包括:检查档案有无被遗失、泄密、破损情况,查找不安全隐患;检查档案有无发黄变脆、字迹褪色、潮湿发霉情况;检查消防器械是否齐全,门窗是否牢固;检查保存档案数量是否与登记的数量相符;检查档案保管各项制度的执行情况。检查的情况要进行记录。

5.进行档案流动中的保护　　利用档案中的借阅与退还,都要移动档案。为了防止档案的损坏,要在醒目处张贴借阅档案的保护措施要求。

(1)档案属于公司机密,未经许可不得外借、外传。易损档案和特别珍贵档案一般只提供复制品,原件不宜外借。外单位人员未经公司领导批准不得借阅。借阅时要履行登记和交接手续。借出档案材料的时间不得超过一周,必要时可以续借,过期由档案管理员催还。借出档案时,应在借出的档案位置上,放一代替卡,标明卷号、借阅时间、借阅单位或借阅人,以便查阅和催还。

(2)借阅部门保管的档案材料,须经档案所属部门负责人批准。借阅档案材料,属借阅部门经办的,由部门负责人批准;借阅非本部门经办的档案材料,须经档案部门负责人批准。

(3)档案管理人员接触档案时应穿工作服,戴手套,轻拿轻放档案。

(4)档案存放方式要方便存取。

(5)在档案上不允许涂改、做标记。

(6)在档案阅读室不得吸烟、喝水、吃食物。

(三) 电子档案的管理

(1)电子档案内容、结构和背景等经过传输、迁移处理后要保持不变,并与形成时的原始状态一致,以确保电子档案的真实性。

(2)记录工作活动的每份电子档案内容、结构、背景信息要保存完好没有缺损,以确保电子档案的齐全完整。

(3)电子档案在存储、传输、压缩、加密、媒体转换、迁移等处理过程中应保持其真实性,能够被人们识读。

二、档案的利用

(一)熟悉库藏

熟悉库藏是档案工作者的基本功之一,只有熟悉了库藏才能准确解答利用者提出的各种问题,提高利用工作的质量和效率。熟悉库藏包括了解档案内容、成分及存放位置,明确单位档案的形成、整理状况及利用价值。

(二)了解需求

了解需求就是对潜在的档案利用和需求进行预测,以便采取积极的措施,促进档案的利用。

1.了解决策人员的需求 他们需要的是概括性、综合性、可靠性强的高层次档案信息;政策性文件和分析论证材料;工作活动方面的历史信息。秘书应分析决策人员的利用需求,主动、及时、周到地为决策人员提供档案利用服务。

2.了解基层管理者的需求 基层管理者需要的是具体、实用的档案信息;业务方面的档案信息;对工作有借鉴作用的档案信息。

3.了解科研人员的需求 科研人员一般需要的是某一个或多个相关主题的档案信息;完整、准确、系统、成套的专题档案材料。

4.了解工程技术人员的需求 工程技术人员需要的往往是针对性强、内容具体的档案信息;专利文献和标准化材料;同类项目或同行业的档案信息。

(三)选择适当的利用方式

档案利用的方式有多种,作为档案工作人员应根据利用档案人员的需求,在遵循档案利用工作规则的基础上,选择恰当的利用方式。

1.阅览服务 开设阅览室,直接提供档案原件或复制件借阅利用,是档案利用的主要形式。提供阅览服务的场所应宽敞、明亮、清洁、安静、靠近库房,方便调卷与归卷。

2.外借服务 档案一般不能外借,如确因工作的特殊需要,须按照制度履行外借手续,才可外借,并且借出期限不能过长,数量也有所限制,借用要确保档案的安全,不允许转借或私自摘录、复制、翻印档案,不能遗失、拆散、调换和污损档案,到期必须及时归还。

3.制发复制本 在档案利用时,提供档案利用人员有时因利用者需要,需对档案材料进行复印、手抄、打字、印刷和摄影。这时档案工作人员应在档案复制件上注明收藏该档案原件的档案部门名称、档案复制件的编号、页数及原件的档号,并加盖档案部门的证明章。

4.举办展览 根据需要,按照一定的主题,系统地陈列档案材料,发挥档案的宣传教育作用。举办档案展览,一般使用复制件,必须展出原件时,应陈列于玻璃柜或采取其他保护措施,确保档案不受损坏。

5.提供咨询服务 以档案为依据,运用相关的业务知识和专业技术知识,对人们提出的问题进行解答,或指导其获得有关某方面档案的线索。

6.制发证明 档案证明应对有关材料进行客观、如实地陈述或摘录,起关键性作用的内容应与原件的字、句甚至标点相吻合，要注明依据材料的出处。档案证明必须加盖公章才能生效。

7.印发目录　为了交流方便将档案目录复制分发而进行的档案利用，包括内部和外部交流两种方式。

（四）获取档案

通过各种档案利用方式获取档案原件、档案复制品和档案信息加工品。

（五）提供档案

我们平时都可以遇到很多有用的学习资料，但很久以后，一些想求得这些资料的朋友或者新手又怎样方便获得呢？另外，当一些新的人员不知道怎么去了解，或者说他们根本就不知道有这些知识，又有什么办法引导他们，让他们快快成长，为我们品质事业作出贡献呢？我们一起讨论一下能否建立一个新的学习园地或者是板块呢？

第三单元　企业文书资料库的建立

企业资料库可作为存放重要企业资料，例如董事会文件、企业融资文件、法律文件以及审计和法规遵从记录的仓库。这些资料库具有重要的利用价值，是提高工作效率和工作质量的必要条件，是数据查考的必要依据，是回顾总结的重要平台，是企业开展工作的有益参考、对比、借鉴。也可以充当合作伙伴存储合资交易、合作协议、许可协议和战略联盟等有关资料的仓库。

但是，目前许多企业资料信息保管分散，既浪费人力物力，又不便于查询保存，有时还会因为人员调动和时间原因而造成资料流失，不少企业多年前的资料已经无从查起。因此，企业应该建立起企业资料信息库，将资料信息进行规范统一管理。

一、建立企业文书资料库的优点

（1）减少各级资料保管人员的工作量。由资料库管理人员对资料信息进行统一管理，各级单位和个人只需及时将资料传递到库内即可。

（2）方便资料信息共享。信息资料库的查询利用功能可以让工作人员在里面找到所需的所有资料，免去反复查询的麻烦。

（3）减少资料分散管理中的流失和失真现象。将资料统一归纳到库内，可以避免因时间和人员流动造成的资料流失，保证资料的长期真实性。

（4）由专业人员和专业设备进行管理，加强了资料管理的规范性。

二、建立企业资料信息库，需要注意以下几点

（1）做好资料甄选采集工作。确定哪些资料有保存价值，哪些资料必须保存，只要有利用价值的资料信息，就尽可能多地保存。

（2）做好资料目录编著。按照档案保存的规定做好目录编著和分类归档，避免杂乱无章，无从查找。

（3）建设覆盖面广的资料信息库。企业概况、创业历程、组织机构沿革、上级领导关怀、企业各项管理工作、大事记、荣誉实物、客户等资料都应该存入信息库。

（4）做好管理工作。对资料进行及时更新和归档，保证资料的及时性、真实性和持久利用。

（5）建立公开查询制度。加大资料的利用效率，建立公开查询和资料共享制度，避免资料信息存而不用。

【实训】　讨论分析

一、训练目标

通过讨论分析，领悟档案资料管理的专业性和重要性。

二、训练方案与要求

北川严重受损档案全部脱水干燥完毕

"5·12"汶川大地震发生，四川省北川县档案馆遭受到了前所未有的巨大损失，馆库坍塌，馆藏8万余卷（册）档案资料被埋。经省、市、县三级档案部门的努力，抗震救灾部队进行3次挖掘，共抢救出档案资料5万余卷（册）。在国家档案局专家组的指导下，其中1万余卷受损特别严重的档案经紧急处置，转移至雅安市一冷冻库保存。

在国家档案局以及山东、四川省档案局的关怀和大力支持下，档案专家会同杭州电达消毒设备厂共同研制了多功能冷冻干燥灭菌器，采用真空干燥技术，对这部分受损严重档案进行脱水、干燥、灭菌。去年10月20日，机器安装完毕，进行干燥试验。在这段时间里，四川省档案局工作人员多次与设备方磋商，对设备进行调试，经过3次试验，终于取得成功，于10月27日正式对冻库档案进行脱水干燥。省档案局专门派出两名业务骨干驻扎雅安，协助完成此项工作。

受潮的北川档案在−10 ℃至−20 ℃冻库里冷冻结冰，扼制了霉菌的生长，通过真空干燥灭菌器对这些受潮的档案进行真空升华，达到干燥的效果。恰是寒冬天气，工作人员顶着凛冽寒风，每天一早从冻库中拉出档案，用棉被紧紧盖住保温，防止档案在运往机器室的过程中由于档案上的冰溶解而损坏档案，并专人押运档案，保证档案在运输过程中的绝对安全。同时，工作人员对档案干燥设备实行了24小时监控和坚持夜间值班，定时检查干燥中的档案，对受潮相当严重的档案进行反复处理，对沾泥过厚的档案还要随时除泥，避免泥土影响到干燥的效果，并认真编写了《北川档案干燥工作流程单》及《交接班记录》。通过工作人员70天不分昼夜地努力，顺利完成了严重受潮档案的脱水干燥。初步统计共干燥档案11 978卷，其中民国档案2 888卷，新中国成立后档案9 090卷，还有大部分残缺不全的案卷及碎片。根据计划安排，档案灭菌工作预计于今年2月份正式启动。

（载于《中国档案报》2009年1月22日 第四版）

训练要求:

(1)讨论如何对受损的档案进行整理保管。

(2)在对受损档案的整理中,如何进行档案保护和自我保护。

训练步骤:

(1)指导学生认真阅读案例及实训内容和要求。

(2)分析案例主要内容以及本次实训目的。

(3)分组讨论。

(4)教师进行讲评。

【知识链接】

国家档案局国家经济贸易委员会

国家计划委员会关于印发《企业档案管理规定》的通知

(档发〔2002〕5号)

各省、自治区、直辖市、计划单列市、新疆生产建设兵团档案局、经贸委、计委:

为加强企业档案工作,规范企业档案管理,更好地为企业改革与发展服务,现发布《企业档案管理规定》,请认真贯彻执行。

二〇〇二年十月二十日

企业档案管理规定

第一条 为加强企业档案工作,促进档案工作为企业各项工作服务,根据《中华人民共和国档案法》(以下简称《档案法》)和有关法律、法规,制定本规定。

第二条 本规定所称的企业档案,是指企业在生产经营和管理活动中形成的对国家、社会和企业有保存价值的各种形式的文件材料。

第三条 企业应遵守《档案法》,依法管理本企业档案,明确管理档案的部门或人员,提高职工档案意识,确保档案完整、准确和安全。

第四条 企业档案工作接受档案行政管理部门的监督和指导。

中央管理的企业制定本企业档案管理制度和办法须报国家档案局备案。

第五条 企业负责档案工作的部门依法履行下列职责:

(一)贯彻执行《档案法》等有关法律、法规和方针政策,制定本企业文件材料归档和档案保管、利用、鉴定、销毁、移交等有关规章制度;

(二)统筹规划并负责本企业档案的收集、整理、保管、鉴定、统计和提供利用工作;

(三)指导本企业各部门文件材料的形成、积累、整理和归档工作;

(四)监督、指导本企业所属机构(含境外机构)的档案工作。

第六条 企业档案工作人员应当忠于职守,遵纪守法,具有相应的档案专业知识和业务能力。

第七条 企业各部门负责归档文件材料的收集和整理,并定期交本企业档案部门集中管理。任何人不得拒绝归档。

第八条 归档的文件材料应完整、准确、系统。文件书写和载体材料应能耐久保存。文件材料整理符合规范。归档的电子文件,应有相应的纸质文件材料一并归档保存。

第九条 企业根据有关规定,确定档案保管期限,划定档案密级。

第十条 企业采取有效措施对档案进行安全保管,并切实加强对知识产权档案和涉及商业秘密档案的管理。

第十一条 企业对保管期限已满的档案进行鉴定。对确无保存价值的档案登记造册,按有关规定经企业法定代表人批准后进行监销。

第十二条 企业做好档案统计工作。国有大中型企业应按档案行政管理部门的要求填写有关报表。企业认真做好对国家和社会有保存价值的档案的登记工作。

第十三条 企业档案现代化应与企业信息化建设同步发展,不断提高档案管理水平。

第十四条 企业档案部门应积极做好档案的提供利用工作,努力开发档案信息资源,为企业提供及时、有效的服务。

第十五条 企业必须为政府有关部门、司法部门依法执行公务提供真实、准确的档案。

第十六条 企业提供利用、公布档案,不得损害国家、社会和其他组织的利益,不得侵犯他人的合法权益。

第十七条 国有企业资产与产权发生变动,应按《国有企业资产与产权变动档案处置办法》做好档案的处置工作。

国有企业破产,破产清算组应妥善处置破产企业档案;国有企业分立,档案处置工作由分立后的企业协商办理。

第十八条 企业对在企业档案工作中做出突出贡献的人员给予表彰和奖励。

第十九条 企业应当建立档案工作责任追究制度,对不按规定归档而造成文件材料损失的,或对档案进行涂改、抽换、伪造、盗窃、隐匿和擅自销毁而造成档案丢失或损坏的直接责任者,依法进行处理。

第二十条 本规定由国家档案局负责解释。

第二十一条 本规定自 2002 年 9 月 1 日起实施。《国营企业档案管理暂行规定》同时废止。其他有关企业档案工作的规定凡与本规定抵触的,以本规定为准。

模块四　秘书会务工作

第一部分 会议筹备工作

【知识目标】

熟悉会议的分类。

了解会议的申报、审批。

掌握会议预案的基本要素。

熟悉会议证件及会议资料的制作要求。

【能力目标】

能够拟订会议的筹备方案。

能够合理选择会议地点、预订会议室。

能够熟练布置一般会场。

【案例导入】

案例一:会议准备:细致、周密

一次某地党代表大会的开幕式上,会务人员未能按大会主持人宣布的程序播放国际歌,虽得到补救,但终是一件憾事,并受到批评。

事情发生的过程是,会务组会前起草的"大会开幕式程序(送审稿)"中列有"奏(或播放)国际歌"这一项。大会秘书处一位负责人审稿时,拟把此项放在大会闭幕式进行,于是把此项目在开幕式的程序中删掉了。后来大会秘书处主要负责人定稿时,又把该项圈了回来。会务组的同志凭印象只记住已删掉了奏国际歌此项程序,而对后来又被圈了回来一事,未加注意,因此对于在大会上宣布"奏国际歌"时无法奏出,一时造成了冷场。幸好会务组长急中生智,立即上台挥拍领唱,这样才圆了场。会后领导同志说,这一事故该予以批评,吸取教训。但在关键时刻能得到及时补救,这是好的,这一点值得表扬。

思考题:本案例中,会务准备方面存在哪些问题?

案例二:会前准备如何做

金州公司准备在本市的新天地大厦召开大型的新产品订货会。参加的有本单位、外单位的人员。总经理让秘书部门负责安排,会上要放映资料电影,进行产品操作演示。而公司没有放映机。租借放映机的任务交给了总经理秘书刘小姐。会议的召开时间是6月9日上午10点整,而资料放映时间是10点15分。刘小姐打电话给租赁公司,要求租赁公司在 9 日上午 9 点 45 分必须准时把放映机送到黎明大厦的会议厅。

9 日上午,会议开幕前,金州公司的秘书们正在紧张地做着最后的准备工作。刘小姐一看表,呀,已经 9 点 50 分了,放映机还没有送到。刘小姐马上打电话去问,对方回答机器已送出。眼看着各地来宾已陆续进场,刘小姐心急如焚……

思考题:

1.假如你是刘小姐,对接下去可能发生的各种情况,应如何处理?

2.假如放映机在 10 点 10 分还未送到,你是马上向总经理报告还是擅自决定调整会议议程?

3.向总经理报告后,你还应该做些什么?

4.召开大型会议前各种准备工作,包括音响、电子类装置应提前多少时间安排?

5.有人说,会议上要用到的各种东西,最好公司都买齐。假如要借,应提前一天送到。你认为如何?

提示:

会议对领导者而言,既是实施领导行为的一种手段,也是领导工作的一个环节。而一个有效的会议,无论是隆重热烈的庆祝会,还是任何一个企事业单位中必不可少的办公会,无不存在着会议组织服务工作,即本意所说的会务工作。秘书人员应熟悉会务工作的程序,掌握会议组织与服务工作的方法和技巧。

第一单元　拟定会议预案

一、会议的含义与类型

(一)会议的含义

会议是有组织、有目的地召集人们商议事情、沟通信息、表达意愿的行为过程。从字面含义上看,"会议"一词中"会"有聚会、见面等意思,"议"是讨论、商议的意思,则"会议"的基本意思应包含聚会并商议两层意思。但在现实社会中,会议却有多种形式:有的是聚会并商议,如各种代表大会、办公会、论证会、评审会等;有的是聚合集会,而"议"则用沟通信息取代了,如报告会、传达会、"吹风会"、记者招待会、新闻发布会等;还有的则是聚会只为表达某种意愿,如誓师会、庆祝会、团拜会、联谊会、欢迎会等。

(二)会议的种类

从不同的角度出发,可以将会议划分为不同的类型。

按会议规模分:

大型——千人乃至数千人参加的会议,如政治和群团组织的全国性大会,一些庆祝大会、纪念大会等。

中型——百人至数百人参的会议,如报告会、庆功会、经验交流会等。

小型——少则几人，多则几十人参加的会议，如座谈会、办公会、现场会等。

在某些地方、某些时候，还有在露天广场举行数以万计的人参加的特大型会议、庆典活动，如万人集会庆典活动、焰火晚会，特大型工程的奠基、开工及竣工典礼等。

对于秘书和秘书部门来说，大、中型会议的会务组织工作环节较多，难度较大，需要精心准备，小型会议虽属日常工作范围，但也有些关键环节，需要认真安排。至于特大型会议，则不是秘书部门能独立承担得了的，应由秘书部门会同相关部门临时专门组建的会务工作班子来负责组织。

按会议性质分：

规定性会议——指依法必须召开的，具有法律效力的会议，如各级人民代表大会；

决策性会议——指各级政府的常务会议，省、市、县长的办公会议，企业中厂、经理办公会等；

专业性会议——这类会议具有极明显的专业性，多以各部门名义召开，如教育工作会议、金融工作会议、人事工作会议等；

动员性会议——这类会议以宣传动员群众，提高群众认识为目的，如征兵动员会；

纪念性会议——纪念重大事件或重要人物的会议，如纪念辛亥革命九十周年大会；

外事性会议——指与外宾会谈，与外商谈判的会议等；

综合性会议——这类会议多以各级办公室名义召开，讨论和研究各种问题。

按时间分：

常规型定期会议——如学会年会、机关办公例会；

非常规型不定期会议——根据需要临时召开的会议或处理紧急突发事件而临时召开的会议，如防汛紧急会、抗震救灾紧急会等。

按会议采用的媒介分：

电话会议——通过公共通讯系统或专用通信系统提供的电话会议功能，使多个会场实现异地语音交流的会议形式。20世纪中期至末期，这种会议形式，在沟通交流重要情况、传达和布置紧急任务方面被普遍采用。

电视会议——运用远程数字传输系统，声音和图像在不同地区的多个会场之间相互联通，使相隔千里的各分会场如同在同一会场内很方便地传输文字、图像和语音信息的会议形式。

计算机会议——计算机和数字传输设备在网络支持下可实现非常灵活的网上多方对话。这种网络上多方对话同时也是计算机网络技术支持下的会议组织和管理的新形式。

此外，按会议地域划分，如国际性会议、全国性会议、地方性会议等；按会议召开的阶段划分，如预备会议和正式会议；还有像前文按会议目的的划分，如为商讨研究的会议、为沟通信息的会议、为表达意愿的会议等。

以上会议分类方法都只是相对而言，没有绝对的标准。如会议的规模概念并不明确，有的会议是大小会议相结合，即通常所说的"大会套小会，小会接大会"。又如有的国际合作会议，其内容既有相互沟通某方面的信息，又对共同关心的国际问题进行广泛深入的讨论，而这种特定范围内相互间的沟通和讨论，正是为向全世界显示与会国对某此国际事件的共同关注和一致的态度。也就是说,这种会议既有聚会行为又兼有沟通信息、商讨问题、表明意愿的作用。

二、会议的申报与审批

会议无论大小,都有提议和决定召开该会议的过程或者程序。这种程序,视会议性质、内容、规模而不同。对于例行的常规性工作会议,如经理办公会,需要提议和审定的往往不是会议本身的必要性,而是会议应讨论研究的内容,即议题。而对于更多的非例行、非常规的会议,如企业的客户联谊会、年终表彰会、产品鉴定会、订货会,则这一程序应包括对会议的必要性、会议的内容形式、规模、出席范围、经费预算等一系列内容的申报和审批。

1. 会议申报与审批的形式 一般而言,会议申报与审批大体有三种形式。

一是口头申报形式。对于小型座谈会、简短的碰头会、一般问题的现场会、报告会等,由职能部门负责人口头向主管领导人提出召开会议的要求,由主管领导视情况当即答复或讨论研究后答复。

二是书面申报形式。由申办会议的部门将需召开的会议的目的、议题、规模、形式、时间、场地、出席范围、所需经费等项写成综合性文字材料,上报机关领导,经研究协调后,由领导审定批复,或责成秘书部门按领导研究意见予以回复。

三是会议申报形式。在办公会、联席会或其他工作会议中提出要召开某一个会议的要求及会议的大体方案,在会议上由领导研究,决定是否批准该要求和方案。对于一些较复杂的大型会议,即使办公会议上领导人原则同意后,仍需要责成秘书部门会同有关职能部门综合协调,反复研究后,修改、制订出详细的会议预案,再次交办公会审定或报主要领导人审批。

2. 会议审批的原则 尽管各种会议的申报与审批形式不同,但精简从严的审批原则却大体一致。

秘书部门对有关职能部门申报召开的会议,要本着精简从严的审批原则,严格把好审批关。要分析会议是否有必要开,能否合并开,可否用其他方式解决问题等。对于可开可不开的会议,要向职能部门说明情况,协商变通解决。如仍不能取得一致意见,应上报领导裁定。对必须召开的会议,也应本着严格控制的精神,在规模、规格、时间、经费方面从严把握,在与申办会议的职能部门会商一致后,报领导批准。在企业中虽不至于形成某些机关单位"会海成灾"的现象,但这种精简从严的会议审批原则,对提高管理效率、避免资源浪费,仍是十分必要的。

会议审批还应遵循"一支笔"的原则。与前所说不同的是,精简从严的原则是针对会议本身而言,会议审批"一支笔"的原则是针对会议审批管理而言。在一些党政机关、大型企业中,众多的部门,复杂的事务,使得拟议需要召开的会议甚多。为加强管理,避免"会出多门""会海成灾",必须由机关的一个部门负责会议审批把关,以更好地执行会议审批精简从严的原则。在党委、政府机关里一般由秘书长把关,在企业也大都授权由办公室主任或行政事务部负责人审批把关。

　　要开好会议，使会议有效率，达到预期目的，就必须认真组织好会议。有人认为开会很简单，通知一下，几个人就可以在一起开会了。而事实上，没有认真做好组织工作的会议，是很难开成功的，不是不欢而散，就是开成了马拉松式，解决不了问题。所以有人说，开会容易，开好会难，是有道理的。精心组织的会议，会议的主持者只是幕前指挥者，而大量的工作是由后台工作人员——会议筹备者去完成的。

　　开好会议，需要会议各方面的"角色"（即会议的主持者、参加者、组织者和服务者）共同努力，才能达到预期目的。在通常情况下，会议的组织者、服务者，即会务工作人员的工作情况是影响会议质量和效果的重要因素。

三、会务工作主要内容

　　各种会议类型不同，内容各异，规模也有差别，会务工作的项目也不同，这里重点分析大中型会议会务工作的一般要求。

　　大中型会议工作内容繁多，且视会议议题，规模不同而有差别，但概括起来说，大都有以下六个环节：

　　（1）会议预案；

　　（2）会议文件准备；

　　（3）会议通知；

　　（4）会前检查；

　　（5）会间调度；

　　（6）会后整理。

四、会议预案的拟定

　　所谓会议预案就是会议的筹备方案，制订好预案是开好会议的前提。会议预案一般包括以下内容：

　　1. 会议名称确定　预案中首先明确会议名称。会名要名实相符，妥帖恰当。会议名称不同，其性质、规模也不同，如座谈会与汇报会不同，表彰大会与总结会也有差别。

　　2. 会议时间安排　会议时间包括会议何时召开和会期长短两项。会期长短应与会议内容联系起来考虑，能够在半天开完的会，就不要勉强拉长到一天，更不应该预先毫无估计，开到何时算何时。预案中应写明会期，由领导人最后审核通过。

　　3. 会议场所选定　会场选择主要考虑四个因素：

　　一是场所的大小适宜。要充分考虑到会议主场区域、后勤服务区域、应急安保区域、会间茶息区域以及新闻发布区域等。但要根据不同类型会议需要，适当安排，避免浪费。一两百人的会议，就不要勉强在可容一千余人的大礼堂召开。

　　二是方便与会代表前往。应该选择与会代表交通便利、费用适宜的地点开会。

　　三是会务设备齐全。与传统意义上的会议不同，现在开会应该充分考虑到会议的多媒体播放传输、会场的灯光音响以及相关摄录设备等各种需要。

　　四是费用经济实惠。主要是指会议场所与设备的租用、服务人员等费用的合理性和经济实用型。

开会地点选择：

会场地点设置,要结合参加会议的人数和会议效果来综合考虑。党政机关或企事业单位的秘书部门,平日要掌握本单位或附近的主要会场、礼堂、宾馆(招待所)的数据资料,包括会(剧)场、招待所可容人数,会场座号排列方法、舞台大小,宾馆单、双、多人房间数等基本情况。代表须集中住宿的会议,会场安排还应与宾馆或招待所一起考虑,按会议的规格、出席人数等因素选择适当会议地点。

4. 与会人员确认 会议出席人数事先应有比较精确的计算。会议开到哪一级(总公司、分公司、部门或车间),哪些单位派什么人出席,哪些单位应有人列席,都应心中有数。这也需要秘书部门平时注意掌握本公司、本系统的基本资料(如下属单位数、部门数、某级干部人数等)。大型会议活动,应专门成立"组织组"负责考虑会议参加者的范围、人数及名单分配。

5. 会议票证准备 小型会议的票证很简单,凭会议通知或介绍信即可。大型会议则需要专门印刷入场证和其他票证,重要会议还要为工作人员印发证件。如大型游园联欢或重要集会,应有各种入场证(分区使用的或各区通用的)、各种工作证(指挥长、联络员、领队、服务人员、记者等)、各种汽车通行证(小汽车、交通车、联络服务车等)。重要的代表大会有出席证、列席证、请柬等。会议票证制发应兼顾会场安全和工作方便两方面。

6. 职责分工明确 会议筹备班子中有关方面(如会务组、秘书组、后勤组)或有关人员的职责,一定要在会议预案中划分清楚,以便预案中规定的各部门分别按照其职责要求去完成会议筹备和会议其他工作任务。特别是临时组织起来的大会指挥部、秘书处、会场的工作人员平时缺乏分工协作的实践,更应在预案中明确各方的任务和协作要求,以期密切配合、共同努力,组织好会议。如较大会议的预案中,应分别写明大会筹备处、宣传组、组织组、秘书组、资料组、后勤服务组、保卫组的职责,人有专职,事有专人,既要分工明确,又要互相协作。

7. 做好会场布置 会场通常为方形、长方形,也有布置成马蹄形、圆形、八角形、山字形、而字形,视会议需要而定。

会场布置要讲究"气氛"。庆祝会要布置得气氛热烈,履行法定程序的会场要布置得庄严,追念哀悼性的会场要布置得肃穆。会场的布置,包括会场主席台上方会标字体与横幅颜色的选择,会场周围标语、口号的制作以及台口花卉的摆法等。大型会议,为了预先了解会场布置情况是否合乎要求,有时还应先画出会场布置效果图,请有关领导人审定。

会场布置也包括场地的划分以及进场退场的路线。人数很多的大型会议,如在体育场、露天广场上召集的会议,应有会场平面布置图。要特别注意,大型集会中与会者是分散进场中退场的,应避免出现由于集中退场而通道不畅,发生人群拥挤,踩踏伤人事件。这在大型活动是有许多血的教训的。

此外,会场音响效果、照明设施、通风设备、茶水杯盘、录音录像设备、场地卫生设施、会场保安措施等,都应在会场布置中考虑如何妥善安排。

会场音响应事先调试妥当,不要临场调试,避免会场出现强烈的啸叫声。会议期间,在多路话筒语音信号同时接入时,音响控制室工作人员应密切注意会场发言人的转移变换,在多路调音台上适时将某路话筒传输信号强度提升或消除。特别要避免在主发言人信号输出时,其他多路话筒中却传出与会议无关的声响,如主席台上就座的某些人员与其他人员讲述无关会议主题的声音,影响会议效果。

重要会议的录音工作要有专人负责,录音工作人员应全程监听录音效果,适时更换录音设施。

8. **主席台布置**　主席台是会议参加者注目的地方,也是会场布置的重点,应在预案中单独列为一项。

主席台布置除前面提到的会标外,还有国徽或纪念人画像、旗帜等悬挂问题。重要会议的主席台座次名单也是会务工作中必须考虑的重要问题,常常由秘书部门负责人亲自安排,并及时送领导审定。至于一般会议,则不必把众多的领导请上主席台,只要主持人和发言人上台即可。主席台上的座位安排,应根据领导审定的座次名单事先用名签(席次卡)标明。主席台上若有外宾,名签上面对外宾的一面应使用其本国文字或英语。话筒布置也要注意选择最佳位置。

主席团或负责同志的休息场所应有专门安排。

9. **会议议程安排**　会议议程通常是指会议所要解决、处理问题的大体安排,一般须经大会通过。会议议程必须体现在妥善安排的日程中。也就是说,议程比较概略,日程比较具体;各项议程在会议期间何时进行,要在日程中显示出来。将日程具体分解,可以看出半天或一天的会议内容的先后顺序,这就是会议进行的程序。

大型会议的议程、日程、程序必须划分得很清楚。小型会议则将三者合而为一,统称为议程。

小型会议,议程可由主持人掌握。大型会议议程应印发给主席团全体成员。

秘书工作人员在制订会议预案时,应首先了解会议议程,并依此作为初步日程安排,由有关领导人审定通过。会务人员在会议期间应根据议程或日程安排,事先做好准备。例如举行经验交流会,会务人员应事先将发言人提前请上后台等候或在台下前排就座,并由专人负责联系,不要在会上喊发言人上台或到处找发言人。

10. **会议经费预算**　会议活动的经费视会议规模大小、规格高低而定。但只要会议涉及经费问题都要事先做好预算,以备领导审核。

以上十项是一般会议预案的主要内容,有些会议还有选举、发奖、摄影等活动,也应列入预案之中。

11. **选举投票的组织工作**　各种代表会议往往有选举投票工作。投票地点、票箱的设置、唱票间隙的活动,都应在预案中有所安排。如果用计算机处理选票,会务工作人员也应做好相应的准备工作。

12. **发奖活动的组织工作**　表彰大会往往都有发奖活动,气氛既要热烈,又要防止错乱,预案中应就此列出专项,做好安排。例如台上奖品的排列顺序应与领奖人上台顺序相符。重大会议的发奖仪式,应将领奖人员安排在台下前排按顺序就座,必要时事前可预演,以便事先发现问题,避免错乱。

会务工作人员应预先向领奖人说明上台领奖的礼仪和程序。如果有现场摄影录像活动,更应将注意事项先通知有关人员。领奖后,如发现奖品错发,可以会后再行调整,不宜在会场上调换。

13. **集体摄影活动组织工作** 大型会议的集体摄影活动看起来不过是几分钟的事,但会务工作人员往往要为此花费很多精力。

会议预案中应对集体摄影活动周密安排。人员队列安排应有平面布置图;在人数众多的集体摄影中,进入摄影场地的路线和进退场先后次序应有明确规定;摄影场地的站台长度计算准确,并留有余地,各排间应留有足够的高度差;领导人座次应在椅背上将姓名作出标示,整个摄影活动要有专人统一指挥。

14. **特殊活动的安排** 有些特殊性的会议,如节日的焰火晚会,也应列入节日庆祝预案之中。如焰火施放地点与联络方法应作明确规定。

应指出的是,特大型会议内容较多,组织工作复杂,预案往往是由大会整体实施方案和各组具体工作实施方案(如秘书组、组织组、宣传组、保卫组、后勤组等各组具体实施方案)组成。大会筹备处或办公室从整体列出各组工作要求,而由各组再行拟定具体方案。会议预案形成文字后,经过审批,由各方面遵照落实,并作为会后检查的依据。

【实训】 会议预案拟定

一、训练目标

通过实训,掌握会议筹备工作的基本要求和会议组织工作的一般程序,熟悉会议计划和筹备方案的主要内容,熟悉会议材料的基本种类及一般要求。

二、训练方案与要求

近年来,中国家电业迅猛发展。这不只表现在家电品种的增加,更主要是表现在中国家电业在全球市场份额的扩大。比如,中国制造的彩电已占全球市场份额的29%,洗衣机占24%,电冰箱占16%,空调占30%,而照相机和电话机则超过50%,微波炉的份额更是惊人,单是广东格兰仕一个厂生产的微波炉就占全球市场份额的35%。最近,手机和电脑的生产量与销售量也直线上升。这一分析充分说明中国家电业在逐步发展壮大、走向成熟,中国家电业在基本上占据了国内市场的同时,迅速占领国际市场。

当然,形成这种局面的原因是多方面的,除了我们国家良好的经济环境、优惠的经济政策外,企业自身素质的提高也是重要因素,他们注重开发科技含量高的新产品,注重产品质量、售后服务等,重视了现代经济管理体制在企业发展中的作用。这不,国内一家著名的家电公司朝阳家电公司正在召开有关会议,讨论关于近期召开全国各地客户咨询洽谈会的有关事宜。朝阳家电公司是一家改制后的大型国有企业,公司资产雄厚,员工众多,著名科技人员和高层管理人员云集。公司在做好内部管理工作的同时,也注意做好客户管理工作。最近几年,公司推出了一系列新产品,占领了国内50%以上的家电市场,在国外也影响很大。最近,公司又在电脑、手机、电视等多个项目上研制生产出新型、新款产品,准备在这次客户咨询洽谈会上亮相,以此引起客户和消费者的关注。会上,营销部主任提供了一份本公司客户名单,各种单位和个人有二三百个。公司决定给这些单位和个人发出邀请信,邀请他们参加本公司关于新产品的大型客户咨询洽谈会。公司派主抓公关、销售的王副经理负责此项工作,迅速成立会务筹备处,拟订会议方案,准备大会所用各种材料。会议定于2002年10月10日在北京国际会议中心召开,食宿也在北京国际会议中心,会期暂定5天,其中第一天开幕式,第二天专家讲座,第三天专家咨询,第四天专项合作项目洽谈,第五天组织客户游览长城。公司要求大会必须圆满成功,以达到公司举行这次活动的目的。

王副经理立即成立了大会筹备处,成员有10人。他们首先召集会务工作会议,明确将要召开的咨询洽谈大会的主题,即宣传新产品、洽谈新业务。围绕主题,拟订大会筹备方案。确定参加会议的正式人员280人,特邀有关领导和专家10人,工作人员10人。

经过精心准备,各方人员如期到会,新产品咨询洽谈会按时召开。但是,在与会人员报到时,负责接待签到的小张发现,有十几个会员在报到单上注明"回族"或其他民族。小张及时把这一情况报告给王副经理,王副经理马上通知有关人员安排不同民族风味的饭菜,使与会人员都非常满意。会议按计划顺利进行,与会人员对该公司的新产品非常满意,专家的讲解时间、介绍更使与会人员大开眼界。利用会议休息时间,公司还应与会人员的要求,组织参观了公司的生产车间等场地。会务筹备处还安排了舞会等娱乐项目,最后一天的游长城更是其乐融融,热闹非凡,大家像老朋友似的说笑着、唱着登上长城,年轻人还进行了登长城比赛。公司王副经理在长城上即兴演说,把长城的历史同当今中国经济的繁荣结合起来,使得客人们群情激昂,振奋不已。客人们都表示,对这种形式的会议很满意,他们了解了生产公司的情况,了解了公司产品的特点。在经销这种产品时就会有的放矢地介绍产品,这增加了他们销售的积极性。因此,这次会上,公司签订的订单是出人意外的多。在游长城回来后,还有单位同公司签订合同。

新产品咨询洽谈会结束了。公司送走了客人后,进行会后总结。总结会上,公司总经理认为,这次会议开得很成功。会务筹备处的准备工作做得周密细致,会议的组织接待工作做得很好,为公司赢得良好的人气指数打下了基础。再加上新产品过硬的质量,专家精辟的讲解等,使得这次会议达到了预期的目的,圆满成功。王副经理也讲了话,他主要指出这次大会上的一些疏漏之处,比如,在准备期间,把一个常识性的问题给遗忘了,那就是少数民族人员的就餐问题。虽说是一个小问题,但处理不好也会造成不好的影响。幸亏发现及时,及早解决,才没有影响客户的情绪,使大会能顺利进行。在此特表扬小张工作细致,发现问题及时反映,尽早解决。另外,会议简报出得不够及时,没有把会议上的情况及时通报给有关人员,尤其是最后签订合同的情况,这可能是会期结束,有些人员思想松懈造成的,以后要吸取这方面的教训。总结会上还通报了这次咨询洽谈会上的收获,80%的与会者都同公司签订了合同,超出了预计的数量。这也为公司下一步的工作提出了更高的要求。尽管如此,公司上下都很高兴。总经理决定,对大会筹备处的人员每人奖励一个月的奖金。最后,要求大会筹备处尽快把与会有关的材料都整理出来。

训练要求:

(1)假定你是会议筹备处的秘书,请你为新产品咨询洽谈会拟订一份会议方案。

(2)要求学生在电脑上完成会议文案的撰写,交打印稿一份。文档要求格式规范,内容正确,条理清晰,表达精确,编辑打印精美。

训练步骤:

(1)指导学生认真阅读案例及实训内容和要求。

(2)分析案例主要内容以及本次实训目的。

(3)讲解会务准备工作(会议计划及会议筹备方案)要点。

(4)布置实训任务。

训练提示:

此案例设置的主要目的是让学生对会务工作有一个具体、清晰的认识。通过实训掌握会议计划及会议筹备方案的制作。

(1)拟订会议计划,一般要制成会议活动安排表。会议时间、名称、与会单位及人员、议题、主持人、地点等均填入表中,提前分发给领导及有关部门。

(2)制订会议预案,即会议的筹备方案,主要包括:会议名称、会议主题、会期、出席人员、会务工作组及职责分工、会议会场布置、会议其他活动安排等。

第二单元　会前组织准备

一、会前专项检查

会前检查是落实预案、保证开好会议的重要一步,重要会议在会前要多次反复检查落实。会前检查,一般分为由领导人听取大会筹备处各组汇报和现场检查这两种方式。其中,现场检查是主要形式。检查的重点是会议文件材料的准备、会场布置以及安全保卫工作等。

大型会议的会前检查还包括警卫部署,票证检验人员的定岗定位,交通指挥及主席台服务人员的就位,供电安全、疏散通道的检查,特别是会议播放乐曲的光碟或磁带的检查等。有的大型会议活动因为播放乐曲的光碟、磁带检查不认真,出现笑话甚至严重的错误而导致会场秩序哗然,影响会议进程。

二、议题收集整理

办公会议题收集,由秘书人员主动向有关行政副职和职能部门联系、征询。在建立良好工作秩序的企业中,职能部门则每周定时向办公室主动联系,提出需要提交办公会研究的问题。

收集的议题应在合并整理后,视条件成熟与否和事项的轻重缓急,列出有必要提交办公会研究的若干问题,送主要领导人审定,由主要领导人斟酌后增删调整,确定办公会议题。

三、会议文件准备

会议审议的文件材料,应在会前数日分送与会人员审阅,让他们有时间准备意见,特别是研究工作方案、审议工作计划的会议,这一环很重要,会直接影响会议的效率。

为了准备好会议的主要文件,秘书部门应根据领导意图,有的放矢地进行调查研究,提出解决问题的方案,拟出文件。如有必要和可能,还应将拟定的初稿,分送有关单位征求意见,然后修改定稿。会前做好有关文件的准备工作,可以使会议议题比较集中,保证会议的基本目标得以实现。

会议文件一般不宜过长、过多。特别是经验交流会的典型材料,一要真实,二要简短,要力求短、小、精(即篇幅宜短,题目宜小,内容要精),不要长、大、空,要使人听后有"看得见、摸得着、跟着学"的感染力。

会议文件应事先打印好。印刷会议文件,应认真校对,避免差错,特别是统计数字、计量单位、人名地名,要力求精确,务必反复核对。文件印刷份数要比预计发放份数多些。文件宜在代表报到时发给,不要开会时在会场上散发,影响秩序,干扰会议。

重要会议的会议通知发出后,还应跟踪落实,用电话与参加会议人员联系,检查通知是否送到,了解对方是否能如期出席会议。特别是对会议中的关键人物,通知发出后一定要注意落实。

会议通知可将会议的有关票证一起附上,如入场券、汽车通行证等。但分发票证时,应留有必要的机动数,以解决不可预见的临时需要。

重要会议在通知发出时,还应准备好代表座次、住宿房间、就餐安排、乘车号码、小会地点、编组名单和其他准备事项。这些事项附件能随通知附上,则一起发出;不能一起发出的,至少也要在会议参加者报到时通知他们。

办公会相关材料的准备一般包括:

(1)与议题相关的背景材料及解决问题的初步方案;

(2)议题提出部门向办公会所作的专题汇报材料;

(3)拟作为会议讨论的文件初稿或拟提交会议讨论通过的决定草案。

四、会议文件管理

办公会会议记录,应由秘书部门妥善保管。作为讨论稿的相关文件,应按文书处的有关制度予以妥善处理。

五、会间组织调度

1. **会议签到制度** 会议签到可以及时了解该会的人是否到会,准确地统计到会人数。对于股东大会、董事会来说,这关系到是否达到法定人数,选举结果和通过的决议是否有效的大问题。为了保证执行签到制度,有的会议还采取了周密的签到卡、签到图等措施。在规模较大的会议中,采取划片安排座位的办法,由会务工作人员核对介绍信或入场券,执行签到制度。

2. **候会制度** 有些会议,议题较多,与前一议题无关但必须参加后一议题汇报讨论的人员,秘书部门可根据预计的各议题讨论时间,通知他们在讨论前达到,另行为他们安排地方候会。这是保证会议有条不紊进行的必要措施,也是保证各议题讨论内容不致扩散的重要措施。秘书部门应指定专人管理这件事,对各项议题讨论时间的估计应尽可能大体准确,以免候会过久。坚持候会制度也是改进会风,减少不必要的"陪会"现象的一种办法。

3. 会议特殊情况的应急措施 会议进行过程中可能发生临时变动,如调整议题、临时动议、增加与会人员以及其他特殊情况。秘书部门要根据情况采取应急措施,做好临时调度工作,始终有人在场服务。

4. 大型集会的现场指挥 大型会议活动,要有现场指挥,并运用现代化联络手段(如有线广播、无线电对讲机和其他联络信号等)来调动队伍,处理突发事件,保证集会的顺利进行。

【实训】 会议计划与方案典型案例分析

一、训练目标

通过实训,掌握会议材料制订的全面性、科学性和操作性基本要求,提升会议服务的综合能力。

二、训练方案与要求

关于举办国家职业资格秘书职业师资培训班的通知

各省、自治区、直辖市高等院校及相关单位:

为推动秘书职业资格考试新标准新教材的应用,确保 2007 年秘书职业统考下放后培训和鉴定工作顺利进行,适应"统考日"制度的实施,同时协助各地培训鉴定机构做好秘书职业实训基地建设工作,应各地培训和鉴定机构的要求,劳动和社会保障部中国就业培训技术指导中心、国家职业技能鉴定专家委员会秘书专业委员会拟于 2007 年 7 月,在北京举办国家职业资格秘书职业师资培训班。现就有关事宜通知如下:

一、培训目的

(一)促进各培训机构熟悉新标准新教程

(二)针对秘书职业不同级别,进行教学和实训指导

(三)提高秘书职业教师队伍的整体素质

适应各省鉴定中心对从业教师的资格要求,促进各培训机构的师资队伍建设,促进秘书职业技能实训的推广和普及。

二、培训内容

(一)秘书职业从业形势与企业需求分析

(二)秘书职业主要知识技能体系及培训纲要

(三)秘书职业技能鉴定考核方案

(四)《秘书国家职业资格考试与实训指南》使用指导

(五)秘书职业培训教学指导与经验分享

(六)参训教师现场进行教学教法交流

(七)秘书职业技能实训统一指导及实训资源库试用

(八)实训基地和职业场所参观考查

(九)参训教师体验实训流程

另外,本次培训班在进行教学教法研讨的基础上,将选择优秀论文推荐发表到国内著

名期刊上,请有意向的老师携带论文参加。

三、培训对象及资格认定

(一)秘书及相关专业的授课教师

(二)培训机构秘书专业培训师

参加培训并经考试合格者,由中国就业培训技术指导中心统一颁发秘书职业师资培训合格证书。

四、组织实施

(一)主办单位:劳动和社会保障部中国就业培训技术指导中心

(二)承办单位:国家职业技能鉴定专家委员会秘书专业委员会

(三)北京中鸿网络教育技术有限公司

五、培训时间和地点

(一)培训时间:2007年7月26—31日,共6天。7月25日全天报到。

(二)培训地点:中央电大培训中心

(三)报到地点:海淀区魏公村街1号韦伯豪家园7号楼二层

自火车站:自西客站乘坐727、827路公交车(或自北京站乘坐808路公交车),到魏公村站下,上过街天桥,从人民出版社大厦路口进50米即到。

自首都国际机场:乘坐机场大巴到双安商场站下,转乘727、332、808路公交车到魏公村站下,直接从路口进即到。

六、其他事宜

(一)培训费:1 800元/人

(二)食宿统一安排,费用自理

(三)报名及交费方式

1.填写《秘书职业师资培训报名表》传真至:010-888639××或发E-mail至大会秘书处。

2.报名截止日期:7月20日。

3.培训费通过银行汇款至:

户名:(略)

账号:(略)

开户行:华夏银行北京世纪城支行

4.将汇款底联传真到待会秘书处,同时注明发票抬头及要求。

5.报到当日领取培训资料。

(四)参加培训人员需带2张一寸彩色照片、身份证、学历、职称复印件各一份。

七、联系方式

联系人:王小姐 李小姐

联系电话:010-888637××　　010-888639××

传　真:010-8886×××

附　件:秘书职业师资培训报名表

国家职业技能鉴定专家委员会秘书专业委员会秘书处

北京中鸿网略教育技术有限公司

2015 年 7 月 2 日

（说明：考虑到有些信息的私密性，部分内容隐去真实信息，适当修改。）

附件：

表 4-1 秘书职业师资培训报名表

姓 名		性 别		年 龄		民 族	
职 称		从事本专业时间					
工作单位							
通信地址							
邮政编码		联系电话			手 机		
E-mail							
身份证号码							
本单位现有鉴定业务		□五级　　□四级　　□三级　　□二级　　□涉外					
个 人专 业经 历							
所 在单 位意 见		单位盖章：　　　　　年　　月　　日					

注：请报到时提交身份证、学历、职称复印件、二张一寸彩照。

训练步骤：

（1）学生认真阅读案例材料。

（2）分析案例材料的科学性与可操作性。

（3）教师分析会务相关材料的基本要点。

训练要求：

学生分组讨论，以汇报形式分别阐述讨论结果。

【知识链接】

教育部职业院校文秘类专业教学指导委员会文件

关于举办秘书学系列教材编写暨文秘类课题研讨会的通知(教育部文秘教指委〔2015〕8号)全国中高职、本科职业院校:

教育部职业院校文秘类专业教学指导委员会、南京大学出版社、重庆大学出版社在南京联合举办"全国本科院校秘书学'十三五'规划系列教材编写暨职业院校文秘类课题研讨会",现将有关事项通知如下。

一、办会单位

教育部职业院校文秘类专业教学指导委员会

南京大学出版社

重庆大学出版社

教育部职业院校文秘类专业教学指导委员会江苏省联络处

二、会议时间、地点、规模、对象

1.时间:2015年7月26—29日

2.地点:东南大学榴园宾馆(南京市玄武区进香河路38号;联系人:陆老师;电话:(略)。

3.会议规模:40人左右

4.与会对象:

(1)教育部职业院校文秘类专业教学指导委员会委员

(2)南京大学出版社代表、重庆大学出版社代表

(3)本科院校秘书学专业教师申报了和拟申报南京大学出版社秘书学"十三五"规划教材的主编、副主编、参编者(实践性较强的教材可邀请部分职业院校骨干教师参编)

(4)重庆大学出版社文秘教材修订本的主编、副主编、参编者

(5)2014年教育部立项课题"职业院校文秘类专业职业教育教材质量抽查""职业院校文秘类专业顶岗实习标准"成员

(6)2015年度教育部职业院校文秘类专业教学指导委员会立项课题主持人、骨干成员

(7)各中职院校、高职院校、本科职业院校文秘类专业、秘书学专业负责人、骨干教师

三、日程安排

见附件1。具体日程安排在东南大学榴园宾馆大堂张贴。

四、参会须知

2015年7月20日前将回执发到会务组邮箱(略);联系电话:(略)。

参会费用每人1 600元,在报到时缴纳,会务组开具正式发票。

附件1:日程安排

附件2:会议回执

附件3:行车路线

教育部职业院校文秘类专业教学指导委员会(代章)

南京大学出版社、重庆大学出版社

2015 年 6 月 17 日

附件 1:日程安排

26 日全天	报到 (晚 8 点:教育部职业院校文秘类专业教学指导委员会会议;地点当晚通知)
27 日上午	1. 开幕式:文秘委员会工作通报;传达教育部有关会议精神 2. 合影 3. 重庆大学出版社大会报告:全国职业院校文秘专业系列教材修订情况 4. 南京大学出版社大会报告:全国本科院校秘书学"十三五"规划教材编写
27 日下午	1. 文秘委员会大会报告: 　职业院校文秘类专业职业教育教材质量抽查 　职业院校文秘类专业顶岗实习标准研制 　文秘专业团队建设、全国职业院校文秘专业排名 2. 主旨发言(围绕大会议题,每位 10 分钟以内) 3. 会议小结
28 日上午	院校交流
28 日下午	院校交流
29 日上午	离会
会议时间:上午 8:00—11:00;下午 14:00—18:00	

备注:大会报告由会务组预先落实,报告时间在 1 小时左右。主旨发言控制在 10 分钟内,并请在回执中写明发言题目,以便会务组提前安排。会务组提供 PPT 服务。

附件 2:会议回执

单位全称				
通信地址				
邮编				
参会者姓名	性别	职务/职称	手机	电子邮箱或 QQ
住宿要求(打√): 商务标间( );普通标间( );单间( ) 会议预留标间 20 间:商务标间(440 元/天)、普通标间(380 元/天);预留单间 5 间(290 元/天)				
主旨发言题目				
其他要求				

注:由于房间有限,会议不安排家属。如有家属入住,按照每位 900 元标准取餐费,住宿费自理,请在"其他要求"栏中注明。

附件3:行车路线

东南大学榴园宾馆(南京市玄武区进香河路38号;联系人:陆玲;电话:×××××× ×××××;025-××××××××)

榴园宾馆位于市中心繁华地段,原为东南大学招待所,邻近地铁1号线珠江路站、鼓楼公园、南京大学,周边有九华山公园、新街口步行街、总统府、朝天宫、江南贡院、夫子庙等景点,周围餐饮、娱乐、购物、政府、学校等设施设备齐全,地段繁华,交通便利。距离:

南京禄口机场约37 km;

南京南站约10 km;

南京江北汽车站约3.4 km;

南京客运站约3.5 km;

南京长途汽车东站约4.1 km;

鼓楼约775 m;

珠江路约1 km。

【知识链接】

会议日程表

表4-3　教育部高职高专文秘类专业教学指导委员会第四次会议
日程安排表

会期:2008年3月20—23日　　　　　　　　　　　　　　地点:浙江省湖州市

时　间	项　目	内　容	主持人	地　点
3月20日下午	会议报到	1.签到;2.交费;3.领取文件资料;4.安排住宿;5.订返程票。	李柯宗培玉	湖州大厦总台会务室907房
3月20日晚7:30	会务组会议	1.研究会议细节安排;2.确定讨论要点。	孙汝建	另行通知
3月21日上午8:30	开幕式与专题报告	1.介绍到会领导、来宾; 2.主任委员孙汝建教授致辞; 3.湖州职业技术学院领导讲话; 4.9:30:集体合影; 5.孙汝建教授介绍会议主要议题; 6.湖职院吴建设教授介绍文秘主干课程标准开发; 7.兄弟院校介绍文秘专业主要课程设置情况(每校10分钟)。	孙汝建	湖职院5号会议室(陆中恺老师摄影)

续表

3月21日 下午13:30	专题讨论	1.高职高专文秘专业主干课程标准（草案）讨论； 2.高职高专文秘专业教材开发编撰讨论。	任　鹰	荻港渔庄会议室 全体人员
3月21日 晚上17:00	晚宴	校领导宴请	湖职院 校领导	荻港渔庄
3月22日 上午8:30	教指委委员 会议	1.教指委文秘专业课题选题事项讨论； 2.高职高专文秘专业教材开发编撰讨论。	孙汝建	湖职院1号会议室
	校际专业交流 （特邀代表）	文秘专业建设交流与实训中心参观	丁国强	人文分院6410 会议室
3月22日 下午13:30	教指委委员 会议	1.首批教指委文秘专业课题申报确定； 2.首批高职高专文秘专业教材开发课程名单确定。	杨群欢	湖职院1号会议室
	兄弟院校代表自由活动		人文 分院	机　动
3月22日 晚上19:00	校方组织联谊活动		人文 分院	湖州大厦
3月23日 上午	会议结束，代表返程			

备注：早餐，7:00；午餐，11:30；晚餐，17:30。

会务组负责安排湖州大厦专车接送到会场，上车时间：上午8:00；下午13:15。

会务组联系电话：办公室：0572-××××××，湖州大厦2035888转907室。

教育部高职高专文秘类专业教学指导委员会第四次会议会务组

二○○八年三月二十日

第二部分 会务组织管理

【知识目标】

了解会议组织工作方法的变革。

熟悉会议服务的基本要求。

熟悉会议的文字工作(简报、纪要、工作规程、总结等)。

了解会议评估的基本方法。

【能力目标】

能够做好签到及座位引导工作。

学会会议服务礼仪。

能熟练使用会议常用设备。

熟悉并掌握会议材料的制作。

能够做好会务协调工作。

能够做好会议的总结工作。

【案例导入】

"首届世界温州人大会"乐清发展恳谈暨投资项目推介会

为积极参与世界温州人大会和中国国际轻工产品博览会活动,充分挖掘和发挥在外乐清人这一独特优势,进一步加大招商引资力度,加快我市开放型经济发展,促进全市国民经济和社会各项事业持续快速健康发展,决定举办"首届世界温州人大会"乐清发展恳谈暨投资项目推介会。实施方案如下:

一、指导思想

以首届世界温州人大会和中国国际轻工产品博览会活动为契机,围绕把乐清建设成为新型的现代化中等城市这一目标,进一步加大招商引资力度,包装推出一批重点招商引资项目,把"乐清人经济"转化为"乐清经济",实现资金回流,外资涌入,人才、信息、技术的交流合作及发展理念的更新提高,为全面提高乐清对外开放水平和提前基本实现现代化奠定基础。

二、时间地点

(一)时间:2003 年 10 月 13 日

(二)地点:新世纪大酒店

三、来宾邀请

参加首届世界温州人大会的全体乐清籍人士,约155名。

四、活动安排

(一)参观考察

1.时间:上午9:30—11:30

2.参加对象:全体来宾

3.参观考察路线:到来宾住宿宾馆迎接-正泰工业园-(上高速)-乐清经济开发区-中心区-新世纪大酒店

4.参观考察结束后,来宾入住新世纪大酒店

5.中午就餐:新世纪大酒店四楼荣华厅

(二)乐清发展恳谈暨投资项目推介会

1.时间:下午2:30—5:00

2.参加对象:全体来宾,市四套班子领导,组委会相关成员

3.地点:新世纪大酒店四楼荣华厅

(三)招待酒会

1.时间:晚上18:00

2.地点:新世纪大酒店四楼荣华厅

3.参加对象:全体来宾,市四套班子领导,组委会全体成员

(四)机动安排

1.13日:温州其他来宾参观考察安排(根据温州具体部署另行安排);

2.14日:来宾继续参观考察(根据来宾报名情况组织)。

五、组织机构

为切实加强对"世界温州人大会"乐清发展恳谈暨投资项目推介会组织工作的领导,决定建立"世界温州人大会"乐清发展恳谈暨投资项目推介会组委会。组委会主任由×××市长担任,副主任:王××、张××,成员:相关单位负责人。

组委会下设联络文秘组、项目推介组、后勤保障组、环境整治组、新闻宣传组5个工作组。具体安排另行通知。

六、工作要求(略)

思考:

如你作为会务组秘书处秘书,针对这次大型会议,你认为应该从哪些方面着手做好会务工作?

提示:

会议的组织和服务是一项复杂的、非常艰巨的工作。只有掌握全面的会务组织、协调等专业技能,提高综合素质,才能将秘书会务工作变得高效、完善。通过本章学习,学生应了解会议组织变革发展的情况,掌握会议组织规程表的制作及使用要求,掌握会议文字工作的基本要求。

第一单元　会议服务规程

一、会务工作总体要求

(一)准备充分

会务工作是一项时限性、集中性很强的工作,会期机动时间很少,这就要求秘书人员必须充分做好会前准备工作。主要包括:

(1)拟订会议计划,一般要制成会议活动安排表。会议时间、名称、与会单位及人员、议题、主持人、地点等均填入表中,提前分发给领导及有关部门。

(2)制订会议预案,即会议的筹备方案,主要包括:会议名称、会议主题、会期、出席人员、会务工作组及职责分工、会议会场布置、会议其他活动安排等。

(3)准备会议材料。一般在较重要的会议举行前均应提前准备好各种会议材料。主要包括:开幕词、闭幕词、工作报告、领导者发言、交流材料等。

(4)发送会议通知。会议开始前一般都要发通知给有关人员。做到及时准确,开会须知表达明确,防止错发或漏发。

(5)布置会场。人的情绪很容易为外界因素所影响,合理布置会场,既能改变会议氛围,也能调节与会者心情。会议要取得理想效果,会场布置不容忽视。

(6)座次排列。包括主席台座次和其他与会者座次。主要依据职务或社会地位、名望高低进行排列。

(7)制发名册与证件。名册主要包括姓名、性别、年龄、工作单位、职务、联系方式、房间号(与会期间)等项目。若遇大型会议,还需编制会议手册等材料。

(二)组织严密

会议经过充分的准备工作阶段后,会议的组织工作将会议带入实质性阶段,这就要求各项具体的会务工作责任到人,安排有序,运转有方,既遵循原则又不失灵活。具体包括:

(1)签到工作。签到是为及时了解与会人员的基本情况,同时对于需要选举的会议,还涉及有无达到法定选举人数和选举结果是否有效的问题。通常用签到本(事先分项列表)签到,也有用发放签到卡(或会议出席证)方式进行签到。

(2)接待工作。会议接待工作的好坏直接关系到会议和会议主办者的形象。秘书人员要根据会议的基本要求,彬彬有礼,热情周到,做好接待工作,使与会人员颇感亲切,从而提高会议工作效果。

(3)会议记录。会议记录是秘书人员的一项重要工作。认真做好会议记录,力争做到记录材料完整、翔实。尤其是重要会议的讲话、发言,还需要通过录音、录像等方法加以辅助。为会后整理、分析、研究提供依据。

(4)编写会议简报是对会议进程,动态地直接反映,通过通报会议情况的文件形式向与会者发布,便于与会人员、组织者及领导及时掌握会议信息和会议进程,加强交流。

（5）会间调度。即会议期间对会议程序、内容以及会场服务等环节进行调整和安排。会务组织人员要及时了解会议进行的情况和与会者意见、建议，并遵照主要领导者或主席团指示进行会议期间有关内容的适当调整。这既是确保会议顺利进行的需要，也直接反映了秘书沉着冷静、灵活应变的处事能力的高低。

（6）会间生活安排。一次大型会议，从准备到完成凝聚了很大的工作量，应该说组织工作非常不易。能否合理安排好会间与会人员的吃、住、行（交通）、乐（适当娱乐）等事宜，直接反映了会议组织工作的质量好坏，也是会议能否取得成功的重要因素。

（三）服务周到

会议期间，秘书人员要摆正自己的位置，将做好服务工作放在重要位置，以热情、细致、优质的服务迎接与会人员。在服务的每个环节上，都要考虑全面、周到，严防出现差错。

（四）安全保障

会议的安全保障是会议成功与否至关重要的前提。尤其是大型会议，重要领导人出席的会议，一是规模大、范围广，二是影响广，媒体介入力度强，安全工作迫在眉睫，采取强有力的安全措施非常必要。它主要表现在交通、饮食、文体及会议内容保密、重要人物在公众场合出入保护等各个环节。

二、会务工作规程

会议组织工作，特别是非常规的大中型会务工作按照前文所说的方法制作会议预案，是一种多年形成的传统方法。这种方法是有效的，但也存在需要改进的地方。如用这种传统方法，很难在预案中将会议细节如时间要求以及工作效果要求制订得很完备，因而在操作时，工作人员只能依靠经验跟上整个会议筹备的进程，筹备服务工作也只能依靠经验或按口头指示尽可能满足工作要求。再如，在这种传统的会议预案中，很难看清各部门各程序相互之间的联系和制约关系，会议筹备者难以从整体上控制各项工作细节的进度，使分属各组的工作细节符合整体进程的要求。

会议组织规程表法在一定范围内推广使用取得较好的效果，对传统的预案制作方法的改进主要在于：

（1）会议组织规程表将原来用冗长文字表达的预案变成一两张很简明的表格。不但篇幅缩小了，而且条理清晰。

（2）会议筹备组织工作在预案中比较难以表述的细节，在表格的项目中都能很清晰地表达，且工作的要求、完成的时间、责任人一目了然。

（3）对经常筹备大中型会议活动的单位，对于不同的会议，这种表格不仅项目可以相对固定，甚至有些要求也可以大体相似，仅对时间、责任人作些调整即可使用，这样极大地缩短了会议筹备工作的时间。

以下是1985年11月在原江汉大学召开全国高校秘书学教学研究会所用的规程表。此表对该会议的成功组织起了相当重要的作用（见下表）。这种工作规程表设计，即便到了21世纪的今天，仍然十分有效。

当然，不同的会议在规模、内容、地点上不同，会有许多区别。这种会议组织规程表格除了将一般会议必须有的项目列入其中外，还可视会议内容和会议筹备者的不同要求增减其中的项目。

应注意的是，使用这种表格筹备会议，筹备者自身仍应对会议的细节有充分考虑。虽然已有的表格项目已可以为你避免许多细节上的疏忽，但毕竟表格是死的，完成这项工作的人才是至关重要的。因此会务工作规程表从严格意义上讲，它只是会议筹备组织工作分工责任表。即使明确了工作责任和完成任务时间，并不等于筹备工作就能做好。会议筹备负责人仍要抓好三个大组的工作，即通过会务组、秘书组、后勤组的负责人，反复督促检查会议组织各项工作的质量和进度。

必须明确的是，应用这种规程表方法筹备组织会议，要建立在熟练掌握传统方法的基础上，即基于对会议筹备组织工作全局的全盘把握。否则，没有会务工作的全局在胸，仅凭一张详细的表格，也难以组织好会务工作。

表4-4　全国高等院校秘书学教学经验交流会暨
中国高等院校秘书学教学研究会年会
会务工作规程表

会　名	（见题头）	批准人	王××主任	批准时间	2014年6月
会期	2014年7月15日至7月19日 共5天	会　场	北院6号楼二楼会议厅	会务筹备负责	
出席范围	1.全国高等院校中开办秘书专业的负责人； 2.高等院校秘书学教学研究会会员； 3.国内各秘书杂志编辑部负责人； 4.秘书学研究领域中有影响者； 5.特邀中办秘书局、中国行政管理学会、国家教委及国内知名人士	新闻单位	光明日报 湖北日报 长江日报 武汉电视台 湖北人民广播台	会议人数	原定80人 实际报到人数包括本校与会者将达到100人
				主持人	

续表

	任　务	具体要求	完成时间	责任人
责任分工　会务组	负责人	落实各项工作、并协调各组行动		顾××
	会标全文	9米×0.9米布底,白吹塑纸,长宋体字		
	主席台背景及桌椅	主席台一排,共十人		
	主席台座次安排	画出三种方案草图,根据情况摆好名签		
	主席台成员休息室	北院6号楼小会议		
	会场花卉	庄重、淡雅为宜		
	音响、录音	2只有线话筒,1只无线话筒,保证录音质量		
	茶水供应	由会务组提供茶叶,实习学生随时倒茶		
	新闻单位联系	开幕式安排电视采访、消息见报、电视台播放		
	欢迎标语牌	北院大门内置一大标语牌"欢迎全国高校"		
	特邀代表接送	热情有礼、细致周到		
	参观活动联系	确定线路、时间、落实午餐安排		
	文化活动安排	校内文艺演出		
	开幕、闭幕式安全保卫			
	分组讨论地点安排	按五组分,每组15~20人讨论安排		
	特邀代表的看望	预先通知校领导		
责任分工　秘书组	制发会议通知	红底烫金,会议正式通知	6.15	杨××
	会议须知	明确周到	7.8	
	编排名单	1.按地域编组;2.按研究内容编组	7.4	
	会议日程、议程、作息时间	预先提出方案,经碰头会认可即打印		
	代表及工作人员胸卡	编号、分发、登记务必准确无误	7.10	
	编写简报	三期简报,力求第二天见面		
	记录人员	将学生分三组,记录准、整理快		
	预订报纸	每间房一份《长江日报》,有会议消息时每人一份		
责任分工　秘书组	集体照相安排	安排好前排座位,后排估算准确	7.14	
	预问气象	分别向省台、武汉台预问会期天气情况	7.12	
	公告栏	在宾馆报到处设立公告栏	7.14	
	住房划分	报到签到表,备注住宿房间号	7.14	
	学生学习管理与安排	11日动员,12日进入工作		

续表

责任分工	后勤组	负责人			徐××
		确定膳食标准	30.00元/餐,每餐六菜一汤		
		进餐票证制发	在会议报到日前发至专门人员负责分送代表		
		落实住房	提前预订		
		保证供电	向地区调度送交报告,确保会议期间供电、水网络正常;校内机电工、网络中心值班		
		工作用车	一辆面包车		
		接送代表团用车	车队安排		
		参观用车	四辆大客车,15日上午8时宾馆门口待命		
		医务人员			
		会场卫生			
		回程车(船、机)票	会议报到时落实所有返程车、船、机票		
		经费落实	由学校财务按办公会意见预拨2万元		
		预收票款	伙食费、车票预售款由财务科负责,会务费另行安排		
		财务结账	财务应在代表离会前结清财务手续,不耽误代表离会		
		票证发放			
		补假			
		集体照相椅、凳、桌安排	与秘书组合作,搬运好	15日上午9:00	

第二单元 会议组织控制

会议种类繁多,性质不同,目的各异,规模、会期也互有差异。因此,在会议工作具体实务操作过程中,采取的方法和措施也自然不同。只有充分了解各种会议的基本特点,做到心里有数,不断积累经验,才能使会务工作真正务实、高效、圆满。这里主要介绍常见的会议实务处理技巧和方法。

一、会议组织技巧

(一)如何选择和布置会场

1. **会议场地选择** 对组织一些较大规模或重要性会议特别重要,主要掌握以下要点:

(1)足够的会议场地空间。这既为会议场地布置带来多种选择,也是保持会议室内良好空气、环境的需要。同时,会间休息时便于自由交流、活动。

(2)与会人员与会务组均感方便的场所,这是提高会议效率的需要。

(3)良好的照明、通风、保暖(或送凉)设备,这是保持与会人员良好精神状态的需要。

（4）完善的会议设备，除普通桌椅外，有时需要黑（白）板、视听器材（投影仪、幻灯机、扩音设备等）以及各种不同会议所需的专用设备器材等。

（5）抗干扰。会议期间能有效地确保与会人员专心致志参加会议，避免噪声及其他干扰因素影响会议的正常进行。一般会议室内不装电话，会议中，门外挂上"正在开会，请勿打扰"等类似牌子。

2. 会场布置要求

（1）会议桌椅安排。会议时间如果较长（1 小时以上），要尽量安排桌子大一些，椅子有靠背，便于摊放会议资料，同时能减轻与会者身体疲劳。年长者居多的会议，自由讨论的会议，在桌椅安排上更多考虑舒适为主。

（2）照明光线。一般宜采用亲和的暖色灯光为主。既避免受强光照射刺眼引起疲劳，又利于与会者集中注意力。会议室窗帘应用遮光布。

（3）室内装饰。室内装饰并不是越高档豪华越好，而应根据会议中心议题，起到突出会议主题和烘托会议气氛的作用。主要考虑：

色调：与会议内容、对象、气氛相适应，并考虑季节因素。

徽标：在会场主席台或主席位的上方悬挂会标或会徽。

标语：在会场内或入口处适当挂一些与会议内容相关的庆祝性标语。标语文字力求通俗易懂，读来上口简短，多用口号式。

花草：是会议气氛营造的需要，既能保证会场的环境美化，也能创造会议的宽松气氛。一般安排在主席台底幕布下，主席台前排与代表席的隔离处、会场四周等。有时在专题发言席（演讲台）处放置鲜花，既庄重也美观。

旗帜：对一些党、政、团等政治性会议、企业商贸开幕式等会议上，在主席台底幕会标两边要挂 10 面红旗或竖一些彩旗，以烘托气氛。

（4）排列座次。这是很多会议必须要做的重要工作。大中型会议都需要排列座次，使与会人员有固定的座位，确保大会整齐、方便、有秩序。主席台与主桌席是排列重点。具体排列方法：

主席台和主桌席一般按职务身份排列；

代表席则按系统、区域、汉字（英文）、笔画或字母顺序排列；

正式代表在前列席，候补代表在后。

会议主持人的座位应事先决定，一般地说主持人的座位以会场主席台中央或稍中央为宜，以确保其主要角色地位。

发言席（报告者）一般安排在会场的中央位置，有时特设演讲台（报告席），以突出其中心地位。

会议秘书座位，原则上设在大会入口处。这样便于联系工作，便于会间调度又不影响整个会场秩序。

当然有些小型会议或普通事务性会议，对座次排列要求并不是很严，甚至是自由择座，但无论如何作为秘书人员，均需在座次排列后或是否进行座次排列都要征求领导的意见。

(二)会议议题确定

(1)提交会议讨论的议题资格。提交会议讨论的议题,一定要够得上会议讨论标准。即一般性事务议题,主管领导能解决的问题,不要放到集体会议上讨论。

(2)议题应有简要的文件或汇报提纲。

(3)议题及文字材料应事前经过领导人审批和专人对其内容及文字审核把关。

(4)议题选定、处理,均应当事前请主管领导人审定。

(5)适量的会议议题。议题过多,与会者不能充分发表意见,讨论仓促,容易忽视有关因素;议题太少,会议效率就显得低下,会议的必要性就值得怀疑。从这一点上来,会议议题宁肯多一些,也不要出现无事可讨论的尴尬局面。

(三)会议日程与时间的安排

会议日程是秘书人员对会议期间整个过程的框架安排,会议时间是对会议各个环节的具体时间分配。

1.会议日程确定　一般根据召开会议的具体目的,确定总体安排。在具体运作过程中应特别注意以下因素:

一是事先安排好关键人物(重要领导人、发言者)等的时间。一些会议目的明确,缺少某个重要人物,会议效果则大打折扣甚至会议根本无法进行。所以先前应征求关键人物的意见,先确定其出席到会时间,再根据需要对其他环节作时间安排或调整。

二是考虑多数与会人员的情况确定日程。会前应充分调查与会人员的情况排出若干日程,最终确定合理的会议日程。

三是照顾特殊原因或因素。一些会议是历史沿革或特殊原因所致,如党、政府、军队、团、妇女组织等纪念性会议,尽管某些重要领导可能没空,但也应以大局为重。一般来说,关键人物也会考虑到这点,能准时到位。

四是例会制度不能随意改变。单位或部门原来确定的例会(年会、月会、周会制度等),没有特殊原因,不能随意取消或改变,以确保例会制度的严肃性、规范性,也是确保单位职能部门权威性的需要。

2.会议时间分配　会议日程一旦确定,应该说,会议召开的时间也就可以确定了。特别注意的是,会议时间较长的,一定要安排好开(闭)幕式的具体时间,做到每个与会者心中有数,也便于安排会间活动。同时要注意每次召集时间不宜太长,以2小时左右为宜,避免因开会时间过长,引起与会者疲劳,降低会议工作效率。如确需将会议时间延长,中途可安排10~15分钟的休息。

(四)会议通知与会议材料

1.会议通知　会议一旦决定召开,就要以书面形式分发通知。召开单位内部会议可以给每位参加者发一份通知,也可以用传阅形式通知,甚至可以布告栏上通知、电话通知或转告等。但一些较重要的、涉及外单位、部门的会议,尤其是地区性会议,地市级及以上规模的会议,撰写会议通知并及时发出就变得非常重要了。在撰写会议通知时,应重点抓住以下几方面因素:一是会议名称。如"浙江省教育厅高校招生工作会议""浙江省高校财政拨款协调会"等;二是开会日期、时间、地点要明确;三是写明会议议题;四是附上必要会议资料,并注明名称、页数;五是写明与会者必须随带物品和费用预算等。有些全省乃至全国性会议,因与会者来自四面八方,路途遥远,开会通知中还应注明前往报到地点的具体交通路线等。

2.**关于会议资料**　很多会议,为使与会者早日准备讨论内容或意见、建议,会议资料和会议通知一并发出。会议资料一般包含:一是对会议议题的主要说明,阐明会议目的与背景;二是对会议中要讨论议案的说明。

会议资料是与会者必要的参考资料,因此在准备会议资料时应做得精简、准确、必要、一目了然。

(五)会中茶水服务与会间膳食安排

1.**茶水服务**　会中服务除了提供必要的资料准备、与会人员的引导、突发事件的处理等,很重要的一个环节是做好茶水服务工作。初一看,是一个很简单的工作,实际上是很有讲究的。在会中茶水服务过程中应做到:

(1)茶水端出时间要适当,会议时间长,要多次倒茶。

(2)倒茶姿势文雅,茶杯不要放在会议资料上,要慢倒轻放。

(3)先端给重要人物或外单位人员。

(4)准备充足的热水,方便与会人员随时能用。

(5)遇到像座谈会、商谈会等较宽松自由的聚会,可准备一些饮料或糖果,增加亲切感,改善会议气氛。

(6)大中型会议主要对主席台及前排重要代表席上茶水,小型会议直接上茶水。

2.**会间膳食安排**　有很多会议,因开会时间较长,需要安排与会人员的用膳。因与会人员来自各个地方、单位,所以与一般的单位食堂用餐是不同的。合理安排用膳,是一件很细致、严肃的工作,要主动请示领导,再作妥善安排。并对不同的情况,不同的会议采取不同的方法。总结一般会议用餐的经验,在安排会议用膳,具体操作过程中,主要把握:

(1)在会议通知中注明是否用膳。用膳时统计人数要准确。

(2)预约订餐时,要明确交代具体时间、确保准时送来。

(3)注意用餐食物口味大众化与特殊化相结合。大中型会议,用膳人数多,以符合大多数人的口味为宜,对少数特殊情况者(少数民族、地域饮食习惯特殊、孕妇等)要事先了解清楚,以便给予适当照顾。

(4)因会议用膳人多、集中、量大,饮食卫生特别重要,以防食物变质、中毒事故发生。

(5)会议用膳力求经济实惠。

二、会议角色扮演

作为秘书人员,在各种会议中经常扮演不同角色。掌握会议不同角色的基本要领和技能,是一位秘书综合能力的基本要求。

(一)如何当好主持人

会议主持人,担负着控制会议有序进行的重任。其对会议良好氛围的营造和会议效率的提高起到了极其重要的作用。

1. 主持原则

(1)善于调节各方意见。作为主持人,能及时收集获取与会人员的建议意见,主持人本身就是会议主办者和与会人员之间架起的桥梁和纽带。不宜将自己的意见强加给与会者,要善于协调。

(2)充分发扬民主。与会人员中的职位、资历虽有不同,在会议座次及发言安排上有所体现,但千万不能忽视与会人员中大多数职位低、资历浅的这部分人的作用。会议要给予与会人员平等发表意见的机会。发扬民主,是会议的基本原则。

(3)效率优先。无论什么会议,都必须在议程规定的一定时限内完成,力求高效率。作为主持人,在会前及时宣布会议纪律和要求,会中有效控制会议节奏,限时发言、讨论都是提高会议效率的有效方法。

(4)集中统一。主持人要与主办方领导及时交换沟通信息,利用自己的有效职权,集中统一指挥整个会议过程,这样能有效地将会议控制在议题范围。在会议结束前,主持人一般都要对本次会议作出简短精要的概括,表达会议成功之意。

2. 主持人基本能力要求　主持会议是一门学问,必须不断积累经验,才能使会议在主持人的引导下开得有条不紊。作为秘书人员,掌握这些基本功,是非常必要的。

(1)调研能力。就是主持人在会前应对整个会议的基本情况作认真调查、分析、研究,掌握一手材料,以便在主持时得心应手,避免因不了解情况而出现错误。

(2)洞察能力。作为主持人,要能够及时观察会场情况并及时作出反应。这要求主持人应当是思维敏捷、反应及时、应对自如的大会组织者。会场局面的控制和会场秩序的维护很大程度上取决于大会主持者的组织能力。

(3)判断能力。作为会议主持人,在充分遵从主要领导或主席团意见的前提下,对会议需要解决的情况不优柔寡断,犹豫不决,必须果断裁决。当然,并不是说主持人可以盲目拍板。

(4)表达能力。主持人的语言要求准确、简洁、有号召力。这要求主持人善于表达大会意图。我们经常看到一些主持人妙语连珠,使大会有声有色。所以说,语言艺术训练,是每位秘书人员的必修课。

(二)会议发言技巧

会议发言与平时一般交流时的用词、语调、神态均有很大区别。在稍大规模的会议上发言,对发言者来说,是有较高要求的。一般来说,发言者在发言时应掌握以下基本技巧:

1. 语言通俗易懂　除专业学术会议外,一般会议与会者学历层次,文化程度等相差很大。为加强沟通、交流,发言者所用语言应尽可能通俗易懂,避免出现深奥难懂、专业性很深的词汇。即使国家领导人的报告都是遵循这个基本原则的。

2. 发言简洁明了　除特殊需要(专题报告、学术研究等),一般性会议发言的时间长短均有明确规定,力求简明扼要。话说多了,易偏离议题中心,如果不是高明的演说者,泛泛而谈,更易引起与会者反感。

3. **节奏快慢有序**　会议发言不是播音、朗读,它应该是随着内容的变化、会场的气氛及时变换语调和速度的。尽管多数会议用扩音设备,但仍要求发言时声音要大,发音要清晰,语速不宜太快,以便与会者听得清楚。当然,时快时慢,时轻时重都是会议需要决定的,这样使发言变得充满激情而娓娓动人,充满吸引力和号召力。

4. **形体语言得体**　在发言过程中,加以适当、得体的形体语言(主要通过手势、脸部表情等),对提高会议发言的感染力能起到很大的作用。秘书人员在平时与人交谈时就要充分注意养成良好的习惯,善于发挥形体语言的作用,落落大方,温文尔雅。

5. **保持双向交流**　发言时要面对观众,不要看天花板、地板或斜视,要善于把握会场气氛,将你的目光从一个人身上慢慢移向另一个人,让你的目光在每个人身上都停留片刻。如果感到这样不舒适或不习惯,那宁可把目光集中在会场尽头的某一点上,这比看天花板或地板要好些。将目光注视听众,就能保持与他们的交流。当然,在发言过程中,提一个小问题,讲一个笑话,也是经常采用的双向交流技巧。

三、会议控制技巧

(一)如何营造踊跃发言的氛围

在举行的各种会议中,我们经常看到,由于种种原因使会议"冷场",这未必就是坏事,可能是与会者正在动脑筋思考问题。作为会议组织者此时不应慌张,应注意观察每位与会者的表情。要善于暗示和启发、鼓励其发言。通常采取以下方法:

1. **主持或组织者要有幽默感**　这是在会议举行过程中适当运用幽默语言,提起与会者的精神和兴趣,使大家有亲切、轻松感,产生主动参与意识和欲望,关键要掌握一定的"度"。

2. **供大家讨论的议题要具体**　组织者提供较具体的议题,便于大家在讨论时下手。如讨论来年计划时,可分阶段讨论。比如"明年第一季度主要任务是什么?","哪个部门负责?","有什么任务指标?"等。这些问题都很具体,便于大家针对性讨论,会议就不会"冷场"了。

3. **会议组织者要创造民主气氛**　不要在会议上指责发言者,即使说错了,也不能当面点明,只能以解释的方式进行处理比较合适。千万不要以简单、粗鲁的方式行事。如果这样,要么对方沉默,要么互相争论,总之效果适得其反。

(二)如何缓解会议出现的紧张气氛

有时,会议可能出现一些意想不到的事情。有些人甚至利用会议这种特殊形式来发泄私人恩怨,使组织者难堪。作为秘书人员,面对这种情况,首先不要紧张害怕;其次不要以牙还牙,要保持自己的身份;再次就是要用巧妙的语言,从容对待。这需要组织者有良好的心理素质和综合能力。比如,一位与会人员指着你大声说道:"你算什么?照照镜子,看看你的模样!"这时你应该和气有礼地回答:"谢谢你的批评。真的,我在平时工作中确实还有很多需要改进的地方,自身努力也需要加强,幸亏大家都能给予真诚相助,才使我的工作得以顺利完成。我也衷心希望大家继续关心和支持我的工作,在此谢谢了!"如果这样,能有利于会议紧张气氛的缓解,也会赢得与会多数人的佩服、尊重,从而使他们的立场站到你的一边。要记住,对方的不理智,大家自有分辨。作为组织者的不理智,不仅会使会议因矛盾激化而进入僵局,而且会使大家认为你无能。

四、会议问与答的方法

在会议过程中,及时提问和恰到好处的解答能使会议质量上一个台阶,增色不少。作为秘书人员,掌握问与答的技巧是秘书做好会务工作基本的要求之一。

(一)会议提问方法

在会议进行过程中,经常会遇到不明白或需要加深理解的时候,为跟上会议进程,趁热打铁,有必要及时提问。然而提问是有讲究的,主要应从以下几方面考虑:

1.不明白的地方要及时提问,以便跟上会议节奏

2.正确选择提问对象　如"我想请问大会主席……""请问大会主持人……"等,提问对象一定要明确。

3.问题提得明确、精要　不要一次提很多问题,也不要一个问题中含有太多的层次,以确保回答者"对症下药",否则易造成回答者无从下手。

4.提问紧扣会议主题　提问者一定要紧紧抓住会议议题,所提问题最忌不着边际,远离主题,否则会遭到主持人或答题者婉言拒绝,甚至难堪地反问。

5.提问不是指责　提问的目的是想更深、更多地了解发言者的意图或精神,绝不是对发言者的无端指责或品头论足。提问不是辩论。这是提问者必需掌握的基本原则。

(二)会议解答提问的要领

当会议上有人向你提出问题时,如果给予恰当的回答,这既达到了对方的目的,也使你的发言获得了更大的成功,那么如何做到回答有方呢?

1.确认对方提问内容　在听到对方提问后,稍思片刻,很有礼貌地问对方"你是问这个问题吗?""是想让我将刚才所说的作些说明吗?"等。这样一来,对方感到的是一种尊重,会对你产生一种亲切感,双方合作就容易顺利。

2.抓住问题要点回答　有时提问者问题语言较长,层次也可能较多,但你要抓住最主要的一点展开回答,其他内容可附带说明,忌讳全面铺开。

3.答案既要明确,又留有余地　意思是当对方提出问题后,尽可能给予清晰的回答,或肯定、或否定,但有时要善于将答案留有余地,巧用辞令。比如说:"我想是的。至于时间么,大约在国庆节之前能够完成。不过,这需要我们大家共同努力才行!"

4.回答内容要具体明确　在会议回答问题时,千万不要说"我们有许多事情要做","我们还有很多方案有待讨论""我们准备做一些工作,花一些力气"等此类的话,容易给人造成模棱两可、解决不了实际问题的不良印象。

第三单元　会议文字工作

会务工作中,涉及文字工作的内容比较多。一般说来,有起草会议通知、工作报告、总结,做好会议记录,编写会议纪要等项工作。这里仅就会议记录、简报、会议纪要作简述。

一、会议记录

会议记录是会议情况的真实反映,也是检查会议决定事项执行情况的依据和凭证。它包括两部分:

第一部分是会议组织情况,要写明会议名称、届次数、时间、地点、出席者、缺席者、列席者、主持人的姓名与职务,稿末签上记录者的姓名。

以上这些项目多在会议主持人发言之前写好。

第二部分是会议内容。这是记录的主要部分,要将会议议题、讨论发言、形成的决议、尤其是主持人的结论性发言记录下来。

会议记录的方法有两种。

1.摘要记录　这是一般会议通用的记录方式。不必有言必录,只记发言要点、结论和会议上讨论的问题,通过的决定、决议。

2.详细记录　多用于领导班子的重要会议,如党委常委会、经理办公会等。要求有言必录,不能只搞提纲挈领式的记录,也不能只记结论,要尽量记原话,不改变原意。

做好摘要记录的关键在于:要对发言内容迅速作出分析,哪些可记,哪些可不记,有所取舍,适当归纳,扼要地记下重点,不可歪曲发言者的原意,不可遗漏发言者的主要观点。所谓重点,一般是指会议主持者和主要负责人的发言,也包括与会者的不同意见或有争议的问题,会议的决定或决议。所谓扼要,就是要记下发言人的主要观点和论据。

作详细记录,要求记录者认真负责,精力集中,一字一句谨记不放,特别要注意抓住发言人开始、转题、结论的语言。对通用词汇可采用简化方法,事后补正;涉及文件名称或便于查找的文件内容,可先省略后补记。有可能的话,可采用多人记录,综合整理;还可利用录音方式,修正补齐会议记录。能否作好会议记录,不完全是书写速度的问题,还是看记录人是否熟悉会议所涉及的内容。有的机关即使配了速记员,但记下来的内容往往并不合要求,甚至闹笑话,原因就在于记录人不熟悉会议内容,不了解实际情况。

会议结束后,记录人要全面检查记录,检查错漏字,字迹不清的地方和其他遗漏处要及时补写好,对会上没有弄清楚或发言者表述不清的地方,要及时找有关人员核对。

记录人必须遵守保密规定,不得泄露会议内容。会议记录要妥善保管,不得外传或遗失,并使用专用记录本,按规定定期归档。

二、会议简报

会期短、人数少的会议,不必出简报。人数多,会期较长的会,应搞好会议简报。

会议出简报的目的是交流情况,提高会议质量。简报应求新、求实、求短、求快。求新,即反映新经验、新情况、新问题;求实,就是反映情况要真实,不夸张,不缩小,事事要查对落实,不能马马虎虎;求短,就是文字简练,篇幅短小;求快,即迅速反映值得注意的问题,简报不抢时间、拖拖拉拉,就起不到指导会议的作用。

会议简报的主要写法有下面两种。

1. 报道式写法　这往往是由简报编写者将情况综合后,选取有价值的部分,用新闻消息报道的形式,反映会议全局或局部的进展情况。

2. 转发式写法　这种会议简报往往用于节录某组代表发言,照登某代表的倡议或意见。简报编写者"转发"这些发言或倡议时,往往加上简短的"按语",强调"转发"内容的指导意义或参考价值。

会议简报应注意标题的选用,既要醒目,能吸引人看下去,又要实在,做到文题一致。

简报的印制数量和发送范围,应视内容而定,有的只送主席团,有的发到各组负责人,有的发到全体与会者。

三、会议纪要

会议纪要的内容可分两部分:

第一部分是会议情况简述。其中包括召开会议的根据、目的、时间、地点、参加会议的人员,会议讨论的问题以及会议结果(包括对会议的基本估价)。

第二部分是会议主要内容的归纳。这是纪要的主体,应对会议讨论问题的基本结论和今后的任务作出具体的阐述。如会议内容较多,可以分列标题,逐段逐层地将会议讨论的各方面问题阐述明白。

属于一般例行的办公会议,则可直接将会议的纪要,在结尾写出会议的号召,提出贯彻会议精神的阐发。有的会议纪要,特别是例行的会议,这一部分写得极简略,开门见山就是"×月×日会议,讨论和议定了以下问题",结尾处才写会议主持者、参加者姓名等等。

会议纪要的第二部分,既是对会议主要内容的归纳,也是今后对会议贯彻执行的依据,应认真拟写。这部分写作要点是"纪实"和"扼要"。也就是说,纪要应忠实于会议实际,这也是拟写纪要的基本原则。纪要又应是对会议基本精神的提炼和概括,既要反映会议讨论情况,特别是领导人重要讲话精神,又必须是综理其要,不成为会议记录。拟写这部分内容,特别应注意条理要清晰,可用顺序号或小标题将各问题、决定、措施、要求分清楚。

写好会议纪要,文笔固然重要,但关键在于了解会议主旨,拟写纪要的人应自始至终参加会议,注意从发言和简报中收集素材,当会议进展到一定阶段,就可根据会议主旨和实际情况,拟出纪要的大体轮廓,进一步收集材料,加以充实并广泛征求意见。必要时,会议纪要的要点或提纲应经会议讨论,统一认识。纪要起草后,一般需经会议讨论,然后定稿。例行办公会的纪要,只需将会议讨论的若干问题结论明确后,直接拟写,由主管领导人或秘书部门负责人核准,即可发出,不必再经办公会通过。

【实训】　会务组织情景训练

一、训练目标

通过实训,掌握会议组织的全方位内容,掌握会议期间的组织、协调、服务的基本要求。

二、训练方案与要求

（一）训练要求

（1）熟悉会议筹备方案的分工落实环节。

（2）熟悉主持人、发言者、会议记录者等不同角色的基本要求。

（3）熟悉会议的协调和服务要领。

（4）.熟悉会议期间文书工作。

（二）训练组织

（1）以班为单位，举行一次"暑期大学生社会实践表彰大会"（模拟）。

（2）情景模拟：设定上级领导、来宾若干人。

（3）确立会议主持人、主要发言人。

（4）成立会务服务组、秘书处。

（三）实训指导

（1）对会议筹备方案、议题、议程审核。

（2）大会服务组布置会场，做座位牌，座次排列；音响、话筒等准备。

（3）会议主持人、发言人角色扮演。

（4）颁奖次序与形式要求。

（5）会中服务：茶水服务、资料分发、摄影等。

（6）会议记录：要求与会者均作记录。

（四）训练作业

（1）秘书组会后整理会议记录，出会议简报。秘书组：会议简报一份。

（2）其他人每人会议记录一份。

模块五　办公室礼仪与涉外接待

第一部分　办公室基本礼仪

【知识目标】

掌握办公室硬环境维护基本礼仪规范。

了解办公室良好人际关系构建的基本礼仪规范。

掌握办公室接待基本礼仪规范。

掌握办公室拜访礼仪基本规范。

【能力目标】

能够做好办公环境维护。

能够以规范礼仪进行办公室接待工作。

能够以正确礼仪进行办公室拜访工作。

【案例导入】

案例一：办公室接待礼仪的重要性

刘佳是三锐药业集团有限公司经理办公室秘书，最近公司业务繁忙，又正值公司五周年庆典筹备，文件来往和杂务特别多，刘佳忙得脚不沾地。当客户走进秘书办公室时，刘佳正在办公桌前打印一份文件，他向客人点点头，并伸手示意请客人先坐下。10分钟后，他起身端茶水给客人，用电话联系好客人要找的部门，这时刘佳发现客户脸上露出了不悦的表情，他连忙在办公桌前起身向客人道别，并目送其走出办公室。为此事，刘佳受到了办公室主任的批评。

思考：

刘佳对客户的接待有哪些失误之处？

案例二：办公室事务的处理

叶思是来扬文化咨询公司行政部办公室新到的一位秘书，办公室里还有一位秘书，比叶思早进公司一年。有一次叶思正在整理文档，突然电话铃声响了。因为文档繁杂怕接电话后会弄乱，叶思将手头文档头绪稍加整理后才拿起话筒问到："请问你找谁？"对方回答说找老刘，叶思随即将话筒递给邻桌的刘秘书说："刘秘书，你的电话。"没想到，刘秘书接到电话没讲几句，就和对方争吵起来，最后刘秘书大声说道："你今后要账时，先找对人再发火。这是办公室，没有你要找的那个刘天亮！"说罢就啪的一声挂断了电话。原来，这个电话是打给宣传科刘天亮的，结果错打到了办公室，而对方只是含糊地说找老刘，叶思误以为要找刘秘书，结果造成了这场误会。挂断电话后，刘秘书余怒未消，又对叶思大声抱怨到："小叶，你的工作也太马虎了，到底是谁的电话你弄弄清再叫人，接个电话都接不好，当秘书像你这样的根本不够格。我看，公司下月要做的客户需求沟通项目要你参加也肯定够呛。"听了这话，叶思没再反驳，但心里很难过。叶思与刘秘书同处一个办公室，难免有些工作需要配合，但因有了摩擦，叶思感觉到一天的工作都别别扭扭的。第二天，宣传科刘天亮向办公室主任王卉反映客户投诉行政部态度恶劣。王卉便向叶思询问此事。叶思便说道："昨天是因为我接电话时不够仔细，将客户要找的'老刘'自以为是地认为是我们刘秘书，所以造成了这样的误会。主要是我的责任，以后一定会加倍小心。"王卉听后，结合刘秘书平时较为火暴的性格表现便马上大致明白了事情的原委。王卉点出了叶思的失误后便让他离开了。由于这段时间公司业务繁忙，王卉便对此事作了冷处理，在对刘秘书进行私下谈话后，与宣传科进行了沟通，便结束了这件事。但叶思发现，这件事后，刘秘书对他的态度好多了。

思考：

1. 你觉得叶思的失误在哪里？在此案例事件的处理中，叶思有做得好的地方吗？如果你是叶思，你会怎样做？

2. 如果你是刘秘书，你该如何处理这个事情？

提示：

客户接待与办公电话的处理、办公室人际环境的维护都属于秘书人员在办公室日常要面对的工作。办公室工作是秘书工作重要的构成部分，对于秘书而言，建立与维护良好的办公环境、良好的办公室人际关系、掌握办公室接待和拜访的基本礼仪，是做好秘书工作必不可少的技巧。

第一单元　办公室礼仪规范

一、办公室形象礼仪

在办公室工作，工作人员的形象代表了企业单位的形象。一般而言，办公室形象以体现端庄、整洁、干练的职业形象为宜，仪表服饰要与企业文化及办公环境保持协调。

（1）从仪容修饰的角度看，办公室工作人员头发须经常清洗，男秘书头发不宜太长，指甲、胡须应经常注意修剪。女秘书应淡妆上岗，短发应定期修剪，长发应尽量束起或盘起，不宜用香味浓烈的香水。男女秘书都应保持口腔清洁，上班前不能喝酒或吃有异味食品。

（2）从着装角度来看，男秘书穿黑、灰、蓝等深冷色系的西服套装领带，领带须与西装、衬衫颜色相配。不得戴肮脏、破损或歪斜松弛的领带上班。女秘书则最好穿西装套裙、连衣裙或长裙。一般来说,短裙可短至膝盖上3～6厘米,但不能短至只有大腿根部到膝盖处的二分之一长。穿短裙子时一定要注意弯腰,下蹲时不要露出内衣。女秘书须保持整体服装淡雅得体,不宜过分华丽。同时女秘书在穿着套裙时,还须注意保持丝袜的整洁完好,不能穿有洞或抽丝的丝袜出现在办公场合中。一般来说,女秘书应在包中常备一双丝袜,以防袜子抽丝或勾破。男士注意不要穿印花或大方格的衬衫,衬衫领口及袖口须保持清洁;女士则不宜把露、透、短的衣服穿到办公室里去,穿着过于暴露的衣服是不礼貌的。办公室人员工作时不宜穿大衣或过分臃肿的服装,也不能穿背心、短裤、拖鞋或赤脚穿鞋。作为女秘书,佩戴的首饰也不宜过多,走起路来摇来摇去的耳环会分散他人注意力,叮当作响的手镯也不宜戴。鞋子应保持清洁,如有破损应及时修补,不能穿带钉子的鞋。总体上来说,办公室人员应保持整洁、大方、美观的仪表,且其妆容及着装风格与气质应与就职单位的企业文化相协调。

(3)办公室工作人员应保持优雅的体态,主要要求有:站姿挺拔。其基本姿势为:头正,肩平,女士两腿并拢,男士两腿可分开也可并拢(若两腿分开不可比肩宽),腰背挺直,挺胸收腹,两臂自然,不耸肩,保持身体重心平稳,不东倒西歪,体态优雅。在办公室会见客户或出席仪式的站立场合,或在长辈、上级面前,不得把手交叉抱在胸前;坐姿端正,不得随意把腿前伸或后伸,不可将腿或脚随意架在办公桌或椅子上,要移动位置时,应先把椅子放在应放的地方,不应带着椅子一起移动。

二、办公室环境维护礼仪

办公室环境由两方面构成,一方面是办公室的硬性环境,即办公室的布置及美化;另一方面则是办公室的软环境,即良好的办公室人际关系的构建。

1. 办公硬环境维护

(1)禁止摆放与工作无关的个人用品(如餐具、玩具、照片、装饰品等),每天至少做一次保洁,做到窗明几净,地面无污物,桌面无灰尘。

(2)物品摆放要做到整齐、美观、舒适、大方。个人办公桌及文件柜要经常清理,无价值或价值不大的东西一律丢弃。可在办公区域适当摆放些绿色植物,美化环境,也可调节办公室工作人员的工作情绪。

(3)物品摆放部位要体现顺手、方便的原则,有利于提高工作效率;计算机硬件部分要保持整洁,键盘、屏幕擦拭干净,确保正常运转。

(4)文件资料柜要贴墙摆放。各类资料、物品要编号,文件资料的摆放要合理、整齐、美观。

(5)一般要求人离开办公室(在办公楼内),座位原位放置,桌面一般只摆放文件等工作资料,若桌面有文件,应将文件覆盖,若在操作电脑,应关闭工作界面;人离开办公室短时外出,座位半推进,一旦离开应将文件资料及时收好,不要摊放在办公桌上;人离开办公室,超过4小时或休息,座位完全推进,电脑关闭,切断电源,桌面保持整洁干净。

2. 办公软环境——人际关系构建礼仪
与同事友好相处,是做好秘书办公室工作的

前提。秘书人员在同事间相处时需遵从基本的礼仪规范。

(1)尊重同事。相互尊重是处理好同事关系的基础,所以,处理好同事之间的关系,首先应尊重对方。

(2)关心同事,不打探隐私,不背后议论。隐私与个人的名誉密切相关,背后议论他人的隐私,会损害他人的名誉,引起双方关系的紧张甚至恶化,因而是一种不光彩的行为。

(3)对自己的失误或同事间的误会,应主动道歉说明,征得对方的谅解;对双方的误会应主动向对方说明,不可耿耿于怀。

(4)公司内与同事相遇应点头行礼表示致意;出入同事办公室时,进入房间,要先轻轻敲门,听到应答再进。进入后,回手关门,不能大力、粗暴。进入房间后,如对方正在讲话,要稍等静候,不要中途插话,如有急事要打断说话,也要看住机会。而且要说:"对不起,打断您们的谈话"。

(5)递交物件时,如递文件等,要把正面、文字对着对方的方向递上去,如是钢笔,要把笔尖朝向自己,使对方容易接着;至于刀子或剪刀等利器,应把刀尖向着自己。

(6)走通道、走廊时要放轻脚步。无论在自己的公司,还是在访问的公司,在通道和走廊里不能一边走一边大声说话,更不得唱歌或吹口哨等。在通道、走廊里遇到上司或同事要礼让,不能抢行。

三、办公室礼仪禁忌

1.不要过分注重自我形象 办公桌上摆着化妆品、镜子等,还不时补妆,会给人工作能力低下的感觉。

2.不爱护公共设施 办公区域的公共设施是为了提高工作效率。打电话也好,传真、复印也好,办公室工作人员在工作时要注意爱惜公共设施。此外还要注意不要在办公室里打私人电话聊天,若不得已要接较长时间的私人电话,应避到办公区以外,以免影响他人工作。

3.办公室人员禁零食、香烟不离口 工作时不要吃零食,尤其在有旁人和接听电话时,嘴里不可嚼东西。对于吸烟的男士,要避免在办公区域吸烟。

4.形象不得体 要避免浓妆艳抹、环佩丁当、香气逼人、暴露过多,或衣着不整、品位低俗。工作时,语言、举止要保持得体大方,避免过多的方言土语、粗俗不雅的词汇。无论对上司、下属还是同级,都应不卑不亢,以礼相待,友好相处。

5.不要将办公室当自家居室 办公室人员应尽量避免在办公区域用饭,饭后将餐具随手一放,使整个办公区充满饭菜味。若不得已要在办公区域用餐,餐后应及时开窗使空气流通,保证办公区空气清洁。

6.不要在办公区高声喧哗,旁若无人 在办公室轻声细语,文质彬彬,可以教会别人同你一起维持文明的环境。

7.随便挪用办公室内其他同事的东西 未经许可,不可随意挪用他人物品。

8.不得偷听同事讲话 避免偷听旁人私下谈话、电话。有可能的话应暂时回避一下。

即使在同一办公室,若同事不在,也不可随便帮同事接电话,因为有可能会触及他人秘密。但在同事已嘱托代接的情况下,一定要及时代同事接听电话,有必要的话应细心记录下电话要点。

9.不要对同事的客人表现冷漠　无论是谁的朋友踏进你办公室的门,都应礼貌招呼,有必要时也应热情接待,当客人从办公室告辞时,也应致意告别。

第二单元　工作往来礼仪规范

一、办公室往来接待

往来接待是办公室最日常的工作。来者是客,以客为尊。无论彼此是否有商业联系,都应该以礼待之。从客人来到公司的前台开始,直到完全离开为止,都要遵守礼仪规范,让来访者宾至如归。

1.办公室迎接礼仪

(1)当客人来访时,秘书应主动从座位上站起来,引领客人进入会客厅或者公共接待区,并为其送上饮料,如果是在自己的座位上交谈,应该注意声音不要过大,以免影响周围同事。秘书应始终面带微笑。

(2)客人要找的负责人不在时,要明确告诉对方负责人到何处去了,以及何时回本单位。请客人留下电话、地址,明确是由客人再次来单位,还是我方负责人到对方单位去。客人到来时若要找的领导由于种种原因不能马上接见,秘书要向客人说明等待理由与等待时间,若客人愿意等待,应该向客人提供饮料、杂志,如果可能,应时常为客人换饮料。

2.引导礼仪　接待人员引领客人到目的地,应该有正确的引导礼仪。

(1)走廊引导方法。接待人员应在客人二三步之前,配合步调,让客人走在内侧。

(2)楼梯引导方法。要让客人走楼梯的内侧,接待人员走外侧。所谓内侧是围绕着中心的一侧。引导,要走在客人前面,客人在后面,距离为一两个台阶,不要离得太远。上下楼梯时,接待人员应该注意客人的安全。上楼、下楼都走客人前面但不要走得太快,要适当侧身等一下客人。

(3)电梯的引导。引导客人乘坐电梯时,当电梯到达时,接待人员按住“开”按钮让客人先进入电梯;到达时,接待人员应按住“开”钮,让客人先走出电梯。

(4)会客室里的引导。当客人走入会客室,接待人员用手示意,请客人坐下,看到客人坐下后,才能行点头礼后离开。如客人错坐下座,应请客人改坐上座。一般对门的一方为上座。

3.送别礼仪　若客人办事已毕离开时,一定要送别。办公室相关人员也要随之送行。客人若自备车辆,工作人员可早些通知司机(或由客人方工作人员自行通知)。若需本单位送回,需要早做车辆安排,勿使其久等。可视情况,决定送至办公室门口或单位大门口。

送别时应说些客气话:"欢迎再来""欢迎常联系""接待不周,请多原谅"等。

4.送别乘车礼仪 在进行办公室接待时,有时需要乘车送客人。基本的乘车礼仪有:

(1)座位安排礼仪。小轿车的乘坐礼仪是当有司机驾驶时,以后排右侧为首位,左侧次之,中间座位再次之,前座右侧殿后,前排中间为末席;面包车乘坐礼仪:司机后排为尊,由前向后,由左而右排列。即司机后面靠窗的位子为主座,较安全,哪怕是紧急刹车客人也不至于被甩出去。普通面包车的右侧为过道,最右侧靠门座位实际上是辅助座位,既不舒适,也不安全。商务车乘坐原则是:司机后排为尊,离门近者为主座(司机后排右边靠门的座位为主座),由前向后,由右往左,离门越近,位置越高;吉普车上座是副驾驶座,因为吉普车底盘高,功率大,主要功能是越野,减震及悬挂太硬,坐在后排颠簸得厉害。

在具体的实务操作中,副驾驶位、司机后位、司机对角线位哪个重要,要因人而异,因时而异。一般来说常规的做法是客人坐在哪里,哪里就是上座。所以,不必纠正并告诉对方"您坐错了"。尊重别人就是尊重人家的选择,这就是礼仪中"尊重为上"的原则。但有一点是必须明确的,接待人员坐面包车或中巴、大巴,应坐副驾驶位或尽量往后排就座。

(2)送客时秘书上下车的基本礼仪原则是"方便领导,突出领导"。一般是让领导或客人先上,自己后上。下车时,我们先下,领导和客人后下。上车时,为领导和客人打开车门的同时,左手固定车门,右手护住车门的上沿(左侧下车相反),防止客人或领导碰到头部,确认领导和客人身体安全进车后轻轻关上车门。下车时,方法相同。如果很多人坐一辆车,那么谁最方便下车谁先下车。无论是先上后上,还是先下后下,我们都要遵循"方便领导或客人、突出领导或客人"的原则。

二、办公室拜访礼仪

办公室拜访是办公室常见的工作往来,在办公室拜访中应遵从的基本礼仪规范。

1.事前预约 因工作需要到对方单位或办公室进行拜访时,要先行预约,以免扑空,或因贸然闯入而打乱对方的工作计划。约定拜访的具体时间应当避开节日、假日、用餐时间、过早或过晚的时间,及其他一切对方不方便的时间。一般来说,办公室拜访一般应在正常的工作时间。

2.到办公室拜访要注意仪容 穿戴要以整洁大方的职业形象为主,这既是对对方的尊重,同时也表明对拜访的重视程度。到办公室拜访,特别是一般性的工作拜访,多数情况下不必准备什么礼物。但若是为了感谢对方单位的支持,就应准备相应的礼品,但应避免送过分贵重的礼品或过于私人化的礼品。

3.一旦约定拜访时间,一定要准时造访 这不只是为了讲究个人信用,提高办事效率,而且也是对对方尊重友好的表现。万一因故不能准时抵达,务必要及时通知对方,必要时还可将拜访另行改期。在这种情况下,一定要记住向对方郑重其事地道歉。

4.等候或通报 进行拜访时,倘若抵达约定地之后,未与拜访对象直接见面,或是对方没有派员在此迎候,则在进入对方的办公室正门之前,有必要先向对方进行通报。进入办公室前应先敲门,经允许后方可进入。如果办公室门是关着的,进来后应轻轻把门关上。

5.登门有礼　切忌不拘小节,失礼失仪。如果系初次拜访,进门后应问候"你好"或"各位好"或点头致意,然后自我介绍或向接待人员递名片,请求与要会见者见面。如系与约好的会见人见面,应提及双方约会的事,让接待者明白来意。当入室后,倘若主人一方不止一人之时,则对对方的问候与行礼,在先后顺序上合乎礼仪惯例。标准的做法有二:其一,是先尊后卑。其二,是由近而远。在此之后,切忌擅自就座,东张西望,乱翻办公室资料与其他物品。

6.适时告辞　在拜访他人时,一定要注意在对方的办公室里进行停留的时间长度。从总体上讲,应当具有良好的时间观念。不要停留过长的时间,从而打乱对方既定的其他日程。在一般情况下,礼节性的拜访,尤其是初次登门拜访,应控制在一刻钟至半小时之内。最长的拜访,通常也不宜超过两个小时。

【实训】　办公室基本礼仪训练

一、训练目标

通过实训,掌握办公室基本礼仪及工作往来礼仪规范,包括办公室工作人员形象礼仪设计、办公硬环境及软环境维护礼仪、办公室接待与拜访礼仪规范。

二、训练方案与要求

杭州世江葡萄酒有限公司是一家专营葡萄酒制造及销售的专业酒公司,公司成立于1989年。在历经了二十年艰难创业的过程后,现在的世江公司已是一家拥有300名员工,在江浙地区占有不小市场份额,在行业内小有名气的酒业酿造及销售的上市公司了。2009年4月12日,对杭州世江葡萄酒有限公司来说是具有纪念意义的一天,这一天是公司的二十周年庆典日。为好好庆祝公司二十周年庆,公司高层将2009年3月12日—4月12日这个月作为公司庆典月,并计划举办盛大的晚会以庆祝公司二十年来通过艰苦创业得来的繁荣和兴盛。此外,公司还计划利用二十周年庆典的机会进行一系列公司宣传活动,以进一步提高公司的市场知名度,提升品牌形象,具体活动策划事宜则交给了行政部。

行政部接到高层授意后,不敢大意,连日来召集行政部办公室讨论会议,商讨庆典月的公司活动计划。通过几日的研究和商讨后,决定举办一系列活动来完成公司的形象提升任务,包括客户交流会、公司新品新闻发布会、庆祝酒会及公司开放参观活动。其中,公司参观活动将邀请来自全国的新老客户来参观公司,以树立公司的新形象并赢得更多的客户。

行政部将计划上报后,公司高层通过并批准了行政部的市场策划方案,并责令行政部负责具体的实施。行政部接到任务后,将任务进行了分派,由于行政部人员较紧,所以任务分配较重。李何是杭州世江葡萄酒有限公司行政部秘书,在秘书岗位上刚工作1年,对于未来充满了憧憬。李何在整个任务中具体负责活动月期间的部分办公室接待工作、部分客户的拜访工作及办公区的接待布置工作。

由于任务较紧,行政部的每个人都非常忙,有时也会因为相关的活动筹备工作量太大,而忽略了对其他部门工作的配合。有一次销售部的黄海来办公室找李何商讨销售部置换新品牌打印机事宜,而李何却因为庆典活动筹备工作日程安排太紧而要求销售部将此事推后,结果引起销售部的不满,并一度导致销售部与行政部关系紧张。在行政部要求销售部配合进行办公装修以重新布置办公区的工作中,销售部人员态度消极且极不配合,造成李何无法按时完成办公区的接待布置工作,甚至部门之间的这种工作冲突也影响到了两个部门员工间的情绪。面对这样的局面,李何感到有些无措和困惑,不知该如何处理。

训练要求:

(1)请设计出李何在行政部日常上班时应有的职业形象,包括面容的修饰要点及服饰搭配方案。

(2)请设计接待室的布置图。

(3)请模拟以下情景:

情景一:2005 年 3 月 28 日,有一个外地公司的客户江参,慕名来到世江公司,但因为事先没有预约,显得有些不好意思,请演示办公室秘书接待的情景。

情景二:一位记者来访,要见公司的吴总经理,说是要采访有关公司未来发展方向的问题,而吴总正好出去办事,请演示秘书此时接待的情景。

情景三:李何被行政部吴经理派发了一个拜访重要潜在业务客户张景的任务,主要拜访任务是通过拜访邀请张景来公司参加庆典活动。请模拟此拜访情景,包括预约、拜访、会谈、告别等。

(4)在此案例中,你觉得李何的办公室人际关系环境维护得如何? 如果是你,该如何做?

训练步骤:

(1)指导学生认真阅读案例及实训内容和要求。

(2)模拟训练方式。

①两人一组或者两人以上自由组合,模拟情景演示,自由选择场景。

②学生以企业员工的身份演示,分别扮演秘书和客人等不同的角色。

③模拟情景场地:办公室。

训练提示:

此案例设置的目的是希望通过办公室接待、拜访场景的模拟,让学生掌握办公室职业形象设计的基本礼仪规范;掌握办公室硬环境设计及软环境处理的基本礼仪规范;掌握办公室接待的基本礼仪,包括微笑、热情、有礼的态度,办公室接待中突发事件的处理及应变能力及办公室秘书基本的迎接、引导及送别礼仪;掌握办公室拜访中的预约、上门、拜访及告辞的基本礼仪规范。

【知识链接】

资料　办公室人员该具有的基本礼仪涵养

一、注意电话表情与声音

电话礼貌是办公室不可缺少的礼仪,许多客户往往因为一个电话搞得心情不好或是沟通不良。所以,电话礼貌必须作为全体员工的基础训练项目,全力推行,使客户在第一次接听电话开始就对您的公司感觉非常满意。这种培训要靠长期锻炼,不是一朝一夕可以促成的。微笑的脸才会产生微笑的声音,声音是可以训练和管理的。绝大多数人都没有对自己的声音进行训练,完全凭借本能的自然音调来说话,这是极大的错误。透过电话的声音,是必须营造的。我们可以面对镜子仔细观察自己说话的样子,并录下听自己说话的声音,找出自己说话时严重的缺点,加以改正。由于电话里面只闻其声,不见其人。所以,要用简单的 KISS 理论来说话(Keep it simple and short),即运用简明扼要的字句,避免使用过于专业的名词或者是行话,这样会使对方很难快速理解。即使是无法避免的时候,也请使用比较通俗的名词,并加以浅显的说明,这样可以节省彼此宝贵的时间,避免误会。

二、虚心受教

客户投诉也是办公室经常遇到的问题,因此,如何有效地处理各种投诉也是当今各个行业的难题。处理客户投诉必须掌握方法,无论受到怎样的责难或是批评,都应虚心接受,诚心对待,即使再严厉的责备也是如此,绝对不能出现与客户争辩的情况。接到投诉电话先说抱歉,聆听完对方的投诉后依然说抱歉。无论谁是谁非,给客户带来方便或者不悦,就需要道歉。不管客户投诉什么样的问题,都要认为投诉是给自己解释误会的良机。负责处理客户投诉的人,必须训练有素,能及时平复对方的情绪,先解决心情,再解决问题。心平气和地做简明扼要又适当的解释,并感谢对方给予说明的机会。

三、请假休假

因私事需要临时请假时,应该提早规划,使工作不至于因为你请假的缘故不能延续。有些人情绪不稳定,心情不好就借故请假,这不仅是没有礼貌的表现,也违反了公司的规定。员工在工作中的情绪必须自己处理,不能因为情绪性问题就一走了之。休假的情形也是一样,虽然休假是个人应享的权利,但个人的休假一定会影响到公司整体工作的进行。所以即使休假,也要提前准备,告知主管,这才是对工作负责任的态度。

四、迟到早退

所谓迟到,在礼节上是指规定时间的前后 10 分钟之内,如果没有超过 10 分钟不算是真正的迟到。当然,办公室中不能以礼节为据,而应严格按照规定的时间上下班。作为办公室员工必须养成良好的作息习惯,宁可提前,也不迟到。

一个人迟到不单单会耽误个人的工作,也会影响到其他人工作的进行。例如,由于一个人缺席,导致会议无法顺利进行。也有人在会议中悄悄地溜走,这种早退而未告知的行为也是非常没有礼貌的。

五、办公室道德规范

进出会客室或是主管的办公室必须先敲门才能进去；手机在会议室或是办公室都算是随身物品，不应使用其闲聊，以免打扰其他同事。其中，有些属于礼貌问题，有些属于行为规范问题，这些礼貌和规范统称为办公室道德规范(ethics code)。作为办公室工作人员，为营造良好的办公氛围，我们都应谨遵办公道德。

第二部分 涉外事务接待工作

【知识目标】

了解国际交往的基本通则。

熟悉外事接待的基本程序。

了解基本礼宾程序。

了解涉外活动的送客礼仪。

了解外事接待中礼品馈赠的基本原则。

【能力目标】

能够根据外事接待的基本程序,合理安排外事活动。

能安排外事活动的礼宾程序。

能做好外事活动的送客工作。

【案例导入】

天乐公司的外事接待

天乐公司是一家经营儿童玩具的企业,由于公司注重产品研发及生产质量,产品式样新颖,更新较快,因此国内销售情况一直不错,公司近几年有了较大的发展,无论是员工数量还是生产规模都有了较大的扩张,也逐渐在国内建立起天乐玩具的品牌知名度。2009年,天乐公司高层确定了公司未来向国际化品牌发展的路线。在这样的指导思想下,天乐决定在海外寻求合作商。经过一系列考察与洽谈后,天乐向美国 ME 玩具公司发出邀请函,邀请他们来公司考察并初步洽谈合作事宜。

美国 ME 公司派出三位代表进行为期三天的考察与合作洽谈。为作好此次外事接待,天乐公司行政部制定了外事接待方案。为表示对外方代表的重视,天乐公司行政部在外事接待方案中重点计划外宾的宴请及参观游览活动。在此份接待计划里,除每天都安排了隆重的宴请外,还为美国客人安排了很多时间参观和浏览路线活动,并且全程都有公司领导陪同。此外,还给美国客人准备了贵重的礼品。三天的考察期很快过去了,完成对美国客人的送机任务后,天乐公司的外事接待算是结束了。公司领导及接待人员虽然都感觉有些累,但心里感觉都还不错,毕竟感觉美国客人在这三天内情绪反应都还不错。

但在对方回美后,天乐与美方再行商谈关于双方公司合作的事宜时,却遭到对方的婉拒。美方 ME 公司委婉地表达了他们对天乐公司的考察反馈,觉得天乐公司高层过分追求享受,工作效率不高,美方 ME 公司认为天乐公司对自我产品自信度不高,对想以大量的宴请、参观浏览活动及馈赠礼品表达合作诚意的做法不认同。天乐听到这样的反馈,明白是外事接待方案出了问题,与美方 ME 公司的合作也只能暂告一段落了。

思考:

假如你作为天乐行政部秘书,你觉得导致此次外事活动接待最终失败的原因在哪里?如果由你来负责此次接待,你该如何制订此次外事接待活动方案?

提示:

外事接待方案的制定基本要素包括来访者的基本情况、迎送礼仪活动安排、会见会谈安排部分及参观游览活动安排等。其间,外事接待要根据外宾的不同来访目的、不同文化背景有针对性地进行活动安排。通过本节学习,学生应了解外事活动安排的基本程序,掌握涉外礼仪的基本要点,能根据不同外事活动的目的,合理安排外事活动。

第一单元　外事活动的合理安排

一、接待准备

外事接待单位为圆满完成接待任务,一般需要组建专门接待小组,全面负责一切接待事宜。接待工作首先应了解来访者的基本情况,弄清代表团的国别、名称、成员名单、来访目的等内容。如需要根据客人要求预订宾馆或返程机票,还应索取来宾护照的复印(传真)件。掌握了以上情况后,再制定一份周密的中外文书面接待活动日程安排表,包括迎送、会见、会谈、签字仪式、宴请、参观游览、交通工具、餐寝时间、陪同人员等详细内容。日程安排应尽量事先征询来宾意见,还要考虑来宾的风俗习惯和宗教信仰。日程安排印制妥当后,要让来宾抵达后保证人手一份。

二、外事活动中迎送的合理安排

在外事活动安排中,要依据来访者的身份,确定迎送规格。根据国际惯例,主要迎送人通常同来宾的身份相当。出面迎送需组织好迎送仪式,并根据来访对象的身份有选择地进行适当的场地布置、献花等准备工作,也可按来访来宾的不同身份及来访的重要性要求,相应地准备照相、拍电视、组织群众场面等内容,比如飞机(车、船)抵离时间、献花人员的挑选和鲜花花束(花环)的准备、介绍宾主相见的方式、车辆顺序的编排、座次的安排、国旗的悬挂等,都要逐项落实。

迎宾时,外宾下飞机(车、船)后,礼宾人员应主动将迎宾人员姓名、职务一一介绍给来宾,迎宾人员随即与来宾握手表示欢迎。如遇外宾主动与我方人员拥抱时,我方可做相应表示,不要退却或勉强拥抱。如需献花,应安排在迎宾的主要领导人与客人握手之后进行。所献鲜花应符合外宾的礼仪习俗,一般来说迎客忌用菊花、杜鹃花、石竹花或黄色花朵。

乘车时,应先请客人从右侧上车,陪同主人再从左侧上车。待外宾与陪同人员全部上车后,再驱车去宾馆。途中,陪同人员应择机将有利于对外宣传的事物,如沿途所见的欢迎标语、人文景观等向外宾介绍。在途中交谈也应适当观察外宾反应,若感觉客人较疲惫,则忌滔滔不绝、连续不断地对来宾热情介绍、不停交谈,而应适当地留给客人在途中休息的时间。

若重要外宾和大型团体来访,应安排专人、专车提取行李并及时送到客人房间。外宾抵达住处后,不宜马上安排活动,应稍事休息,给对方留下准备时间。

三、外事接待会见会谈活动安排

会见与会谈是外事活动中的重要环节。无论是正式涉外访问、谈判、考察,还是礼节性拜访,通常都会有会见与会谈环节,以增进双方了解,发展友谊,增进双方的合作与交流。

1. 会见活动　会见是常见的外事活动。外事活动中接见一方的安排人,应主动将会见时间、地点、主方出席人、其他具体安排及有关注意事项通知对方。如有合影,还要事先编好合影图,一般主人居中,按礼宾顺序,主人右手为上,主客双方间隔排列,两端均由主方人员把边。

会见前,主人应在门口迎候客人,可以在大楼正门迎候,也可以在会客厅迎候。如果主人不到楼门口迎候,则应由工作人员在大楼门口迎接,引入会客厅。会见结束,主人应送客人至车前或在门口握别,目送客人离去。领导人之间的会见,除陪见人和必要的译员、记录员外,其他工作人员安排就绪后均应退出。谈话过程中,旁人不要随意进出。

安排宾主座次时,主宾坐在主人的右边,译员、记录员安排坐在主人和主宾的后面。其他外宾按礼宾顺序在主宾一侧就座,主方陪见人在主人一侧就座,座位不够可在后排加座。

2. 会谈活动　会谈是指双方就某些重大的政治、经济、文化及其他共同关心的问题交换意见。会谈内容较为正式,且政治性或专业性较强。会谈首先要组成专门班子,确定主谈人。我方主谈人的职位要与对方主谈人相同或相近。会谈人数大体双方相等。其次是准备会谈提纲,如需在会谈结束时双方签署《会谈纪要》或《协议书》,应事先草拟好文本。会谈由主谈人主持,其他人员未经主谈人许可,不得随便发表意见。如有不同看法,可写条子递给主谈人,供主谈人参考。如主谈人请大家做补充发言,其他人可按主谈人的谈话口径做适当补充,但不能提出与主谈人意见相反的看法。

会谈通常用长方形、椭圆形或圆形桌子,宾主按各人名牌所示相对而坐,以正门为准,主人占背面一侧,外宾面向正门。主谈人座位居中。

3. 签字仪式活动安排　参加签字仪式的,基本上是双方参加会谈的全体人员。双方为了对签订的协议表示重视,往往由更高的领导人出席签字仪式。

一般在签字厅设置一张长方桌作为签字桌,桌面覆盖深色台呢,桌后并列置放两把椅子,供双方签字人使用,主左客右。桌前摆放各自保存的文本,上端分别放置签字文具,中间摆一旗架,悬挂签字双方的国旗。

双方参加签字仪式的人员进入签字厅,签字人入座,助签人分别站在签字人外侧,其他人员分主客各一方按身份顺序排立于各自的签字人座位之后。签字时,由助签人协助翻揭文本,指明签字处,本方保存的文本上签毕后,由助签人互相传递文本,再在对方保存的文本上签字,签妥后由双方签字人交换文本,相互握手。有时备有香槟酒,签字后,共同举杯庆贺。

四、涉外宴请安排

在涉外交往中,用餐的环节尽管极其普通,但又十分重要。在宴请外宾时,如果对用餐的环节考虑不周,就会令对方不满。宴请时需要注意的主要问题有菜单的选定、就餐的方式、宴会的位次、用餐的环境等。在进行涉外宴请时,除了要注意节省开支、量力而行外,最重要的是要对对方爱吃什么和不吃什么心中有数。

外国客人不爱吃的东西主要有三:一是触犯个人禁忌的菜肴,很多人在饮食方面都有个人的禁忌。例如,有人不爱吃鱼,有人不爱吃蛋,有人不吃辣椒,等等。对此一定要在宴请外宾之前有所了解,免得出力不讨好。二是触犯民族禁忌的菜肴,世界上许多民族都有自己本民族的饮食禁忌。比方说,美国人不吃羊肉和大葱,俄罗斯人不吃海参、海蜇、墨鱼、木耳,英国人不吃狗肉和动物的头、爪,法国人不吃无鳞鱼,德国人不吃核桃,等等。掌握这种具有普遍性的饮食禁忌,有助于更好地款待外宾。三是触犯宗教禁忌的菜肴。所有的饮食禁忌之中,宗教方面的禁忌最为严格而且绝对不容许有丝毫违犯。在涉外交往中,对于这一点尤其要高度重视。对于穆斯林忌食猪肉、忌饮酒,印度教徒忌食牛肉,犹太教徒忌食动物蹄筋和所谓"奇形怪状的动物"等一系列重要的与宗教密切相关的饮食禁忌。宴请前最好先弄清楚,千万不可疏忽大意。

五、涉外参观浏览活动安排

1. **项目的选定**　参观游览项目的选择主要考虑以下几个因素:(1)访问目的、性质,以使参观项目的安排具有一定针对性。参观游览项目尽可能与业务会谈相配合。例如,会谈中涉及某些合作项目,而参观某相关单位可有助于对情况和问题的了解。(2)客人的意愿、兴趣及特点。(3)结合当地实际情况,选定某些具有地方特色的且外宾也相对感兴趣的参观项目。

2. **安排布置**　项目确定之后,应制订出详细计划,向外宾交代清楚,并告知全体接待人员。

3. **陪同**　按国际交往礼节,外宾前往参观时,一般都有身份相应的人员陪同,如有身份高的主人陪同,应提前通知对方。

4. **参观游览介绍**　参观游览介绍一般是边看陪同人员边介绍,但如果有涉及保密或商业机密的内容要避开,以免泄密。参观项目概况尽可能事先印发书面材料,节约参观介绍时间,让客人尽可能多地实地参观。陪同人员要了解外宾要求,对外宾可能提出的各种问题有所准备,不要一问三不知。

5.摄影　通常可以参观的地方都允许摄影。遇到不让摄影的项目,应先向来宾说明,并在现场竖外文的说明标志。

6.用餐安排　参观地点远,或是外出游览,要考虑用餐时间和地点,如果郊游,则应准备食品、饮料、餐具,等等。有的地方还要预订休息室。

【实训】　接待工作案例分析

一、训练目标

通过训练,学生能够按照接待工作的要求正确地接待来访者。

二、训练方案与要求

案例一

史密斯先生到你办公室要求拜见你的上司,可你的上司却完全忘了这个约会,且此时上司正在俱乐部与一位重要客人打完网球后在吃午餐。

作为秘书,你应该如何处理这种局面?

案例二

假如你是新开泰物业有限公司的秘书小王,一周前公司来了实习兼试用的电话兼接待员小丽。今天早上你发现桌子上有一封她留给你的短信,内容是:

王秘书:

你好! 我因接待来访者和通过电话与外界联系时回复不得体曾受到多次责备。我的确很想得到这份工作,希望你给我一些建议和指导,我该如何做好来访者的接待和电话的接待。不然,我就有被辞退的可能。有时碰到来访者是不速之客,而上司又不想见他们,他们只好悻悻而去。而且更为糟糕的是,上司不想见,可客人一定要见,上司不高兴,客人不满意。又如接电话,由于听不清对方的声音,对方很生气。我怎样做才能应付这些困难的场面。若你能给我一些指导或建议,我将会思考并从中学着去做,那么我就有不被辞退的可能。

小　丽

2008 年 10 月 20 日

请对小丽提出的问题列出一个提纲——如何应付困难尴尬的场面。主要针对下面两个方面进行准备:

(1)如何接待未预约的来访者?

(2)如何进行电话接待?

案例三

国人有国人的传统,洋人有洋人的习惯。在接待客人上,两者之间有很大的区别。我们来了客人,总要去车站、机场接一下,而且来的人是什么级别,接的人也大致相当。认识的翘首相望,不认识的便打一块牌子,写明会议或本单位的名称。然后或与客人在单位寒暄一阵,或直接送到事先预订好的宾馆、招待所。办好手续再帮客人拿行李,送进房间,我沏茶,你递烟,先聊上一小阵或一大阵,接下来是吃饭、工作、陪同游览。

在匈牙利、德国则不讲这一套。在匈牙利开会,他们先寄来一份通知,告诉你住宿与开会地点,以及从机场到宾馆,从宾馆到会场乘车的路线。另外特别提醒你,从机场到宾馆如果乘出租车,路费大约是多少钱,以防司机"宰人",这便是他们对你格外的关照了。会散之后便立即"拜拜",你乘哪一趟飞机、火车、如何去机场、车站则一概不问。

(节选自冯伯群的《接待,不接也不送》,《北京档案》1997 年第 1 期)

问题与讨论:

(1)你是如何看待匈牙利和德国的接待的?

(2)假如有一个会议在中国召开,参加会议的人员除了中国外,还有其他六个国家的人员,他们分别来自德国、匈牙利、日本、俄罗斯、泰国、美国。针对匈牙利、德国的"接待,不接也不送",中国有关部门或组织将如何接待来自德国和匈牙利的客人?

讨论说明:

(1)可以分组讨论;

(2)每组推荐一位中心发言人,归纳该组同学的发言;

(3)每组中心发言人在全班发言;

(4)老师作最后总结;

(5)讨论 30 分钟,班级发言 15 分钟,老师总结 5 分钟。

第二单元 外事接待事务处理

随着接待对象的不同,外事接待计划的设定也不相同。在外事接待工作的实际操作过程中,要根据外事活动的目的、性质及对象的不同,进行适时处理。在外事接待处理中,常见的接待技巧有以下几条内容。

一、明确外事接待方案的内容

(1)来访者的基本情况。应写明来访者的国籍、代表团名称、主宾姓名、人数、抵离日期、交通工具、来访目的以及我方的接待方针。

(2)活动安排部分。应逐项写明迎送、会见、宴请、会谈、晚会、参观等活动的具体情况及要求。要明确我方参加各项礼仪活动的主要人员、活动时间、地点等。

(3)生活安排部分要写明客人下榻的宾馆,日常伙食标准,乘坐什么车辆等。

(4)接待方案中还要明确接待费用由谁负担。如需安排新闻报道,也应在方案中写明。

二、外事接待方案的制定依据和需要注意的问题

1.制定接待方案的依据一般有两种

(1)对本部门、本单位邀请的团组或个人,主要根据邀请目的和外宾的国别、身份、地位、要求等,结合我方的实际情况,制定接待方案。

(2)对上级有关部门指派或有关部门及其对口单位委托接待的团组或个人,应根据上级或者有关部门的安排、部署和要求,结合地方的实际情况,制定出周密、完善、可行的接待计划。

2.外事接待方案制定中应注意的问题

(1)必须弄清外宾人数、国籍、性别、饮食习俗以及代表团成员的个别要求等情况。

(2)方案一经批准,要认真落实,各项工作都应有专人负责安排。

(3)对接待过程中某些具体情况的变化,事前应有充分的考虑和准备。

(4)外事接待方案属保密文件(视外宾情况和身份而划定密级),不应向无关人员泄露。

三、外事接待礼宾相关礼仪

1.外事接待礼宾次序

(1)按身份与职务的高低排列。这是礼宾次序排列的主要根据。一般官方活动,经常是按身份与职务的高低安排礼宾次序。各国提供的正式名单或正式通知是确定职务的依据。

(2)按字母顺序排列。多边活动中的礼宾次序有时按参加国国名字母顺序排列,一般以英文字母排列居多,少数情况也有按其他语种的字母顺序排列。这种排列方法多见于国际会议、体育比赛等。

(3)按通知代表团组成的日期先后排列。有些国家举行多边活动,常采用按通知代表团组成的日期先后排列礼宾次序。东道国对同等身份的外国代表团,按派遣国通知代表团组成的日期排列,或按代表团抵达活动地点的时间先后排列,或按派遣国决定应邀派遣代表团参加该活动的答复时间先后排列。

2.外事接待国旗悬挂原则

(1)悬挂国旗应以国旗正面面向观众,不要随意交叉悬挂或竖挂,更不得倒挂。

(2)多国国旗并挂时,应按规定保持各自的长宽比例,但要求尽量做到各国国旗的面积基本相同。

(3)悬挂两国国旗,一般应遵循"以右为上"的国际惯例。左右方向的确定以旗面本身为准。乘车时悬挂国旗,应以"面对车头左为上"的原则安排,左边挂客方国旗,右方挂主方国旗。

3.其他涉外日常礼仪

(1)着装礼仪。秘书人员在涉外事务接待中,应保持衣着得体、端庄、整洁、美观,应懂

得按照不同的场合和具体接待对象选择相应的服装。

(2)涉外宴请礼仪。在外事接待中,宴请礼仪也是很重要的。秘书人员在组织涉外宴请时,应根据不同对象确定宴请的地点、菜式、安排座次等相关事务。

(3)住宿安排礼仪。根据国际惯例及礼仪通则,在外事活动安排住宿时,应注意了解外宾的生活习惯、来访目的,在此基础上合理安排住宿地点,并在外事活动过程中,注意照顾外宾的生活需要等。

四、外事接待中礼品的合理选择与馈赠

在外事接待活动中,礼品赠送与收受一向较为敏感,而且具有一定的特殊性。外事接待场合中礼品的特殊性,主要表现在下述 5 个方面:其一,我方通常不主动向外方人士赠送礼品;其二,当外方人士主动向我方人员赠送礼品后,我方可酌情予以回赠;其三,我方出席外方的重大节庆活动或正式出访时,可考虑向外方赠送具有纪念意义的礼品;其四,在任何情况之下,我方人员均不得主动向外方索要礼品;其五,我方人员在正式的接待活动中所获赠的外方礼品,不论是送给集体还是送给个人的,通常一律上交给自己所在的工作单位或部门。

在外事接待活动中,礼品的问题实际上包括了礼品的赠送与礼品的接受两个不同的方面。接待人员要遵守这两个方面的礼仪规范。

(一)礼品赠送

在外事接待活动中需要向对方赠送礼品时,本方人员通常应注意以下 3 个要点。

1. **要注意礼品定位** 所谓礼品定位,是指确定适用于外事接待活动的礼品。这是涉外馈赠的特殊之处。只有定位准确,礼品在接待活动中才会起到应有的作用。为用于接待活动的礼品进行定位时,应当认真遵守下列规则。

(1)突出礼品的纪念性。向外方赠送的礼品,不论获赠对象是集体还是个人,均应注重其纪念性。换句话来说,就是不应过分突出其身价,不宜以价格昂贵见长,而是应当强调其纪念意义。须知,在不少国家里,在官方活动中向个人或组织赠送身价高昂的礼品都不受欢迎。

接待人员必须谨记,与涉外客户打交道时,没有必要次次送礼,回回大礼。即便有必要向对方赠送礼品,也需要讲究"礼轻情义重"。有时,送给外方人士一本画册、一套明信片、一张照片、一枚纪念章,亦受对方欢迎。

(2)明确礼品的对象性。礼品的对象性是指在接待活动中进行礼品选择时,应当根据具体对象的不同而有所区别。礼品的对象性,主要要求外事接待人员在选择礼品时,必须注意因人而异,因事而异。所谓因人而异,是指选择礼品应当不同对象不同对待,切忌千篇一律。例如,日本人对中国的抽纱手帕十分欣赏,可用它送给意大利人却会被认为十分晦气。所谓因事而异,则是指对礼品的选择应根据具体场合的不同而有所变化。如用于国务活动的礼品与用于私人拜访的礼品则不宜相同。

(3)体现礼品的民族性。外方人士往往认为最具有中华民族传统特色的礼品才是最

好的、最受欢迎的东西。诸如唐装、围巾、布鞋、手炉、剪纸、窗花、图章、玉佩、筷子、二胡、笛子、空竹、风筝以及中国结、油纸伞、生肖挂件等都深受外方人士的喜爱。

（4）牢记礼品的时效性。礼品的时效性，此处是指有些礼品只有在一定的时间段之内才会"大放异彩"，产生其应有的效果。例如，倘若在 2008 年北京奥运会举办前夕和举办期间，我方人员向外方人士赠送印有其标志或吉祥物的礼品，必定大受欢迎。倘若在此之后仍然以之送人，则除专业收藏者之外，均会对此兴趣锐减，甚至还有可能视其为"处理品"。

（5）重视礼品的便携性。在一般情况下，为外方人士尤其是远道来访的外方人士选择礼品时，除须考虑以上几点之外，还须兼顾其便于携带。至少，不应赠送易于损坏或是为对方平添不必要麻烦的礼品。如以民间工艺精制的陶瓷、玻璃制品或巨型图画、雕塑、屏风、摆件，因其易破、易碎、不耐碰撞挤压，或者体积庞大、笨重，通常都不宜向外方人士贸然相赠。

2. 要避免不同国家的礼品禁忌　同一种礼品在不同国家、不同地区、不同民族里，往往会被赋予一些不同的寓意。有鉴于此，在接待活动中为外方人士挑选礼品时，无论如何都不应冒犯对方的禁忌。根据外事活动的一般经验，共有如下 9 类物品在接待活动中不宜充当礼品。接待人员通常将其统称为"对外交往九不送"。

（1）现金和有价证券。在许多国家里，政府部门或公司、企业往往都有明文规定，禁止其工作人员在对外交往中接受现金、有价证券，或是实际价值超过一定金额的物品。此项规定，不仅是一项常规的职业禁忌，而且亦被视为反腐倡廉的应有之举。

（2）天然珠宝、贵金属饰物及其他制成品。忌向外方人士赠送此类物品。

（3）药品、补品、保健品。中国人的习惯，是有病时吃药，无病时进补、保健。但在国外，个人的健康状况却属于"绝对隐私"。若按照中国人的老习惯，将与个人健康状况直接挂钩的药品、补品、保健品送给外方人士，往往都不会受对方欢迎。

（4）广告性、宣传性物品。不少外国人，特别是发达国家的人，极度崇尚个人尊严，因而其自我保护意识极强。接待人员若将中国人大都来者不拒的带有明显广告性、宣传性的物品或带有明显的本单位标志的物品送与对方，往往会被对方理解为我方有意利用对方，或是借机进行政治性、商业性宣传。

（5）冒犯受赠对象的物品。送给外方人士的任何物品，都应以不得冒犯受赠对象，包括不冒犯其本人，不冒犯其所在国家、所在地区、所在民族，不冒犯其所代表的单位为前提条件。若礼品本身，包括其品种、形状、色彩、图案、数目、外包装或者其寓意，冒犯了受赠者的个人禁忌、职业禁忌、民族禁忌或宗教禁忌，都会使馈赠行为功亏一篑。

（6）易于引起异性误会的物品。在人际交往中，"男女有别"是必须谨记的。向关系普通的异性赠送礼品时，务必要三思而后行，切勿弄巧成拙，误向对方赠送示爱之物或格调不高的物品。

（7）以珍稀动物或宠物为原材料制作的物品。出于维护生态环境、保护珍稀动物的考虑，在国际社会中，珍稀动物及其制成品，如以大熊猫、东北虎、藏羚羊的毛皮制成的物品或象牙制品,显然不宜充当礼品。与此同时,以猫、狗等宠物为原材料的制成品,也不宜选为礼品。

(8)有悖现行社会规范的礼品。挑选拟送外方人士的礼品时,勿忘遵守法律、道德等现行的社会规范。此处所说的现行社会规范,不仅是指我国现行的社会规范,而且还应当将交往对象所在国家现行的社会规范包括在内。

(9)涉及国家机密、行业秘密的物品。在接待活动中,接待人员必须具有高度的国家安全意识与保密意识。对于外方人士,既要讲究待人以诚,又要注意"防人之心不可无"。在任何情况下,都不可自作主张,未经批准擅自将内部文件、统计数据、情况汇总、技术图纸、生产专利等有关国家、行业的核心秘密,随意送给外方人士。否则不仅有损于国家利益或行业利益,而且还可能会为此而受到法律的制裁。

3. 外事馈赠须遵照国际通行规则　向外方人士赠送礼品时,我方人员必须遵循国际社会所通行的礼品赠送规则——"六 W 规则"。所谓"六 W 规则",是指接待人员向外方人士赠送礼品时,有 6 大要点必须在总体上予以统筹考虑。在英文里,这 6 大要点均以"W"字母作为词首或词尾,故此外事礼仪名之曰"六 W 规则"。

其一为"Who"。它要求接待人员决定向外方人士赠送礼品时,首先必须明确受赠对象是"谁",即要求了解清楚受赠者的具体情况。对于来自不同国家、不同地区、不同民族、不同阶层、不同年龄、不同性别、不同职业、不同的受教育程度以及不同的文化背景的外方人士,为其所选择的礼品自然应有所区别。

其二为"What"。它要求接待人员必须重视送给外方人士的礼品具体应当是"什么"。这一问题与上一问题具有明显的因果关系,却又不能完全为其所取代。这是因为选择适用于外事活动的礼品,不但要因人而异,而且要兼顾赠送者的能力、交往双方的关系、赠送礼品的场合,等等。

其三为"Why"。它要求接待人员在为外方人士选择礼品时,须明确"为什么"。必须强调的是,我方人员向外方人士赠送礼品的目的,既不是为了贿赂、收买、拉拢对方,也不是为了逢迎、讨好对方。我方的基本意图从来都是而且也只能是为了向对方表达自己的尊重、友好与善意。

其四为"When"。它要求接待人员作为赠送者时,必须审慎地对待"什么时间"赠送礼品为宜的问题。一般而言,在外事活动中,宾主双方处理这一问题的具体做法是有所不同的。充当客人时,接待人员通常应当在宾主双方相见之初或首次正式拜会主人时,即向主人奉上礼品。充当主人时,接待人员则往往应在饯行宴会上或前往客人下榻之处为其送行时,向客人赠送礼品。

其五为"Where"。它要求接待人员必须认真确定"什么地点"适宜向外方人士赠送礼品。按照国际惯例,处理这一问题应讲究"公私有别"。因公交往赠送的礼品,应在办公地点或大庭广众之下赠送,以示郑重其事或光明正大。因私交往赠送的礼品,则应在私人居所或并无他人在场之际赠送,以示双方关系密切。

其六为"How"。它要求接待人员应充分考虑礼品赠送的具体方式,即"如何"赠送礼品的问题。就接待人员而言,应着重注意几点:首先要关注赠送者的身份。若有可能,在官方活动中向外方人士赠送礼品时,最好由当时到场的我方身份最高者亲自出马,以提高赠送活动的规格。其二是要重视礼品的包装。在国际交往中,礼品的包装一向被视为礼品的有机组成部分。对礼品认真加以包装,不但可以提升其档次,而且还意味着赠送者郑重其事的态度以及对受赠者的尊重。其三是要进行礼品的介绍。对礼品的产地、特征、用途以及寓意,应向受赠者进行必要的说明。

(二)接受礼品

在外事接待活动中,外方人士经常有可能向接待人员赠送礼品。在这种情况下,接待人员的临场表现与反应是十分重要的。在正常情况下,接待人员在收受外方人士的礼品时,需要注意下列问题。

(1)欣然接受:当外方人士向接待人员赠送礼品时,我方人员通常应当场予以接受。此时此刻,接待人员最得体的表现应是高高兴兴、落落大方地将外方人士所馈赠的礼品当即接受下来。切不可躲躲闪闪,忸怩作态地推来推去,或者言行不一地跟对方过分客套。具体而言,当场接受外方人士的礼品时,我方人员应当面含微笑,起身站立,先以双手接过礼品,随后与对方握手,并正式就此向对方表达自己由衷的谢意。

(2)启封赞赏:在国外,特别是在许多西方国家里,人们在接受礼品时,大都习惯于当场立刻拆启礼品的外包装,将其取出仔细欣赏一番,然后再对其略表赞赏之意。这种中国人以往难以接受的做法,早已在国际社会里逐渐演化为受赠者接受礼品时必须遵循的一项重要礼节。在接待活动中接受外方人士所赠送的礼品时,接待人员若不当即将其启封,或者对其不置一词,都会被理解为对其完全不屑一顾,会使赠送者的自尊心受到严重的伤害。

(3)拒绝有方:对于外方人士所赠送的礼品,也并非一律来者不拒。一般而言,外方人士赠与我方人员的违法、违禁、违规的物品,有辱我方国格、人格的物品,有伤风化、有悖社会公德的物品,有碍我方正常执行公务的物品,或有害于双方关系的物品,我方人员均不得接受。需要指出的是,拒受外方的礼品时,我方人员应阐明其具体原因,有礼有节,不卑不亢。若发现对方确无恶意,则还须在拒受礼品的同时,向对方致以感谢。

(4)有来有往:在接受外方人士的礼品之后,切莫忘记"有来有往"。其办法之一,是应在适当之时回赠给对方适当的礼品。礼品的性质与档次,大体上可与对方的礼品相近或相仿。办法之二,是在接受礼品后,尤其是在接受较为珍贵的礼品后,应真诚地向对方道谢。除了应当场向赠送者正式道谢之外,还可在事后再度表达此意。常规的做法是在一周内致信、发邮件或打电话再次感谢对方,亦可在此后再次与对方相见时,提及自己很喜欢对方所赠送的礼品。

五、外事接待迎送的注意事项

(1)准确掌握来宾抵达时间,迎送人员应在飞机(火车)抵达前到场。送行时则应在客人办理安检手续或登车前抵达。

(2)来访者抵达后,要将前来迎接人员介绍给外宾。迎送负责人可按迎接人员的身份依次介绍,也可由迎接人员中身份最高的人介绍。

（3）乘车，一般应由主人陪同。应请客人坐在主人右侧，译员坐在司机旁边，如来访人数较多，又都乘小车，应事先安排好车序并做出乘车安排，以免发生混乱。

（4）乘车座次安排：小轿车 1 号座位在司机的右后边，2 号座位在司机的正后边，3 号座位在司机的旁边。（如果后排乘坐三人，则 3 号座位在后排的中间）。中型轿车主座在司机后边的第一排，1 号座位在临窗的位置。

（5）如需献花，须用鲜花，并注意保持花束整洁、鲜艳，忌用菊花、杜鹃花、石竹花和其他黄色的花朵。通常由儿童或女青年在参加迎送的主要领导人与客人握手之后，将花献上。

【实训】 涉外接待实训

一、训练目标

通过实训，了解涉外接待的基本程序及要点。

二、训练方案与要求

立远公司是杭州一家颇具规模的公司，近几年，涉外贸易业务逐年增多，过几天，美国一家公司要来洽谈一项合作业务，总经理点名要行政助理李可负责接待工作。

李可虽然不是杭州人，却是个有心人，在杭州上大学期间就对杭州的名胜古迹、大街小巷了如指掌。工作后，更是对杭州的各个酒店和饭店的特色、价格、服务如数家珍，连地道的杭州人都自叹不如。所以公司在重要客人来访时，总经理都会让李可负责接待。李可每次都没有让总经理失望，这次也不例外。

在机场顺利接到美国客人后，接下来的日程，李可安排得有条有理，劳逸结合。除了进行商务谈判外，李可安排了一辆专车，全程陪同美国客人参观和了解杭州。李可自己当导游，带领客人参观杭州的文化古迹，了解杭州的风土人情，绘声绘色地讲述了每一处古迹的历史故事；美国客人的问题都给予了清楚地回答。美国客户看得乐而忘返，听得津津有味。李可安排的宴请也是独具匠心，她选的每处就餐地点的饭菜都各有特色，处处体现出不同的地方特色和文化内涵。美国客人非常高兴，直叹杭州的美丽、杭州的美食，更感谢李可带给他们这么多的惊喜。

经过几天的谈判和参观之后，最终双方顺利地签下了大笔合同。总经理称赞说："合同签订成功李可功劳最大"。

训练要求：

（1）若你是李可，请你写出李可的涉外接待方案。

（2）请思考涉外接待的要点是什么？本案例给你什么启发？

训练提示：

（1）接待工作的好坏直接关系到涉外商务活动结果的成败，因此做好接待工作很重要。接待工作包括日常的商务活动工作安排，也包括食宿、参观游览安排。

（2）涉外事务的处理，要求秘书在掌握相关的专业接待礼仪、技巧外，还要有广博的知识、熟知公司所在地的风土人情和文化古迹。这样才能在接待工作中做得更加出色,给公司添彩。本案例中的李可就具备了这样的多种能力,把美国客人招待得很满意,为公司能顺利地与对方签订合同创造了有利条件。

【知识链接】

部分国家相关礼仪

一、日本

(一)社交礼仪

日本人平时见面时总要互施鞠躬礼,并互相问候,在初次见面时非常重视交换名片。到日本人家里去做客,要预先和主人约定时间,进门前先按门铃通报姓名。如果这家住宅未安装门铃,绝对不要敲门,而是打开门上的拉门,问一声:"对不起,里面有人吗?"

送礼在日本商务交往中也很风行。礼品既不能过重,也不能过轻。日本人对礼品讲究包装,不过日本人不喜欢在礼品包装上系蝴蝶结。此外,不要给日本人送带有动物形象的礼品、梳子和不完整的中国书法篆刻印章。日本人送礼一般不用偶数,他们爱送单数,尤其是三、五、七这三个单数。

(二)服饰礼仪

当代日本人的服装可以分为传统式服装即和服和现代式服装两类。

在与日本人打交道时,衣着上必须注意三条:

(1)日本人认为衣着不整齐便意味着没有教养,或是不尊重交往对象。所以,在与日本人会面时,一般不宜穿着过分随便,特别是不要光脚或穿背心。

(2)拜访日本人时,切勿未经主人许可而自行脱去外衣。

(3)参加庆典或仪式时,不论天气多么热,都要穿套装或套裙。

(三)餐饮礼仪

日本人自古以来就以大米为主食,他们爱吃鱼。一般不吃肥肉和猪内脏,有的人不吃羊肉和鸭子。不论在家中或餐馆内,座位都有等级,一般听从主人的安排即可。进餐时,如果不清楚某种饭菜的吃法,要向主人请教,夹菜时要把自己的筷子掉过头来使用。

日本人设宴时,传统的敬酒方式是在桌子中间放一只装满清水的碗,并在每人面前放一块干净的白纱布,斟酒前,主人先将自己的酒杯在清水中涮一下,杯口朝下在纱布上按一按,使水珠被纱布吸干,再斟满酒双手递给客人。客人饮完后,也同样做,以示主宾之间的友谊和亲密。

日本人爱喝酒,常常也同中国一样"无酒不成席"。但日本人的敬酒方式却同中国人不一样。中国人是相互碰杯,而且敬酒的一方要先干为敬。日本人则不同,敬酒方手持酒瓶,不断地为对方斟满酒,自己却不喝。而且为了表示诚意,往往要跪在被敬者面前,低头鞠躬表示敬意,直到对方被他灌醉。

日本人也爱喝茶。日本人吸烟,从来都是各吸各的,不喜欢互相敬烟。

（四）习俗禁忌

"爱面子"是日本人的共性。日本人坚信"优胜劣汰"的法则。他们不会同情弱者，而是尊敬强者。他们不喜欢有对抗性和针对性的言行，也不接受急躁的办事风格。到日本开展商务活动，以春季和秋季为宜。

日本人对樱花无比厚爱，而对荷花很反感。菊花在日本是皇室的标志，不要作为礼物送给日本人，盆花和带有泥土的花，则被理解为"扎根"，所以不要送给病人。在探望病人时还要注意不要送山茶花、仙客来花、白色的花和淡黄色的花。

水晶是日本的国石。日本人很喜欢猕猴和绿雉，并且分别将其确定为国宝和国鸟。同时，他们对鹤和龟也好评如潮，认为是长寿和吉祥的代表。但是，日本人对金色的猫以及狐狸和獾极为反感，认为它们是"晦气""贪婪"和"狡诈"的化身。

一般而言，日本人大都喜欢白色和黄色，讨厌绿色和紫色，还有敬重数字"7"这一习俗。日本人不喜欢紫色，认为这是悲伤的色调；最忌讳绿色，认为是不祥之色。日本人忌讳三人一起合影，认为中间的人被左右两人夹着，是不幸的预兆。

二、韩国

（一）社交礼仪

韩国居民普遍注重礼貌礼节。如晚辈对长辈、下级对上级，规矩严格，必须表示特别尊重。

在韩国，妇女非常尊重男子，双方见面，总是女子先向男子行鞠躬礼，致意问候；男女同坐时，男子一般位于上座，女子下座。

韩国人一般不轻易流露自己的感情，在公共场所不能大声说笑，颇为稳重有礼。妇女在笑的时候，一般用手帕捂住嘴，防止出声失礼。

（二）服饰礼仪

韩服是韩国的传统服装，优雅且有品位。近代被洋服替代，只有在节日和有特殊意义的日子里穿。女性的传统服装是短上衣和宽长的裙子，看上去很优雅。男性以裤子，短上衣，背心，马甲显出独特的品位。白色为基本色，根据季节、身份，材料和色彩都不同。在韩国，穿衣不会过于前卫，是庄重保守的。

（三）餐饮礼仪

韩国人在饮食习惯方面喜欢吃辣和酸，菜肴口味绝大多数都比较清淡。主食主要是米饭、冷面，菜肴有泡菜、烤牛肉、烧狗肉、人参鸡等。平日，韩国人大都喝茶和咖啡。韩国人通常不喝稀粥和清汤，最爱吃的是"炖汤"。吃东西时，嘴里响声太大，也是不懂礼仪的表现。

用餐时，不宜高谈阔论，忌把汤匙和筷子同时握在手里，使用筷子时把匙放在桌子上。不要把匙和筷子搭放在碗上，不要端着饭碗和汤碗吃饭。用汤匙先喝汤或泡菜汤之后，再吃别的食物。饭和泡菜汤、酱汤及汤类用汤匙吃，其他菜用筷子夹；用餐时，不要让食物粘在匙和筷子上。共享的食物要夹到各自的碟子上以后吃，醋酱和辣酱也最好拨到碟子上蘸着吃；用餐时，不能咽的骨头或鱼刺，避开旁人悄悄地包在纸上扔掉，不要扔在桌子上或地上;用餐不要太快,也不要太慢,与别人统一步调。用餐后,汤匙和筷子放在最初位置上,使用过的餐巾叠起来放在桌子上。

(四)商务交际禁忌

去韩国进行商务访问最适宜的时间是2—6月、9月、11月和12月上旬,尽量避开节日较多的10月以及7月到8月中旬、12月下旬。韩国人与不了解的人来往,都要有一位双方都信任尊重的第三者进行介绍和委托,否则不容易得到韩国人的信任。为了介绍方便,要准备好名片,中英文或韩文均可,但是要避免在你的名片上使用日文。韩国人不喜欢直接说"不"。因此有的时候,常用"是"表示否定的意思。

在商务交往中,韩国人比较看重感情,只要感到对方有对自己不尊重的一点表现,生意就会失败。韩国人重视业务中的接待,宴请一般是在饭店举行。吃饭时所有的菜一次上齐。饭后活动,有的是邀请客人到歌舞厅娱乐、喝酒、唱歌,一般不能拒绝,拒绝是不礼貌的表现。

(五)习俗禁忌

韩国人珍爱白色。国花是木槿花,松树为国树,喜鹊为国鸟,老虎为国兽。忌讳数字是"4"和"13",因发音与"死"相同的缘故,对相似的"私""师""事"等字最好不要使用。韩国人的民族自尊心很强,反对崇洋媚外,倡导使用国货。在赠送礼品时,最好选择鲜花、酒类和工艺品。

三、马来西亚

(一)社交礼仪

马来人视左手为不洁。头被认为是神圣的部位,在亲近儿童时,不可触摸他的头部,否则会引起不快。马来人传统的见面礼节,是所谓"摸手礼"。它的具体作法为:与他人相见时,一方将双手首先伸向对方,另一方则伸出自己的双手,轻轻摸一下对方伸过来的双手,随后将自己的双手收回胸前,稍举一下,同时身体前弯呈鞠躬状。

在马来人家中做客应注意举止得体,尊重长者。如果双方都是穆斯林,宾主要用伊斯兰教特定的问候语打招呼。进门时除非得到主人的许可,客人必须把鞋脱在门口或楼梯口,方可进屋。进屋后,宾主双方要互相问候和握手。握手时,双手仅仅触摸一下,然后把手放到额前,以表示诚心。当发现屋里还有其他客人,而自己又必须从他们面前经过时,必须略低下头,并说"对不起,请借光",然后走到自己的位置上。坐在椅子上不能跷起二郎腿,尤其是在老人面前更不应如此,女子则应并拢双脚,表现得更加文雅。如果席地而坐,男子最好盘腿,女子则要跪坐,不得伸直腿。主人摆出饮料、点心招待客人,客人如果推辞,主人反而会不高兴。客人要走时,应向主人告辞,主人一般把客人送出门外。在黄昏时登门拜访是不受欢迎的,晚上拜访通常应在8:30以后。

(二)服饰礼仪

马来男子的传统穿着为上身穿称为"巴汝"的无领长袖衫,"巴汝"的特点是长、宽、松。下身穿长至脚踝的布质纱笼。在正式社交场合,马来男子现在喜欢穿一种称为"巴迪"的蜡染花布长袖上衣。马来女子的传统套服与男子相似,受伊斯兰教的影响,她们的头上常常围着一条纱巾,与中东妇女不同的是,她们用的是鲜艳美丽的纯色纱巾。

在社交场合,马来人可以穿着西装或套裙。

马来人的服饰偏好红色、橙色和其他一些鲜艳的颜色。他们认为黑色属于消极之色,黄色也不适于作为服装之色。受伊斯兰教影响,马来人对绿色十分喜爱。

（三）餐饮礼仪

马来西亚以伊斯兰教为国教,饮食习俗禁酒,喜欢饮用椰子水、红茶、咖啡等。

马来人的主食以大米为主,喜食牛肉,极爱吃咖喱牛肉饭,并且爱吃具有其民族风味的"沙爹"烤肉串。

马来人一般十分好客,他们认为客人在主人家里若不吃不喝,等于不尊重主人。平常用餐时只用右手抓食食物,左手被视为"不洁之手",禁用其取食食物或饮料。只有在十分正规的宴请中,才以刀叉进餐。

用餐时一般不坐在椅子上,而是把食物放在席子上,围坐而食。男人盘腿而坐,女人则跪坐,身体稍向右偏。上了年纪的妇女可以像男人一样盘腿而坐。

马来人还有咀嚼槟榔的习惯。有客人到访,主人除了热情招呼外,最先向宾客表示殷勤和诚意的礼节就是捧上槟榔盘,请客人共嚼槟榔。

（四）习俗禁忌

伊斯兰教的教规教义在马来西亚具有法律效力,并为人民所严格遵守。

马来人的礼仪习俗在社会生活中居于支配地位。不要触摸被其视为神圣不可侵犯的头部与肩部。不要在其面前跷腿、露出脚底,或用脚去挪动物品。不要用一手握拳,去打另一只半握的手,这一动作在马来人看来是十分下流的。与马来人交谈时,不要将双手贴在臀部上,不要当众打哈欠。

四、泰国

（一）社交礼仪

人们说泰国是"微笑之国",他们对外国人特别和蔼可亲。泰国人见面时,通常不握手而是双手合十放在胸前。双手抬得越高,表示对客人越尊重,但双手的高度不能超过双眼。一般双掌合起应在额至胸之间,注意,地位较低或年轻者,应先向对方致合掌礼。和尚可不受约束,不必向任何人还合掌礼,即使面见泰王和王后,也不用还礼,只是点头微笑致意。

泰国人不是按姓来称呼对方,如"陈先生""李先生""张女士",而是以名来称呼对方,如"建国先生""章达先生""秀兰女士"。

由于左手被视为不洁净,所以交换名片,接受物品,都必须使用右手。在泰国,在众目睽睽之下与人争执,咄咄逼人的表现会被泰国人认为是最可耻的行为。

（二）服饰礼仪

泰国各个民族都有自己的传统服饰。现在,泰国城市中的男子在正式社交场合通常穿深色的西装,打领带。妇女在正式社交场合穿民族服装,也可穿裙子。

（三）餐饮礼仪

泰国人不喝热茶,而习惯在茶里放冰块,成为冰茶。用餐时,泰国人习惯围着小圆桌跪膝而坐,用手抓食,不用筷子,但现在有用叉子和勺子的。泰国食品和中国食品大同小异。

(四)习俗禁忌

在泰国,人的头部被认为是精灵所在的部位。不要触及他人头部,也不要弄乱他人的头发。如果你无意中碰及他人的头部,应立即诚恳地道歉。泰国人忌讳外人抚摸小孩(尤其是小和尚)的头部,小孩子的头只允许国王、僧侣和自己的父母抚摸。即使是理发师也不能乱动别人的头,在理发之前必须说一声"对不起"。

不能手指僧侣,不能接触僧侣(身体)。尤其女性不许与僧侣握手,在汽车上不许与僧侣邻座。女士若想将东西奉给僧侣,宜托男士转交。

泰国寺院是泰国人公认的神圣地方。在进入佛教寺庙时衣着须得体端庄,身着任何的短裙、短裤或袒胸露背装都将不得入内。在进入到佛堂、回教寺或私人住宅时,游客需要脱鞋,并注意不可脚踏门槛。

泰国人认为人的右手清洁而左手不洁,左手只能用来拿一些不干净的东西。在比较正式的场合,物品应双手奉上,用左手则会被人认为是鄙视他人。

与左手一样,脚掌也被认为是不净的。泰国人认为脚部是卑贱的,只能用来走路,不能干其他事情,例如用脚踢门和用脚指东西等。坐着时,不要跷起脚和把脚底对着别人。妇女落座,要求更为严格,双腿必须并拢,否则会被认为是不文明,缺乏教养。

五、澳大利亚

(一)社交礼仪

握手是澳大利亚人见面相互打招呼的方式,拥抱亲吻的情况罕见。不过有些女子之间不握手,女友相逢时常亲吻对方的脸。但男士们相处,感情不能过于外露,大多数男士不喜欢紧紧拥抱或握住双肩之类的动作。

澳大利亚人大都名在前,姓在后。称呼别人先说姓,接上先生,小姐或太太之类。熟人之间可称小名。

澳大利亚进行商务活动的最佳月份是3—11月。澳大利亚是一个讲求平等的社会,不喜欢以命令的口气指使别人。他们把公和私分得很清楚,所以不要以为一起进过餐,生意就好做了。

(二)服饰礼仪

澳大利亚人非常注重公共场所的仪表,男子大多数不留胡须,出席正式场合时西装革履,女性是西服上衣西服裙。

澳大利亚的衣着习惯可简单总结为两条:一是按需要穿衣打扮,二是尽可能让自己舒适。

在平常日子里,人人穿着朴实,个个休闲随意,不管男女老少,人们的衣着以T恤衫、牛仔裤、运动鞋等休闲服装为主。

(三)餐饮礼仪

澳大利亚人一般喜欢吃牛肉、羊肉、鸡、鸭、蛋、野味等。菜要清淡,讲究花样,不吃辣,对中国菜颇感兴趣。爱吃各种煎蛋、炒蛋、冷盘、火腿、虾、鱼、西红柿等。西餐喜欢吃奶油烤鱼、炸大虾、什锦拼盘、烤西红柿等。用餐时,一般主人坐在离厨房最近的位置上,其余的人一般是主人指定的座位。有时主人说"Sit where you like."这时可以随便坐。身为男士,在落座前要看一下你右边的女士是否已经坐下,如果女士还没有入座,帮她把椅子调整到最佳位置并请她入座是你义不容辞的责任。席间谈话不应涉及到个人私事。有关政治、宗教等谈论必须持谨慎态度,否则很可能无意中冒犯别人。最好的办法是等别人拉开话题后再谈。

如果你到别人家里去做客,当主人给你上菜时,你说不要是不礼貌的。澳洲人的喝酒习惯也不大相同。有的家庭从不请人喝含酒精的饮料,有的则在饭前喝,饭后也许再喝点酒。

(四)习俗禁忌

澳大利亚人很讲究礼貌,在公共场合从来不大声喧哗。在银行、邮局、公共汽车站等公共场所,都是耐心等待,秩序井然。澳大利亚社会上同英国一样有"妇女优先"的习惯;澳大利亚人的时间观念很强,约会必须事先联系并准时赴约,最合适的礼物是给女主人带上一束鲜花,也可以给男主人送一瓶葡萄酒。

六、法国

(一)社交礼仪

法国人在社交场合与客人见面时,一般以握手为礼,少女向妇女也常施屈膝礼。他们的男女之间,女子之间见面时,还常以亲面颊来代替相互间的握手。法国人还有男性互吻的习俗,两位大男人见面,一般要当众在对方的脸颊上分别亲一下。在法国一定的社会阶层中吻手礼也颇为流行。不过施吻手礼时,嘴不应接触到女士的手;也不能吻戴手套的手;不能在公共场合吻手;更不得吻少女的手。交谈时要回避个人问题、政治和金钱之类的话题。被邀请到某人家里做客是难得的,即使已相识很久。

法国人注重烹调艺术,因此中午和晚上的两餐是日常生活中的重要组成部分,不容忽视。能激起人们思维和美感的礼物特别受欢迎。不要送印有你公司名称的显眼大标志的礼品。

(二)服饰礼仪

法国人对于衣饰的讲究,在世界上是最为有名的。所谓"巴黎式样",在世人耳中即与时尚、流行含意相同。在正式场合:法国人通常要穿西装、套裙或连衣裙,颜色多为蓝色、灰色或黑色,质地则多为纯毛。

出席庆典仪式时:一般要穿礼服。男士所穿的多为配以蝴蝶结的燕尾服,或是黑色西装套装;女士所穿的多为连衣裙式的单色大礼服或小礼服。对于穿着打扮,法国人认为重在搭配是否得法。在选择发型、手袋、帽子、鞋子、手表、眼镜时,都十分强调要使之与自己着装协调一致。

(三)餐饮礼仪

在西餐之中,法国菜可以说是最讲究的。法国人爱吃面食,面包的种类很多;他们大都爱吃奶酪;在肉食方面,他们爱吃牛肉、猪肉、鸡肉、鱼子酱、鹅肝,不吃肥肉、宠物、肝脏、动物内脏、无鳞鱼和带刺骨的鱼。

法国人特别善饮,他们几乎餐餐喝酒,而且讲究在餐桌上要以不同品种的酒水搭配不同的菜肴;除酒水之外,法国人平时还爱喝生水和咖啡。

法国人用餐时,两手允许放在餐桌上,但却不许将两肘支在桌子上,在放下刀叉时,他们习惯于将其一半放在碟子上,一半放在餐桌上。

相当多的法国人为了形体美很讲究饮食。

(四)习俗禁忌

对法国人来说,工作和假日分得很清,工作不能影响假日,但假日可以占用工作时间。

法国人工作时尽职尽责,一旦下班或休假,谁也甭想让他再干什么活儿,因为假日对他们来说是神圣不可侵犯的。

法国人干什么事都讲究预约。如果事先不预约,首先,对方会觉得你不礼貌,至少有点儿怪;其次,没有预约,常常会吃闭门羹。

法国的国花是鸢尾花。对于菊花、牡丹、玫瑰、杜鹃、水仙、金盏花和纸花,一般不宜随意送给法国人。法国的国鸟是公鸡,他们认为它是勇敢、顽强的直接化身。法国人多喜爱蓝色、白色与红色,他们所忌讳的色彩主要是黄色与墨绿色。

在人际交往之中,法国人对礼物十分看重,但又有其特别的讲究。宜选具有艺术品味和纪念意义的物品,不宜选刀、剑、剪、餐具或是带有明显的广告标志的物品。男士向一般关系的女士赠送香水,也是不合适的。在接受礼品时若不当着送礼者的面打开其包装,则是一种无礼的表现。

七、俄罗斯

(一)社交礼仪

在交际场合,俄罗斯人惯于和初次会面的人行握手礼。握手时要脱手套,不摇对方的手,一般的关系,轻轻地握;关系很好时可用力。对年长者的妇女,别先伸手。对初见面的妇女,可先鞠躬。但对于熟悉的人,尤其是在久别重逢时,他们则大多要与对方热情拥抱。在迎接贵宾之时,俄罗斯人通常会向对方献上"面包和盐"。这是给予对方的一种极高的礼遇,来宾必须对其欣然笑纳。

在称呼方面,在正式场合,他们也采用"先生""小姐""夫人"之类的称呼。与俄罗斯人在一个较正式的场合互相认识和交谈,要努力记住对方的全名,既要称呼他的名字还要加上父姓,以示尊敬和客气。在俄罗斯,人们非常看重人的社会地位。因此对有职务、学衔、军衔的人,最好以其职务、学衔、军衔相称。

让烟时,一般要递上烟盒让其自取,不能只给一支。男人吸烟时,先问问你身旁妇女介意不介意。

俄罗斯人在公共场合要么不说话,要么低声交谈。

(二)服饰礼仪

俄罗斯人很注重仪表,很爱干净,衣着整洁。出门旅行总要带熨斗。

不扣好扣子或将外衣搭在肩上都被认为是不文明的表现。

城市居民多着现代西装,春秋季喜欢在西装外套一件漂亮的风衣,冬季则以呢大衣为主。

女士爱穿裙子。在俄罗斯民间,已婚妇女必须戴头巾,并以白色的为主;未婚姑娘则不戴头巾,但常戴帽子。参加晚会、观看演出,俄罗斯人习惯穿晚礼服,尤其是看芭蕾舞剧,显得特别高贵。

(三)餐饮礼仪

在饮食习惯上,俄罗斯人讲究量大实惠,油大味厚。他们喜欢酸、辣、咸味,偏爱炸、煎、烤、炒的食物,尤其爱吃冷菜。总的来说,他们的食物在制作上较为粗糙一些。一般而论,俄罗斯以面食为主,他们很爱吃用黑麦烤制的黑面包。除黑面包之外,俄罗斯人大名远扬的特色食品还有鱼子酱、酸黄瓜、酸牛奶,等等。吃水果时,他们多不削皮。在饮料方面,俄罗斯人很喜欢喝冷饮。具有该国特色的烈酒伏特加,是他们最爱喝的酒。此外,他们还喜欢喝一种叫"格瓦斯"的饮料。

俄罗斯人一日三餐,早餐比较简单,面包夹火腿,喝茶,咖啡或牛奶。午餐则丰富得多,通常都有三道菜。第一道菜之前是冷盘。第二道菜是汤,俄式汤类比较营养,有土豆丁、各类蔬菜,还有肉或鱼片。第三道菜肉类或是鱼类加一些配菜。第四道菜是甜点和茶、咖啡之类。按照俄罗斯的习惯,菜的顺序不能颠倒。俄罗斯人用餐时,多用刀叉。他们忌讳用餐发出声响,并且不能用匙直接饮茶,或让其直立于杯中。通常,他们吃饭时只用盘子,而不用碗。参加俄罗斯人的宴请时,宜对其菜肴加以称道,并且尽量多吃一些,俄罗斯人将手放在喉部,一般表示已经吃饱。

(四)习俗禁忌

面包和盐是俄罗斯人用来招待贵宾的。

在俄罗斯,被视为"光明象征"的向日葵最受人们喜爱,它被称为"太阳花",并被定为国花。

拜访俄罗斯人时,送给女士的鲜花宜为单数。在数目方面,俄罗斯人最偏爱"7",认为它是成功、美满的预兆。

他们也特别爱小动物,像猫狗等。俄罗斯人喜欢文学,酷爱读书。在汽车上、地铁里,随处可见看报、读书的人。很多俄罗斯人的家里都有丰富的藏书,有的甚至有自己的家庭图书馆。

俄罗斯人主张"左主凶,右主吉",因此,他们也不允许以左手接触别人,或以之递送物品。

俄罗斯人讲究"女士优先",在公共场合里,男士往往自觉地充当"护花使者"。不尊重妇女,到处都会遭以白眼。

八、美国

(一)社交礼仪

一般而言,美国人以不拘礼节、自由自在著称。

美国人只在正式场合行握手礼,一般场合见面时相视一笑,说声"嗨!"或"哈罗!"即为见面礼节。

初次见面,相互介绍也很简单。介绍后握手须简短有力,美国人认为有力的握手代表诚恳坦率。告别时也不必握手,挥挥手说声"再见"即可。

美国相互称呼直呼姓名,一般不用"先生""太太""小姐"等称呼,一般也不用正式头衔。只对法官、医生、高级官员、教授、高级神职人员称呼头衔。称呼长者忌用"老"字。

美国交谈、示意喜欢用手势。

他们习惯于打过招呼即谈正事,不送茶、寒暄。美国人不把互赠名片视为礼节,只为便于日后联系时才送名片。

与美国人交往,有两种场合可通过赠礼来自然地表达祝贺和友情,一是每年的圣诞节期间,二是当你抵达和离开美国的时候。

去美国人家中做客一般不必备厚礼,带些小礼品如鲜花、美酒和工艺品即可,如果空手赴宴则表示你将回请。

(二)服饰礼仪

美国人衣着随意,在公众场合穿各种服装的都有。在正式社交场合注重着装,宴会上都有着装要求。参加重要场会,应注意请柬上有关服装规定。如果不确定服装的要求,可以先问问其他参加者,以免尴尬。请柬上有些字如"casual"并不意味着你可以穿牛仔裤,"semi-formal"也并不表示你可以不打领带,最好问清楚。

(三)餐饮礼仪

美国的名特小吃不少,快餐业发展很快,既方便又有营养的三明治成为讲究效率的美国人的主食。美国人午餐较随便,常吃汉堡包、三明治等。

美国人不爱吃肥肉,不吃清蒸和红烧的食品;一般不饮烈性酒,即便要饮,也通常加入冰块再喝。

美国人请客人吃饭时,先用电话邀约,客人接到邀请要给予回答,参加者一般提前5~10分钟达到。若迟到15分钟以上,应先给女主人打电话。

(四)习俗禁忌

美国人非常看重别人对自己的印象。美国人互相交往时,不喜欢服从于别人,也不喜欢别人过分客气地恭维自己;他们不喜欢依赖别人,也不喜欢别人依赖他们;美国人从小便养成独立奋斗、不依赖父母的习惯;美国早期历史造就了他们善于在逆境中不气馁、看准目标、孜孜以求的性格。他们认为,死要面子意味着一事无成,沉于幻想则意味着一无所有。他们钦佩的是那种精明强干的人。他们喜欢一切都自己动手,大小事情都能自己解决。对许多美国人来说,年龄是个非常敏感的问题,特别是对年过30的女人来说更是如此。体重同样是最敏感的话题之一。在美国,长得瘦不是错,甚至会让人羡慕,但超重就让人极为难堪。

模块六　信息调研与沟通协调

第一部分　企业信息收集

【知识目标】

掌握秘书信息工作的基本要求。

了解秘书收集信息的范围和方法。

掌握秘书调查研究的特征、原则。

熟悉调研课题的选题原则。

【能力目标】

能够根据需要，按照工作程序处理信息。

能够根据调研目的选择最适宜的调研方法。

能够制订具体的调研计划。

能够设计问卷调查表。

【案例导入】

信息的作用

杨静大学毕业到富康公司办公室做秘书，虽然他早就听人说过信息是资源，是财富，但究竟它的价值有多大，对领导决策起多大作用，总感到说不清。直到有一天他参加了一次领导办公会，才对信息工作有了切身的理解。

会上，管设备的张副总提出技术改造方案，以提高企业的竞争力，要求把刚刚收回的一大笔资金，重点投放到购买机械设备上。管财务、管生产的副总都表示支持。当总经理正要拍板决断时，办公室马主任说他想向各位领导汇报一个新情况，供领导们参考。领导们的目光一起转向了他。

"我先说几条信息请领导们参考：一是我国粮食进入市场后，粮价上调的趋势十分明显；二是国际上几个主要粮食进口国今年均遭自然灾害，国际性粮食歉收趋势已定；三是供应我厂工业粮食原料产区今年都遭到严重的水灾；第四，今年又是乡镇企业发展很快的一年，这些乡镇企业不少是利用其资源优势从事投资少见效快的食品和酿酒业，都将以粮食为原料。根据以上情况，我预计，近期粮价必上涨，而且上涨幅度较大，可能每千克上涨0.2至0.5元之间；我厂每年工业原料用粮10万吨，按每千克原料用粮上涨0.3元计算，每吨将上涨300元，10吨就是3 000元，全年就是3千万！因此，我建议当务之急是在粮食涨价前购进原料,这样可以降低成本,提高竞争力,获得可观的经济效益。然后再把获得的盈利投入技术改造;由于经济实力增强了,我们进行技术改造的起点可以更高些,最好能达到国际先进水平。这样,就为我们的产品参与国际市场竞争打下了坚实的基础⋯⋯"马主任的发言结束后,会场一片寂静。领导们有的拿出计算器仔细地算着;有的掏出钢笔,在本子上写着;还有的托着腮在沉思⋯⋯

过了一会儿,总经理的发言打破了寂静:"马主任提出了一个值得我们深思的问题。我同意他对粮食价格变化所做的分析和预测。摆在我们面前的问题,是先搞基本建设和技术改造,还是先购进即将涨价的原料,取得经济效益后再以更大的投入进行高起点的技术改造。请大家对这两个方案再议一议。"

大家七嘴八舌讨论起来,会议气氛十分活跃。经过反复比较、分析、论证,最后一致同意采纳马主任的建议:先购进粮食原料,再进行技术改造。

后来的事实证明,马主任的预测是完全正确的,他的方案使企业获得了巨大的利润,整整多赚了一个亿!

杨静敬佩地对马主任说:"看来信息是金钱的说法一点不假! 您是怎样获得这些信息的呢?"

马主任说:"信息变化极快,信息工作无止境。这次我们虽然从大量信息中淘出了一些金沙,但不知还有多少金矿等待我们去开掘、去淘洗、去利用。稍一马虎,它就会从你眼皮底下溜走。"淘金,把杨静引入了对信息工作的深层思索⋯⋯

思考:

从这件事中,你对信息工作有哪些启发?

提示:

马主任在信息方面所做的工作主要有三点。一是注意对信息的长期积累。马主任的信息采集工作是长期坚持的。二是广泛收集信息。既有国内信息,又有国际信息;既有本单位内部信息,又有竞争对手信息;既有宏观层面的信息,又有微观层面的信息。其信息收集的渠道(政策性文件、会议交流、阅读报刊、实地调研等)是畅通的,从而保证了信息的政策性、动态性、超前性。三是透彻分析信息。不仅是大量信息的简单堆砌,还对信息进行了深入分析,运用了归纳法、纵深法、对比法、剪接法以及数学方法等对信息进行了深加工,从而做到材料全面、数据精确、原因剖析深刻、局势判断准确、趋势预测合理、提出建议可行。

第一单元　调研的前期准备

调研的前期准备工作主要包括选择调研课题,确立研究假设,选择调研对象,知识、技术、组织的准备,拟订调查计划等。

一、选择调研课题

确立调研课题是调查研究的第一要素。在开始调研之前,首先要充分理解这次调研的动机、意图和任务,搞清楚要调查什么、研究什么,准确、恰当地选择调研课题。

(一)调研课题的类型

调研题目可以从领导意图中确定,可以从中心工作中确定,可以从原始信息中选定,还可以从群众反映中确定。具体来说,调研课题主要有以下3个类型。

1. 现实性课题　现实性课题是针对当前急需解决的现实问题所拟定的调研题目。秘书辅助领导工作,可以围绕领导在各个时期的中心工作、围绕领导制定和贯彻执行决策而确立调研题目,也可以从突发性、临时性的具体事件或一些被遗漏的问题中寻找调研题目。现实性课题是秘书调研课题的一个重要方面。

2. 预测性课题　当今时代是一个急剧变革的时代,新理念、新事物层出不穷,管理的宏观与微观环境都可能瞬息万变,这种时代的变化必将导致领导对预测性信息的强烈需求。秘书可以通过选择预测性题目,对本单位未来的发展趋势、行业的发展规律、新事物、新产品产生的条件及其社会或市场接收的程度等问题进行调研预测,从而为领导决策提供信息。

3. 战略性课题　战略性课题是指对全局较长时期内的工作有指导意义的带有开放性的问题。战略计划属于长远规划,是针对较长的一段历史时期而言的,也是针对一个单位的全局而言的,要做战略计划,需要战略性课题做基础,这类题目内容比较复杂,涉及面广,政策性强。

(二)调研课题的选题原则

调研课题的选择要考虑多种因素,一般来说要综合考虑是否具备必要性、可行性、创造性和适当性。

1. 必要性　必要性指调研课题要能够满足社会现实或理论研讨的迫切需要,紧密联系工作实际,以本职工作中遇到的新情况、新问题、新动向,特别是事关全局、领导关注、大家关心的一些热点、难点、重点问题作为首选。绝对不能凭空想象,闭门造车。

2. 可行性　可行性指选题要考虑调查研究的主客观条件,选择一些经过努力就能够实现的课题。"可行"一是指问题已经有了科学解决的可能性,二是指具备了解决的物质基础和政治、经济、文化等社会条件。

3. 创造性　创造性指调研课题要有新意,能够提供新知识、新方法、新观点,或是能够解答某"空白"领域中的问题。要选他人没有研究或研究较少、研究不深的题目。

4. 适当性　适当性指两个方面的适当。一是指调研课题要与调研人员的研究能力相适应,也就是说调研课题的范围大小、内容多少、难易程度等要与调研人员的能力水平、调研队伍相适应,切勿提出过大或过小、过深或过浅的调研课题。二是看物质条件是否适当,主要是费用是否合适,否则,调研工作进展到一定程度会因缺乏经费而不能进行下去。

二、确立研究假设

研究假设是在调查研究实施之前，依据一定的科学理论或事实，对所研究的问题做出推测性的判断和解释。这种推测性的判断和解释，对调查研究能够起到指导作用。例如，可以指导调查研究的资料收集工作和分析工作，可以指导调研者对于新知识、新理论的探索等。有了研究假设，实际的调研工作方向会更明确，思路会更清楚，使调研少走弯路和错路。研究假设的提出主要有以下 3 个途径：

1. 从实际经验中推出研究假设　　这是研究假设最主要、最直接的来源。实践出真知，实践经验越丰富，掌握的实际素材越多，越容易提出合理的研究假设。个人的知识、经验毕竟是有限的，秘书要注意向有经验的人学习，征求他们对问题的看法，群策群力，从实际经验中推出研究假设。

2. 从原有理论中引申和发展　　理论的主要功能之一就是揭示客观事实，在调查研究新情况、新问题时，应特别注意运用原有的理论研究成果，从原有理论框架中引申和发展出新的研究假设，在这方面，借鉴、移植相关学科的研究成果往往能收到好的效果。

3. 靠直觉和猜测　　当调查的问题前人不曾或很少涉猎，而原有的理论又不能给出令人满意的证明时，就要靠直觉和猜测来提出研究假设。

三、选择调研对象

调研对象的选定，与调查研究的结果关系密切，会直接影响到调查研究结论的科学性。根据调研对象，调查可以分为普遍调查、抽样调查、典型调查、重点调查、个案调查，等等。

（一）普遍调查

普遍调查简称普查，又叫全面调查，指对总体对象中每一个具体的单位无例外地进行调查。普遍调查的优点是能全面了解调查内容，直接取得比较接近实际的材料，准确度高，误差较小。缺点是由于涉及范围广，调查工作要耗费大量的人力、物力和财力，又有时间的要求，容易造成对有些情况了解得不深不细。它适用于重大的基本情况调查，如全国人口普查等。

（二）抽样调查

抽样调查是根据调查的目的和任务要求，从若干单位组成的事物总体中，抽取部分样本单位来进行调查，用所得到的调查数据来推断总体。抽样调查是用个别去说明一般、用部分去说明整体的方法，是一种重要的、科学的非全面调查方法。

抽样调查可以分为随机抽样和非随机抽样。随机抽样是指从总体中不加任何分组、分类、排队等，完全随机地抽取调查单位，每个样本单位被抽中的概率相等。非随机抽样又称为立意抽样，指调查者根据需要确立不同的意图，例如，选择不同的地区、范围、时间，采用不同机率进行抽样。随机抽样和非随机抽样各有所长，采用哪种抽样方法应根据调查目的，调查对象本身的特点，人力、物力、经费和时间等调查条件来确定。

（三）典型调查

典型调查是从总体或不同类型的对象中有意识地选择个别有代表性的单位进行深入细致的调查，从中得出具有普遍意义的结论。典型调查也是一种非全面调查，其调查结果用来推断、推广到总体或同类对象。

进行典型调查，关键是选准典型。这是典型调查材料科学性的保证。要根据调查目的和要求，初步了解所有调查对象的情况，加以分析比较，从中选出具有代表性的典型对象。所谓典型是指有代表性，而非奇特、突出、与众不同。越是奇特的对象，代表性越差。因此要选择那些平凡、普通的对象，这才是真正有代表性的，才能充当典型。

（四）重点调查

重点调查是对调查对象总体中部分起主要作用的对象进行调查，然后把调查结果推及其他一般单位。重点调查也是一种非全面调查，调查的对象可能数目不多，但在调查总体中举足轻重，调查的特征量占整个调查总体的绝大部分比重，能够反映调查对象总体的基本情况、特征和主要发展变化趋势。重点调查主要适用于那些反映主要情况或基本趋势的调查。例如调查我国彩电生产情况，可以把"中国彩电之王"长虹集团作为重点调查对象。要了解我国汽车工业的生产情况，只要对全国几个重点汽车制造企业，像第一、第二汽车制造厂及北京、上海、重庆等汽车集团公司进行调查，就可获得反映汽车制造企业基本情况的必要资料。

进行重点调查，关键也是选准重点对象。一是要根据调查任务的要求和调查对象的基本情况来确定选取的重点单位及数量。二是要注意选取那些管理比较健全、业务力量较强、基础较好的单位作为重点，这样调查结论才能反映调查对象的主要情况或基本趋势。

（五）个案调查

个案调查是对特定单位、个人或事件进行的调查，调查目的在于了解特定对象本身的情况。个案调查的调查目标比较单一，针对性强，主要用于社会的反常个体或新生事物，侧重于调查其存在状况和社会背景。例如对农民工生存状况的个案调查。

个案调查要求调查者不能仅仅局限于当事者，而要与历史背景、社会环境及其他因素联系起来，注意收集与本个案相关的材料，通过分析相关的材料，从中找出事物之间的内在联系，为解决个案提供依据。不能从局部出发，或只看到部分，或就事论事。

四、知识、技术、组织的准备

（一）知识的准备

在调研之前，调研人员必须尽可能多地掌握所要调研问题的相关知识。知识准备一般从三方面来做：一是学习掌握与调研主题有关的上级政策、制度等文件，做到心中有数，如果在调查中发现实际情况与文件的规定不符，就可以把它作为重要内容进行研究，提出新的建议；二是收集文献资料，查阅有关研究成果和报刊资料，吸收他人成果，避免无效劳动；三是掌握相关的自然科学和社会科学知识。

(二)技术的准备

一些专业性较强和技术要求较高的调研课题,在调研开始前要做好调研人员的技术培训,以使调研活动能够顺利进行,避免出现失误或安全事故。

(三)组织的准备

一般调研活动涉及人员比较多,需要在调研开始前组成调查组,调查组人员根据调查任务和范围做好分工,组长要做好整个调查过程中的沟通与协调,以便顺利地落实调研任务。如果调查研究涉及到几个部门,应该有相关部门的领导参加,以保证调查工作的顺利进行。

五、拟订调研计划

拟订调研计划即在总揽调研工作全过程的基础上,设计好具体的调研步骤。调研计划是准备工作的最后一个环节,是进行调查工作和研究工作的依据,也是各调查者互相协调的依据。计划制订得越周密、越细致,调查工作和研究工作的开展就会越顺利,出现的问题就会越少。

(一)调研计划的内容

(1)调查研究的指导思想、目的和要求。

(2)调查研究的具体内容。

(3)调查的对象。

(4)调查的方法。

(5)调查的步骤和进度。

(6)调查人员的具体分工。

(7)对调查人员的纪律规定。

(8)其他有关事项。

(二)调研计划的拟写

调查计划一般包括标题、正文、落款及日期三部分。

1. **标题**　标题可以写单元素"调研计划",也可以用双元素标题"××事情的调研计划"。

2. **正文**　正文由前言、主体、结语3部分组成。前言用简短的文字说明调研的目的和要求,调研的指导思想,调研的时间安排等;主体是调研计划的核心。要明确交代调研的具体内容、调研对象、调研的步骤和进度以及采取的措施、具体要求等。结语一般强调调研纪律及其他有关事项,也可以没有结尾,自然结束。

3. **落款及日期**

【实训】　收集信息

一、训练目标

通过实训,掌握常见的信息收集途径与基本方法,重点是网络收集信息,能够按照一定的信息需求收集有价值的信息。

二、训练方案与要求

(一)收集有价值的秘书相关信息

(二)训练要求

1. 运用多种途经收集相关信息。

2. 运用网络收集信息。按要求进入中华秘书网、秘书在线等专业网站,浏览并收集相关信息。收集5条以上重要信息,下载,弄清楚信息的意义和发展趋向。

3. 根据信息内容,调整自己的学习目标和学习方式。

(三)训练组织

1. 以小组为单位,小组成员做好分工,分头用不同方法查找信息。

2. 小组讨论,整理信息。

(四)训练作业

每人结合自身的实际情况,制订一份新的学习计划。

第二单元 调研方法的确定

调研目标的实现依赖于恰当的调查研究方法,秘书人员要选择最适宜的调查研究方法,查明事实的真相,找出问题的本质,缩短调查周期,提高工作效率。

调查研究的方法主要有观察法、问卷法、访谈法、文献法、会议法、统计法等。

一、观察法

(一)含义

观察法指通过直接观察取得第一手资料的调查方法。观察法侧重于观察调查对象的外观、形态或变化特征及过程,由调查人员到各种现场进行观察和记录。例如进行市场调查可以直接到商店、订货会、展销会、消费者比较集中的场所,借助录音机、照相机等,观察记录有关信息。有时调查对象因为各种原因拒绝访谈,只能采用观察法来弥补缺陷。

(二)运用观察法的要求

在运用观察法进行调查时,要按照以下要求去做。

(1)观察要全面,应尽量从多方面、多角度、多层次进行观察,要密切注意各种细节,不遗漏偶然事件。

(2)调研者不能被表面现象所蒙蔽,观察是一种积极的思维过程,要开动脑筋,把观察对象与已知的现象或过去的经验甚至某种理论有机地联系起来,这样观察的结果才会有意义。

(3)要做好观察记录。记录的原则是"能记尽记",把所有细节完完全全地记下来。记录的方式有三种:一是同步记录,或称为现场记录,这是最理想的记录方式,可以避免事后追记的不完整。现场记录时要注意专心地观看和聆听,寻找人们谈话的主要用词。二是事后追记,当场公开记录有时容易引起观察对象的不自然甚至反感,有时还会发生突发事件,所以很多观察的同步记录难以实现,就要采用事后追记,在离开现场之后,立即记录详细情况。三是卡片记录,用预先设计并制作好的观察卡片或表格进行记录。

观察卡片

学生自习的利用状况

班　　级:＿＿＿＿＿＿　　　　　人数:＿＿＿＿＿＿(实际观察人数)

观察日期:＿＿＿＿＿＿

时　　间:＿＿＿＿＿＿

观察内容:＿＿＿＿＿＿

估计人数:＿＿＿＿＿＿

项　目	无	约 1/4	约 2/1	约 3/4	全部	具体人数
1. 读课本	＿＿＿	＿＿＿	＿＿＿	＿＿＿	＿＿＿	＿＿＿
2. 做作业	＿＿＿	＿＿＿	＿＿＿	＿＿＿	＿＿＿	＿＿＿
3. 看小说	＿＿＿	＿＿＿	＿＿＿	＿＿＿	＿＿＿	＿＿＿
4. 打瞌睡	＿＿＿	＿＿＿	＿＿＿	＿＿＿	＿＿＿	＿＿＿
5. 闲聊	＿＿＿	＿＿＿	＿＿＿	＿＿＿	＿＿＿	＿＿＿
6. 做其他事	＿＿＿	＿＿＿	＿＿＿	＿＿＿	＿＿＿	＿＿＿

二、问卷法

(一)含义

问卷法指以设计统一的问卷、由被调查者填写问卷答案的方式向被调查者了解情况并收集信息的方法。问卷法常用于较大规模的抽样调查。按问卷发放途径的不同,可分为当面调查、邮寄调查、电话调查等方式。

(二)问卷的设计

问卷是为了达到调查目的和收集必要信息而设计好的一系列问题。问卷设计的质量,直接影响到问卷调查的回收率、有效率以及被调查者的回答质量,因此,对问卷的设计应给予足够的重视。

1.问题设计的基本要求　提出哪些问题,如何表述问题,使被调查者能理解问题和回答问题,关系到与被调查者能否有效沟通,进而影响整个调查的成败。问题设计的基本要求如下:

(1)考虑被调查者的特征及心理特点,提问要讲究艺术,有趣味,使被调查者愿意回答提问。

（2）问题应简洁易懂，切忌模棱两可或难以理解。不使用被调查者觉得陌生的、过于专业化的术语。

（3）所提问题应直接为目的服务，没有价值或无关紧要的问题不应列入。

（4）问卷应较多地采用选择形式，以免被调查者因占用较多时间而失去填写问卷的兴趣。

（5）对于敏感性强、威胁性较大的问题，应在文字表述上努力减轻敏感程度和威胁程度，使被调查者敢于坦率做出自己真实的回答。

（6）问题要适量，不宜过少或过多。

2. 问卷的类型　根据答案的标准化状况，问卷可以划分为3种类型：开放式问卷、封闭式问卷和半封闭式问卷。

开放式（Open Question）问卷不设固定和标准答案，而是让被调查者自由地填写自己的意见。问题多采用填空、问答的形式，被调查者可以自由地用自己的语言来回答问题。

封闭式（Closed Question）问卷中提出的每个问题都有几个现成的、可供选择的标准化答案。被调查者只需对这些答案进行一下比较，就可以回答问题。问题多采用选择、是非题的形式。

半封闭式的问卷是介于开放式与封闭式之间的一种问卷。问题的答案大多是固定的、标准化的，少量的由被调查者自己发挥。它既容易得出量化的信息，又可以使被调查者自由充分地表达自己完整意见。

3. 问卷的编排　问卷的编排指对问卷中所涉及的问题进行编排。要先易后难；要按一定的逻辑顺序排列问题；敏感性问题和开放性问题应放在问卷的后面，以使被调查者能通过前面的回答而对调查的意义有所了解和在支持的心情下考虑敏感性问题。

（三）问卷的基本结构

调查问卷的结构主要有以下4个方面。

1. 封面信　封面信是一封致被调查者的短信。它的作用是向被调查者介绍和说明调查者的身份、调查目的、意义等。具体内容包括：调查者的单位、地址、联系方式；调查的大致内容和调查目的；填写问卷的具体要求和方法；调查人员应遵守的事项，调查对象选取的方法和调查的保密原则，以获得被调查者的理解和支持，解除被调查者的思想顾虑。

2. 调查内容　调查内容是调查问卷的核心部分，是所需调查内容的具体项目。

3. 被调查者的基本情况　主要有姓名、性别、年龄、民族、文化程度、工作单位、职业、住址、家庭人口，等等。调查这些项目，便于对收集到的资料进行分类和具体分析。这部分内容不需要完全，要根据调查主题的需要来确定。

4. 调查实施情况记录　在调查问卷的尾部，要设计调查实施情况记录，用来记录该问卷的调查完成情况和有关需要进一步审核、校正、复查的问题。记录的具体内容有：调查过程中发现的一些可供参考的重要情况和问题；访问后的效果评价；调查复核后发现需要进一步复查和修正的项目，等等。

三、访谈法

(一)含义

访谈法又叫访问法,指通过与调查对象进行交流讨论而获得信息的方法。主要是调查人员与调查对象面对面接触,通过有目的的谈话,了解相关信息。访谈法是所有的调查方法中使用最普遍的一种方法。访谈是一种特殊的人际沟通,需要调查者有较高的谈话艺术和语言组织能力。

(二)访谈法的类型

根据访谈对象的多少,访谈法可以分为个别访谈和集体访谈两种。

1.个别访谈 个别访谈是面对单个访谈对象直接问答或交谈以获取信息。个别访谈基本上是限于访问者和被访者之间的信息传递,被访者的回答不会受到访谈外的第三人的直接影响。只要访问者控制得好,被访人就能够打开言路,适用于某些敏感问题和深度问题的访问。

个别访谈有提问式访谈和漫谈式访谈两种方式。提问式访谈是按照事先拟好的问题直截了当逐项提问的访谈调查。这种访谈得来的资料比较规格化,便于整理和数量分析,并能利用计算机作资料整理和统计。漫谈式访谈是不拘形式,自由交谈,在随意交谈中来获取所需信息,是一种看似无心、实则有意的访谈调查。这种访谈弹性大,能够充分发挥访谈者和被访谈者的积极性,访谈者能够对问题作全面、深入的了解,也是个案研究中运用最广泛的方法之一。

选择个别访谈对象要考虑其典型意义和特殊意义。主要是与调查问题有关的领导者、当事者、知情者,领导者不仅能谈出自己的观点,还能提供问题的历史情况、背景材料和关键所在。当事人和知情者是弄清问题细节的主要对象。

2.集体访谈 集体访谈是多人同时作为被访对象参与访谈,由调查者收集信息的方法。一般采用座谈会的方式。集体访谈的优点是可以迅速地收集到对同一问题的不同看法;如果被访人的意见有分歧,在某些情况下可以通过争论而使意见得到统一;即使看法一致也有助于在讨论中不断相互启发充实丰富原有的观点,使调研者得到一份比较完备的资料。其不足是可能产生"团体压力效应",在从众心理的制约下使某些人不说出自己对某事物的看法,因此集体访谈比较适合一般性问题和需要集思广益的问题,不适用于某些敏感问题。集体访谈要注意以下几个问题。

(1)精心选择参会人员。集体访谈要精心选择参加座谈会的人员,这些人既要真正了解想要调查的具体情况,还要敢于讲真话,善于当众发表意见,也要具备较好的表达能力。最好不要有权威人士在场,以免影响他人畅所欲言。同时要避免把相互戒备或冲突的人员请到一次会议上来。访谈人数在 6~8 人为宜,这样有利于各抒己见,把问题谈清谈透。人数太少,缺乏代表性;人数过多,则影响发言质量。

(2)注意做好会前准备。一是提前通知被访者具体的访谈内容以使其充分准备。二是提前准备调查提纲,以便很好地控制会议。三是做好访谈会场环境的布置,以形成宽松、和谐的会场气氛。

(3)控制好访谈会场。在访谈过程中,访谈者要注意控制座谈会的方向,如果出现争论或脱离讨论主题的现象,要及时巧妙地将讨论拉回到原定计划上来。访谈者还要善于提问题,抓住问题的关键,多问几个为什么,把讨论引向深入,使问题谈得既有深度,又有广度。访谈时间以两个小时左右为宜。

(4)及时整理访谈记录。在每次座谈会之后,调查者要对访谈记录及时进行梳理,看一看被调查者是否反映了实际问题,材料是否全面,调查座谈的目的是否达到;哪些材料有用,哪些材料备用,哪些材料还要继续调查。

四、文献法

(一)含义

文献法是通过查阅报刊、文书档案、照片、图表、录音录像等文献,并通过对文献的研究获得信息的间接调查方法。文献法与其他方法的一个显著差异在于,它不是直接从调研对象那里获取所需的资料,而是去收集和分析现存的以文字形式为主的文献资料。文献法运用得较为普遍的形式是第二手分析,也就是对其他人原来为别的目的所收集的实地调查资料或统计资料进行重新利用。

(二)文献收集的方法

收集文献的方法很多,针对文献的不同来源和出版、收藏情况,可以采取不同的方法。对于大众传播媒介公开出版、并正在市面上出售的各种书籍、刊物、磁带、光盘等文献资料,在经费许可的情况下可采取购买的方法;对市面上已停止出售的文献,可到图书情报机构或可能收藏这类文献的单位、读者那里去借阅,对其中某些重要部分可以采取复印的方法。对于企事业单位、社会团体的规章制度、统计报表、总结报告等文献,可采取向有关单位直接索取、文献交换、复印复制、借阅摘录等方法;也可以到这些企事业单位的主管部门、社会组织的成员和各种档案管理机构去索取、复印、借阅。对于个人的日记、信件、记录、自传等文献,只能在征得这些文献主人同意的前提下,采取借阅、复印等方式收集。

五、会议法

(一)含义

会议法是调查人员通过召集一定数量的有关调查对象举行会议,或直接参加有关部门举行的一些相关会议,利用会议形式收集资料的调查方法。

(二)会议调查的内容

会议调查的主要内容有两个方面。一方面是了解情况、收集材料。即调查人员通过调查对象的陈述和提供的文字或数字资料来了解和收集他们所代表的人员及部门对有关问题的看法、意见和基本态度。另一方面是讨论、研究有关问题。即为了明确对某一问题的认识和落实某项工作的开展,调查人员召集有关人员征求他们的意见,并通过讨论和研究来统一认识,制定出问题的解决方案。

开调查会的注意事项与"集体访谈"一样,其实"集体访谈"是一类特殊的调查会,还有一类特殊的调查会是"专家咨询和论证会"。

(三)专家咨询和论证会

专家咨询和论证会是指在重大决策事项做出决定前,聘请有关专家学者参与咨询论证工作,对决策是否符合国家现行法律、法规、政策的规定,是否符合本单位、本地区的发展实际,决策实施的必要性、重要性、可行性等有关事项进行论证。现代科学决策的科技含量越来越高,许多问题征求专家意见比征求多数一般群众的意见更加重要,也更加可靠。

专家咨询和论证会一般有两种方式。一种是"单向充分发表意见法"。也可以称作头脑风暴会议,会议主持人把咨询和论证的事项说清楚之后,就让专家学者们自由发表建议和意见,在整个会议过程中任何人都不批评或评论他人的建议或想法。这样做的好处是会场气氛自由和谐,可以使专家们畅所欲言,有利于形成创造性建议。另一种是"反向充分发表意见法"。会议主持人首先发表自己的初步意见,然后要求专家们充分发表不同意见,每位专家都可以对主持人和其他专家的意见展开批评。这样做的好处是可以把会议引向更深刻、更透彻的讨论。

专家咨询和论证会除了前面"集体访谈"的注意事项,还要注意做好以下工作。

聘请的专家学者要力求多样化,尽量涉及各个领域,既要有科学技术专家,又要有人文社会科学专家,还要有管理专家。秘书部门要事先把向专家咨询论证的相关文件及背景材料提前告知各位专家,让专家们有足够的时间查找资料,分析研究。在正式的咨询论证会召开前后,可以通过网络、电话、书面形式,听取个别专家咨询论证组的意见和建议。这也是一种特殊的"个人访谈"。

上述调研的方法每一种都各有其优缺点,各有其适用的范围,在实际的调查研究中要切合实际问题选用不同的方法。当然,这些方法不是孤立的,在一项调查研究中可以采用多种调研方法,使调查所得资料能够互相补充、互相验证。不论采用哪种方法,调查研究都要深入实际,全面了解情况,广泛收集资料,对有关典型细节和数字还要反复核实。占有材料有"以十当一"的说法,即想寻找一个有用的素材,必须收集 10 份甚至更多份素材。

【实训】 市场调查

一、训练目标

通过实训,掌握调研前期准备工作,能够按照调研目的选择恰当的调研方法。

二、训练方案与要求

(一)情景描述

临近春节,某煤炭公司老总安排秘书在近期搞一次煤炭市场调查,征求客户的意见,并对主要客户进行慰问以联络感情,增进友谊。

(二)训练要求

1.确定调查的范围和重点客户。

2. 确定调查的重点内容。

3. 确定调查的方法。

4. 设计调查问卷表。

5. 拟订调研计划。

(三)训练组织

1. 以小组为单位,讨论调查采用哪些方法,具体实施时要注意哪些问题。

2. 小组讨论,制订完整的调研计划。

(四)训练作业

每人设计一份调查问卷表。

【知识链接】

资料　通讯联系索引卡、信息汇总表、调研计划表范例

1. 为了有效迅速地进行信息交流,应建立记载业务往来多的单位、个人或客户信息的通讯联系索引卡,便于在业务联系中迅速查找需要的信息。

通联索引卡

单位名称	
地址	
姓名	职务
电话号码	传真号码
E-mail	
备注	

(《秘书国家职业资格培训教程四级秘书》)

2. 秘书人员在进行信息工作时,是最容易发现问题的。因此每周进行一次工作总结,将收集到的重要信息、发现的问题及意见、建议整理出来,是信息工作的一个重要步骤。

每周重要信息汇总表

日期	得到信息	说明问题	传递到的部门或人员	利用信息结果	发现问题	意见或建议	需传递到的部门或人员	备注

(《全方位秘书实务图解手册》杜骁编著　广东经济出版社)

3.秘书人员几乎每个月都需要做各种各样的调查研究工作。月末对当月的调研活动做一个分析,总结成绩,发现问题,便于今后进一步提高工作效率,更加准确地做好调查研究工作。

每月调研计划实施情况分析表

调查时间	地　点	调研者	调研课题	调研目的	调查对象	调查方式	调研费用	调研结果	成　绩	问　题	意见或反馈

(《全方位秘书实务图解手册》杜骁编著　广东经济出版社)

第二部分 信息整理分析

【知识目标】

掌握筛选信息的方法。

熟悉信息分类的要求。

掌握归纳与演绎法、分析与综合法、比较法与类比等调研方法。

了解秘书决策参谋工作的内容与方法。

【能力目标】

能够根据需要加工信息。

能够编写信息简报。

能对调研材料做出具体分析研究。

能够针对领导决策提出具体参谋建议。

正确把握参谋的艺术。

【案例导入】

编写信息

1996年3月的一天，广西玉林地委办公室的两位干部不慎被狗咬伤，立即赶到地区防疫站进行狂犬疫苗注射，偏偏这时疫苗没有了，他们急得要命。次日，又有两位同志分别从容县、贵港市打来长途电话，请地委办公室的同志帮助购买狂犬疫苗。这件事引起了地委办公室信息科一位同志的关注。他迅速赶到地区防疫站做了调查，同时还向各县市收集有关情况，很快掌握了整个情况：由于全地区的狂犬疫苗已用完，被狗咬伤的近万人都无法注射疫苗。防疫站的领导想尽一切办法派人到各地求援，都无结果。不少群众还乘火车、搭飞机到武汉、上海等地，请求当地生物研究所解决疫苗问题。针对这一情况，这位同志及时编发了《玉林地区近万人急需狂犬疫苗》的信息，直接电传中央办公厅秘书局（玉林地区是中办信息直报点）。仅过两天，玉林地委办公室就收到了中办的电报，送来了卫生部从长春生物研究所速调50 000人（份）狂犬疫苗支援玉林地区的好消息，从而解决了关系近万人生命安危的大问题。

提示：

信息人员不仅要敏锐地发现信息，更要及时处理，编写信息材料，并及时报送有关部门,才能保证信息的应有效果。

第一单元　信息的统计整理

信息的统计整理主要包括信息的筛选、分类、综合分析与加工、编写,是整个信息工作的核心。秘书人员应根据工作性质或内容对零星的、分散的信息材料进行选择,把有价值的、对日后工作有参考作用的信息材料保存起来;对信息进行分类整理,在数量上加以浓缩,在品质上加以提高;对重要信息,还应提出自己的想法和建议,以便于信息传递、存储和利用,发挥最大的作用。

一、信息的筛选

信息的筛选是对收集来的大量繁杂的原始信息通过鉴别和选择,剔除失真的、无用的信息,提取真实、有价值的信息。

(一)信息真伪的鉴别

筛选信息第一步要做的就是鉴别信息的真伪,也就是判断信息的真实性,准确性,可靠性。鉴别信息的真伪可以采用以下方法。

1. **溯源法**　溯源法是对信息"归根溯源",通过了解该信息的来龙去脉判断信息的真伪。一般来说,通过正式文件、党报党刊、中央媒体、亲自调查得到的信息比较准确,口头汇报以及一些非正式的书面材料中得到的信息则要慎重对待。由信息源直接输送过来的信息比较可靠,而经过多次中转的信息可靠程度就要打折扣。秘书人员要根据工作目的确定信息来源,选择最佳信息来源的信息。

2. **比较法**　比较法是将同类型的信息进行比较,判断其说法、结论是否一致,如果不一致,就要调查核实。

3. **核对法**　核对法是依据最新的权威性材料,或是已经掌握的可靠数据资料,通过比照分析,发现并纠正信息中的差错。例如,用《中国统计年鉴》来对照某一部门的年终统计材料,用国家颁布的标准化规定来对照某些产品的标准程度,等等。

4. **逻辑法**　逻辑法是对信息中表达的事实和叙述方法进行逻辑分析,查看是否有疑点或破绽,从而辨别信息的真伪。如果一条信息自相矛盾,那么该信息肯定有错误的地方。如果若干条信息之间互相矛盾,那么其中肯定有不真实的内容。逻辑法一般不需要借助于其他手段,仅从原始信息本身就能发现某些错误。

5. **调查法**　对内容比较重要而真实性有疑问的信息,秘书部门要调查核实,验证真伪,然后再向领导和其他使用者输送。调查法需要花费较多的人力和时间,一般只对重要的原始信息进行调查鉴别。

(二)信息价值的鉴定

鉴别信息的真伪后,也不是所有真实、准确的信息就要保留。对原始信息的保留一般分为两种:一是实用选留,也就是根据当前的实际需要选留信息。二是入藏选留,是把以后可能有参考价值的信息先储存起来,待需要时进行查阅。这是作为日常的信息工作而进行的选留,一般是存入信息库。实用选留的信息要适合当前需要,并且有一定的深度。入藏选留的信息要有广度,并具有长期利用价值。

因此,要细致深入地分析某个原始信息说明了什么,有没有典型意义,从中可以提炼和引申什么新思想、新观念,推断出什么结论等,判断其价值的大小。这是信息筛选的第二步。

(三)筛选信息注意问题

1.认真审查信息来源　不同来源的信息,除了真伪的区别,信息的价值大小也不同。上级形成的信息带有全局性、综合性和权威性,平级和下级形成的信息主要起参考作用。秘书要从多种信息来源中把握重点单位、部门和人员,从中筛选出价值较大的信息。

2.力求筛选出的信息符合"实、新、精、准"的要求　要筛选对现实工作有指导意义的、与当前工作密切相关的信息,筛选与本单位经营管理活动相关的新情况、新问题、新经验、新见解,从而预见未来的发展变化趋势,为决策提供超前服务。

3.要善于从虚假信息中找出"信息外的信息"　通过判断,有些信息是虚假的,但不一定毫无价值,有的信息本身是虚假的,但它却可以告诉人们一些"信息外的信息"。秘书人员要善于分析信息中的不真实因素,分析为什么会出现偏颇、夸张、捕风捉影的情况,它的背景是什么,再通过调查研究,找出事实的真相。

二、信息的分类

信息分类就是根据信息所反映的内容、性质和特征的异同,分门别类地将无序的信息组织起来。通过对信息的分类,可以掌握信息资料的总体情况,为信息的存储、查找利用提供条件。

(一)分类的方法

信息分类的方法很多,在实际工作中,采用何种方法分类,要考虑利用信息的需求,结合信息形成的时间、性质、作用以及信息来源特点,这样才能使信息的查找利用更加便捷。主要有以下几种方法。

1.主题分类法　主题分类法是对信息进行主题分析,根据信息内容反映的主题进行分类的方法。为了更准确地揭示主题,方便利用,可以按多级主题分类。信息最重要的主题名称作为分类的首要因素,称为一级主题,次要的主题作为第二个因素,称为二级主题,以此类推。各主题之间根据字母顺序进行排列。这是最常用也是最实用的信息分类方法,能适应计算机存储和检索,也便于对同类信息集中在一起进行比较、分析和研究,开发出更多的信息内涵。

2.来源分类法　来源分类法是将信息按照其来源进行分类的方法。信息来源渠道很多,可按不同来源标准进行分类。例如,首先将信息来源分为上级部门、平级单位、下级部门、不相隶属单位等,第二步再进行二次具体分类,也可直接按具体部门分类。

3. **地区分类法** 地区分类法是按信息产生形成所涉及的地区或行政区域特征将信息分类的方法。例如,可以将信息按国家、省份、城市、区、县名称的字母顺序排列,使有关地区的所有信息集中存放,便于查找。

4. **时间分类法** 时间分类法是按照信息形成的时间先后顺序分类的方法。一般以年、月、日的自然顺序排列。

每种分类方法都有优点和不足,主题分类法能集中存放相关内容信息,信息按逻辑顺序排列,方便检索;但分类标准不好掌握,当标题不能很好地反映主题时,不容易归类。来源分类法能按信息来源准确分类,但是如果记不清楚信息的来源,查找要花费很多时间。信息地区分类法方法容易掌握,但只适用于有地区特性的信息,还需要有一定的地理知识。时间分类法可用做大型信息系统的细分,例如,一个案卷内部的信息可按时间排序;但仅适合于时间特性强的信息,因此经常与其他分类方法结合运用。

(二)分类的要求

为了使信息的分类更加科学、准确,秘书人员在对信息资料分类时,要按照以下要求去做。

(1)遵循实用性、科学性、系统性、逻辑性原则。

(2)认真确定分类体系。按照信息的不同内容、来源、时间、性质和作用,明确分类标准和层次。

(3)准确归类,子类之间界限清楚。经过分类形成的类别要明确,类别之间要有明显的差异性,不能相互交叉包容,不能有概念的重复和欠缺。如果概念之间有无法避免的重复和欠缺,要加以说明限定与补充。

(三)分类注意事项

(1)利用颜色、标签区分类别。根据分类结果,将每个字母、地区、主题等的文档使用特定颜色文件夹或在文件夹外边加彩色标签;给索引卡涂上不同颜色,以便检索。

(2)建立交叉参考卡。对于能归类到两个位置的信息,如公司更名信息、多主题信息。为了便于查找,可建立交叉参照卡。填写交叉参照卡片存储在归档系统的相关位置。查找到该位置,查看卡片就知道另一个查找线索。如图所示。

交叉参照卡

交叉参照卡
名称/主题
详见
相关名称/主题

三、信息的加工

原始信息有的只反映了某种现象,缺乏分析;有的只反映了片断情况,缺乏完整性;有的只反映了个别的或局部的情况,缺乏全面性。如果直接把这些信息提供给领导,不但不利于领导决策,有时还会干扰他们的工作。因此,秘书人员要通过对筛选出来的信息进行综合分析、归纳整理,提出较系统、深刻的意见和建议,形成切合决策需要、有深度的高层次信息。这就是信息的加工,是使信息的质量得到进一步提高的过程,是更具创造性的信息整理阶段。

(一)信息加工的方法

1. 充实内容　充实内容是对零碎、肤浅、杂乱而又有价值的信息,弄清它的性质、范围、意义和发展趋势,充实、丰富它的内容。秘书在处理信息时,常会发现某些信息不够完整,就必须加以补充。补充的材料可以是以前已经掌握的,也可以用"打破砂锅问到底"的方法,向信息的提供者继续索要或是进行调查。可以按原始信息资料提供的某一主题层层逼近,也可以按某一事件的历史进程生发开去,以搞清问题的来龙去脉,揭示某一事物发展变化的特征。经过这样加工的信息,往往受到领导的重视和欢迎。

2. 综合分析　综合分析是对一段时间内获得的同类或相关的信息,从整体上进行系统地归纳,作出定性、定量的分析和判断,从而准确地把握信息的本质特征,发现其规律性的变化和倾向性的问题,这对领导掌握全局情况,预测未来,指导工作,有着重要的参考价值。综合分析具体来说有纵深和横向比较两种方法。纵深法是把若干有一定共同点的原始信息,从纵向角度进行深入分析研究,层层挖掘,找出事物的发展规律或问题的基本脉络。例如对一个问题、现象进行深入调查,挖掘原因,找出症结所在,提出解决办法形成调查报告。横向比较法是把来自不同渠道反映某一主题的若干原始信息连接起来,从横向进行比较分析研究,找出信息之间的异同。综合分析要求秘书人员有较强的逻辑思维能力和文字表达能力,一定要防止信息在归纳中产生变异。

3. 浓缩提炼　浓缩提炼是对篇幅较大、含量较多而分散的信息材料进行的处理。例如有的信息篇幅冗长,有的信息表达啰嗦,不容易看出问题的本质,秘书人员要对其进行压缩和提炼,挤出其中的水分,留下精华。

4. 提出建议　提出建议是对一些重要信息资料提出参考性的预测性的意见或建议。领导制定事关全局和长远利益的战略性决策,需要预测性信息,秘书在信息整理的过程中,要善于运用反映现状、预测未来相结合的综合处理方法,尽可能多地发掘和提供参考性建议、办法、观点、方案,把信息工作引向深入,才能发挥参谋助手的作用。这是秘书信息工作与其他部门信息工作的显著区别之一。

(二)信息加工的要求

对信息进行加工,一是要有广度,二是要有深度。

1. 有广度　有广度是指加工出的信息材料面要宽,情况和问题要全面。这就需要丰富、翔实的信息材料,在此基础上分析综合才能具有一定的覆盖面。

2. 有深度　有深度是指加工出的信息材料要有情况、有分析、有对策。要对事物的性质做出准确的判断,得出恰如其分的结论。不能只用一些概括性的空洞语言,要用不可辩驳的事实和有说服力的数据,来证实结论或说明问题,要有具体分析和建议,这样才能供领导层决策时参考。

四、信息的编写

由于重要的信息大部分需要通过文字进行传递,因此,加工后的信息常常要进行编写。编写是用书面形式对信息进行的有序化处理,是信息整理的最后步骤,对提高信息的质量和实用价值起着关键性的作用。

编写信息首先要确定主题,要根据单位的实际需求把握信息主题。然后认真阅读分析信息材料,通过归纳、综合,浓缩、提炼(可以参考信息加工的方法),还可以通过转换的方法,即将原始信息中的若干数据,按照一定的规律,转换成容易理解、简单直观的图表,开发出信息产品。

信息的编写,与公文写作要领大同小异,不同之处主要在于编写信息要言简意明,短小精悍。在编写过程中,不仅要做到在内容上取舍准确,详略得当,而且要精心遣词造句,反复推敲,用精炼的语言,尽量少的文字,容纳最大的信息量。要注意以下几点:一是主题要鲜明。要紧紧围绕主题加以提炼、浓缩,使信息表达的意思高度凝聚。二是标题要新颖。信息的标题要比文章的标题短,通常不设副标题,既要尽可能做到直截了当,言简意赅,又要生动、鲜明,起到画龙点睛的作用。三是结构要严谨。尽量减少层次和段落,信息的开头不宜加导语,要开门见山,落笔入题。上下联系、转换要简洁、精炼,过渡自然;结尾要简短而质朴,意尽而言止,做到层次分明,结构严谨,详略得当,自然和谐。四是要语言凝练,要简明扼要,通俗易懂,切不可生造词语,要力求规范化。要有必要的概括,但不能过于抽象、言之无物,更不能任意拔高或故弄玄虚,使信息失真。

【实训】 收集并整理信息

一、训练目标

通过实训,掌握信息收集的内容与方法,能够按照一定的信息需求收集并整理信息。

二、训练方案与要求

(一)情景描述

存款利率与保险公司关系密切,当中国人民银行关于降低存款利率的信息发布后,假如你是某保险公司办公室秘书,你从信息工作的角度应该做哪些工作?

(二)训练要求

1.根据主题收集信息。

2.将收集的信息筛选和分类。

3.弄清楚信息的性质、范围、意义和发展趋向。

4.根据主题,做出定性、定量分析和判断。在综合分析的基础上,提出应对方式。

5.用书面形式对信息进行有序化处理,形成信息文稿。

(三)训练组织

1.以小组为单位,小组成员做好分工,分头用不同方法查找信息。

2.小组讨论，整理信息。

（四）训练作业

1.整理信息资料，以小组为单位上交一份完整的信息，以便于存储和利用。

2.每人编写一份信息稿给公司总经理，以帮助总经理制定新政策。

第二单元　调研的分析归纳

在调查中所取得的资料往往是分散、零乱的，很不系统。这些资料大多只能说明各个单位的具体情况，反映事物的表象、某个侧面及外部联系，而不能反映事物的总体特征及其本质。调研的分析归纳是指调研者根据调研目的和调研计划的要求，对调查中所取得的大量原始资料运用科学的方法进行分析研究，使它们成为能够反映调研对象的总体特征、能够证实或证伪原先的研究假设的科学依据。

在分析归纳之前，首先要做一项基础性的工作，对调查资料进行整理。

一、调查资料的整理

调查资料的整理，是指对原始资料进行鉴别、分类和编码，使之条理化、系统化，以便对资料进一步分析研究。它是调查收集资料工作的继续，又是资料分析的前提。具体包括资料的鉴别、分类和编码、汇总等步骤。

（一）资料的鉴别

鉴别是把在调查中获得的大量原始资料进行核实、鉴定，判断它的真实性、准确性、完整性和可比性，等等。

对调查得到的原始资料要根据实践经验和常识进行辨别，看其是否真实可靠地反映了调查对象的客观情况。一旦发现有疑问，就要再次根据事实进行核实，排除其中的虚假成分，保证调查资料的真实性和准确性。调查资料还应完整，不能残缺不全，更不能以偏概全。要检查资料是否按照调研计划的要求收集齐全，应该查询的问题和事项是否都已经查询无漏。如果整理出来的调查资料不真实不完整，那么，比没有资料还更危险。因为假如没有资料，最差是做不出结论，而资料不真实不完整，就会做出错误的结论，这远比做不出结论更有害。

鉴别资料一般采用筛选法斟酌取舍，去粗取精、去伪存真，因此鉴别的具体方法可以参考前文"信息的筛选"。

（二）分类

经过鉴别后的资料，要围绕调查目的和题目，按照一定的标准划分成不同的类别。应尽量选择反映调研对象本质特征的分类标准。分类可以在调查之前进行，也可以在调查结束后进行。事先分类，是在设计调查表或问卷时将某些问题进行分类，并给每一类编上号，这样在资料汇总时就可减少许多手续。调查结束后分类也常用，因为有些资料，事先无法加以分类，或者在调查中发现许多新情况归并不到原设计的类项中,特别是运用自由访谈的方法收集的信息,要在调查后再根据需要取舍、分类。具体分类方法见前文"信息的分类"。

(三)汇总

分类之后就可以把资料进行归类汇总。汇总有手工汇总和计算机汇总两种方式。无论是手工还是机器汇总,为了使调查资料系统地、清楚地显示出来,事先最好编写出代码。

规模比较小而且调查内容简单、统计要求较低的调查资料,可以采用手工汇总,具体来说有分录法、卡片法、标识法等方法。分录法是把调查得来的有关资料分别转录入预先设计的分类汇总表上,然后进行汇总;卡片法是利用特制的摘录卡,把需要汇总的项目摘录到卡片上,然后将卡分组排列,进行统计;标识法是将有用的资料标示出来,其中需要计算的要进行计算。

计算机的应用,使得资料汇总和统计分析技术发生了巨大的变化,为调查研究提供了现代化的工具,现在多数的资料汇总都采用计算机来处理。计算机汇总资料首先要把调查资料录入到计算机上,存入光盘、硬盘等存储工具。然后进行资料的输入、传输、存储、更新与输出。最后,就可以编制程序或利用已有程序对资料进行分析。

二、分析研究方法

资料整理好以后,就可以通过由此及彼、由表及里的分析,认识现象与本质、主流与支流、成绩与缺点、主要矛盾和次要矛盾等,并从事物的相互关联中发现事物的内在联系和本质特征,找出规律性的东西,提炼出正确的观点。这就是分析研究过程。是对客观事物的理性认识阶段。分析研究工作的好坏,直接关系到调研成果质量的高低。

任何事物都有质和量两个方面,对事物的分析也可以分为两种类型:定性分析和定量分析。

(一)定量分析研究

定量分析研究是通过对调研资料各种数量关系的分析来描绘事物的状况和变化,以得到规律性认识的研究方法。

定量分析的突出特点是数量化。通过量的研究来了解事物的性质,或者通过量的分析了解某一社会现象各要素之间量的关系。定量分析具有准确性、严密性、综合性和客观性,可以使问题的陈述变得清晰、简洁,使问题的分析变得准确深刻,利用定量分析得出的结论具有较强的说服力。

定量分析主要是以统计方法为工具,运用概率、统计原理对调研对象的数量特征、数量关系和事物发展过程中的数量变化等方面进行分析研究,从复杂繁多的数据中得出规律性的结论。正规、全面的统计工作主要是由国家专门的统计部门来做的,我国各行政省、市、县都设有统计局。秘书部门的统计主要是一些工作报表和为了某项工作的需要临时组织的专题统计调查。

在定量分析研究中最常用的是统计表和统计图。统计表是用来表示统计指标与被说明的事物之间数量关系的表格。一般由表号、标题、标目、线条、数字、表注等项内容构成。

统计表的编制原则是:结构简单,层次清楚,重点突出,一目了然,表的项目按照逻辑顺序合理排列。

统计图也是一种整理数据的形象的方法,在多数场合,为了醒目、形象、美观、突出线索或特点,有经验的调研者喜欢绘制一些统计图,统计图把数量关系以直观形象的形式表达出来,显示事物的全貌及其分布特征,一目了然,便于理解,能帮助分析。统计图由标题、图号、图形、坐标、图注等项组成。常用的统计图形有条形图、线形图和圆形图等,利用计算机绘制图表操作简单,效果很好。

(二)定性分析研究

定性分析研究是运用哲学分析和逻辑分析的方法,对资料进行思维加工、进行质的分析,从而揭示事物的本质与规律的研究方法。

1.定性分析的特点

(1)定性分析运用逻辑思维方式,借助于概念,对调查材料进行判断和逻辑推理。

(2)定性分析的资料多运用典型调查方法来获得,从纷繁复杂的事物中探寻其本质特征和要素,从个别的、典型的材料中得出结论。

(3)定性分析所得出的结论多具有概括性。

2.定性分析的缺点

(1)定性分析只研究了某些典型事物,忽视了同类性质事物数量上的差异。以典型概括一般,其结果往往是对同类事物进行调查研究,会得出不同的结论。

(2)定性分析所得出的结论,受研究者主观成分的影响,不同的人可以选择不同的对象进行调查,甚至不同的人选择同一对象进行调查,但也会出现不同、甚至相反的结论。

正因为定性分析有上述的特点和缺陷,所以定性分析的主要作用是对统计分析的结果做理论性的说明和解释,检验和论证研究假设。除此之外,运用于对社会结构和社会关系,或者定量困难的对象研究。定性分析和定量分析是一个有机整体,不可分割。在实际的分析研究工作中,常常将二者结合起来。既从数量上进行定量分析,又做理论上的定性分析,这样的研究结果才具有完整的意义和更大的价值。秘书分析研究的发展趋势也是定性和定量研究相结合,从定性出发,经过量化过程,再返回到定性,以达到正确认识社会现象的目的。否则,只做定量分析,就会变成一场数字游戏;只做定性分析,只选取少数典型进行分析,而且还会带有研究者本人的主观色彩,得出的结论是不全面的。

三、调查报告

调查报告是对某项工作、某个事件、某个问题,经过深入细致地调查后,将调查中收集到的材料加以系统整理,分析研究,以书面形式向组织和领导汇报调查情况的一种文书,是调查研究成果的集中体现。调查报告的撰写内容如下。

1.标题要求:标题可以有两种写法

(1)规范化的标题格式。基本格式为《××关于××××的调查报告》《关于×××
×的调查报告》《××××调查》等。

（2）自由式标题。包括陈述式、提问式和正副题结合使用 3 种。

陈述式，如《东北师范大学毕业生就业情况调查》。

提问式，如《为什么大学毕业生择业倾向沿海和京津地区》。

正副标题结合式，正题陈述调查报告的主要结论或提出中心问题，副题标明调查的对象、范围、问题，如《高校发展重在学科建设——×××大学学科建设实践调查》等。

2.调查的主要内容　主要写明调查时间、调查地点、调查对象、调查方法、调查人、调查分工等。

3.报告正文　正文一般分前言、主体、结尾 3 部分。

（1）前言。有几种写法。

第一种：写明调查的起因或目的、时间和地点、对象或范围、经过与方法，以及人员组成等调查本身的情况，从中引出中心问题或基本结论来；

第二种：写明调查对象的历史背景、大致发展经过、现实状况、主要成绩、突出问题等基本情况，进而提出中心问题或主要观点来；

第三种：开门见山，直接概括出调查的结果，如肯定做法、指出问题、提示影响、说明中心内容等。前言起到画龙点睛的作用，要精炼概括，直切主题。

（2）主体。是调查报告最主要的部分，这部分详述调查研究的基本情况、做法、经验，以及分析调查研究所得材料中得出的各种具体认识、观点和基本结论。

（3）结尾。结尾的写法较多，可以提出解决问题的方法、对策或下一步改进工作的建议；或总结全文的主要观点，进一步深化主题；或提出问题，引发人们的进一步思考；或展望前景，发出鼓舞和号召。

【实训】　调查研究

一、训练目标

通过实训，掌握调查方法，分析研究调研资料的方法，能够按照一定的调研目的进行调查研究。

二、训练方案与要求

（一）情景描述

一位实力雄厚的老板拟在我校附近开设一家餐饮店（或快餐店），请帮他出出主意，并设计一个市场调查方案。

（二）训练要求

1.设计具体的调查方法。

2.设计问卷调查表。

3.编制具体的调研计划。

4.按照调查的具体程序进行调查。

5.将调查所得资料进行处理，得出调研结论。

（三）训练组织

1. 以小组为单位，小组成员集体确定调查方法，设计问卷调查表。

2. 小组成员分头发放问卷调查表，并收集信息。

3. 小组讨论，整理信息，得出结论。例如，开设一家餐饮店是否可行，店内布置，餐饮特色等。

（四）训练作业

1. 整理调研信息，做好信息的存储。

2. 以小组为单位上交一份完整的调研报告。

第三单元　秘书的决策参谋

一、决策参谋的含义

"参谋"的字面意思是"参与谋划"。决策参谋是指一种行为过程，是为决策者提供谋划、建议的一种智力辅助性的社会活动。秘书的决策参谋是秘书人员在领导决策过程中的参谋活动，是秘书人员以所服务的领导者为对象，以辅助领导者的科学决策为目标，以出谋献策为手段，进而影响领导行为的过程。

二、秘书决策参谋的特点

随着决策参谋越来越受到重视，各地区各部门都有专门的社科研究机构，还有专门为各级各类领导提供智力服务的商业性咨询公司、为企业提供信息调查等智力活动的信息公司等。但秘书的决策参谋与这些机构的决策参谋不同，秘书决策参谋的特点主要表现在以下方面。

（一）主动性和从属性

主动性指秘书部门不能等领导提出任务后再开始收集资料、分析研究情况，而应主动发挥参谋作用。秘书部门的参谋工作直接从属于领导者的决策行为，是在决策行为全过程中提供参谋服务。秘书人员参与政务主要是出谋献策而非出谋划策，即秘书不能参与决策，只能发挥决策参谋作用。具体来说，是以秘书人员的知识、技术和职能补充领导者的不足，协助领导者分析问题、解决困难、提出可行方案或意见。

（二）直接性和随机性

直接性指秘书提出的参谋建议不需要任何中间环节，而是直接提供给领导。随机性指秘书向领导者提供参谋信息，是立足现实、特定环境、立足本单位发展的需要，随时随地进行的。要随时把客观实践中涌现出来的新动向、新趋势、新经验、新问题，迅速提供给决策者。

三、秘书决策参谋的原则

为了有效地发挥参谋作用，秘书人员在参谋活动中必须坚持以下3个原则。

（一）到位不越位

秘书人员要了解参谋机理，明确自己的参谋范围，确定正确的参谋方向，严守本分，不擅权越位。秘书部门只是领导机关的辅助机构，秘书是领导身边发挥综合性参谋助手作用的工作人员，要有全局观念，站在领导者的角度思考问题，不失位不越位，不失职不越权，这是对秘书参谋行为的客观要求。

（二）善谋不决断

所谓善谋不决断，是指无论在献计献策还是在决策具体实施工作中的拾遗补缺，只能提出仅供领导参考的意见、建议或供选择的方案，秘书根据需要可充分进行创新思考，尽可能多地提出各种建议方案或解决客观问题的谋略，但是否采纳及采纳程度，均由领导决定，秘书不能侵扰领导的最后决定权，也无权作出决断，更不能背着领导者或以领导者的名义做出决定。

（三）有备不盲目

所谓有备是指秘书为领导决策提供参考意见时要掌握充分的资料，做到有理有据。秘书只有对客观事物进行全面地调查研究，在把握了事物发展的脉络、认识了事物发展过程之后，才能提出有价值的建议。为了做到有理有据，秘书要坚持调查研究，还要具备一定的政治、哲学、市场经济等基本理论知识和独立的科学思维能力；要具备超前的、活跃的创新意识，要有对事业高度负责的精神。

四、秘书决策参谋工作的程序

秘书的参谋程序必须围绕领导的决策程序进行。在领导决策制定、认证、执行、总结评估的全过程中都要提供及时、准确、周密、有效的信息服务，体现其参谋作用。

（一）选择决策目标

当领导选择决策目标时，秘书要依据领导打算解决什么问题的意向，通过收集信息和实际调研，广泛深入地了解有关的真实情况，借助信息发现问题并分析和提出问题，以供领导在确定决策目标时参考。具体来说，秘书部门要关注统计数据、来信来访、媒体报道、学者建议、下级报告等信息材料，这些是发现需要解决问题的重点之处。

（二）酝酿决策方案

当领导酝酿决策方案时，秘书要围绕领导已定的决策目标，收集和处理有关的信息，对所提供的信息进行必要的深加工与综合处理，使所提供的信息有利于领导决策意图的明晰化。并且协助领导去组织和协调各方面的力量，对各种备选方案反复进行比较、论证和鉴别，将其结果加以分析综合，并可提出自己的建议，报告领导供决策参考。

（三）审定决策方案

当领导审定决策方案时，秘书须准备五个方面的资料。一是要广泛收集各个方面尤其是相关专家的意见，为参与方案论证的专家准备好所需的全部信息资料，对各次论证会发言要点进行综合，并将主要倾向性意见和建议列出。二是要做好有关文件的起草、校核等工作，将领导的意图准确地加以表述并及时下达。三是要准备好决策的背景、条件、目标、策略等资料。在领导研读备选方案的过程中，可能有一些具体问题要向秘书咨询，不论是从理论根据还是具体数据，秘书都要为领导准备好翔实的信息资料，并将这些信息资料系统整理。四是要对决策对象及其所处环境条件变化的信息及时分析综合，在决策过程中任何一个层次上发现问题，都必须根据问题产生的原因与性质，及时地将信息反馈到相应层次中去，以便对决策修订补充。五是要为领导集体的决策会议做好会前准备和会中服务工作，以便于领导在民主讨论的基础上实行正确的集中。

（四）实施决策

领导者在决策后会密切关注、引导和调控决策的施行，随时把握决策施行各阶段的效果，并通过秘书跟踪决策施行全过程，收集反馈信息，了解决策实施的进展情况，检验决策方案的科学性、可行性。秘书在决策施行中的参谋活动，对辅助领导者发现问题及时进行修改、补充和完善，确保实施效果，都是十分必要的。秘书要通过收集反馈信息、调研、特别是督促检查等手段，及时了解和反馈决策的贯彻执行情况。如果发现决策方案的疏漏和偏差、或者是发现执行单位的实际困难，应及时传递给领导，并提出进一步实施决策或者补充完善决策的建议，使领导者做及时必要的调整。

在决策执行告一段落的考核评估和总结表彰工作中，秘书人员一方面要帮助下级单位做好自我检查和总结，另一方面要协助领导以工作计划为依据，制定切实可行、具体明确的考核标准和评估办法。

五、秘书参谋的艺术

为领导做参谋要讲究方法和艺术，有时候明明是一条好的建议，但由于秘书在提供时不讲方法和艺术，结果不仅没有收到应有的效果，反而让领导对秘书人员产生了反感。唐朝的魏征以敢"犯颜直谏"而名垂青史，但他是十分讲究"度"的，最终许多建议被皇帝采纳。秘书进言如果"度"掌握得好，正确的建议定会被领导采纳。

（一）把握参谋时机

秘书人员要当好参谋，把握参谋时机很重要。信息科学证明，信息接受者对某一信息最需要时吸收它的可能性最大。一般来说，某一问题迫在眉睫，或决策者正在考虑这一问题，或这个问题解决的条件已经基本成熟，秘书人员出谋献策就容易引起重视。参谋工作的这种规律性要求秘书提供参谋意见要把握好时机，做到言当其时、不失良机。秘书还要认识到参谋时机是随时随地都在变化着的，它甚至与领导的决策风格、工作作风、生活习惯、心情状况都有密切的关系。因此，秘书必须研究领导、熟悉领导，想领导之所想，急领导之所需，全心全意为领导提供决策辅助服务，这样才能抓住时机，相机参谋。

（二）争取领导信任

秘书参谋作用的发挥，与领导者对秘书的信赖程度成正比关系。领导对秘书的信赖程度越高，对秘书的激励越大，秘书参谋的积极性越高，参谋作用发挥得越好，领导对秘书参谋建议的采纳率越高。反之，如果秘书得不到领导的信任，那么，在领导心目中，"能参善谋"也会变成"多嘴多舌"，无论秘书有多大参谋作用，都不可能得到有效的发挥。因此，获取领导的信任,是秘书发挥参谋作用的前提条件。

（三）参谋方法

秘书要发挥好决策参谋作用,必须讲究参谋方法即直接参谋或间接参谋。参谋方法的选择必须以提高参谋效率为目标,以适应参谋对象为原则,要与领导者的决策特征、领导风格和参谋内容相适应。一般情况下,对豁达大度、作风民主的领导可直接参谋,对心胸狭窄、刚愎自用的领导应间接参谋;当领导心情舒畅时可直接参谋,而领导心情欠佳时应间接参谋;当领导对秘书高度信任时可直接参谋,而领导对秘书的信任度不高时宜间接参谋;参谋方向与领导决策意图相一致的赞同式参谋建议可直接参谋,而参谋方向与领导决策意图相悖的劝谏式参谋建议宜间接参谋。在实践中,秘书为了达到某一参谋目的,往往通过采取直接参谋和间接参谋相结合的方法来提高参谋活动的艺术性和实效性。

（四）参谋方式

秘书要发挥好决策参谋作用,还应选择恰当的参谋方式。秘书常用的决策参谋方式有以下几种:一是方案。秘书人员根据客观要求和实际情况经过周密研究后提出具体的工作方案,例如,决策的备选方案、改革方案、机构调整方案、大型庆典活动的实施方案、调研方案等。二是建议。秘书人员围绕领导工作和所要解决的问题,提出各种工作建议,例如,工作安排建议、解决某一问题的建议、推广某一经验的建议、处理某一事件的建议等。三是意见。秘书人员针对实践中急需解决的问题所提出的参谋意见,例如,提高行政效能的意见、纠正不正之风的意见、加快技术改进步伐的意见、下级请示的批复意见等。四是预案。秘书人员为落实某项工作或贯彻领导的指示而提出的实施办法,例如,会议组织预案,处置突发事件的预案等。五是见解。秘书人员学习理论、分析形势、研究问题后提出的新看法,阐发的新观点、新思想、新认识等。

总之,秘书的决策参谋工作是一项政治性、政策性、从属性、辅助性都较强的工作,秘书只有切实提高自身综合素质,正确领会领导意图,把握参谋时机,讲究参谋艺术,才能更有效地发挥决策参谋作用。

【实训】　决策参谋案例分析

杨修是三国时魏军行军主簿,即为曹操掌握簿籍与文书的官,相当于现在的政府秘书长。此人才思敏捷,头脑灵活,颇具才华,但却屡屡"犯曹操之忌"。《三国演义》中载有这么几则小故事:一则是曹操去看新造的花园,在门上写了一个"活"字,众人皆不知其意,杨修说:"门内写活,乃阔字也,丞相是嫌门阔了。"曹操知道后,口虽称美,"心甚忌之"。二则是塞北送来一盒酥,曹操在盒上写了"一合酥"三个字,杨修即"取匙与众人分食",曹操问其原因,杨修说:"丞相已写明一人一口酥。"曹操"虽喜笑,而心恶之"。三则是曹操为试曹丕和曹植的才能,杨修却多次为曹植出谋划策,使曹操认为杨修与曹植联合起来欺骗自己,于是就有了杀杨修之心。最后,当曹操兵退斜谷,前被马超所拒,退又恐蜀兵讥笑之时,传出夜间口令为"鸡肋",杨修就叫军士收拾行装,准备归程,因为鸡肋"食之无肉,弃之有味"。最终,曹操以惑乱军心罪杀了杨修。

思考:

(1)请从秘书参谋的角度谈谈杨修之死的根本原因。

(2)谈谈秘书在参谋时应该如何摆好自己的位置。

(3)讨论杨修到底该不该杀。

(4)讨论杨修被杀给我们留下的启示。

【知识链接】

资料一:调研三忌

调研是一门科学,调研的过程就是一个求真求实的过程,去伪存真、去粗取精、由表及里、由此及彼的过程。党政机关调研的目的是摸清情况、研究问题,为领导决策提供参考。调研的结果如何,事关决策的正确与否,事关事业成败,因此调查研究容不得半点马虎和虚假。

近日翻书,看了几位名人求真的事例后,颇有感悟,觉得党政机关调研应注意"三忌"。

一忌"先入为主"。据说宋朝大文豪王安石当考官时,在审阅一考生的卷子时发现有这么一句:"明月当头叫,黄犬卧花心",觉得很不妥。这朗朗明月,怎么能开口叫呢?小小花心,如何容得下黄犬?他于是挥笔改为了"明月当空照,黄犬卧花荫"。结果这个考生名落孙山。一年后,王安石到了南方的潮州,发现当地果然有一种小鸟叫"明月",有一种小昆虫叫"黄犬",当时后悔不迭:"错了,错了,是我错了!"

王安石错改考生卷子的原因就在于"先入为主"。一代名师,只注意事物的普遍性,而忽视了其特殊性,竟因主观臆断,改写失实,让"十年寒窗苦"的考生落榜,留下千古笑谈。

这件事对调研工作者来说,应引以为戒。"先入为主"式的调研,是脑子里带着框框去思考和判断问题,用已有的经验作为论据,推出结论;或调研之前脑子里已有了观点,然后到实践中找论据;或从经典著作、红头文件等已有定义或论断出发,按照他人意图对号入座,根据需要去裁剪事实。凡此种种,得出结论,必然削足适履、以偏概全、一叶障目,只知其一、不知其二,只知其表、不知其里,只知一般、不知特殊,以致铸成大错。

调研是主观见之于客观的实践活动。调研如源头活水,一切正确的观点、科学的结论都产生于调研之后。毛泽东同志指出:"你对那个问题不能解决吗?那么你就去调查那个问题的历史和它的现状吧,你完完全全调查明白了,你对那个问题就有解决的办法了。一切结论都产生于调查的末尾,而不是在它的先头。调查好比'十月怀胎',解决问题像'一朝分娩'。""没有调查就没有发言权。"要想防止先入为主,调研人员就要树立实践第一、调研为先的观点,深入实际了解情况,研究问题,有所认识、有所发现,从而认清事物的本来面目,得出符合实际的正确结论;就要坚持科学的态度、实事求是的精神,观察问题、研究思考问题,一是一、二是二,不带框框找论据,不凭主观得结论;就要坚持辩证的思维、全面的方法,观察和了解情况、思考问题,既注意事物的普遍性又注意事物的特殊性,防止一叶障目、以偏概全,把个别的、特殊的问题作为普遍的、一般的问题来认识和对待。

二忌"随大流"。王安石在《游褒禅山记》中写道：褒禅山前洞"其下平旷，有泉侧出"，故"记游者甚众"；而后洞"有穴窈然，入之愈深，其进愈难""则至者少"。而那些游者岂不知"其进愈难，而其见愈奇，世之奇伟、瑰怪、非常之观，常在于险远"。事物的真谛往往在于常人难以发现的地方。所以王安石慨叹："悔之随之""不得极乎游之乐"。

王安石所言"悔之随之"启示我们，调研切忌"随大流"，人云亦云。现实生活中，有些同志在调研过程中，听风就是雨，满足于走马观花、蜻蜓点水式地转一转，所接触的只是肤浅、零碎、表面、片面的东西，没有自己的观点，更没有独到的见解，结果常常是"月亮走，我也走"，人云亦云，人错我亦错。有这样一则笑话：某君一日闲逛街头，忽见一长队绵延，赶紧站到队后排队，唯恐错过购买紧缺必需品的机会。等到队伍拐过墙角，才发现大家原来是排队上厕所，不禁哑然失笑。这是在现实生活中"随大流"闹出的笑话。2006 年以来，猪肉价格大幅度上涨，有专家放言："猪肉价格已到顶点，不会继续上涨，高价猪肉也不会持续很长时间。"随后国家农业部和地方各级政府官员、专家也跟风说"肉价不会再涨了"。而实际结果是，猪肉价格连续飙升，引起物价连锁上涨，导致各级政府工作十分被动，为发展生猪生产，又是召开发展生猪生产紧急电视电话会议，又是出台鼓励生猪生产的政策文件。直到 2007 年下半年，生猪生产才得到基本恢复，猪肉价格才基本趋于稳定。

价值决定了调研成果的高低，而价值往往蕴藏在事物的深处，在常人难以发现的地方。"世之奇伟、瑰怪、非常之观，常在于险远，而人之所罕至焉，故非有志者不能至也。"同理，调研要获得有价值的成果，就要深入，只有入之愈深，才能所见愈奇。"涉浅水者见鱼虾，入深水者见蛟龙。"调研人员必须深入观察，实地了解一线情况，找准问题的症结和矛盾的焦点，溯本求源，才能真正掌握全面、翔实的第一手材料，把握事物的全貌，深入探究事物的本质，挖掘他人未发现的问题。调研不仅要"身入"更要"心入"，"身入"是深入实际了解情况的过程，而"心入"则是深入分析、综合思考的过程，是准确把握问题实质的关键环节。调研人员只有做到身到心到、身心合一，才能从纷繁复杂的现象中抓住事物本质，把那些有价值的东西挖掘提炼出来，正所谓"千淘万漉虽辛苦，吹尽狂沙始到金"。

三忌"想当然"。苏轼在《石钟山记》中谈到石钟山名字的来历时，列举了前人的考证。南北朝《水经注》作者郦道元认为，石钟山因"水石相搏，声如洪钟"而得名。唐朝诗人李勃到石钟山察访，双手用石敲击，其声宏大清越，则以为石钟山因击石如钟声而得名。苏轼为求证这些说法的正确性，月夜泛舟石钟山绝壁之下，听到从水上传来阵阵洪亮声音，"如钟鼓不绝"，结果发现山下有石穴，深浅莫测，两山之间如港口处有大石挡住水流，其石中间是空的，有很多洞穴，水流冲击山下石穴和水中石洞，发出钟鼓之鸣，从而弄清了石钟山之名的真正由来。

苏轼等人考证石钟山名字的由来，得出的结论各不相同。郦道元和李勃是凭借简单的了解得出的结论，相当大的成分是建立在主观臆断基础上的。而苏轼的结论是亲临其境实地考察得出的，是建立在深入观察了解和科学研究思考基础上的。两者考证的基础不同，自然得出的结论不同。

苏轼为石钟山之名正源告诉我们，调研不能"想当然"。在调研过程中，有些同志虽然到了现场,但只是走马观花、浅尝辄止,蜻蜓点水式地点到即止,不深入调研;或搞形式主义,摆花架子,以偏概全,把现象当本质;或盲人摸象,抓住一点不及其余,从而得出不符合实际的结论。

世界上的事物纷繁复杂。调研人员只有以科学求实的精神、踏踏实实的态度,深入调研、思考,由此及彼、由表及里地分析研究问题,才能抓住事物的本质,发现事物的真谛,得出符合实际的结论,为领导决策提供科学正确的依据。

(啸风　安徽省六安市人民政府发展研究室　《秘书之友》2009.5)

资料二:几种主要调研报告的写法

不同种类的调研报告,基本格式与写法从总体上讲大致相同,但由于强调的重点和要求不完全一样,因此,其具体格式与写作方法也有一定的区别。下面,对几种常用调研报告的具体写作方法分别作一些简要介绍。

1. 反映基本情况的调研报告。这类调研报告格式,主要用于反映某一地区、某一领域或某一事物的基本面貌,目的在于报告全面的情况,为决策者制定方针政策、规定任务、采取措施提供决策依据和参考。这类调研报告常用于向上级报告工作,如党委、人大、政府和政协机关,以及部门和单位领导下基层了解面上情况后所写的调研报告,多属于此种类型。这类调研报告格式的写法偏重于反映客观情况,分析研究的成分相对少一些,一般也不要求提出理论性的主题思想。在写作过程中,这类调研报告的标题,一般要点明是关于什么单位或者地区、什么问题的调查。其前言一般是介绍调查的缘由、目的、时间、地点、范围和方式等。由于这类调研报告的主体内容涉及面一般都比较宽,因此在写作格式上往往采用横向结构。如综合反映一个地区的情况,可从经济建设、政治建设、文化建设、社会建设、组织领导等若干方面来撰写;如反映某一方面的情况,则可分为基本概况、主要成绩、突出问题等若干层次。当然,每个大的部分中还可以分为若干个小的问题来写。

2. 总结典型经验的调研报告。这类调研报告,主要用于对先进典型进行深入调查分析后,提炼出成功经验和有效措施,以指导和推动面上的工作。因此,这类调研报告内容主要包括:基本情况、突出成绩、具体做法、主要体会等。其标题一般要反映主题,前言大多采用概述主要成绩、发展变化,并提示基本经验的写法。主体部分需要充分展开,不仅要写具体做法,而且要写切身体会;不仅要写感性认识,而且要上升到理性认识。这两方面是相辅相成、缺一不可的,没有具体做法,体会就是空的;不上升到理性认识,感性认识就难以具有广泛的指导意义和推广价值。结尾可以归纳全文、强调主旨,或者指出不足、展望未来。在行文的语气上,经验调研报告与经验总结不同,经验总结用第一人称,行文语气必须谦虚,而调研报告则用第三人称,可以热情赞扬,以促进经验的推广。

3. 反映新生事物的调研报告。这类调研报告,主要是用于报告和评价新生事物,帮助人们提高对新生事物的认识。新生事物往往代表着事物的发展趋势,因此,在写作时要抱着满腔热情的态度给予充分肯定和积极支持。这类报告在写作的特殊性上,都源于一个"新"字,不仅要说明新生事物的孕育、产生和发展过程,而且要指出它的背景,也就是说要指出它是在什么样的环境和条件下产生的,经历了什么样的发展过程,遇到了哪些矛盾、困难和问题;不仅要说明它的性质和特点,而且要指明它的作用和意义,包括对其发展前景的预测和未来发展方向的展望。由于新生事物处于不断发展和完善的过程中,往往不够成熟,甚至存在某些弱点和不足,所以在结尾时,一定要如实地指出它需要进一步完善的地方和可能带来的新问题,以便进一步改进和完善。

4. 揭露问题的调研报告。这类调研报告,又可细分为两种:一种是为了研究解决工作中存在的缺点和问题,以及不良倾向等而撰写的调研报告,其目的在于揭示问题、反映情况,而不在于追究责任者。另一种是为了处理违法乱纪事件或严重事故等而撰写的调研报告,在这一类调研报告中,不仅要以确凿的事实分清是非,而且要弄清性质、分清责任,提出解决和处理的具体意见。揭露问题的调研报告,其标题往往多采用揭露式的,有的标题甚至还带有一定的感情色彩,如《主城区违法建筑触目惊心》,这一个标题,不仅表明了调研报告的主旨,而且也表明了作者对这一问题的态度,能够起到强烈的警示与提示作用,吸引读者的眼球。主体部分所反映的如果是一个具体事件,一般采用纵向结构;如果反映的是一种倾向和状况,多采用横向结构。在叙述完问题的主要事实后,要写出问题产生的原因、性质和危害程度。结束语有的可呼吁对问题予以重视或关注,有的可扼要提出解决办法或处理意见。

5. 考察历史事实的调研报告。这类调研报告,通常是用于对某一历史现象或某一历史事件进行重新调查,用确凿的事实,揭示历史真相,作出正确的评价,以还历史的本来面目。如为平反历史冤假错案所写的调研报告,就属于这种类型。这类调研报告的政策性和针对性较强,反映的事件往往也比较复杂。其正文的内容,一般包括三个方面:一是事实的本来面目;二是被歪曲的情况;三是纠正和处理的意见。在写作时,事实真相与被歪曲的情况相矛盾的地方,尤其要叙述清楚,要说明事实被歪曲的原因和有关的责任者。写处理意见时,态度要明确,办法要具体。如果问题正在处理和解决中,就要把进展情况写出来;如果尚有阻力,就要把问题尖锐地提出来,敦促有关部门尽快予以解决。

6. 研究探讨性的调研报告。这类调研报告,主要用于研究探讨某项政策或工作,以统一认识,提出解决问题的办法。当然,也可以用于在作出某项决策之前,进行可行性调研,其特点是具有较强的探索性和论证性。这类调研报告虽然取材广泛,但总是针对某个现实问题,或者紧紧围绕党委与政府的中心工作展开,通过研究和分析大量系统的材料,探索解决问题的办法和途径,有时还要与不同的意见展开商榷和争鸣。其标题大多数采用直述主旨的方式,当然也可以采用提问的方式作标题,如《打开宝岛的"金钥匙"在哪里——关于海南岛开发建设的调查》,这种标题,如果运用得当,既可以准确反映主旨,又能对读者产生较强的吸引力。其前言,一般是提出要探讨、解决的问题及研究此问题的意义。如果对问题有不同的认识,则要把各方面的主张摆出来。研讨性调研报告提出的往往是新观点、新见解,所以在主体中,不仅事实材料要充足有力,而且还要进行充分地论证,必要时,还应对不正确的意见进行批驳。这就要求行文时,把立论和驳论有机结合起来。但不管是立论,还是驳论,都要以事实材料为基础,切记不要偏离到抽象或空洞的理论证明上去。此外,由于调研报告的目的是探讨解决问题,所以应采取平和的、商榷的语气,切忌冷嘲热讽。这类调研报告的结束语,可采取归纳全文,强调主旨的方法,也可以采用提出需要进一步探讨解决问题的方法来结尾。

7.调查附记。调查附记又称为调查后记,虽然也是一种文体,但没有独立性,它依附于原件而存在。在有些情况下,如果知情者所提供的材料比较具体实在,并能充分说明问题,这时便以原件为主,在原件后附上调查附记或后记,起证明情况的作用。附记一般都比较简短,在写法上,往往首先是对原件所反映的问题表示明确的看法,并说明经过调查,原件完全属实或基本属实等。接着可以就其中某一关键问题作补充说明或有所强调。必要时也可以指出当事人或单位目前的认识和行动。由于原件所反映的问题,有可能与事件的发展情况不同,可能已圆满解决,或正在解决,或尚未着手解决。因此,附记的结束语,应针对不同的情况采用不同的写法。

要写出高质量、高水平的调研报告,除需要按上述几类调研报告的格式和结构要求谋好篇布好局,且具备一定的文字驾驭能力之外,还必须注意把握三个方面的问题:一是熟悉相关政策。掌握和熟悉相关政策,是写好调研报告的前提。因为调研报告所涉及的都是广大人民群众比较关心、关注的问题,有些是实际工作中迫切需要解决的,有些需要总结经验和做法,有些则需要从正反两个方面提出方法和意见。所有这些都将涉及到相关的政策,甚至法律法规。这就要求我们在写调研报告时,不仅要熟悉相关的法律和政策,熟悉上级的指示精神,而且要善于运用法律法规和方针政策,以及理论知识去观察、分析问题。只有这样,写出来的调研报告才会符合党的方针政策,符合法律法规,符合地方和部门的相关规定。二是详尽地占有材料。详尽地占有材料,是写好调研报告的基础。调研报告的特色就在于用大量的事实、数据和典型材料来说话。在调研报告中,切忌出现事实不多议论多,材料不多空话多,甚至抄文件,谈感想,讲体会的现象,如果这样就失去了调研报告的特色。这就要求我们在写调研报告之前,必须广泛地搜集和占有丰富且充足的资料,为写好调研报告提供更多、更好、更有参考价值和应用价值的材料。这里所说的材料,既包括书面材料,也包括深入实际所获取的第一手材料。只有对被调查的对象有了清楚、细致的把握,才能更好地掌握调研报告写作中的"主动权"和"发言权"。三是认真分析研究。认真地分析研究,是写好调研报告的关键。调查研究过程中收集来的材料,往往非常混杂,这就需要对各种材料按照内容,或者是时间进行分类整理和比较研究,对一些重要的和有疑点的材料,还必须作进一步地了解核实,以鉴别真伪。对有些相同的材料,有时还要进行必要的数量统计和百分比计算,以便在比较分析时采用。只有通过对搜集来的大量原始材料,进行认真的比较分析、归纳整理后,才能真正按照去粗存精、去伪存真,由此及彼、由表及里的要求,筛选出符合主题和观点要求的典型材料,才能使观点和材料在调研主题的统率下达到有机统一。

(摘编自《新重庆》2006.1,作者:樊启霖)

第三部分 秘书沟通与协调

【知识目标】

理解沟通的涵义和沟通的要素。

了解秘书沟通的特点和障碍。

正确把握横向沟通与纵向沟通的策略。

掌握秘书协调的原则。

掌握协调工作的程序。

【能力目标】

能够有效倾听和恰当表达。

能够针对不同情况进行有效沟通。

能够根据具体情况选择恰当的协调方法,做好协调工作。

【案例导入】

两个部门的矛盾

某公司秋季新推出一批促销特价电风扇,这个活动是企划部策划的方案,由营销部实施。但由于企划部的失误未注明活动截止时期,因此经销商一直到第二年春天还执行此价格。很显然错误根源在企划部,但营销部作为执行部门应当及时发现此问题并及时纠正。两方都有责任,好在旺季未到,公司损失不大。事后追查这件事情时,营销部的人认为,此事是企划部负责安排的,是他们策划不周,所以企划部应该为这事负责。

但当老板要求秘书王艺去询问企划部时,企划部负责此事的人给王艺来电话,说:"这事责任不在我们。我们只负责方案设计,时间通常都是三个月,以前均是如此,很显然营销部执行时未能按此办理,再说方案通气会上他们未曾置疑。"王艺问:"这事也不能老拖着,你看这事应该如何解决?"那边电话说:"既然都不认错,就请领导裁定吧。"

老板一看,事情其实不大,损失也很小,两位主任都是大功臣,这次未能升职都有怨气,于是就叫秘书处理。

王艺把两个部门的主管请到了办公室,双方坐到一起,王艺先介绍了事情的具体经过,让两位主管尽可能地消除误会。然后请两位主管从公司大局出发,公司的利益是最重要的,不能把部门利益放在公司利益之上。最后让两位主管直接沟通,有什么问题当面说清楚,找到解决问题的办法。

提示:

由于部门利益的不同和看问题的角度不一样,各部门之间出现一些矛盾和摩擦是经常的事。公司常常会出现这种公说公有理,婆说婆有理的情况,秘书要充当这种和事佬角色和像消防队员一样到处灭火。

第一单元　秘书沟通工作

一、秘书沟通的特点

(一)广泛性

秘书人员的人际交往是开放性的、多层次的、也是全方位的。在履行自己的职责时,必须同社会的方方面面各色人等打交道。因此秘书的沟通范围非常广泛,可以扩展到组织的管理工作、业务工作的一切领域、一切方面,既包括与上级机关及其领导的沟通,又包括与直接领导、同事的沟通,还包括与不同团体成员之间的沟通。

(二)非权力支配性

秘书人员的社会交往往往不像平常人那样具有浓厚的主观选择色彩,即按照个人意志、情感、利害关系行事,而是由自己的工作职责、由上司的意见所支配。因此沟通时不能超越上司的授权范围去承诺或者分配任务。

(三)认同疏导性

秘书人员沟通的目的是让组织的各项活动得以顺利开展,使上司的意图得以实现,因此在沟通中的主要任务是疏导、协调各方面关系,让沟通对象服从领导,协调工作。

二、秘书沟通的类型

(一)正式沟通和非正式沟通

按沟通的组织结构特征,可分为正式沟通和非正式沟通。

1. **正式沟通**　正式沟通指按照组织明文规定的渠道进行信息的传递和交流。例如,组织内部的文件传达、上下级之间例行的汇报等都属于正式沟通。正式沟通具有严肃性、程序性、可靠性,是组织内沟通的主要方式。

2. **非正式沟通**　非正式沟通指正式沟通渠道以外自由进行的信息传递和交流,它是正式沟通的补充。例如,员工之间私下交换意见、传播小道消息等。非正式沟通的特点是自发性、灵活性、不可靠性。

(二)单向沟通和双向沟通

按信息发送者与接受者的位置是否变换,可分为单向沟通和双向沟通。

1. **单向沟通**　单向沟通指信息的发送者与接受者之间相对位置不发生变化的沟通,

其信息的交流是单向地流动,只要求对方了解、接受,不要求回复。例如,演讲、作报告、广播消息、贺信贺电等都属于单向沟通。

2. 双向沟通　双向沟通指信息的发送者与接收者的位置不断变化的沟通,其信息交流是双向的活动。例如,组织间的协商、讨论,发文中的请示、批复等都属于双向沟通。

(三)直接沟通和间接沟通

按信息沟通的过程是否需要第三方的加入,可分为直接沟通和间接沟通。

1. 直接沟通　直接沟通指信息发送者与接收者直接进行信息交流,无需第三方传递的沟通方式。例如面对面的交谈、电话交谈等。双方可以充分交换意见,迅速取得相互了解,但有时直接沟通存在一定困难。

2. 间接沟通　间接沟通是指信息发送者必须经过媒介的中转才能把信息传递给接收者。例如通过会议、网络来进行沟通。

(四)语言沟通和非语言沟通

按沟通的方式,可以分为语言沟通和非语言沟通。

1. 语言的沟通　语言是人类特有的一种非常有效的沟通方式。语言的沟通包括口头语言沟通、书面语言沟通。口头沟通是指以口头语言为媒介的沟通,例如演讲、口头汇报、小组会、讲话、电影、电视、电话、录像会议等。口头沟通信息发送和反馈快捷及时,但信息传递经过的中间环节越多,信息被曲解的可能性就越大。书面沟通是以书面文字和图片为媒介的沟通,例如通知、文件、备忘录、信、出版物、传真、广告、计算机、报表、电子邮件,等等。书面沟通比口头沟通更加规范、正式和完整,在组织正式的、比较规范的沟通中通常用书面沟通。但花费大量时间,缺乏及时的反馈,而且不能保证接收者完全正确地理解信息。

在沟通中我们用得最多的是语言,语言更擅长沟通的是信息。

2. 非语言的沟通　除了用语言进行沟通,有时候还会用眼神、面部表情和手势等去沟通,这就是非语言的沟通。在面对面沟通中大约65%的意义是来自非语言表达的,非语言信息往往比言语信息更能打动人。秘书要细心观察领导、同事的非语言表达,用语言以外的方式来沟通,从而传达更多的信息。非语言更善于沟通的是人与人之间的思想和情感。

(五)横向沟通与纵向沟通

秘书的沟通工作因为流向的不同,可以分为横向沟通与纵向沟通。这两种沟通是一个单位或组织中最为重要的正式沟通形式。

1. 横向沟通　横向沟通指组织中各平行机构之间的交流及员工在工作中交互作用和工作交谈等,在横向沟通中不存在直接的上下级关系。横向沟通的表现形式为:会议、面谈、备忘录、报告等。在横向沟通中,秘书人员要掌握以下4个策略。

(1)选择有针对性的沟通形式。例如,对于决策性会议,与会的人数可能倾向于少而精,以提高集合面;对于咨询性的会议,其目的就是集思广益,应该扩大与会人数和与会人员的背景,以提高覆盖面;对于通知性的会议,只要让所有需要知晓信息的接受到信息就可以。同时注意反馈,确保沟通接收者准确无误地理解信息。

(2)树立"内部客户"的理念。要用对待外部客户、最终客户的态度和热情去服务内部客户。

(3)耐心倾听而不是叙述。在交流会谈中,每个部门的参加者最擅长的就是表述本部门的困难和麻烦,同时指责他部门如何不合拍、不协同,很少花时间耐心倾听。当沟通的各方仅仅关注如何组织发言,去阐述、强调本部门、本岗位中遇到的阻碍和困难时,在别人发言时,他们就不会去倾听。

(4)换位思考。试着采用他人的思维和沟通框架、设身处地地替他人着想,并体会他人的看法,是很有益的。跳出自我的模式,进入他人的心境,未必要同意他人,但能了解他人看待事物和认识事物的方式,这样才能找到合适的沟通方式,并行之有效。

2.纵向沟通　纵向沟通包括自上而下、自下而上两种沟通。从上至下进行的沟通称为下行沟通,是纵向沟通的主体;自下而上进行的沟通称为上行沟通,是纵向沟通的关键。

(1)下行沟通。是组织的领导者把组织的目标、规章制度、工作程序向下传达的沟通方式。通过下行沟通,使下级员工明确工作任务、目标,增强责任感和组织归属感,并且协调组织各层次的活动,加强各级间的有效协作。下行沟通的表现形式通常为:公司政策、报告、信函、备忘录、谈话、口头指示、会议、传真、电子信箱等。下行沟通的策略主要有:

a.制定沟通计划。领导要有主动沟通的意识,主动与下级沟通组织内的一些消息、政策。任何措施实施前应告知所有人员,使他们充分了解,以获取他们的支持与合作。

b.减少沟通环节,提高沟通效率。尽量减少组织的层次,减少沟通容易被过滤、曲解或延误的机会。

c.去繁从简,言简意赅,提倡简洁地沟通。

d.启用反馈,鼓励接受者对信息进行评价,让接受者有机会发问或复述信息要点。

e.多介质组合,比如书面形式与电话相结合。

(2)上行沟通。上行沟通是下属员工向上级提供信息、发表意见和对情况的反映。如果上行沟通渠道畅通,可使下级员工向上级反映自己的意见和愿望,获得某种心理上的满足,同时也可使领导者及时、准确地掌握下级情况,为做出符合实际的决策和改进管理创造条件。上行沟通的表现形式通常为:提出建议的系统、员工申诉程序,各种员工座谈会,各种谈话、非正式的讨论,员工信箱,设置巡视员等。上行沟通的策略主要有:

a.建立信任。领导者应调整只喜欢听好话的心理,以平等地位对待下属,使下属敢于发表意见和建议,并对提出合理化建议者实行奖励制度。

b.适当采用走动管理,安排非正式的上行沟通。非正式沟通采用的形式多为社交性活动的形式,如一起参加晚会等。与正式沟通相比,来自信息接受方的障碍低得多,沟通效果也非常好。

c.维护领导层的内部一致性,请示、汇报工作严格按照职责分工进行,不越级,不在背后发议论。

三、秘书沟通的障碍

只有在信息接收者按照发送者的期望接收并正确地理解了所传递的信息时,沟通过程才算完成。而在沟通进行的过程中,常常会因为遭遇障碍而无法取得预期的沟通效果。造成沟通障碍的因素很多,归纳起来有以下几类。

(一)知识性障碍

知识性障碍主要指因为沟通者对沟通对象的专业、现状、政治、历史、地理、社会背景等缺乏认识而造成的障碍。

(二)心理障碍

每个人因为其独特的成长经历、生活体验和工作领域,会形成独特的社会行为和沟通方式。一个经验丰富的人往往会对信息进行通盘考虑,谨慎细心处理;一个初出茅庐者往往会对问题的考虑很不周全。在沟通中如果双方经验水平的差距过大,而双方往往依据经验上的大体理解去处理信息,必定造成沟通的障碍。沟通者的情绪对沟通也会产生干扰。当人在情绪非常兴奋或非常低沉时,往往会变得不理智,这时候做出的决定或进行的有关沟通容易主观化。

(三)信息障碍

良好的沟通需要建立在对信息的充分理解的基础之上。由于沟通者获取信息的渠道不一,获取的信息侧重点不同,甚至是互相矛盾或者是虚假信息,势必给沟通造成困难。或者信息过量,使信息的接受者没有能力和足够的时间来处理,也就不可能对信息进行全面、深入、细致地分析,例如“文山会海”现象。或者由于信息渠道的选择不当,会使得信息发出后长时间得不到反馈,影响沟通的顺利进行。

(四)技术性障碍

技术性障碍主要指沟通者技术能力或技术条件不足而造成的沟通障碍。同在一个办公室,本来可以口头沟通却采用了书面形式,也会降低沟通效果。如果沟通中使用的电话、传真机、计算机网络出现故障,同样会造成沟通失败。

(五)体制性障碍

如果信息在上行或下行的过程中要经过许多的中间层次,在发送者和接受者之间就会出现信息的扭曲、拖延或者阻隔的现象。有的组织、系统内纵向层次划分过多、横向部门划分过细,有的部门职能不清,或者政出多门、号令不一,都会造成沟通的障碍。

四、有效沟通的要素

信息发出者通过接受者的反馈来确定信息已经被理解和执行,即沟通已经收到预期效果,这样的沟通才是有效沟通。有效沟通的前提是尊重和理解。倾听与表达则是有效沟通中最为重要的两个要素。

(一)有效倾听

倾听是我们与他人进行沟通协调,创造出“相互理解”的共同基础。要让对方看出你在认真倾听,努力理解他所说的话,并不时地反馈给对方,以确认你真正理解了对方的意思。著名公共关系专家卡内基曾说:“会听比会说更能打动人心”,足以说明倾听的重要性。威廉·莎士比亚的建议是:“倾听每一个人的谈话,但少开口。”

有效倾听有4项基本要求。一是专注,指的是对倾听过程的要求。二是移情,要求把自己置身于说话者的位置上。三是接受,是积极倾听的表现,即客观地倾听内容而不作判断。四是完整,听者要千方百计地从沟通中获得说话者所要表达的完整信息。

(二)恰当表达

1.实现有效提问

(1)态度。要以理解的态度,认真、诚恳而准确地提出一些双方都能接受的问题。

(2)时机。提问不要过早、也不要太迟,而要就当前的事情提问。

(3)提问内容。要提出自己应该知道的信息。

(4)注意提问时的话语速度。

(5)提问的方式。要用不同的提问形式引导对方向有效协调的目标前进。提问有开放式提问和封闭式提问两种。开放式提问,如"你对这个问题怎么看?";封闭式提问,如"你同意这个观点吗?"

2.自信地提出要求

(1)提出要求时要有清楚的目标并留有余地:要求你所需要的东西;要求本来属于你的东西;希望对方提供具体的帮助;希望对方考虑你的请求。

(2)提问要简洁,中心内容要突出,要使对方在最短时间内了解你的意图;兜圈子实际上是对于自己的要求内容不够自信而寻找理由。

(3)用果断和坚决的手势语协助表达要求的坚定性。

3.礼貌地拒绝要求

(1)礼貌拒绝要求采用委婉的语言和巧妙的方式向对方说"不"。拒绝的口气要坚决,形式要礼貌,使对方不再以此纠缠。

(2)礼貌拒绝的前提是避免自责和担心。应该了解不能满足别人的要求并不等于做了对不起人的事。

(3)清楚地表达拒绝信号不一定使用生硬的语言。例如,很遗憾,我别无选择,希望你能理解。

(4)礼貌拒绝的技巧。避免使用借口,借口使人感到还有余地可以讨价还价;留出时间延期答复,这样可以使人感到是深思熟虑后的拒绝;提出替代方案,以满足对方的补偿心理;说明原因获得理解,可以使对方自动放弃要求。

【实训】　沟通技巧训练

一、训练目标

通过案例分析,强化沟通和协调技巧,提高交际与处理问题的能力。

二、训练方案与要求

1.周县长收到一封"县粮食局下属的种子公司卖给当地农民杂交水稻稻种是假冒伪劣品种"的控告信。眼看着播种期已到,控告人要求县长"为民做主"。县政府组成由县政府办公室高主任、粮食局办公室彭主任、种子公司女技术员夏晴的三人调查组。高主任办事雷厉风行,30多岁;彭主任经验丰富,年龄最大;夏晴朝气蓬勃,只有20岁。在高主任的率领下,他们接到命令当天赶到事发地点。第二天上午便分头深入农户了解情况,中午返回驻地汇总情况。没想到一开始高主任和夏晴就发生了激烈的争论。

原来,高主任找到写信的农民,并察看了稻种和该农民试育的种子,出芽率仅为20%左右。回到驻地,他见夏晴正哼着流行歌曲,便劈头盖脸地责备起来:"你们种子公司为了小集团的私利,昧着良心,竟然干出坑害农民的事情来……"年轻气盛的夏晴还未等他说完便竖起脖子跟他吵起来,说完夏晴便冲出了住处。

这时,经验丰富的彭主任回来了,见高主任一声不吭地吸香烟,觉得气氛有些不对头,便询问发生了什么事情。当高主任大致说完与夏晴争执的经过后,彭主任首先表示歉意:"对不起,我来晚了一些,否则不会发生这种事情。"接着,彭主任将自己调查走访的结果向高主任作了详细地汇报:"我到下面调查,发现农民手中有两种稻种,问题就出在这上面。"彭主任介绍了他了解到的几户农民所买的两类稻种的时间、价格,以及种子的成色、颗粒均各不相同。最后,他说:"看来是一真一假,有人冒种子公司之名行骗。"

生气的高主任见年龄比他大的彭主任向自己道歉,情绪也逐渐平静。

彭主任还与夏晴谈心,一方面鼓励她工作的热情,另一方面批评她的焦躁和不成熟的缺点,同时说服夏晴向高主任道歉。

当三人统一认识后,又进行了深入的调查。结果确实是有不法商贩利用个别农民贪图便宜,销售假稻种,造成了严重的危害,他们及时把这一信息上报县政府,请县政府迅速采取措施,挽回农民的损失。

2.东兴供销社业务员高青一脚踏进办公室,上气不接下气地冲着唐友说:"唐主任,快,快,快去劝劝马主任,他和蒋厂长吵起来啦!"

马主任是供销社主任,蒋厂长是花溪酒厂厂长,两家企业常有业务往来。上次,因酒厂失约,给供销社经营造成了一定亏损,马主任很不满意。昨天,蒋厂长来供销社推销香槟酒,马主任不冷不热地说:"哟,蒋大厂长,还记得起我们这小小供销社啊?你找的是哪家医生,怕是吃错了药哟!"蒋厂长自然知道这句话的含义,但想到目前产品积压,资金紧张,又不得不忍气吞声向对方求情。结果,双方仍是不欢而散。

今天,蒋厂长再次登门,在门市部找到了马主任。马主任指着货架上的"花溪香槟酒"没好气地说:"你看看,这就是你们厂生产的酒,我这里还有上百瓶存货呢!嫁不出的女儿就往我这里送,我们是收破烂的吗!"蒋厂长一时性起:"你话说得那么难听做啥哟!你马主任今后就不求人啦,皇帝老儿死了还要借铲锹呢!我给你那么多优惠条件,你还说三道四,难道今后就不打交道了吗?"

办公室唐主任和业务员小高来到门市部时,只见两人都伸长脖颈,争得面红耳赤。这种难堪场面,使看热闹的人越聚越多。唐主任知道再这样下去,两位领导人都下不了台,对双方都没有好处。

刚才,蒋厂长所说的优惠条件是指:花溪酒厂以出厂价给东兴供销社五千瓶香槟酒,先付款五分之一,其余五个月以后一次付清。供销社管业务的贾副主任同业务员高青详细算了一笔账,觉得这生意可做。除税金外,这笔资金供销社还可以借用三个月。再说,目前春天来临,香槟酒容易推销。这是刚才高青在路上告诉唐主任的。

这时,只见唐主任落落大方地走进人群。他先向蒋厂长点头,以示对客人的尊重,同时,分别递给马主任和蒋厂长一支"红塔山"香烟,又给他们分别点上火。这些都是在悄无声息中进行的,然而,"此时无声胜有声"。唐主任知道马主任见了"红塔山",即使气冲牛头,也会安静下来。然后,唐主任凑近马主任耳语了几句,高青便同马主任离开了门市部。这时,唐主任又转过身来说:"蒋厂长,怠慢了,对不起!走,去办公室坐坐吧!"

以后的事情,自然可以料定了。

训练要求:

(1)分析讨论案例。

(2)总结案例中沟通协调的艺术。

训练组织:

以小组为单位,分析讨论案例。

训练作业:

每人写一份书面文稿。

第二单元　秘书协调工作

一、秘书协调的原则

(一)政策指导原则

政策是协调工作的准绳和尺度,协调要依靠政策办事,发挥政策效力。办公室处理的许多问题都带有较强的政策性,秘书人员在协调工作中应坚持原则,秉公办事,做到处理任何问题都有依有据。

(二)从属原则

从属原则指秘书人员在协调工作中始终要把自己的角色定位在从属位置上,做到既主动,又不越权。所谓主动,即充分发挥主观能动性,在领导确定协调事项后,不等不靠,在职权范围内积极主动地做好工作;需要领导出面协调的,要事先做好准备,并提出预案和建议,有的应先行将协调工作完成在相应层次上,尽量减少或避免让领导直接出面充当协调者;协调过程中要及时分析研究动向,准确地为领导提供所需的各项材料、依据;协调后还应主动搞好督促检查,及时向领导反馈落实情况。所谓不越权,就是要严格按照领导意图去办事,对于自己把握不准的问题要多汇报,多请示,务必事先征得领导的同意,不可随便更改领导的协调意见,不可对重大问题随意表态。贯彻落实中遇到新情况,更不可自作主张、擅自决定。

（三）分层负责原则

分层负责原则指在协调中要注意分清协调对象的层次,充分发挥各方面的作用,依照职权范围,分级做好协调工作。该由哪一层次负责协调,就由哪一层次负责,不要把什么问题都上交领导。上级组织也不要越级处理下级职权范围内的问题,例如,凡是属于业务部门职责范围的事,应充分发挥业务部门的作用,放手由他们自己内部去协调;涉及几个部门的一般性问题,应尽量让各有关方面自行协商解决;对那些需要由秘书部门协调的问题,也要注意发挥各职能处室的作用,使每个处室和每个岗位在履行各自职责的活动中,在办文、办会、办事等工作领域里,主动做好协调。对于确实需要主要领导出面协调的问题,秘书部门要及时汇报,并做好基础工作,提供有关材料,为领导协调做好服务。

（四）及时原则

秘书应具有超前意识,善于在问题刚刚暴露时就及时进行协调。例如,在上级的重大决策贯彻前、重大会议召开前、重要活动开展前,提前介入,未雨绸缪。

（五）调查研究原则

协调就是解决矛盾,使各方面相互配合,朝着总的目标前进。一般来说,凡是需要协调解决的矛盾都是比较复杂难缠的问题,必须进行调查研究,深入了解事情的来龙去脉,摸清矛盾各方面的情况,分析、判断矛盾的性质及其对全局的影响,然后再进行协调,这样才能够合情合理,使领导和有关方面都认可。

（六）服从全局原则

协调工作要从全局出发,从一个组织长期的战略性需要出发。当局部利益与全局利益发生矛盾时,应牺牲局部利益,服从全局利益。秘书人员要说服协调对象树立全局意识,从组织的长远利益出发考虑问题,没有全局的成功,任何局部的利益都只是昙花一现,不会永久,也不能发展。例如,在发现利益冲突时,秘书首先要强调根本利益、长远利益的一致性,强调共同利益占主导地位,并取得冲突各方的认同;其次,在维护共同利益的基础上,形成各方都能接受的相互的方案,彻底解决失调矛盾。

二、秘书协调的内容

秘书协调的内容非常广泛,可以说涉及到工作的各个方面、各个层面。从大的方面来说,主要有政策制度的协调,各种关系的协调和事务的协调。

（一）政策制度的协调

政策制度的协调是指在制定、贯彻政策制度过程中的协调。各项政策制度的制定实际上是一个不断协调、不断统一认识的过程,与秘书的关系密切。在制定政策制度的时候,应避免先后制定的内容相互矛盾或各个部门在遵守制度过程中的矛盾,造成单位运作混乱。例如,在单位计划制定的过程中,对部门计划中与单位计划有矛盾的部分,秘书应及时向该部门提出,使该部门对部门计划进行修正。对单位计划中规定的需要几个部门共同完成的目标,秘书应与各部门商讨,做好协调和组织工作,使各部门协同工作。在政策制度的贯彻实施中,因为各部门的情况不一样,对某一具体规章的理解不一样,会出现矛盾与分歧。秘书应尽早出面进行协调,对一些难点、重点问题还要进行专项协调,从而促进政策制度的贯彻实行。

(二)各种关系的协调

秘书部门"总调度"和"中转站"的作用,决定了秘书人员要及时处理好各种关系。

1.**领导关系的协调**　秘书工作的性质决定了要经常与领导打交道,因此搞好与各位领导的关系也就成了秘书协调工作的内容之一。在协调参谋中,秘书要找准自己的位置,扮演恰当的角色,做到协调有度。特别是在同领导集体的协调中要坚持一视同仁、真诚坦白的原则,不搞亲疏之分、不随意传话,更不能搬弄是非。对领导之间的矛盾,要及时沟通信息,做好解释工作,消除分歧和误解,发挥好上下之间"润滑剂"的作用,以增强组织的凝聚力和战斗力。

2.**对内关系的协调**　对内关系的协调主要指与所属各下级单位或部门关系的协调,这些单位或部门之间是相互联系、相互制约的,秘书人员要充分调动各方面的积极性,把握动向,合理引导,促进部门之间精诚合作,使各个环节协调互补,和谐、有序、高效地运转。

3.**对外关系的协调**　对外关系有纵向和横向两种。纵向主要指与上级主管机关及有关业务主管部门之间的联系和协调,其目的在于了解上级领导机关的意图和工作要求,以便更好地贯彻落实。横向主要指与一些企事业单位间的联系和协调,其目的在于增进友谊、互通情况、合作交流,以得到社会各方面对单位的更多支持和帮助,为单位的发展创造一个良好的外部环境。

4.**各种人际关系的协调**　秘书部门是人际交往最频繁、最集中的部门,秘书人员是各种人际关系的润滑剂,秘书如果发现有影响工作的人际关系,就应协同领导或有关部门进行协商。另外,秘书人员与同事、基层员工保持和谐的关系,也是顺利完成各项工作的需要。

(三)事务的协调

事务的协调指在日常具体工作中的微观协调。秘书日常主要的三项工作办事、办会、办文中都要有协调。

1.**办事的协调**　这种协调渗透在秘书的每一项具体工作中。例如,领导用车的协调,会议室使用的协调,办公用品领取的协调,这类小事处理不好,会引起各种矛盾,也会影响正常的工作。

2.**会议的协调**　在会议的筹备、会议中、会议决策的实施过程中都有协调。会议召开前,对开会的目标要协调,会议议题要协调,对会议的时间地点和出席人员要协调。对于常规型会议,例如办公会、常委会、现场办公会、座谈会等,要在选题、组织参加人员和下发会议讨论研究材料方面做好协调,保证会议召开的质量;对于较大型的接待性会议,因为协调难度较大,涉及面广,需要在材料准备、会场布置、接待服务、录音录像、保卫宣传等各个环节下工夫。在会议进行中,秘书更要调控整个会场,出现问题就要进行协调。会议结束后,涉及几个部门的决定事项,为贯彻顺利,要先与有关部门协调,取得一致意见后再写进会议纪要里;会议决定事项在具体落实中也要进行协调。

3. 公文的协调　在草拟文稿时要协调。一份文件的内容如果涉及多个部门,要事先征求各部门的意见;涉及联合行文,要通过协商来处理。在发文时要协调。首先看这个文件是否需要发,如果发,用什么形式为好。再通过仔细校核,看是否符合现行政策,若不符,要与有关单位协商。文书要把好文字关、格式关,若不符合要求,秘书要与呈报文书单位协调。

三、协调工作的程序

协调工作在多数情况下是随机进行的,但是也有一些协调工作是在计划之内的,例如,发生了严重的不协调现象,秘书就要事先做好准备,按照一定程序逐步进行。这种计划之内的协调程序有以下 4 个步骤。

(一)摸清情况,找出症结

发现不协调现象后,秘书部门首先要做的就是对协调对象进行深入调查研究,弄清事情的真相,分析矛盾产生的原因,找出问题的症结。

(二)分析研究,草拟方案

在找出问题症结后,秘书人员要分析研究,拟定解决问题的方案,重大矛盾的协调方案要经领导集体讨论做出。方案中要明确协调负责人,协调的时间、地点、参与人员、拟采用的协调方法、所要达到的目的,并尽可能设计出几套方案,陈述其利弊,重要事项的协调方案要请领导定夺。正确的协调方案可以少走弯路,值得注意的是工作方案很难做到尽善尽美,只能在协调工作实施过程中不断修正。

(三)反复磋商,实施方案

是协调人员依据协调方案,运用一定的方法去解决问题,化解矛盾,以达到协调目标的过程。在这个过程中协调人员要注意坚持原则与随机应变相结合。协调必须坚持原则,离开了原则就失去了协调的意义。协调又是一个多变的过程。在某些情况下,对一些非原则性问题,则要见机行事,灵活变通协调程序、协调方式,运用灵活机动的办法来淡化彼此间的抵触情绪,营造和谐的协调气氛,促使双方做出适当的让步或妥协,使问题得到解决。协调者还要注意适时控制,掌握好协调时机、协调环境。如果时机未成熟就急于行动,势必事与愿违。

(四)督促落实,检查反馈

在双方达成协议后,秘书还要制定出具体的落实计划,并督促计划的具体实施,随时向双方通报情况,务求最后的落实。在落实之后,也可能发生一方或双方反悔变卦的情况,秘书还要注意反馈信息,如果发现反悔变卦的情况,应深入查找原因,继续开展协调工作,直到问题解决为止。

四、秘书工作中需要协调的几种关系

协调内容的广泛性,决定了协调方法的多样性。针对不同的协调内容,协调的方法也有所不同。下面就秘书对上、对下等不同关系的协调特点和具体方法加以说明。

(一)对上关系的协调

对上关系的协调是指秘书对单位的上级领导人和领导部门的协调。这个过程往往通过正确贯彻上级的政策、指示,全面领会领导意图,局部利益与整体利益保持高度的一致性,不折不扣地完成上级下达的工作计划和工作布置,并及时地汇报执行情况等组织行动来实现。秘书要在上级与本单位之间做好协调工作,既要促进本单位正确、及时地贯彻落实领导的意图,又要促进上级及时、全面地了解本单位的实际情况,从而促进本单位与上级保持一致,协调运转。

对上关系协调首先要及时发现问题,这是解决问题的关键。秘书人员是领导的助手和参谋,在本部门和上级的关系中处于重要位置,一旦发生某些不够协调的现象,应能敏锐地从文书往来和领导的言谈举止中及时发现问题。发现问题后,要及时向领导汇报,并积极采取相应的协调措施。

在对上关系的协调中秘书要注意维护上级领导的威信和形象。秘书人员维护上级领导的威信,主要是从工作的角度出发,即使秘书本人因此受到误解和委屈,也应泰然处之。在工作中,只能为领导补台,不能拆台。秘书人员一定要尊重领导,积极配合领导工作。当上级领导有某些疏漏和不足时,要积极采取补救措施,消除影响。

在与上级领导和部门的协调中,因为和上级领导部门的关系,与其他的关系相比具有一定的特殊性,解决方法也应与之相适应。具体来说,可以采取以下几种方法:

1. **自查**　自查指秘书人员检查本部门自身是否全面领会了上级领导的意图,是否贯彻了上级部门的政策精神,是否局部利益服从整体利益,是否在各个方面与上级领导保持了一致,是否完成了上级部署的各项工作,是否符合标准等。

2. **整改**　一般而言,如果本部门的工作符合上级部门的要求,得到领导的肯定、认同,就不会产生不和谐的现象。如果在自查中发现有与上级要求不一致的地方,就应该加以整顿、改进,以纠正偏差。

3. **积极请示**　在贯彻执行上级的工作要求时,会遇到各种不同的情况,这些情况上级在布置工作时未必都能考虑得尽善尽美。遇到这种情况下级部门不宜擅自决定,而应多请示,请领导对难以解决的问题予以定夺,以便把工作搞好。

4. **主动汇报**　秘书应将本部门的工作安排和进展情况、所遇到的问题等主动向上级部门汇报。这一方面能使上级全面了解本部门的实际情况,便于做出正确的判断、适当的决策;另一方面也体现了下级对上级领导部门的充分尊重。

(二)对下关系协调

对下关系协调指秘书在与下级单位或部门接触的过程中,应充分考虑下级单位或部门的实际情况,倾听他们的意见和要求,有效地将组织决策意图贯彻到下级各执行单位,使之自觉地协调运转,积极为实现组织目标而努力工作。在对下关系的协调事务中,秘书既要参与决策全过程中的协调工作,又要在自身的工作事务中,全面深入地观察、分析和解决问题避免失调现象,化解矛盾,保持与下级关系的协调。

就秘书的具体工作而言,对下级关系协调过程中,常用的方法有以下3种。

1. **面商协调法**　对不涉及多方,或者虽然涉及多方但不适宜或者不必要以会议方式协调的问题,可以用面商的形式。面商方式比较灵活,可以是代表组织意见的正式谈话,也可以是个人之间的谈心和交流。可根据不同需要灵活处理。

2. **磋商式协调法**　协调者以平等的身份、商量的态度、探讨的口气发表自己的意见,征求对方的看法,共同寻求解决问题的最佳办法,达到协调的目的。

3. **建议式协调法**　协调者以平等的身份、建议的态度、谦虚的语言,将自己的意见转告给对方,提请对方选择采用,以达到协调的目的。而不是要求对方去做什么,更不是指示别人做什么和怎么做。这种协调不具有强制性和约束力,但具有一定的影响力,有助于解决问题。

值得注意的是,秘书在对下关系的协调工作中常常会遇到一些桀骜不驯的下属,他们足智多谋,有能力和魄力,同时又锋芒毕露,雄心勃勃。这些下属常常提出与上级不同的意见,而往往又能显示出其意见的高明。这使得许多管理者不知如何对待他们。秘书人员态度要谦虚,让他们感受到充分的尊重,从心理上接受秘书人员的协调。同时应该放手使用,充分信任,为他们提供施展才华的机会和条件,采纳他们的意见,赋予他们解决问题的权力。

（三）上下双方关系协调

上下关系协调指秘书对本部门的上级与本部门的下级进行协调。其目标是理顺上下级关系,使得上下级思想、行动保持一致。进行上下级关系协调工作,秘书处于中间环节,作用大、责任重。例如,已经形成的决策和上下级知晓的动议,突然因情况有变需要撤销,使上下级之间产生矛盾,如果不做好协调工作,就会使下级对上级产生"政策多变"的误会,或者使上级对下级产生"不尊重领导"的看法。

在协调中,秘书首先要找准问题。这是协调工作的开始,秘书人员要主动深入实际,深入群众,通过调查,发现需要协调解决的矛盾。在实施协调工作方案,既要有原则性,又要有灵活性,瞄准协调目标,随机应变。但对协调过程中出现的新情况、新问题要及时向领导反映汇报,以便得到领导的支持。

在对上下级关系协调时常用以下方法:

1. **文字协调法**　文字协调法是秘书经常采用的协调方法,通过拟订工作计划、活动部署、订立制度、集体审查修改文稿等形式统一认识,协调行动,使组织内部上下各相关方面的工作协调运转。用征求文稿意见、会签文件、会议备忘录、会谈协商纪要等形式,协调组织与外部各方面的关系。文字协调法具有规范性、稳定性,是较长时间内保持协调关系的依据。

2. **信息沟通法**　现实生活中的很多矛盾,是由于不了解情况,凭主观臆测,加上偏听偏信造成的。医治此症的良药,就是沟通信息。将有关部门、单位的人员召集起来,如实介绍情况,就能解除误会,消除隔阂。心情舒畅,事情也就好办了。

3. **政策对照法**　对同一项工作,有的部门认为该办,有的部门认为不该办,不能办,往往众说纷纭,各抒己见。在这种情况下,就要对照党和国家的方针、政策、法规,用政策统一思想,形成共识。

（四）秘书对领导成员之间的关系协调

领导之间在感情上有距离,在工作上有分歧是正常现象。由于秘书贴近领导,可以利用许多方便条件及时、灵活地协调领导之间的关系,以缓和领导之间的矛盾,这是秘书重要的协调内容。

领导之间的关系不和谐,一般由两种情况引起:一是看问题的观点和角度不同;二是彼此之间的信息传递不佳,有误会。如果领导之间的矛盾和分歧是原则问题,对于秘书来说,只要坚持原则,旗帜鲜明地站在正确的一方就行了。如果领导之间的矛盾是工作中的分歧,或者有的隐藏着"我说了算"的意气之争,秘书人员对这种非原则性问题,就要善于"和稀泥",避免事态扩大,尽量缓和矛盾,促进矛盾化解,增强团结,而不是搬弄是非,挑拨离间,扩大分歧。

秘书在对领导成员之间的关系协调过程中,要注意维护领导层内部的团结。领导层的团结,事关本单位内部的稳定和有效运转,这是每个秘书人员义不容辞的责任。秘书人员作为领导的参谋和助手,经常活动与领导成员之间,并在领导层和下属机构之间起着沟通信息、处理信息的作用,因此掌握的情况比较多,也比较深入。反映情况转达意见时要讲究方式方法,不利于团结的话、闲话、气话不要说。发现领导之间有误会,应寻找适当的机会帮助澄清问题,化解矛盾。切不可挑拨是非,将问题复杂化。秘书请示汇报工作,应严格按照领导成员职责分工进行,有分管领导就找分管领导,不越级请示。涉及全局问题,要请主要领导人裁定,并通报其他领导成员。

【实训】　沟通技巧训练

1.假如你是某高科技公司秘书,请思考会选择什么沟通渠道与下列对象进行沟通?会采用哪些沟通方法做好沟通?应该怎样控制沟通中的障碍?

新来的大学毕业生;技术人员;车间工人;退休职工;领导。

2.张紫轩是一个典型的北方姑娘,在她身上可以明显地感受到北方人的热情和直率,她喜欢坦诚,有什么说什么,总是愿意把自己的想法说出来和大家一起讨论,正是因为这个特点她在上学期间很受老师和同学的欢迎。今年,张紫轩从某大学的人力资源管理专业毕业,她认为,经过四年的学习自己不但掌握了扎实的人力资源管理专业知识,而且具备了较强的人际沟通技能,因此她对自己的未来期望很高。为了实现自己的梦想,她毅然只身去广州求职。

经过将近一个月的反复投简历和面试,在权衡了多种因素的情况下,张紫轩最终选定了一家研究生产食品添加剂的公司。她之所以选择这家公司是因为该公司规模适中、发展速度很快,最重要的是该公司的人力资源管理工作还处于尝试阶段,如果张紫轩加入,她将是人力资源部的第一个人,因此她认为自己施展能力的空间很大。

但是到公司实习一个星期后,张紫轩就陷入了困境中。原来该公司是一个典型的小型家族企业,企业中的关键职位基本上都由老板的亲属担任,其中充满了各种裙带关系。尤其是老板给张紫轩安排了他的大儿子做张紫轩的临时上级,而这个人主要负责公司研发工作,根本没有管理理念,更不用说人力资源管理理念,在他的眼里,只有技术最重要,公司只要能赚钱其他的一切都无所谓。但是张紫轩认为越是这样就越有自己发挥能力的空间,因此在到公司的第八天张紫轩拿着自己的建议书走向了直接上级的办公室。

"高经理,我到公司已经快一个星期了,我有一些想法想和您谈谈,您有时间吗?"张紫轩走到经理办公桌前说。"来来来,小张,本来早就应该和你谈谈了,只是最近一直扎在实验室里就把这件事忘了。""高经理,对于一个企业尤其是处于上升阶段的企业来说,要持续企业的发展必须在管理上狠下工夫。我来公司已经快一个星期了,据我目前对公司的了解,我认为公司目前主要的问题在于职责界定不清;雇员的自主权力太小,致使员工觉得公司对他们缺乏信任;员工薪酬结构和水平的制定随意性较强,缺乏科学合理的基础,因此薪酬的公平性和激励性都较低。"

张紫轩按照自己事先所列的提纲开始逐条向高经理叙述。高经理微微皱了一下眉头说:"你说的这些问题我们公司也确实存在,但是你必须承认一个事实——我们公司在赢利,这就说明我们公司目前实行的体制有它的合理性。""可是,眼前的发展并不等于将来也可以发展,许多家族企业都是败在管理上。""好了,那你有具体方案吗?"

"目前还没有,这些还只是我的一点想法而已,但是如果得到了您的支持,我想方案只是时间问题。""那你先回去做方案,把你的材料放这儿,我先看看然后给你答复。"说完高经理的注意力又回到了研究报告上。张紫轩此时真切地感受到了不被认可的失落,她似乎已经预测到了自己第一次提建议的结局。果然,张紫轩的建议书石沉大海,高经理好像完全不记得建议书的事。张紫轩陷入了困惑之中,她不知道自己是应该继续和上级沟通还是干脆放弃这份工作,另找一个发展空间。

张紫轩和高经理的沟通目标各是什么,在沟通过程中二人出现了哪些问题,双方各应做哪些改进?

3.某机械制造公司王副总经理因一项对外业务工作,与张总经理争执起来。后来,王副总经理在与杨秘书外出乘车中,埋怨张总经理主观、武断、不尊重他的意见,导致决策失误,给公司经营造成了损失。杨秘书知道总经理与副总经理因工作意见不同,有些分歧。张总经理是一位有能力、有魄力、办事雷厉风行的人,但不太注意方法,工作中得罪了不少人,职员对他这一点也颇有意见。王副总经理考虑问题周到,群众关系好,也关心别人,但决断能力差些。从心里讲,杨秘书个人感情上更倾向副总经理。今天,副总经理谈起他与张总的分歧,明明是想争得秘书对他的支持和同情。

王秘书此时应如何办?

【知识链接】

有效沟通的启示

以下的8点启示让我们了解沟通效果更好的途径。

1.有效的双向沟通的先决条件是和谐气氛　沟通的方法有很多种,绝对不只我们一般用的对话、书信来往、传真电邮等。

2.沟通的方式不能一成不变　没有两个人是一样的,没有一个人在两分钟是一样的,因此沟通的方式不能一成不变。每个人从出生到今天,所遭遇的人生经验不可能一样,因此凭人生经验所塑造出来的信念、价值观和规条系统(BVR)也不可能一样。而每个人都是凭借内心里的一套 BVR 去处理眼前的每一件事,所以,同一件事情出现,没有两个人的感受所产生的意义、情绪、思想状态和反应能够一样。

3. 应给别人一些空间 一个人不能控制另一个人,也不能推动另一个人,每个人都只能推动自己,所以,应给别人一些空间。

4. 沟通的意义决定于对方的响应 沟通不成功的人,都会强调自己说得怎样对,只是对方听不进去而已。其实沟通了而没有效果,说过的话又有什么意义呢? 如果一位外科医生对你说:"手术十分成功,只是病人死了。"你会有什么感想? 手术的目的是为了救活那个病人,如今病人死了,手术的意义便完全失去了。所说的话是为了有良好的沟通效果,如今没有效果,再强调说得对,只不过是使自己看不见有改变沟通方法的需要而已。

5. 不要假设 人间充满因为猜疑别人的想法和不肯明白表达自己的意思而引起的误会和悲剧。不信的话,你大可看看《家》《春》《秋》或者任何一本文艺小说,也可以留心每晚收看的电视连续剧,更可以注意你的朋友之中曾经出现过的纠纷,看看你可以找出多少个例证。

6. 直接对话,坦而言之 中国人的传统也很常见"托人说项"的习俗。在古时,尊卑之分是礼节的重要部分。我不与你同级,于是我需要找一个与你同级或者比你级别更高的去代我说话。如果我犯了错,冒犯了你,那就更需要这样。基于你需要对高级别的人尊重,给他面子,你便容易原谅我,宽恕我的错失。

7. 共同信念与共同价值是达到良好沟通效果的保证 共同信念是两个人都支持的信念。每个人都有自己的一套价值观。在同一件事中,两个人所追求的价值会有所不同,但是都是对方可以接受的,这便是共同价值。例如,两人去餐馆东西,一个人追求的是饱肚,另一个人则是为了聊天,大家都能够接受对方所追求的价值,则可能会有一次愉快的吃喝体验。

8. 坚持找出新的解决方法 "没有办法"的念头,是使自己停步不前的借口。"达到良好沟通效果"的目标,与"没有办法"是对立的。二者必取其一。假如你选了"没有办法",你便是放弃"达到良好沟通效果"这个目标。如果你坚持要达到良好沟通效果,你便要坚持找出一个新的办法去尝试一下;如果仍然没有所需的效果,便再去找另一个新的办法。这样坚持下去,你才会成功。如果你想克服一个困难,首先你要相信这个困难是有可能克服的,然后去找出办法实现这个信念,并且在过程中不断修正、改善,直到你所希望的效果出现。

(摘自《重塑心灵》,中国香港的李中莹著)

模块七　保密工作与安全管理

第一部分 保密工作

【知识目标】

【知识目标】

了解单位秘密的构成、秘书做好保密工作的意义。

掌握办公室保密工作范围。

熟悉办公室泄密的主要渠道。

熟悉办公室泄密的原因和泄密的防范、查处方法。

【能力目标】

能够确定单位的保密事项、期限和知密范围。

能够对办公室泄密进行防范和查处。

能够制定单位保密工作相关制度。

熟练运用各类办公室保密技巧。

【案例导入】

案例一：力拓案促内地企业加强保密工作

力拓案凸显中国的"国家机密"和商业机密的界线模糊不清。在这种背景下，又一个秘密大白于天下：许多大陆公司未能保护好重大商业信息。两周前，全球矿业巨头力拓矿业集团驻中国大陆的4名雇员因被控侵犯商业机密正式被捕。欧文·羌（音）说，他所从事的产业仍因这起商业机密案件受到重创。

欧文在上海一家企业犯罪调查公司工作，该公司的客户不乏跨国公司和本国企业。他说，受力拓的影响，他的国外客户正忙于调整收集信息的做法。他说：但更有意思的是，中国公司——特别是国有企业——多年来首次对加强机密规范管理表现出极大兴趣。

一些分析人士和律师表示，中国企业在保护与其核心能力有关的商业机密方面缺少经验。他们说，力拓集团被控从事以金钱换信息的欺诈行为，这样的做法在中国商界很普遍，而不是什么特例，且通常不会受到法律惩处。据称，涉案的力拓集团4名员工为获取生产和销售方面的重要数据向中国企业高管行贿。通过这种不正当手段，这家矿业巨头得以在进行旷日持久的铁矿石供应谈判时取得优势。

当前，中国正掀起一场显然是由政府发起的运动，目的是堵住漏洞，并将为谋取私利向跨国公司泄密者绳之以法。中国现代国际关系研究院经济安全问题研究员江涌说"就商业竞争而言,大多数中国国有及私人控股企业的保密工作做得都很差。这反映出企业管理普遍不合标准。"

江涌说,只有极少数经营具有重大战略性业物——如能源部门——大型国企制订了严格的保密规定,规定旨在确保企业对业务信息流动情况握有控制权。然而,中国其他企业企业的保密工作仍处于"石器时代"的水平。

江涌说:"当然,我们也有一些与这种状况形成鲜明反差的例子,中国规模最大的远程通讯设备制造商华为技术有限公司便是一例。但令人遗憾的是,这些纪律严明的企业可谓凤毛麟角,他们能这样做更多地与企业高管的个人素质有关,而非出于对良好的企业管理制度的信仰。"

具有讽刺意味的是,据曾在某大型海运公司工作过的欧文说,与跨国企业相比,中国国有企业更乐于将各种文件标注上"机密"字样。他说:"但他们并未设专门的办公室来管理这些文件。由此就有了这种商界怪现状:标有机密字样的文件通常在办公室里乱丢乱放,那里俨然就是商业间谍的天堂。"

许多中国企业并未在雇用合同中明确写明保密规定。而那些写明保密规定的企业也未具体说明侵犯商业机密将导致何种后果。这种漏洞给了缺乏职业道德的员工可乘之机。在北京经营商业咨询公司的李素说:我们经手的有关中外企业谈判的泄密案不胜枚举,有的是不经意泄密的,有的则是为了获得好处故意为之。李素说,有些好处的表现形式是为中国企业高管和官员的子女安排出国留学并为其支付费用。还有将报酬支付给指定的第三方公司,并以咨询费做幌子。

很显然,北京有关当局已决定介入此问题。中国媒体上月报道说,负责信息安全的政府机构已从今年早些时候开始进行一场大规模行动,以确定目前存在的系统性漏洞,并增强国企高管的企业信息安全意识。江涌说:"国家相关部门加大介入力度将有助于中国大型企业更有效地防止发生损害企业利益的泄密事件。"他说:"但这终归要取决于国企高管。他们中大多数人仍远未掌握最基本的现代企业管理技能,而在信息安全方面的经验就更无从谈起了。"

熟悉侵犯商业秘密案件的上海律师于杰对国家有关部门的介入表示欢迎,但他也对这种严厉举措的可持续性表示怀疑。于杰说:"解决此问题最终还要靠司法系统,而不是国家行政机构。实际上,由于中国企业都爱面子,很少有案子会闹到法院。在这种背景下,力拓案或能成为一件好事,因为该案给了所有人一个教训,即漏洞百出的信息安全机制将造成严重损失。

(本文来自参考消息,原文地址:http://www.badingjie.cn)

思考:

本案例反映出我国企业当前保密工作存在哪些问题?

案例二:富士康诉比亚迪窃取商业秘密案

2006年6月,富士康集团(以下简称富士康)的两家子公司——深圳富泰宏精密工业有限公司与鸿富锦精密工业（深圳）有限公司，一纸诉状把比亚迪股份有限公司（以下简称比亚迪）告上深圳市中级法院，以侵犯商业秘密为由索赔500万元。深圳市中级法院在比亚迪办公地点查扣复制的该公司高管柳湘军和司少青（二人曾是富士康员工，后相继到比亚迪工作）的电脑硬盘内容。在查扣的电脑硬盘中大约存有八九千份文件，包括写有富士康文头的WORD文件，有的文件上有富士康公司的标志，下有富士康相关主管人的签字。

（本文引自《保密工作》2009年第3期）

思考：

本案例对我们做好企业保密工作有什么启示？

提示：

企业要保守商业秘密并非一件易事，商业秘密往往在管理疏忽中有意或无意泄漏。广义的保密措施包括公司的保密政策、保密管理制度，以及具体采取的保密措施。在案例中，完整、严密、可操作的系统文件不仅涉及企业的经营模式、管理制度，而且涉及与这些文件相关的保密政策、相关主管人签字等保密管理制度，以及富士康文头、公司标识等具体的保密措施。

第一单元　泄密的防范与查处

当今社会，保密工作作为社会发展的一个重要环节，已经越来越受到重视，不论是在早期的社会，还是在现代化的今天，如何做好保密工作，已是每个社会、团体、个人都要面临的重要问题。企业作为一个社会团体，企业的运营体制、核心技术、发展方向等，都是企业的机密问题。在充满挑战和竞争的时代，科学技术的快速发展，使企业间的竞争变得更加激烈，企业内部核心信息、技术的竞争成为企业竞争的重要筹码。以信息和技术为主构成的企业秘密，是企业重要的无形资产，包含极高的市场价值和潜在利润，维系着企业的竞争优势，其失密往往会使企业在商战中遭受巨大经济损失，丧失竞争优势，甚至直接关系到企业的生存。随着企业中信息、技术数量增加其保护问题已受到企业界的高度关注。如何做好开放条件、信息化条件下的企业保密工作，保证企业安全生产经营，维护企业经济利益是当前企业保密工作的重大问题。

一、企业秘密的构成

企业秘密包括商业秘密和工作秘密，同时企业也会产生少量的国家秘密，也需要企业保护。其中商业秘密在企业的竞争中占有重要的地位。我国现行的《民事诉讼法》把商业秘密定义为："技术秘密、商业情报及信息等，如生产工艺、配方、贸易联系、购销渠道等当事人不愿公开的工商秘密。"《中华人民共和国反不正当竞争法》对商业秘密的定义为："商业秘密是指不为公众所知悉，能为权利人带来经济利益，具有实用性并经权利人采取保密措施的技术信息和经营信息。"这一法律定义概括了商业秘密的内涵和外延，规定了商业秘密包括技术信息和经营信息两类。

所谓技术信息,是指权利人采取了保密措施不为公众所知晓(未取得工业产权保护)的,具有经济价值的技术知识(包括制造某种产品或者应用某项工艺以及产品设计、工艺流程、配方、质量控制和管理等方面的技术知识)。技术秘密持有人一般是出于独占的考虑而不申请专利(使其公开)。技术秘密通常包括制造技术、设计方法、生产方案、产品配方、研究手段、工艺流程、技术规范、操作技巧、测试方法等。技术秘密的载体,可以是文件、设计图纸等;也可以是实物性载体,如样品、动植物新品种等。

经营信息,是指权利人采取了保密措施不为公众所知晓的,具有经济价值的有关商业、管理等方面的方法、经验或其他信息。包括企业的发展规划和计划、营销方式、货源、财务会计报表、客户名单、谈判地盘、招投标中的标底及标书内容等信息。

二、办公室保密工作范围

(一)文件保密

文件保密包括秘密文件、资料、图表等的保密和传真的保密。这是办公室保密工作的重要内容。

(二)会议保密

召开内部重要会议,会前就要布置保密工作,进行必要的保密安排。会议期间和会后,对会议是否公开、何时公开,都应由企业高层决定。但在未正式公开之前,办公室人员不得泄漏相关会议信息。对会议上企业重要领导讲话和重要内容都不得随意扩散。会后,办公室工作人员应在会场和会议宾馆进行检查,看有无会议重要文件遗失。会议上发放的文件,需要清退的,应办好退还手续,规定让与会者带回的文件,也要求回去后交部门保管,私人不应留存。

(三)新闻报道和出版物的保密

我国报纸、刊物和其他出版物的数量很大,注意新闻报道和出版物的保密十分重要。在与新闻单位交往中,特别是在对企业进行宣传报道活动中,对有可能涉及本公司某些机密的,应对报道内容进行适当处理,或请示上司确定报道范围。

(四)科技和涉外保密

对发明创造或是特殊工艺技术,企业应有很强的保密观念。在与其他企业的交往活动中,特别是涉外接待中,要加强这方面的保密观念。遇到问题时,要主动及时向主管领导请示,要防止各种以参观访问、学习进修、交流活动为名,窃取科技情报的事件发生。

(五)电子计算机及通讯保密

现代化办公设备和办公技术已广泛应用于企业的生产经营管理活动。在使用这些设备时,应注意掌握相关设备的保密技术,防止被监听、窃听,被盗取企业机密。

三、办公室泄密的主要渠道

从上述办公室所涉及的保密工作的范围来看,办公室出现泄密的渠道有如下五种。

(一)办公室人员泄密

办公室人员在工作中掌握和接触的企业秘密事项较多。这些秘密事项在一定时间内只限于一定范围的人员知晓。但是如果办公室人员缺少保密意识,特别是年轻人保密观念差,就很容易在私人交往活动中泄露秘密,比如在电话里和他人闲聊企业的人事关系、人事调动,在短信或是邮件中透露自己和上司的行踪等。也有一些办公室人员,喜欢在参加社交活动或是朋友聚会中、公共场所大谈特谈企业秘密,以此卖弄和炫耀自己。这些行为不仅扩大了知密范围,更重要的是说者无心,听者有意,很容易被别有用心的人所利用。

同时,办公室工作人员在会议组织和文件处理上的违规操作也十分容易导致泄密现象产生。比如没有合理制定文件密级、拟稿时没有在规定的地点进行、没有明确的发放范围、缺乏严格的收发文管理制度等,这些行为都容易造成泄密。在组织会议时,也必须考虑会议的保密因素:一是与会人选问题;二是通知方式和内容问题;三是与会文件保密问题;四是会址保密问题以及相应的安全保卫问题等。在会议进行过程中,对于有保密要求的,应做到到会人员不得随意变换,未经批准不得随意记录、录音、录像。任何一项操作违规,均可导致会议泄密。

离职或在职员工也会受不当利益驱使而导致泄密。离职员工可能带走商业秘密,提供给竞争对手或利用带走的商业秘密开展生产经营活动;也有少数在职涉密人员禁不住金钱诱惑,向他人提供所在企业的商业秘密;有的在职涉密人员在竞争对手的企业中担任兼职,将本企业的秘密泄露。近几年,国内一些大型企业也出现了不少类似的案例。如原深圳华为技术公司高管李某带走公司核心技术另立门户,给华为公司造成了巨大损失。

(二)办公设备泄密

现代化办公设备和办公技术已广泛应用于企业的生产经营管理活动。这些高技术性能计算机及网络设备和多功能办公自动化设备等新产品普遍使用,方便了工作,有效提高企业组织管理效率,但同时也带来严重的泄密隐患。常见办公设备泄密主要有:

1. **计算机泄密**　计算机的泄密隐患很多。除了大家熟悉的系统漏洞、黑客攻击、病毒等,还有电磁泄漏发射(屏幕上显示出的信息,在一定距离内用相应的设备可以直接接下来);磁介质残留信息复现(国外已掌握了从抹除的磁盘上读出信息的技术,即便磁盘已经改写了12次,仍可以将抹去的信息进行复制;计算机中存有的大量信息,很容易被复制、拷贝,速度快,不留痕迹)。

2. **手机泄密**　手机信号通过发射无线电波在空中传递,其信道是开放型的,易被截获。只要利用侦察监视技术就能发现目标、识别目标、监视跟踪目标,并且能对目标进行定位。某些牌号的手机还具有隐蔽通话功能,即可以在不震铃甚至不开机的情况下,由待机转为通话状态,从而将周围的声音发射出去,使手机变成窃听器。

3. **电话机泄密**　电话机在工作过程中,会产生电磁泄漏发射。长途有线通信的电磁场更强。依靠微波和卫星接转的,信号在空中传递。通话内容随时可能被别人接收。通信的距离越长,泄密的危险性越大。

4. **传真机泄密**　传真机是利用扫描技术以仿真形式、通过有线或者无线信道传递图像、文字的。只要掌握用户传真机的号码,用相应的接收设备就可以截获用户所传递的文件、资料。

5.软件泄密 在办公自动化设备中,大部分要通过安装在计算机上的软件来控制,这有可能成为泄密源。例如,有的打印机安装了捆绑式软件,在连接互联网后将会自动定期地将打印内容和计算机处理的文件内容传输到该厂商在境外的数字信息中心;有的软件功能说明简单化,用户难以了解设备使用中应注意的安全问题。例如,扫描仪在使用中,一些过程文件会随机存在计算机硬盘中,扫描后的正式文档即便用加密方式保存,过程文件仍会以明文方式存在计算机中。

6.设备维修泄密 办公设备在工作中,会将有关信息暂存在内部存储器中,当设备进行维护、保修、报废时,他人可通过联机测试等设备非法获取有关信息。

(三)传媒泄密

《中华人民共和国保密法》中对有关军事、商业、科技等部门的行动、方位、资料公开宣传报道都有明确而严密的规定,这使得相应的传媒的新闻泄密不易发生。但是,近年来随着公开出版、发行的出版物急剧增多,信息爆炸使得公开传播的各种信息迅猛增长。在迅猛增长的信息背后,通过对各种琐碎、零散的传媒信息进行分析、处理、整合,使得传媒泄密的可能性被迅速扩大。虽然有些传媒对某些事情并未具体报道,只是浅层、粗线条的报道,任何单篇报道都不会造成什么严重后果,但是如果将某一企业或某一主题的报道整合之后,就会暴露很多问题。50年前,美国中央情报局长史密斯做了一个实验,他把当时美国公开发行的报刊、论文集、政府公报分发给军事、政治、经济等方面的情报专家,并出了这样一个题目:苏联将从这些材料中如何评定美国的国防力量。答案很快送到史密斯手里:假如苏联得到这些材料并进行分析,美国的国防力量情况将一目了然。杜鲁门总统得到这个报告后惊呼:我国的秘密90%被公开发表了。当前,由于互联网的普及和发达,更使传媒泄密有了便利通道。只要能上网,万千信息瞬息之间便唾手可得,这使保密工作更面临巨大挑战。

企业应注重对传媒泄密的防范。办公室工作人员在从事这项工作时,一定要遵循有关新闻保密的规定,凡是在报道中可能涉及本企业的某些机密时,应当对报道内容进行适当处理,严防从传媒中泄密。也要防止为了宣传企业形象,将一些过于具体的数据、事件等事实性特强的材料用于媒体报道。

(四)合作交往泄密

企业在接待外来人员参观、访问时容易泄密。企业人员保密观念不强,在不合适宜的场所随意公开内部秘密。在接待外来人员的参观、访问、贸易洽谈之时,违反保密制度,轻易地将宝贵的内部秘密泄露出去。众所周知,宣纸生产技术是我国一项传统工艺,某外商参观我某造纸厂时,详细地了解了原料种类、配比、选择和处理以及原料所用碱水浓度等,对生产的全过程进行录像,还要走了生产宣纸的原料,并以帮助化验为名装走了造纸用的井水。结果,我国具有悠久传统的宣纸生产技术秘密顷刻间被轻易窃走。

(五)商业间谍泄密

有些公司认为,研究开发最有效的捷径莫过于获取竞争对手的商业秘密。这种观念使得越来越多的公司,甚至包括具有良好国际信誉的公司,利用商业间谍非法获取竞争对手的商业秘密。例如,美国 SCO 公司在国际投标中屡屡被某外国公司以微弱价格优势击败。原因是后者的情报部门在该公司的电话和传真机上连线,事先获知了该公司的投标价格。

四、办公室泄密的原因

(一)保密观念淡薄,保密纪律松弛

目前,依然还有众多的企业对保密工作缺乏正确的分析、判断,意识不到企业商业秘密保护的重要性。既不能认识到保护国家秘密的意义,也不能正视企业保密工作。保密观念的淡薄,势必带来企业保密工作的重大问题,执行保密法规、纪律,马马虎虎,极不严肃,致使发生泄密问题。

(二)缺乏保密知识,保密观念陈旧

中国的保密教育主要是针对国家机关和国有企业的,对于民营企业的保密教育几乎是空白。这直接造成绝大多数企业员工缺乏系统的保密知识,不熟悉有关保密法规和保密纪律规定,不掌握基本的保密常识。有的企业保密观念十分陈旧,认为保密工作只要管好文件,锁好保险柜,就万事大吉。凡此种种,都会导致泄密问题的发生。

(三)保密防范和保密检查技术落后

在科学技术迅猛发展的今天,保密工作仅靠人的努力是不够的,必须采用一定的技术手段。但是,目前由于种种原因,技术开发、设备研制都未形成规模;已有的保密检查技术和保密防范技术,也未能很好地装备和应用。由于防范泄密和检查泄密隐患技术能力不强,使得一些泄密问题和漏洞难以及时发现,给保密工作留下极大的隐患。

(四)对泄密问题查处不力

近年来,重大泄密案件时有发生,屡禁不止,有的企业对泄密持无所谓的态度,有的隐瞒不报,或大事化小,小事化了,有的该处理不作处理,该重处的从轻发落。对泄密事件不能严格执法,严肃处理,在客观上对强化保密观念、防止泄密问题的发生极为不利。

五、办公室泄密的防范

企业办公室泄密的防范主要包括两个方面:一是管人;二是管事。只有管住了人,管好了事,才能有效地管住企业秘密不被泄露。

(一)管人

对人员的管理,重点是要管住涉密人员。对能接触企业秘密的各类工作人员,要严格把关,按照要求对人员进行严格审查。并且要经常进行教育和观察,提高企业员工保密的觉悟、知识和能力,增强保密自觉性。

在人员管理上,企业一定要加强对具体承办、使用、管理企业秘密事项的在岗人员的涉密行为的管理和监督,明确规定他们的保密义务和责任,使他们在处理涉及企业秘密工作过程中严格按照保密规范办事。对于离岗人员或是辞职人员也应进行保密管理,主要

是通过签订保密协议的方式,规范保密行为。

对违反保密规定造成泄密的人员,依纪依法严肃处理,这同样是防止泄露企业秘密的一项重要措施。严肃查处泄密事件及其责任人,不仅可以教育本人,也对企业其他员工具有教育警示意义。

(二)管事

企业加强对涉密事项的保密管理,严格区分"事"是否属于企业秘密,准确划分秘密与非秘密的界限,做好确定密级和保密期限及知悉范围的工作。企业秘密一经确定,应立即告知相关人员。只有这样,接触该事项的人员才能有目标地去做好保密工作。管事要建立制度。保密制度是处理涉密事项的规则。只有做到有健全完善的制度,并严格按制度办事,才能保证企业秘密的安全。要对涉密事项进行跟踪管理,把保密管理措施落实在办理涉密事项的各个具体环节上。涉密事项的产生、使用、保存是一个过程,要保证在全过程中保密管理措施到位。企业要防止秘密信息被泄露,还应采取一定的保密技术措施,配备必要的保密技术装备。

六、办公室泄密的查处

如果办公室工作人员发现失密、泄密、被窃密的情况,应该及时进行查处。

首先,办公室工作人员应当立即报告直接上司,以便及时采取补救或应急措施,并及时报告有关部门。

其次,立即向公安机关报案。及时报案并查处,有利于控制泄密范围,减少泄密造成的损失。如果泄密内容涉及国家秘密还应向国家安全机关报告。

泄密事件发生后,企业还可以利用法律来维护企业利益。通过法律向泄密者索要经济损失赔偿。

【实训】　案例讨论

一、训练目标
通过案例分析与训练,熟练掌握企业保密工作的技能。

二、训练方案与要求

商业机密被盗　企业产品滞销
——我市不少企业为商业泄密困扰

商业机密是我市许多企业赖以生存和发展的法宝。但记者在调查中了解到,商业泄密事件正在不断地困扰着我市不少企业,企业为此已蒙受巨大的经济损失。

商业泄密已出现多种类型

对商业泄密,曾有人打趣说,"世界上有三个秘密是人们不知道的:英国女王的财富,巴西球星罗纳尔多的体重和可口可乐的秘方"。事实上,商业泄密者已在经济活动当中无孔不入。据了解,我市企业当中出现的商业泄密事件也呈现多样化。

一、亲属暗盗商业机密。永康有一家生产机械配套产品的企业,所生产的配套产品专供重庆一家整机生产厂家。本月初,企业老总发现重庆厂家不断向他的产品压价。他才想起,上月负责生产配套产品的两名工作人员不辞而别,其中一名还是他的亲戚。

通过四处打听,他了解到这个亲戚已在武义租了一座厂房,生产和他一模一样的产品。当初考虑到是自己的亲戚,这名企业老总就将产品图纸全部交给这名亲戚管理。在管理过程中,这名亲戚就私自将产品图纸复印了一份,偷偷盗走了这名企业老总的商业机密。

二、配套厂家窃密。方小东(化名)在东阳创办了一家木制品生产企业。这种木制品需要多个部件,他就将其中的几个部件请其他厂家加工生产。今年初,他发现其中的一家配套厂家开始生产跟他同样的产品,而且以比他产品更低的价格投放市场,他的产品销量迅速下降。

原来,这家配套厂家的业主常跑到他的厂里,了解这种木制品的整个生产过程和其中的工艺。当初,方小东并没有想到这家配套厂家的业主是早有预谋的。

三、管理人员带着"联络图"跳槽。这是在我市企业常发生的一种商业泄密现象。同类企业之间常用高薪为诱饵,"钓"走竞争对手的管理人员。在这些频繁跳槽的管理人员口中了解到对手的商业机密。

不少业主不知如何保密

从这些商业泄密事件中可以看出,我市不少业主还不懂得如何保护自己的商业机密。在我市规模以上的企业当中,业主都会跟员工或配套厂家签订保密协议。但一些小型企业的保护意识十分缺乏。昨日,方小东就说,这家配套厂家的业主跟他是多年的朋友,考虑到是朋友关系,他压根就没有考虑到要对朋友保密。

一旦发生商业泄密事件,我市不少业主不知如何去维护自身的权益。从今年年初开始,永康某日用五金厂的业主就托人到公安等部门反映自己的员工盗走商业机密的事。直到本月中旬,他的事才得到圆满解决。这时,他才知道,这类事情只要到劳动仲裁部门就可以了。永康仲裁部门已要求那名盗走商业机密的员工支付数万元违约金,并要求这名员工在五年内不得从事跟这名业主相类似的生产经营活动。

(信息来源:金华日报,2007年5月30日)

训练要求:

(1)通过案例分析,谈谈我国企业在商业秘密保护方面存在哪些问题?

(2)结合你所掌握的企业保密工作知识,分别针对三则案例中的问题提供一些解决方案。

训练步骤:

(1)指导学生认真阅读案例。

(2)分析案例主要内容以及本次实训要求。

(3)讲解商业泄密的主要途径,展开讨论。

(4)布置实训任务。

第二单元 保密工作的具体事务处理

企业保密工作应以国家相关法律法规为依据,坚持"预防为主、突出重点、便利工作、保障安全"的方针,着重做好以下几个方面的具体工作。

一、成立保密工作的机构

保密工作是一项专业性和群众性都很强的工作,在充分发动广大员工做好保密工作的同时,办公室应辅助领导建立健全各级保密工作的组织机构。成立企业保密工作委员会,负责企业保密具体事务,依法组织开展商业秘密保护教育培训、保密检查、保密技术防护和泄密事件查处等工作。有条件的企业应当配备专职保密工作人员,负责商业秘密保护管理。企业内部的科技、法律、知识产权等业务部门按照职责分工,负责职责范围内商业秘密的保护和管理工作。

在各业务部门确定保密员,主要负责所在部门的具体保密工作。保密员应根据企业保密工作委员会对保密工作的要求和本部门负责人意见,草拟、收集、保管有关保密信息和内部资料,并对本部门人员保密制度的执行进行监督。

二、确定企业秘密事项

(1)确定本企业商业秘密的保护范围。一般企业商业秘密主要包括:战略规划、管理方法、商业模式、改制上市、并购重组、产权交易、财务信息、投融资决策、产购销策略、资源储备、客户信息、招投标事项等经营信息;设计、程序、产品配方、制作工艺、制作方法、技术诀窍等技术信息。

(2)企业应及时拟定本企业商业秘密及其密级、保密期限和知悉范围,并根据企业发展变化及时进行变更调整。

(3)一般根据泄露会使企业的经济利益遭受损害的程度,将企业密级确定为核心商业秘密、普通商业秘密两级,密级标注统一为"核心商密""普通商密"。

(4)设定商业秘密的保密期限。可以预见时限的以年、月、日计,不可以预见时限的应当定为"长期"或者"公布前"。

(5)企业商业秘密的密级和保密期限一经确定,应当在秘密载体上作出明显标志。标志由权属(单位规范简称或者标识等)、密级、保密期限三部分组成。

(6)企业根据工作需要严格确定商业秘密知悉范围。知悉范围应当限定到具体岗位和人员,并按照涉密程度实行分类管理。

(7)商业秘密需变更密级、保密期限、知悉范围或者在保密期限内解密的,由业务部门拟定,主管领导审批,办公室备案。

(8)商业秘密的密级、保密期限变更后,应当在原标明位置的附近作出新标志,原标志以明显方式废除。保密期限内解密的,应当以能够明显识别的方式标明"解密"的字样。

三、建立保密工作制度

制度是保密工作的保证,企业应根据新形势、新技术条件,在《保密法》及其《实施办法》所规定的要求下,建立健全保密工作制度。保密制度应包括保密范围和密级确定、保密措施、保密守则等内容。可以根据企业工作实际分项制定办公室工作人员保密守则、文书工作保密制度、会议保密制度、涉密档案管理办法等具体制度。

四、企业秘密保护的措施

常见的企业秘密保护措施有:

(1)企业与员工签订的劳动合同中应当含有保密条款。

(2)企业与涉密人员签订的保密协议中,应当明确保密内容和范围、双方的权利与义务、协议期限、违约责任。

(3)企业应当根据涉密程度等与核心涉密人员签订竞业限制协议,协议中应当包含经济补偿条款。

(4)企业因工作需要向各级国家机关,具有行政管理职能的事业单位、社会团体等提供商业秘密资料,应当以适当方式向其明示保密义务。所提供涉密资料,由业务部门拟定,主管领导审批,办公室备案。

(5)企业涉及商业秘密的咨询、谈判、技术评审、成果鉴定、合作开发、技术转让、合资入股、外部审计、尽职调查、清产核资等活动,应当与相关方签订保密协议。

(6)企业在涉及境内外发行证券、上市及上市公司信息披露过程中,要建立和完善商业秘密保密审查程序,规定相关部门、机构、人员的保密义务。

(7)对涉密岗位较多、涉密等级较高的部门(部位)及区域,应当确定为商业秘密保护要害部门(部位)或者涉密区域,加强防范与管理。

(8)企业应当对商业秘密载体的制作、收发、传递、使用、保存、销毁等过程实施控制,确保秘密载体安全。

(9)企业应当加强涉及商业秘密的计算机信息系统、通讯及办公自动化等信息设施、设备的保密管理,保障商业秘密信息安全。

(10)企业应当将商业秘密保护工作纳入风险管理,制订泄密事件应急处置预案,增强风险防范能力。发现商业秘密载体被盗、遗失、失控等事件,要及时采取补救措施,发生泄密事件要及时查处并报告国务院国资委保密委员会。

(11)企业应当对侵犯本单位商业秘密的行为,依法主张权利,要求停止侵权,消除影响,赔偿损失。

(12)企业应当有一定的经费保证用于商业秘密保密教育、培训、检查、奖励及保密设施、设备购置等工作。

五、企业秘密承诺管理

(1)企业所有成员(无论何种用工形式)在上岗或离岗时均须签订《保密承诺书》。在岗人员还应在年度述职或工作总结中对保密承诺执行情况作出说明。

(2)《保密承诺书》内容一般包含三部分。第一部分为"单位""姓名""职务(岗位)""涉密等级"及承诺书编号;第二部分为"保密守则";第三部分为保密承诺。保密承诺需本人亲自签名,并注明签订日期。

(3)企业根据员工工作岗位接触、知悉企业秘密的程度确定人员涉密等级。企业董事会董事、高级管理人员、办公室机要文件收发及档案管理等界定为"重要涉密人员",其他人员界定为"一般涉密人员"。在岗位调整时涉及涉密等级变化的人员,应在及时调整涉密等级的同时进行涉密期限的管理。

(4)企业可根据需要补充保密承诺相关内容,或增订专项保密承诺内容。

六、文书资料保密管理

(1)办公室文书(保密员)对收到的文件要认真登记、编号,按规定的范围和程序传阅、办理。其中具有"秘密"级以上文件,要及时送上司阅示,紧急密件、密电要随到随送、不过夜,阅后及时退回办公室,按保密规定保存或送缴发文单位。

(2)属企业绝密、机密内容的电子文档必须要用专用磁盘。绝密纸质文件只能打印一份,由起草人送有阅文资格的人员传阅,阅完后由起草人收回归档,保存在具有保险防护装置的橱柜内。机密文件和资料,由起草人根据批阅人要求按审阅人数确定打印份数,并对每份进行编号后登记发放,阅完后由起草人收回归档,保存具有保险防护装置的橱柜内。秘密文件、资料由办公室文书(或部门保密员)根据要求确定打印份数、登记发放,由阅文人妥善保管,最后按档案管理制度立卷归档。

(3)"秘密"以上文件未经企业领导批准,不得查阅、复印和严禁携带外出;经领导批准,查阅时要做好查阅登记工作。

(4)妥善保管秘密文件、内部资料,不在不利于保密的地方存放秘密文件、内部资料。

(5)当公开企业信息、资料时,凡涉及企业内部统计数字、资料的,必须经领导同意。

七、会议与活动保密管理

具有属于企业秘密内容的会议和其他活动,应采取下列保密措施:

(1)选择具备保密条件的会议场所,严禁使用无线话筒传达和向室外扩音。

(2)根据工作需要,限定参加会议人员的范围,对参加涉及密级事项会议的人员予以指定。

(3)周密规定使用会议设备、管理会议文件。

(4)确定会议内容是否传达及传达范围。

(5)凡规定不准记录的会议内容,与会人员不得记录。

(6)与会人员不得以任何形式对外泄露会议秘密内容,不得公开报道会议秘密事项。

(7)会议结束后,要对会议场所进行保密检查,查看有无遗失的文件、资料、笔记本等。

(8)与会人员进入涉密会议会场前要关闭手机,未经批准,不得将通讯工具以及具有录音、录像、拍照等信息存储的设备带入涉密会场。

八、电子信息保密管理

随着办公现代化的普及,用计算机、电子网络处理、传输企业内部信息和资料已为日常工作,因此电子信息涉密管理日显重要。企业应对计算机、局域网的保密管理作出规定。

(1)企业资产管理部门负责计算机的添置,并对计算机进行登记备案,建立计算机台账。

(2)企业涉及秘密的计算机由专人保管,按有关规定管理使用,并做到与国际互联网脱离。

(3)企业一般应专设一台涉及公司秘密及内部资料的计算机,不与任何网络连接,按有关规定操作和储存信息,定期对信息进行光盘刻录,登记编号保存。

(4)各部门计算机由使用人员做好设备的日常清洁、维护工作。计算机使用人员对所使用计算机设置并保管开机密码和屏保密码。密码由所在部门保密备份一份,以防遗忘。

(5)计算机使用人员不得使用来历不明的软盘或光盘,禁止在计算机上传播含有反动、黄色淫秽内容的信息。未经企业领导同意,不得将企业文件和数据拷贝或传输给其他单位或个人。

(6)计算机应安装正版杀毒软件,计算机使用人员应定期对所使用的计算机扫描杀毒,如遇清除不了的病毒或其他故障,及时报告,由办公室安排专业人员进行杀毒或维修。

(7)企业局域网安装硬件防火墙和路由器,通过技术手段物理隔离病毒和计算机上网管理,局域网机房由专人管理,保持机房整洁。如有故障报请办公室安排专人进行维修,其他人员未经许可不得入内。

(8)在计算机上处理涉及公司内部秘密的信息时,该计算机必须切断与互联网的联通,用后及时存储到专用可移动介质(移动硬盘),当处理结束后可移动介质应及时在计算机上移除,做到"计算机不涉密,可移动磁介质不联网"。

(9)企业可为各职能部门配备可移动介质(移动硬盘),指定专人妥善管理,进行统一登记编号和密级标识;各职能部门定期将保密信息在公司保密计算机上进行备份,以防资料的丢失;报废涉密硬盘及可移动存储介质,按涉密载体管理的有关规定统一上交集中销毁。

(10)企业网站是公司宣传企业形象的重要窗口,在及时上传公司新闻等信息时,由专人填写公司网站上传信息登记审批表,经公司总经理或总经理授权人员审批同意后,由专人负责上传。

九、手机保密管理

手机等移动通信工具的广泛使用,给工作带来很大方便,但是随着信息技术的发展,手机的功能越来越大,泄密隐患也越来越大。因此,必须加强手机保密工作。

(1)企业涉密人员不得在手机通话中涉及企业秘密事项,不得发送涉及企业秘密事项的信息。

(2)核心涉密人员、重要涉密人员应尽可能配备和使用专用手机,使用的手机应经过必要的安全检查。不得使用未经入网许可的手机和开通位置服务、连接互联网等功能的手机;不得使用他人赠予的手机。

(3)核心涉密人员、重要涉密人员的手机出现故障或发现异常情况时应立即报告,并在指定地点维修。无法修复使用的,应按涉密器材销毁。

(4)涉密场所的手机使用保密管理必须明确要求,落实责任,完善设施。核心涉密场所禁止带入手机。重要涉密场所禁止使用手机。一般涉密场所限制使用手机。因特殊原因带入的,手机要取出电池或采取屏蔽措施。

【实训】　小组讨论分析:全球企业的信息保密

一、训练目标

通过小组对北京材料的讨论分析,提升秘书岗位信息保密意识和泄密防范能力。

二、训练方案与要求

融合一家企业的传统方法是让员工在同一幢大楼里办公,而信息科技已经动摇了这一点。通过互联网联接起来的廉价计算网络,已在很大程度上改变了工作的组织方式,促使企业高管和政策制定者们努力探究随之而来的机遇与后果。其中一个后果,就是旨在保护商业信息隐私和安全的大战。如今,企业花费数十亿美元来应对10年前想不到的风险。

就在几年前,惠普(Hewlett-Packard)还把产品设计师与营销、制造人员安排在同一块办公地点。研发人员可以把正在研发的产品从楼梯上搬下来,到装配线上制作原型并进行试验。营销人员可以在午饭时间和设计工程师打一场排球,其间双方会交换有关客户需求或竞争威胁的想法。

而今天,这些人中有许多在一个扩展了的企业工作,企业由分布在全球的多个公司组成,彼此通过网络交流。通过网页浏览器,设计师就能为远在地球另一边的工厂实施工程上的修改,采购员就能更新供应商订单,供应链经理就能监督工厂的生产状况,客户工程师就能协调货物的交付。此等互动环节中的每一个,都有可能被人观察或破坏,对方可能是寻求刺激的年轻黑客,也可能是为了追逐竞争优势而更为别有用心的人。

这些变化并不局限于科技公司。互联网戏剧性地增进了企业把工作转移到最高效率地点的能力。例如,沃尔玛(Wal-Mart)已将许多传统的零售功能转移给它的供应商,采用电子通讯手段协调日常采购和供应链规划。而通用汽车(General Motors)之类的汽车制造商,则把产品设计职能推给了供应商,双方通过网络交换设计信息。

由于大企业纷纷采用外包和其它削减成本的方法,它们正面对新的风险,包括供应中断和延误,共享的知识产权被盗,以及令客户失望。这些大企业整合了针对不同部门的应用系统,如制造、分销、财会和人力资源等。来自不同公司的成员组成虚拟团队,运用一系列个人设备进行交流,包括笔记本电脑、个人数字助理和手机等,而这些往往造成易受攻击的新的薄弱环节。

许多老式的制造控制应用程序,都是依照独立运行模式开发的,很少顾及安全问题。将这些应用程序与其他系统整合起来,就可能造成安全漏洞。同样,当两家公司为了加快信息流动而把它们的网络联接起来时,由于网络安全设置上的差异,两个网络间仿佛有一扇虚拟旋转门,这又是一个安全漏洞。一个整合网络的风险级别,往往取决于其中安全系数最低的企业。

在全球范围追踪和管理工作流,本来就已不易,而一旦外包,则工作及相关信息就会迅速流向供应商的供应商,甚至更远。在这种情况下,企业可能涉及几千家公司。

雷神飞机公司(Raytheon Aircraft)对此深有体会。该公司是防务承包商"雷神"的一家子公司。去年夏天,它与国际商业机器公司(IBM)签订了一份实施其企业软件项目的外包协议。当IBM表明,为了压低成本,它打算利用印度的承包商时,雷神的高管立刻意识到自己遇到了问题。由于该项目涉及有关飞机设计的敏感数据,如果按原计划履行合同,那么该公司将违反美国法规。为了保住这桩交易,IBM同意,在开发出一套安全管理系统之前,它会把这个项目留在美国本土完成。

从收件箱里删除中毒的电子邮件,已成了人们的一项例行公事,仿佛是开始又一天工作的仪式之一。然而,我们很容易对这些小小的安全疏漏熟视无睹,将其视为互联网时代的小麻烦。事实上,小失误往往会导致极为严重的后果。

那些指望用科技解决安全问题的人将会失望,因为就连那些出售技术解决方案的企业都会立刻承认其不足。今年5月在塔克商学院(Tuck Business School)举行的一次峰会上,来自各行各业的首席信息官都同意这样一种看法:信息安全是一个管理问题,应对这个问题需要结合企业文化、教育以及有效的风险评估。

20世纪80年代,当许多欧美制造商面临与日本越来越大的质量差距时,它们发现,质量的突破不能由质控部门单独实现,而必须成为整个企业文化的一部分。同样,安全是每个人的责任。企业管理者不能消极待命,坐等信息安全警察的保护。信息主管必须阐明风险,而高管必须权衡这些风险。

思科公司(Cisco)的首席信息官布赖德·波斯顿(Brad Boston)描述了,他的部门如何从交通警角色(即对管理者的要求作出肯定或否定答复),转变为帮助管理者作出好的决策。"我们的职责,是指明风险以及此等风险所构成的实际威胁,并告诉他们各种应对方案。然后,他们会作出有关哪些风险可以接受,哪些风险不能接受的商业决策。"

企业上下的每一层都负有这种责任,直至董事会。一位首席信息官抱怨说,当他向董事会演示最新的 IT 应用技术时,董事们的眼睛发亮了。而当他谈到安全问题时,他们就心不在焉。董事会内部有成员了解各种风险,并能帮助其他成员看到此等风险,对于有效的 IT 管理是至关重要的。

如何在企业内开展 IT 安全风险知识的教育呢? 首先,此种教育应针对具体职能并具有相关性。有太多安全管理者只是在散布恐慌心理,大喊"狼来了"以提高人们的安全意识。这种做法在短期能够赢得注意力,但没有长期效果。对首席信息官来说,要赢得并维持其他高管的信心,就需要从商业角度阐明风险和机遇,而不仅仅是预报厄运。

嘉吉公司(Cargill)的全球信息保护经理斯哥特·戴(Scott Day)向人们介绍了这一农业集团是如何划分其培训的。"我们识别了各种角色,以及担当这些角色的业务部门领导。业务经理需要知道什么? 他的决策权将如何受到影响? 我们之所以开展这项工作,是因为我们认为这么做有助于将此种知识融入企业文化。当每个人都知道自己的职责,以及自己须如何负责时,他们就会去准备自己需要的东西,并确保自己不会落伍。"

其次,在扩展了的企业中实现安全保障,需要对供应商和客户都进行仔细审查,换句话说,要对它们构成的安全风险进行持续评估。应向它们提供相关的风险警告,并鼓励它们改进安全工作。例如,许多金融企业要求客户使用最新版本的网页浏览器,这既保护了自己,也保护了客户。

有时候,保护扩展了的企业,意味着不与那些风险超过潜在效益的公司合作。富达公司(Fidelity)管理研究部的首席信息官吉姆·麦克唐纳(Jim MacDonald)表示,信息安全方面的问题,已经影响到该公司对合作伙伴的选择。

"对我们来说,与那些小型科技公司极富创意的系统合作是一个问题。我们喜欢那些公司,因为它们能帮助我们获得竞争优势,"他说道,"(但)当我们进入这些公司做安全评估时,(我们发现)安全往往不是这些公司重视的领域,而是它们的不足之处。对于是否与这类公司合作,我们的决定要更慢:我们看到了它们的技术,棒极了,但它们就是(对安全)重视不足。"

根据 IT 安全风险来评价供应商,与评估它们的财务风险或质量同样重要。正如通用汽车的供应链主管马克·希尔姆(Mark Hillman)所说的:"如果你有许多外包项目,那你就得戳一戳每一个人。"在这里"戳"是指评估信息安全风险,然后监督这种风险,如同监督这家供应商可能带来的任何其他风险。这意味着确保供应商在接入你的系统时不会损害你的网络安全,确保它们的安全措施足以保护你与之共享的知识产权。在一个扩展企业的新世界里,安全问题决不能被掉以轻心。

(信息来源:金融时报 M.艾瑞克·约翰逊)

训练要求:

(1)通过小组讨论分析,谈谈新时期信息保密的重要性有哪些?

(2)结合你所掌握的调研信息,列举最近几年有代表性的信息保密相关事件。

训练步骤:

(1)指导学生认真阅读背景材料。

(2)分析主要内容以及本次实训要求。

(3)布置实训任务。

【知识链接】

公司保密工作制度范例

第一章　总则

第一条　为了保守国家秘密和××省××投资集团有限公司(以下简称"集团公司")的企业秘密,维护国家利益和集团公司利益,保障集团公司投资、经营、管理工作的顺利进行,根据《中华人民共和国保密法》和有关规定,制订本办法。

第二条　国家秘密是关系国家的安全和利益,遵照法定程序确定在一定时间内只限一定范围的人员知悉的事项;企业秘密是关系集团公司、所属企业及其子企业的安全和利益,依照一定程序确定,在一定时间内只限一定范围的人员知悉的事项和信息。

第三条　集团公司所属企业都有维护国家秘密和集团公司企业秘密的责任,集团公司全体员工都有保守国家秘密和企业秘密的义务。

第四条　集团公司保密工作的主要任务是贯彻执行《中华人民共和国保密法》及省委、省政府有关保密工作的规定和要求,不断加强保密工作,确保国家秘密和企业秘密的安全,维护集团公司的利益。

第五条　集团公司保密工作贯彻"突出重点、积极防范、内外有别,既确保国家秘密、企业秘密,又便于各项工作开展"的方针。

第六条　集团公司综合事务部在集团公司保密委员会统一领导下,具体负责集团公司保守国家秘密和企业秘密的工作,并指导所属企业的保密工作。

第二章　秘密的范围和密级

第七条　根据集团公司的企业性质和日常工作的特点,集团公司企业秘密包括下列事项:

(一)集团公司的发展战略和发展规划,重大战略部署和投资决策、经营中的秘密事项;

(二)集团公司年度计划、未下达的考核及评价指标,未公开的财务数据;

(三)集团公司未公开的重大经营决策以及为决策所提供的资料、数据及其他秘密事项;

(四)有关集团公司及所属企业重组、兼并、破产、关闭中涉及的秘密事项;

(五)集团公司重要投资项目的可行性研究、财务分析及涉及投资项目的其他秘密事项;

(六)历年投资、经营、管理活动中形成的重点科技成果,发明创造的关键技术、工艺、参数,重大科研项目的开发规划等秘密事项;

(七)集团公司重要会议记录、会议专题报告和重要会议召开之前涉及的秘密事项;

(八)人事档案、未公布的人事任免、工资分配、人员奖罚方案等事项;

(九)查处重大违纪、审计等案件所涉及的秘密事项;

（十）日常工作中形成的，根据省委、省政府的有关规定应当保守的秘密事项。

第八条 在日常工作中涉及的国家秘密事项，根据有关法律、法规确定。

第九条 国家秘密和企业秘密按其性质分为绝密、机密、秘密三个等级。

第十条 属于集团公司企业秘密的文件、资料，应当按规定标明密级。秘密文件、资料密级和保密期限的确定，由经办部门或承办人提出，报集团公司有关领导审批。在办文结束后，交集团公司综合事务部保密室存档。

第十一条 已归档保存的文件、资料的密级，由保密员根据其内容和保密期限，经有关领导批准后，定期进行调整：

（一）凡已批准对外公开或已超过保密期限，不再需要保密的文件、资料，予以解密；

（二）凡秘密程度已经降低，但仍要在一定范围或时间内保密的文件、资料，予以降密；

（三）凡随时间推移，内容需加以保密或限制使用范围、领域的文件、资料，予以重定密级。

第三章 保密措施

第十二条 属于国家秘密的文件、资料和其他物品的制作、收发、传递、使用、复制、保存和销毁，应严格按国家保密工作的规定和程序处理：

（一）未经原确定密级的单位确认或者上级机关批准，不得复制、摘转；

（二）收发、传递和外出携带，必须按照国家规定程序办理手续后由保密员或集团公司有关领导指定的人员负责，并采取必要的安全措施；

（三）必须在保密措施完善的设备或场地中保存。

集团公司及所属企业在对外经济往来与合作中需提供的文件、资料，内容如涉及国家秘密的，应按有关法律和法规规定程序办理。

第十三条 属于集团公司企业秘密范围的文件、资料和其他物品的制作、收发、传递、使用、复制、保存和销毁，应按国家保密工作有关规定和本办法要求处理：

（一）未经集团公司有关领导批准，不得复制、摘转；

（二）收发、传递和外出携带，由保密员或集团公司领导指定人员负责，并采取必要的安全措施；

（三）必须在保密措施完善的设备或场地中保存。

集团公司及所属企业在对外经济往来与合作中需提供的文件、资料，内容如涉及集团公司企业秘密的，应按本办法规定程序报请集团公司有关领导或所属企业领导批准。

第十四条 举行涉及国家秘密或集团公司企业秘密的会议和进行其它具有保密要求的活动，应采取保密措施，并对参加人员进行保密教育，提出具体要求，其正式会议记录由集团公司保密室保存。

第十五条 集团公司根据需要设专职保密员（机要秘书），负责保密的具体工作。所属企业也必须按规定配置专职或兼职保密员。

第十六条 专、兼职保密人员必须具备较强的政治责任感、思想水平和专业素质，热爱本职工作，有事业心和进取心。

第四章   保密委员会工作职责

第十七条   集团公司设保密委员会,在省保密局和集团公司党委的统一领导下,指导、部署和检查集团公司及所属企业的保密工作,其工作职责主要有:

(一)贯彻、执行党和国家以及省委、省政府的有关保密工作的方针、政策和规章制度;

(二)依照《中华人民共和国保密法》,拟订集团公司保密工作的规章制度和细则,并贯彻落实;

(三)指导、监督集团公司及所属企业的保密工作,确保保密工作有人管、管到位,责任落实;

(四)结合典型事例,定期开展保密宣传教育工作,增强全体员工的保密观念;

(五)定期召开集团公司保密工作会议,总结工作经验,制订工作计划;

(六)严肃处理失、泄密事件,并根据情节轻重,提出处理意见;

(七)定期组织保密人员进行业务培训,提高保密工作人员业务素质;

(八)规划、指导、实施集团公司现代办公设备的保密技术和保密措施,监督、检查和落实集团公司本部及所属企业计算机、办公网络及办公自动化系统的保密措施;

(九)加强对可能接触或掌握重大秘密的工作人员的防泄密、保密教育,完善电话通讯和办公自动化系统管理的保密制度,努力提高保密技术防范能力;

(十)积极开展调查、研究解决保密工作中出现的新问题;

(十一)积极完成上级交办的其它保密事项。

第五章   奖励与处罚

第十八条   具有以下情形之一的,应当给予奖励:

(一)长期从事保密工作,维护国家和集团公司的利益,作出较大贡献的;

(二)在改进保密技术、措施等方面成绩显著的;

(三)在紧急情况下,保护、抢救国家秘密或集团公司的秘密文件、资料的;

(四)同抢劫、盗窃、毁坏、出卖国家秘密或企业秘密文件、资料及其物品的行为进行斗争,以及对检举、揭发、破案有功的。

第十九条   具有以下情形之一,根据情节轻重,给予纪律处分或依法追究刑事责任:

(一)违反保密纪律、玩忽职守、泄露或遗失国家秘密或企业秘密文件、资料的;

(二)对窃密或重大泄密行为不制止、不斗争、不报告的;

(三)对揭发检举窃密、失密、泄密的人进行报复的;

(四)利用国家秘密或企业秘密进行非法活动的。

第六章   附则

第二十条   集团公司所属企业应根据法律有关规定和本管理办法的要求,制订本企业的保密工作管理办法,报经集团公司批准后执行。

第二十一条   本办法经集团公司总经理办公会议通过后执行,由集团公司保密委员会负责解释。

第二部分 安全管理

【知识目标】

了解保卫工作范围、性质。

了解安全事故分类、安全事故处理的原则。

熟悉保卫工作职责。

熟悉火灾预防和控制。

熟悉安全事故预防措施。

掌握安全事故处理流程。

【能力目标】

能够制定企业保卫工作职责,组织实施企业保卫工作。

能够制定消防管理制度,开展消防管理。

能够按照流程进行企业安全事故处理。

【案例导入】

案例一:央视火灾事故

2009 年 2 月 9 日 20 时 27 分,北京京广桥附近的央视新大楼北配楼发生火灾,火势凶猛。大火燃烧了近 6 个小时,附近千人被疏散。火场救出 30 多名伤员,一名消防人员牺牲,火灾的过火面积 10 余万平方米,位于楼内南侧演播大厅的数字机房被烧毁。据一位建筑学家估算:火灾造成损失保守估计达 6 亿~7 亿元。

国家安全监管总局介绍,央视新北配楼火灾事故的现场勘察基本结束,初步认定这是一起重大责任事故,已对 24 名事故相关责任人进行拘捕。这次火灾是违规燃放烟花引起的,火灾现场发现的 A 类烟火与北京奥运时燃放的烟花类似,是北京市明令禁止燃放的产品。燃放时,曾有治安民警进行劝阻,然而业主单位执意燃放。由于大楼的装修刚进入尾声,易燃材料多,灭火设施不完善,再加上消防部门现有装备灭火能力最高只能达到九十多米,灭火困难,加重了火灾的损失。

(资料来源:搜狐新闻网,2009 年 2 月 11 日)

思考:

这起火灾事故给我们带来什么启示?

案例二:安全事故处理需要"小题大作"

前不久,海安佳可制衣公司发生一起安全事故。一名女工在下午快要下班时,没有按规定停下电动缝纫机就直接将手伸进去整理边角布料,结果右手中指指甲被缝针刺穿。事故发生后,立即进行包扎,并送医院检查,安排休息,休息期间工资照发,并按规定发放营养费,公司老板、工会主席前去看望。这样一个看起来微不足道的小事故,却牵动了佳可公司上上下下领导的心,显得人情味十足,充满了人文关怀。

但事故处理并没有结束。首先是组织事故调查、分析,召开全厂职工警示批评教育。相关责任人,上至公司董事长、安全厂长、安全科长、车间主任、事故当事人全部重新组织安全知识学习,闭卷考试(必须达到100分方可通过),独自查找事故产生的内在原因,进行事故责任分析,这样才可复班。

事故处理还没有结束,所有相关责任人,按照公司规定当月从公司中扣安全事故责任金,董事长300元,安全厂长200元,安全科长100元,班组长50元,当事人20元。并张榜公布。

事故发生、处理过程,全部编写进公司安全宣传栏,相关材料存入安全档案。

事情还没有结束,这样一个材料在每天的安全晨会上都会让大家谈感受,谈防范措施。相关责任人周、旬、月、季必须上交对该事故处理的认识。

这样的事故处理是不是"搞得太认真了",会不会"小题大作"? 当职工们谈论及此,并不这样认为,公司的董事长更不这样认为。他们说,公司开办五年来,这是发生的第二次事故,安全厂长的最主要职责就是确保企业不发生500元以上的事故。不管事故多小,是不是发生在我的身上,都有后果,都有伤害啊。

受伤职工更是非常懊恼,明知道违规操作有危险,但心存侥幸,不就最后一块边角料吗,不至于……到底还是出事啦。如果当时自己安全意识再强一点,旁边有谁提醒一下,这个事故就会避免。好在这次事故小,要是出了人命,那该怎么办啊? 我今后再也不会违规操作了。感谢公司对我的关心,对不起公司各位领导,连累大家扣了钱,要扣钱也只该扣我一个人的钱,事故是我出的,就是扣钱也该我扣得最多,不好意思啊。

(引自:江苏工会网,http://www.jsgh.org/template/10001/file.jsp? aid=20503)

思考:

海安佳可制衣公司对于安全事故的管理是不是小题大作? 这样的小题大作有没有必要? 请谈谈你的看法?

提示:

安全事故处理确实需要"小题大作"。长期坚持"小题大作",才能有效防止安全事故的发生。习惯于"小题不作""大题小作",就可能酿成安全方面的大问题。时时坚持"小题大作",处处坚持"小题大作",全国的重特大事故就不会此起彼伏,连绵不断。"千里之堤溃于蚁穴",一次疏忽了望,一次未穿救生衣,大船上的一个虫眼,一次未拉安全网,一次未走安全通道,一颗松动的螺丝钉,一个未关闭的电源,一个接触不良,发热自燃的电线接头,就能让事故发生,悲剧上演……

第一单元　保卫工作职责与实施

　　办公室的安全工作是办公室的一项重要工作内容。办公室安全保卫工作主要是保证员工在劳动工作过程中的生命安全、身体健康，不发生安全事故，不影响正常的生产、工作秩序。办公室安全保卫工作的内容主要有治安管理、劳动安全管理、保密安全管理以及消防管理等。本单元重点以企业安全保卫工作为例。

一、安全保卫工作范围

　　安全保卫工作的范围主要是在企业内部，必要时可以延展至企业周边公共通道部分。一般来说，单位保卫工作重点是要保护单位内部生产、生活、办公场所的出入口、大厅等。如果出现不法分子利用企业周边的公共通道侵害企业利益或是危及企业职工、客户安全，企业保卫人员也应及时给予保护。

二、安全保卫工作性质

(一)预防性

　　企业保卫工作应以预防为主。这是因为企业的护卫力量一般不具有强制措施和处罚权力，不具备执法权。在进行保卫工作时，保卫人员可以统一着装，并在法律许可范围内配备预防安保器械，以产生对违法者的威慑作用，预防各类安全事件的产生。

(二)服务性

　　企业保卫工作是企业管理的一部分。在企业管理系统中，保卫工作是为其他工作提供服务的。因此，在开展保卫活动时，既要保护企业安全，又要方便客户、员工，促进企业管理活动开展。必要时还需要为客户提供询问、指路等服务性工作。

三、安全保卫工作职责

(一)守护企业各出入口，维护人员、车辆进出秩序

　　(1)对人员、车辆滞留堵塞交通有疏散保证通行的职责。

　　(2)对出入口内外发生的违法犯罪行为有采取措施加以制止和报告上级主管的职责。

　　(3)职工专用出入口的保卫人员负有安全检查的职责，如查验证件、考勤登记、携带外出物品外出检查、私人会客登记等。

　　(4)按上级主管通知，临时加强警卫和堵卡检查的职责。

(二)保护要害部位重要目标的职责

　　(1)在要害部位发生侵害行为时有及时制止并报告上级主管的职责。

　　(2)守护重要库房的职责。

　　(3)维护停车场、车库秩序的职责。

(4)守护企业高楼顶层,防止跳楼自杀事件发生的职责。

(三)维护企业内公共场所治安秩序的职责

(1)维护企业办公场所秩序,防止发生物品被窃和其他非法行为发生的职责。

(2)维护企业秩序,防止治安事件发生的职责。

(3)负责企业公共通道、路面巡逻,防止发生不法行为的职责。

(四)其他有关企业安全的职责

(1)押运大宗现金的职责。

(2)企业发生意外事件或治安灾害事故时维护秩序的职责。

(3)执行上级主管下达的临时性维护秩序的职责。

(4)保护违法犯罪案件、治安灾害事故、治安事件等现场的职责。

四、安全保卫工作的组织实施

(一)组织单位保卫力量

企业保卫工作是一项专门业务,应建立专门的保卫组织。如保安部、护卫队、经警等。保卫组织建立时需要合理确定人数,精心挑选保卫人员。

企业保卫人员选择需要着重考察其身体条件和政治道德品质。因此,保卫人员一般应是35岁以下男性为主,身材匀称、五官端正、视力要好。在政治道德品质方面应遵守纪律,集体意识强,没有经济和生活作风问题,没有违法犯罪记录,没有不良习惯和嗜好。退伍军人是保卫人员的最好选择。

随着企业对外交往的扩大,在选择保卫人员时,也应对其学历有所规定,提高保卫队伍的整体素质,提高保卫人员的服务意识。

经过选拔合格的保卫人员,在上岗前应进行一定的培训。保卫人员培训可由公司保安部门负责,也可由委托公安部门、武警部队等实施。培训的主要内容有:保卫工作基本技能;相关法律知识;企业规章制度;保卫人员职责和管理制度;基本礼仪规范;其他需要掌握的知识和技能。

(二)单位保卫工作实施

单位保卫工作分为定点保卫和流动保卫两种基本形式。

1. 定点保卫   是指设立固定岗的保卫工作。比如常见的有门卫、要害保卫等。必须明确的是,定点保卫并不是简单的站岗、死守,而是相对的固定,并负责周围地区的保卫工作。定点保卫一般实行24小时全天候保卫。企业可以根据自身条件,确定是采用三班倒还是两班倒。每班人员建议至少两人,这样有利于相互配合和相互督促。

2. 流动保卫   流动保卫即巡逻,是指保卫人员在企业的一定区域内巡回观察,发现、纠正和处理各种不安全因素和违法犯罪行为的一项重要措施。流动保卫可以弥补定点保卫、各值班人员以及监视装置视线范围以外区域的一项防范措施。流动保卫可以阻止案件发生,发现可能导致不安全的潜在危险情况,也可及时发现可疑的人与事。流动保卫对盗窃、火灾等事故防范效果特别好。

在组织流动保卫时,应做好巡逻路线的制定和巡逻力量的配置工作。

巡逻路线一般可以分为定线、乱线、定乱线结合的方式。企业在确定巡逻路线时,应该统筹考虑企业建筑物的特点,对重要对象、要害部位实施巡逻,也要考虑不同时间的巡逻路线,做到流动保卫与定点保卫力量相互呼应。

实施巡逻时应编组进行,一般两人一组,保持一定距离,以利观察周围动静,相互配合。白天巡逻宜穿企业一般规定的工作服以体现"内紧外松"原则,夜间宜穿保卫人员统一制服以便于识别。

有的企业为了使企业保卫人员保持旺盛精力和工作中集中注意力,采取定点保卫和流动保卫交替换岗的做法也是可行的。

(三)保卫工作外包

随着社会分工细化,外包服务已经成为一种企业管理的趋势。目前,有许多企业采用保卫工作外包服务,将企业的安全保卫工作外包给保安公司。保卫外包,不仅可以减少企业的管理成本,还能提高保卫效果。专业保安公司的保安业务比较专一,不需要企业培训即可上岗。同时受合同制约一般责任和工作效率比较高,企业安全部门不需要花大量精力去管理,可腾出精力加强其他方面的安全工作。

(四)安全保卫工作中常见问题的处置

1. **发现违法犯罪行为或迹象的处理**　企业保卫人员在执勤中发现明显的违法犯罪行为,如盗窃、行凶伤人、斗殴闹事等,应用对讲机报告安全部门,并按保卫人员规定的职责,制止违法犯罪行为的继续,必要时可采取正当防卫措施制服行为人。要保护好现场,留住违法犯罪行为人,在无法留住的情况下要记住其姓名、身份及其基本特征,以便安全部来人调查处理。如只是可能有违法犯罪的迹象,包括酗酒耍疯、舞场起哄、男女不正常的勾勾搭搭等,应注意观察以防进一步发展,同时报告安全部请求派员前来加强管理,必要时可对有关人员进行正面宣传教育,宣传企业有关规定,一般不要轻易地干涉他们的行为。对闲杂人员进入企业,可礼貌地上前询问,或婉转地告知此地不宜停留,让其自行离去。一般不宜过于纠缠、横加盘诘而分散保卫本职工作精力,造成不良影响。如确有可疑,可先将其稳住,然后报告安全部派员来处理。

2. **发现不安全因素的处理**　不安全因素是指有可能发展成治安灾害事故的因素。如在大门口或主要车行道上汽车"抛锚"熄火;巡逻时发现电器设备运转不正常和有异味;发现漏水及建筑物损塌等,一般应守在出事点,设法弄清情况,排除隐患或防止事态发展,同时应立即报告安全部或其他部(如工程部),等他们来人处置后再离去。

3. **发现不明可疑物品的处置**　有时在保卫点周围或巡逻过程中发现该处有不明的可疑物品,如行李箱子、食品、包裹、印刷品等,这些物品有的可能是顾客遗留的,有的是犯罪分子转移暂放的,有的是不法分子故意投放的。发现这些东西后保卫人员一般先要观察一下周围的地形和动静,不要轻易去翻动这些物品,然后适当地隐蔽在旁进行监视和报告安全部请他们来人调查处理。如安全部人员尚未到达而已有人来提取,应相机上前搭讪盘问,拖时间不要让可疑人脱身。如对方急于脱身,可明确告知他要等一下安全部来人处理,如他夺路而走,可作为嫌疑人员将其扭送至安全部。

4.对来历不明和需要救援人员的处置 在保卫人员中有时会遇到来历不明的人,有的是外来的盲流人员,也有的可能伺机作案,还有流浪的精神病患者。保卫人员发现这些人员时,不要轻易地处理或放走,应将他们带交安全部,由安全部弄清情况再作处理。

保卫工作中有时还会遇到有些人因病发作或其他意外受伤需要救援的情况,保卫人员应抽出人手抢救,或送他去医院;另一人则坚守工作岗位并报告安全部或其他有关部门请求派员处理。如果该人已死亡,则保护好现场,迅速报告安全部请他们来处理。

第二单元　消防管理与事故应对

一、单位财产安全与消防管理

消防管理是预防火灾和扑救火灾的总称。企业厂区火险隐患多,火灾就容易发生,一旦发生,所造成的后果将不堪设想。企业消防管理的基本目的是预防火灾发生,对火灾隐患进行整改、治理和排除,最大限度地减少火灾发生率和火灾发生后所造成的危害和损失。

(一)火灾的定义和分类

火灾是因失火而造成人员伤亡及物质损失的灾害。按照其灾害程度,火灾一般可分为三级:

1.**一般火灾** 物质损失在1万元以上5万元以下;或人员死亡1~2人;或受伤10人以下的火灾事故。

2.**重大火灾** 物质损失5万元以上50万元以下;或人员死亡3~10人;或受伤10人以上;或虽未达到上述数字但危及首长、外宾和知名人士安全,造成严重不良社会政治影响的。

3.**特大火灾** 物质损失在50万元以上;或人员死亡在10人以上的。

(二)消防安全组织

1.**消防安全管理的组织构成** 企业消防安全领导机构是防火安全委员会,具体组织机构应由企业行政领导负责、各职能部门参与,自上而下形成的消防安全管理组织。它要求整个企业做到人人防火、时时防火,力争做到万无一失。

2.**消防负责人建立** 企业要根据"谁主管,谁负责"的原则建立各级的负责人体系。一般企业建立三级消防组织,确立三级消防负责人。

一级消防负责人由企业法人代表担任,主要负责贯彻消防管理法律法规、申报消防审核手续、组织建立消防机构等工作。二级消防负责人由各职能部门负责人担任,负责本部门消防工作的安排落实,有计划地组织学习教育和消防训练,进行消防工作的督促检查以及整改工作。三级消防负责人由各班、组长等基层一线管理人员担任,负责消防执行。

3. **消防员队伍建设**　企业消防员队伍一般由专职消防队伍和义务消防队伍组成。

专职消防队伍主要负责消防工作的管理、指导、检查、监督与落实,进行消防巡逻值班、消防培训、消防检查、消防器材的保管与保养,在火灾发生时,协助消防部队进行灭火工作。从企业管理成本出发,可以将企业保卫人员队伍和专职消防队伍合一,减少不必要的支出。

义务消防队组建后,还应进行消防培训。企业可以根据工作特点,在公安消防部门的指导下,制订培训计划,进行灭火训练和消防演习。

(三)消防责任管理

1. **消防岗位责任**　根据"谁主管,谁负责"的原则建立各级消防岗位责任制度,包括企业主管消防岗位责任制度、各部门消防岗位责任制度、安全员和设施维护消防岗位责任制度、企业员工消防岗位责任制度等。

企业防火负责人的职责是:贯彻消防法规和有关消防管理的规定;结合企业具体情况确定消防目标,制定规划和计划;领导专职消防队和义务消防队的工作;在企业技术改造、新产品试制等工作中负责提出消防安全意见和措施;在新建、扩建和改建工程项目时,责成有关部门将工程项目报公安消防部门办理建筑设计消防审核手续;组织防火安全委员会的工作,建立消防组织机构,配备人员,制定消防安全管理制度、作业安全规程和标准,从各方面的匹配出发制定实施消防安全的对策,组织消防安全教育、防火安全检查和火险隐患的整改工作。

2. **消防值班责任**　企业值班人员消防工作职责是:定时巡查、发现火灾隐患及时处理、消防设施检查保养、交接班管理等。

(四)火灾预防和控制管理

从预防角度出发,对容易引起火灾的各类行为作出规定,以减少火灾发生的可能。

内　容	规　定
易燃、易爆物品	厂区范围(重点区域)严禁烟火;禁止乱扔烟头、火柴;企业电器严禁超负荷使用;办公制动化设备安全用电
公共通道	保持通道畅通;对通道使用的改变需要报销防管理部门批准
消防设施	消防栓、水龙头、喷淋头、烟感器、警铃、温感器、消防电话、消防线路不得擅自移动、拆除,不得任意使用

(五)消防设施和器材的配备和管理

消防设施和配备的消防器材是灭火工作的物质基础,是确保人身安全及财产不受或少受损失的主要保证。

1. **电气设备的要求**　企业电气设备安装要符合有关电气安装规则的要求,具体要求如下:

(1)对于建筑物所安装的电气设备,若有绝缘损坏的要及时进行更换;

（2）不要在电气设备附近堆放可燃物品；

（3）使用电加热器必须遵守有关规定，并要符合防火要求；

（4）不要超负荷，不要使用不合规格的保险装置；

（5）对避雷、防静电、电气自动断闸等安全装置要经常检查；

（6）工作结束后要切断电源。

2. 对易燃易爆厂房、设备、电器的要求　企业内生产、储存、运输、使用易燃易爆物品的厂房、设备和电器等，必须符合防火和防爆要求。设备要勤保养、勤维修，防止"跑、冒、滴、漏"。贮存易燃易爆物品要有专门的库房，并且实行分堆存放。试制易燃、易爆新产品、新工艺要经过鉴定，必须符合安全要求。危险性仓库要有可靠的人员管理。易燃、易爆品的装卸、运输要求包装容器完整牢固，防止剧烈震动和撞击。

3. 设备安装的防火要求　在安装设备（如锅炉、炉灶等）及房屋装修时，使用焊接、切割、电热、烘烤等明火作业时，一定要有防火安全措施，并须经本企业消防安全管理部门检查。

4. 建筑、设施要求

（1）对建筑物的要求。对于企业新建或改建的建筑物，一定要遵照"建筑设计防火规范"的要求，不得擅自搭建易燃违章建筑，不得在防火间距内堆放可燃物品，不得随意改变建筑的使用性质，不得破坏建筑物内已有的消防安全设施。此外，消防通道、安全门、疏散楼梯、走道要时刻保持畅通无阻。

（2）对消防设施的要求。企业的消防设备和火灾报警设施应相对比较完善，并具有适当的种类和数量，须将其分别布置在明显和便于使用的地点；同时，加强维修保养和改进。

（六）消防检查管理

企业消防检查是企业内部进行的防火安全检查，以便及时发现和消除自身火险隐患，纠正自身违法行为，达到预防和减少火灾的目的。这是依照《中华人民共和国消防法》及《机关、团体、企业、事业企业消防安全管理规定》中的有关规定对企业提出的具体要求。

1. 企业消防检查的作用

（1）促进企业贯彻实施预防为主，防消结合的消防工作方针，落实消防安全责任制。预防为主，防消结合这一方针是我国人民同火灾作斗争的科学总结，它正确地反映了消防工作的客观规律。企业应当认真贯彻落实各项消防法律、法规，制定消防安全管理制度，切实落实消防安全责任制和逐级防火责任制，使这项工作经常化、制度化。通过检查还能发现灭火设备、消防组织、灭火预案中存在的问题，并得到及时解决，真正做到防消结合。

（2）及时发现和纠正违反消防法律、法规的行为，消除火灾隐患。

（3）落实逐级责任制。对企业自身进行消防检查，能增强防火管理者的责任感和自觉性，使之能经常地对企业实施消防检查，熟悉掌握企业生产工艺及火灾危险性，并督促落实各项消防安全措施和防火责任制，有效地保证消防安全。

（4）强化重点部位的消防安全管理。将重点部位进行分类，突出重点，配备力量，做到抓住重点，兼顾一般，确保消防安全。

2.企业消防检查的形式　企业消防检查是确保消防安全的需要,是一种自觉的内部管理行为。检查的形式有以下七种:

(1)防火巡查。是消防安全重点企业常用的一种消防检查形式,其他企业可以根据需要组织防火巡查。消防安全重点企业可以结合实际情况组织夜间防火巡查。

(2)定期检查。其对象是消防安全重点部位,对消防安全重点部位的检查,每个季度不应少于一次。检查应具体,检查应深入,整改应及时,并逐项登记,记入档案。

(3)抽样性检查。针对非消防安全部位进行的检查,要根据部位的特点进行重点抽查。

(4)专项检查。根据企业实际情况,当前主要任务,消防安全薄弱环节开展的检查,如用电检查、用火检查、疏散检查、消防设施设备检查、危险品储存与使用检查,专项检查应有专业技术人员参加。

(5)设备检测。使用仪器设备对消防设施、设备、电气设施设备、危险品设施、用火设施等进行检查测试,确保其安全性、功能状况等指标是否符合要求。其实施由专业部门进行。

(6)日常性检查。根据本企业的具体情况进行的经常性消防检查的活动。经常性检查能及时发现不安全因素,及时消除不安全隐患是重要的消防安全检查形式之一。

(7)季节性检查。针对每年"五一""十一""元旦""春节"和春季、秋季到来之前的消防安全检查。

3.企业消防检查的内容　消防检查内容,因各企业的情况不同,生产、经营、管理的性质不同,基础设施、人员素质不同而有着很大差异,但主要应包括以下内容:

(1)巡查内容:

1)用火、用电有无违章情况;

2)安全出口、疏散通道是否畅通,安全疏散指示标志、应急照明是否完好;

3)设施、器材和消防安全标志是否安装放置到位;

4)常闭式防火门是否处于关闭状态,防火卷帘下是否堆放物品影响使用;

5)消防安全重点部位的人员在岗情况;

6)其他消防安全情况。

(2)检查的内容:

1)建筑消防检查内容:

①建筑总平面布局和平面布置中涉及消防安全的防火间距、消防车通道、消防水源等;

②建筑物的防火、防烟分区和建筑构造;

③建筑物的火灾危险类别和耐火等级;

④安全疏散通道和安全出口;

⑤火灾自动报警和自动灭火系统;

⑥消防器材的配置、灭火器、呼吸器、缓降器、消火栓箱;

⑦防烟、排烟设施和通风、空调系统的防火设备;

⑧消防供电、消防通讯;

⑨建筑内部装修材料的燃烧性能。

2)消防安全管理检查的内容:

①防火安全责任制及消防安全责任人的落实情况。包括企业法定代表人或企业主要负责人的消防安全责任制、各部门逐级消防安全责任制、消防重点部位和岗位防火责任制等;

②消防安全管理制度、消防安全操作规程的制定和落实情况。应根据企业用火、用电制度、易燃易爆化学物品管理制度、消防安全检查制度、消防设施维护保养制度、员工消防教育培训制度等以及生产、经营、储运过程中预防火灾的操作规程制定和落实情况;

③员工及重点工种人员消防宣传教育和培训情况。各企业应结合本企业防火工作的特点,进行广泛的消防法规和消防安全知识的宣传教育,增强员工的消防安全意识,使员工了解本岗位的火灾危险性、火灾特点,会使用灭火器材扑救初期火灾,会报警,会逃生;

④消防控制室值班人员在岗情况和设备运行情况。凡设有消防控制中心的企业,应在中控室配备经消防培训合格的专职人员,24小时值班,负责将设备运行情况及时记录,排除故障;

⑤消防安全重点部位的确定和管理情况;

⑥易燃易爆化学物品和场所防火防爆措施的落实情况;

⑦防火档案的管理使用情况;

⑧每日防火巡查的实施情况和巡查记录情况;

⑨消防设施定期检查测试情况,消防器材配置及使用情况;

⑩消防安全重点部位灭火预案和应急疏散预案的制定和定期组织演练情况。

3)消防设施检查的内容:根据有关消防技术规范对企业的消防设施、设备的运行现状进行检查,确认其是否处于完整好用状态。

①防火分隔及安全疏散设施。含防火墙、防火分区内的隔墙、防火门、防火窗、防火卷帘、防火阀、安全出口、疏散通道、疏散楼梯、消防电梯等;

②消防给水。含消防水池、室内外消火栓、消火栓启泵按钮、管网阀门、水泵结合器、消防水箱、增压减压设施等;

③防烟、排烟设施。含排烟窗和开启装置、挡烟垂壁、机械防烟设施(送风口、送风机)、机械排烟设施;

④电气与通讯。含消防电源、自备发电机、疏散指示标志、火灾应急照明广播、消防专用电话插孔、手动报警按钮等;

⑤自动喷水灭火系统,自动报警系统,气体灭火系统,水喷雾灭火系统,低倍数灭火系统,高、中倍数灭火系统,蒸汽灭火系统,移动式灭火器材。

4.消防检查的方法　消防检查的方法是指消防人员在实施检查过程中所采取的技术措施或手段。只有正确运用各种检查方法,才能顺利实施消防安全检查,对检查对象的安全状况作出正确的评价。

（1）直观检查法。直观检查法就是用人的感官而不借助任何器械、仪器进行检查，如眼看、手摸、耳听、鼻子嗅等。这是消防检查的传统方法，也是日常采用的最基本的方法。特别是进行消防巡查时，要用眼看一看有哪些不正常的现象，手摸一摸有无不正常的感觉（过热），听一听有无不正常的声音，嗅一嗅有无不正常的气味。

（2）询问了解法。询问了解法是消防检查中不可缺少的手段之一，通过询问，可以了解本企业消防安全工作开展情况和各项制度的执行落实情况。询问的重要性，还在于有些问题不通过询问可能根本查不出来，有些火灾隐患就是通过询问了解到的。

（3）仪器检测法。仪器检测法是指在消防检查中利用防火检查仪器和工具对电气设备、线路、安全设施、可燃气体危害程度参数等进行测试、测定，评定企业某个场所的安全状况，确定是否存在火险隐患的科学方法。

5. 火灾隐患的整改　火灾隐患是指企业生产、经营、管理及其他社会生活中可能造成火灾危害的不安全因素。主要包括管理不到位，工艺有缺陷，布局不合理，建筑结构不符合规范，消防设施功能不全等方面的问题。

为了确保生产安全，保护人民生命、财产免遭火灾危害，整改火险隐患必须及时、有效。

（1）对下列违反消防安全规定的行为，企业应当责成有关人员当场改正并督促落实，同时将有关情况存档备查：

1）违章进入生产、贮存易燃易爆化学物品场所的；

2）违章使用明火作业或者在具有火灾、爆炸危险场所吸烟、使用明火等违反禁令的；

3）将安全出口上锁、遮挡或者占用、堆放物品影响疏散通道畅通的；

4）消火栓、灭火器材被遮挡影响使用或者被挪用的；

5）常闭式防火门处于开启状态，防火卷帘下堆放物品影响使用的；

6）消防设施管理、值班人员和防火巡查人员脱岗的；

7）违章关闭消防设施、切断消防电源的；

8）其他可以当场改正的行为。

（2）对不能当场改正的火灾隐患，消防工作归口管理职能部门或者专、兼职消防管理人员应当根据本企业的管理分工，及时将存在的火灾隐患向本企业的消防安全管理人或者消防安全责任人报告，提出整改方案。消防安全管理人或者消防安全责任人应当确定整改的措施、期限以及负责整改的部门、人员，并落实整改资金。

有些火灾隐患整改往往需要时间，需要投入经费、材料、设备、技术、场地等，会有一定困难，但是，当安全与生产发生矛盾的时候，必须坚持安全第一，对此应有清醒的认识。

（3）整改火灾隐患要从实际出发，坚持既保证安全又经济合理的原则，并做到以下几点：

1）领导重视。整改火灾隐患的效果如何，关键在于有关领导的重视程度，如前所述，火险隐患的整改涉及经费、材料等多项投入，会遇到一些困难，因此，要求企业领导善于权衡利弊,善于协调运筹,在防火安全方面要有魄力、有胆识为生产建设和员工安全创造一个良好的安全环境。

2)边查边改。对检查出来的火险隐患,企业能立即整改的,就要立即整改,不能拖延。

3)在火灾隐患未消除之前,企业应当落实防范措施,保障消防安全。对不能确保消防安全,随时可能引发火灾或者一旦发生火灾将严重危及人身安全的隐患,应将危险部位立即停产、停业,并采取有效安全措施。

4)火灾隐患整改完毕,负责整改的部门或者人员应当将整改情况记录报送消防安全责任人或者消防安全管理人签字确认后,存档备查。

5)对于涉及城市规划布局而不能自身解决的重大火灾隐患,以及机关、团体、事业企业确无能力解决的重大火灾隐患,企业应当提出解决方案并及时向其上级主管部门或者当地人民政府报告。

6)对公安消防机构责令限期改正的火灾隐患,企业应当在规定的期限内改正并写出火灾隐患整改复函,报送公安消防机构。

(七)消防教育管理

消防安全教育的目的在于建立合理的知识结构,随时调整企业消防安全教育体系的层次,增强各级各类人员的消防意识,提高员工对消防安全的认识,使他们具有能配合消防工作的意识,并能主动参与到消防的各项活动中去,以达到提高本企业预防火灾、抵御火灾的整体能力。

1. 消防安全宣传教育的内容 消防安全的宣传教育内容包含以下几个方面:

(1)加强消防知识教育,普及消防知识。消防知识教育包括一般性的消防常识教育和专业性消防技术知识教育。其中,专业性消防技术知识是指对特殊工作操作时保证消防安全所需要的消防技术知识。而消防知识是生产技术知识的组成部分,因此,教育时应结合生产技术知识来进行。同时要经常给员工讲解防火知识、灭火知识和紧急情况下的疏散与救护知识。

(2)进行安全意识教育,增强消防意识。为了增强企业全体人员的消防意识,并树立起对消防安全的正确态度,必须加强安全意识的教育。

(3)消防安全知识技能培训。企业消防安全技能培训包括正常作业的消防安全技能培训和异常情况的处理技能培训,这种教育应该在实际操作中进行。同时,企业还可以通过闭路电视、楼宇内的板报、张贴广告和标语等方法进行宣传。

2. 消防安全教育的方式方法 常用的方式方法有短训班、讲座、座谈、广播、黑板报、标语、宣传画、安全简报、个别谈话、班前班后会、看电影录像、参观展览、事故现场分析会、开展安全竞赛评比等。

有条件的企业可建立安全教育活动中心,下设教室、展览室、资料室等;条件差的至少应有一间教室和一间资料室(存放教学资料和设备)。

二、安全事故的应对处理

安全事故是指生产经营单位在生产经营活动(包括与生产经营有关的活动)中突然发

生的,伤害人身安全和健康,或者损坏设备设施,或者造成经济损失的,导致原生产经营活动(包括与生产经营活动有关的活动)暂时中止或永远终止的意外事件。

(一)安全事故分类

1. 按照事故原因分类 根据事故产生的原因可以将安全事故分为物体打击事故、车辆伤害事故、机械伤害事故、起重伤害事故、触电事故、火灾事故、灼烫事故、淹溺事故、高处坠落事故、坍塌事故、冒顶片帮事故、透水事故、放炮事故、火药爆炸事故、瓦斯爆炸事故、锅炉爆炸事故、容器爆炸事故、其他爆炸事故、中毒和窒息事故、其他伤害事故等20种。

2. 按照事故的等级分类 国务院《生产安全事故报告和调查处理条例》根据事故造成的人员伤亡或者直接经济损失,分为四个等级:

特别重大事故:是指造成30人以上死亡,或者100人以上重伤(包括急性工业中毒,下同),或者1亿元以上直接经济损失的事故;

重大事故:是指造成10人以上30人以下死亡,或者50人以上100人以下重伤,或者5 000万元以上1亿元以下直接经济损失的事故;

较大事故:是指造成3人以上10人以下死亡,或者10人以上50人以下重伤,或者1 000万元以上5 000万元以下直接经济损失的事故;

一般事故:是指造成3人以下死亡,或者10人以下重伤,或者1 000万元以下直接经济损失的事故。

(二)安全事故处理的原则

1. 快速反应 及早发现,及时应对,是处理安全事故的第一要务。及早发现问题,并采取有效措施控制事态的发展,化解事故危机,不仅能减少时间所造成的消极影响,而且投入的成本也比较低。而一旦任其发展,事情就会像决堤的洪水一样难以控制,就有可能造成致命的伤害,并极有可能引起连锁反应。

2. 以人为本 当安全事故发生时,保护人的生命安全是最高利益、最大原则。要在第一时间内组织人员迅速撤离危险地带,而不要组织非专业人员进行抢救,以致造成更大的和无谓的人员伤害。

3. 公开透明 企业一旦发生安全事故,无论什么性质、无论多么严重,企图封锁消息、隐瞒事实真相都是最愚蠢的做法。到头来,不仅掩盖不住真相,还会造成舆论上的混乱,延误救援的最佳时机,极大地损害组织形象。正确的态度应是及时与新闻媒体联系,及时披露事实真相和企业所采取的态度及应对措施,争取理解和支持。

(三)安全事故预防措施

(1)以书面形式确定的安全事故处理程序,其中详细地记录出现火灾、人员受伤、突发疾病或发生炸弹威胁等恐怖活动时的具体处理程序。

(2)用上述紧急情况处理程序培训所有工作人员,如健康、安全培训、急救培训、保安人员的特殊培训。

(3)张贴显示有关的紧急程序,在可利用的地方显示相应的布告,让所有人员了解有情况发生该如何疏散和急救员的姓名。

(4)实行紧急情况模拟演练,如定期进行消防演习或疏散演习来测试编写的程序是否合适,并指导员工的应对行动。

(5)明确各级管理人员的在紧急情况下所负的任务和职责,一旦有情况,由他们担当处理。

(6)保证配备有关的设备和资源以随时处理紧急情况,如有报警装置、灭火器、急救包等。

(4)保证定期检查和更新设备,如灭火器、急救包、报警装置的定期检查和维护。

(四)安全事故处理流程

1.事故报告　各单位发生安全事故后立即组织抢救伤者,同时电话告知生产安全部门,由生产管理部门按有关标准及医院的初步诊断结论确定事故性质,并在第一时间内上报公司领导。

报告内容应说明事故发生单位、时间、地点、伤者自然情况及伤害部位、伤害程度、设备、发生经过等情况。

2.事故调查　安全事故发生后根据事故严重程度组成不同级别的事故调查组。调查组接到事故报告后应迅速赶赴事故现场进行勘察,查明事故发生经过、原因及人员伤亡情况,确定事故性质,询问知情者,搜集现场物证及索取有关资料。

事故现场的处理:采取措施防止事故蔓延,同时要保护好现场,凡与事故有关的物体、痕迹等,应保持事故发生时的原始状态,任何人不得随意破坏。如抢救伤者需改动现场时,应做上标记;急需恢复生产时,重伤及以上事故须经相关领导批准,死亡事故须经政府安全生产监督管理机构批准。

3.事故分析　通过对事故直接原因和间接原因的分析,确定事故的直接责任者和间接责任者。通过有关人员的职责和在事故中的行为、作用,确定事故的主要责任者和次要责任者,并依据管理情况确定领导者责任。

4.事故处理　事故处理包括对责任者的处理和对事故的善后处理。重伤及以上事故由生产安全部门提出处理意见,报公司相关部门审批。处理原则是依据国家、地方政府及企业自身制定的有关法规。

5.安全事故责任追究程序　在安全工作方面有下列行为之一,致使发生安全事故的,应负领导责任:

(1)强令工人违章冒险作业的;

(2)劳动安全设施不符合国家规定,经有关部门或单位职工提出后,对事故隐患仍不采取整改措施的;

(3)在安全事故发生后,隐瞒不报、谎报、故意破坏现场,或者无正当理由而拒绝接受调查及拒绝提供有关情况及资料的;

(4)无安全工作长远规划、无明确安全生产责任制的;

(5)不按要求召开安委会及安全工作专题会议的;

（6）其他违反《企业安全生产责任制管理规定》的行为。

责任追究应包括对责任者的处罚。企业应根据事故危害确定处罚标准。

6. 事故结案和工伤统计　发生安全事故后，应将《企业职工伤亡事故记录表》《工伤认定申请表》、工伤事故调查报告、医院诊断书、证实材料等资料上报生产安全部门，经当地劳动和社会保障部门审批后方可结案。工伤事故档案要认真保管，不能损坏和丢失。

【实训】　企业安全教育活动

一、训练目标

通过实训，掌握安全管理知识，培养安全意识。

二、训练方案与要求

（一）案例描述

近日，国内多家大型企业发生安全事故，造成多人死亡，也给企业带来巨大经济损失。为了杜绝此类事件的发生，根据市安监部门的要求，友邦化工公司决定近期在企业内部开展安全教育活动，对企业职工开展治安、生产安全、消防安全等管理知识宣传教育活动。

（二）训练要求

制订一份学校安全教育方案。

（三）训练步骤

1. 同学针对企业常见的安全管理问题，收集有关企业安全管理的规章、常识等。

2. 分小组设计安全教育的内容，内容制作尽量丰富多样，例如，案例重现、技能演示、现场模拟、知识抢答等。

3. 模拟开展对企业员工的安全教育活动，学习识别安全隐患、处理安全事故。

4. 总结活动的收获，写成体会材料。

（四）训练提示

1. 本实训可选择在课外进行。

2. 实训应分组进行，可以 3 人一组。

3. 每个同学在实训过程中一定要严肃认真，言行符合规范。

【知识链接】

链接资料一　遇到火灾基本处理技能

1. 如果办公室门外着火了，浓烟渐渐透过门缝进入室内，应该如何处理？

情景分析：遇到这种情况，千万不要贸然开门，尽管有时没有明火，但烟雾可使人在短时间内窒息，从而丧失逃生的能力。

正确的做法：尽快用手边的软布或丝巾塞住门缝。如果没有填塞物，尽量用水不断泼到门上降温，不让它烧起来；如果浓烟已经全部进来，已经是很危险的时候了，可立即找出一个大的塑料袋，在空中挥动几下，然后套在头上扎紧，袋中的氧气能保证你用 1 分钟，然后马上找到窗户,并开始求救;如果没有塑料袋,应尽量靠近饮水机或电冰箱,因为桶里或冰箱里的微量氧气能帮助你争取逃生的宝贵时间!

2. 如果在楼道里逃生时,遇到前方是关着的门,应该怎么办?

情景分析:千万不能立即将门打开,否则,如果门背面是烈火的话,遇到充足的氧气,烈火就有可能顷刻把人烧成灰烬!

正确做法:先用手小心地碰一下门把手或门,如果过烫,则不要打开;如果微热,也应慢慢将门打开。打开过程中,如果通过门缝看到对面是火红的亮光,应立即关上门,找其他逃生通道。

3. 如果电器着火了,应该怎么办?

情景分析:不要试图用棉被覆盖电器,也不要用水浇。因为棉被覆盖上去,如果不能完全贴紧并遮住电器,等于给电器一个可燃物;用水浇更不明智,等于变相将电流引导到自己身上。

正确做法:马上拔掉电源插头,并把周围的东西挪开,防止火热扩散。如果火已经烧了一会儿,应马上离开,因为电器随时可能爆炸!

4. 如果看到有人身上着火了,应该怎么办?

情景分析:不要试图用水浇,或者用棉被覆盖。由于人的皮下都有脂肪,如果脂肪在燃烧的同时遇到水,会马上发生爆裂!如果用棉被覆盖,火即便扑灭了,当揭开棉被的同时,皮肤也会被一起撕下!

正确做法:如果手边没有灭火器,应指导着火者在地上打滚,用隔绝空气的方法将火扑灭。如果用灭火器灭火,只能选择干粉灭火器。

5. 如果要冲向火海救人,应怎样做好自身的防火工作?

情景分析:冲入火海救人前,一定要先做好自身防火工作,否则,非但救不了人,自己也会被火海吞没。救人固然重要,但不提倡无谓的牺牲。没有条件自身防火的,应等待消防员的营救。

正确做法:先向自身喷射干粉,需100%覆盖表皮,再找一张大的棉被或布,再在其上喷射干粉后盖在身上,然后冲向火海,这能保证你在一分钟里不被火焰灼伤。记住,这一分钟里,你既要找到伤员,还要和伤员一起逃出火海!否则,营救者很可能与伤员一起葬身火海。

(资料来源:中国政府门户网站,2006年11月)

链接资料二　企业安全管理相关表格

表 7-1　警卫室交接班记录表

	年　月　日　时至　时
值班及移交情况：	交班人： 接班人：
	年　月　日　时至　时
值班及移交情况：	交班人： 接班人：
	年　月　日　时至　时
值班及移交情况：	交班人： 接班人：

表 7-2　警卫室值班记录表

记录时间：　　年　月　日　时　分

值班情况记录：   　　　　　　　值班人（签字）：
异常处理情况：

模块八　秘书职业生涯规划

第一部分 秘书职业准入机制

【知识目标】

熟悉我国秘书职业资格鉴定的基本内容和要求。

了解国内外秘书职业化总体情况。

【能力目标】

能够熟练掌握国家秘书职业资格考试方法。

通过秘书国家职业资格四级及以上鉴定。

【案例导入】

董事会秘书火爆职场

1个职位68人抢

在对 zhaopin.com 5—6月网上求职数据的分析后得出,秘书与办公室管理类的职位出人意料地以1个职位空缺68人次直接网上申请再次成为6月的竞争焦点,而在5月,一个秘书类职位更是有78人次直接网上申请。而秘书的重新红火和国际企业的不断入驻、对秘书职业要求日益上升有密切关系。

截至今年5月底,上海已累计批准外商投资项目33 953个,《财富》全球500强企业已有281家进驻上海。以前端茶递水、接收文件、代订午餐的传统职能,已满足不了企业对秘书的要求,新型的秘书正逐渐成为参与管理的"黄金职业"。

按国际秘书联合会的定义,"秘书"是上司的特殊助手,他们掌握办公室工作的技巧,能在上司没有过问的情况下表现自己的责任感,以实际行动显示主动性和判断力,并在所有给予的权利范围内做出决定。

从在沪外企的反馈看,随着市场环境下企业竞争的加强,现代化办公手段的不断更新,企业需求的秘书已远不是传统文秘概念,有些企业更是将秘书分为 Junior 和 Senior 级别,并在招聘广告中明确注释。

和一般秘书相比,高级秘书除英语流利,熟练使用计算机和拟写各种文件等"硬件"外,还要具备良好的沟通、组织、协调能力,一定的决策能力和解决问题的能力。

董秘攀上"高管人才"位置

同时,记者还了解到,由于单位改制,秘书又有了新"分支"——董事会秘书。根据规定,上市公司的董事会秘书必须经证券交易所的专业培训和资格考核,取得合格证书后,由公司董事会聘任,并报交易所备案并公告。

业内人士透露,董事会秘书是介于董事会和总经理之间的高级管理人员,在上市公司,董事会秘书还是解答股民问题的唯一发言人。

这样的"秘书"要能文能理,不仅笔头要好,而且还要兼备相当的理科分析和逻辑推理能力,汇总各种数据后能做出有眼光的财务分析报表。

但类似"秘书"的数量全国不过几千人,受过培训有较高专业素养的董秘仍是各家上市公司寻觅中的高级管理人才。

可见,在无纸和网络办公的大趋势下,更多的高级秘书脱离基础办公工作,逐步成为高级的管理工作者,在企业中的地位举足轻重,各家企业对秘书的招聘要求也是水涨船高,大学本科以上学历、新闻、经济、金融专业、英语六级、文字功底深厚、有良好协调能力,具有相关职位知识或工作背景成了"六大件"。

入行先拾"敲门砖"

考试内容:文书写作、公关礼仪、档案管理、办公室自动化、办公室工作、法律与经济管理概论、外语(英、日、俄等),分初、中、高三级普通秘书及涉外秘书。

特点:是国内从事秘书职业的资格准入证明。

权威性:全国秘书资格认证是含金量较高的秘书资格认证。

前期情况:文秘专业的学生准备3~4个月就行。考试内容在文秘工作中都有涉及,只要认真准备,通过较容易。

适用对象:共分初级、中级和高级三个级别,初级适用于高职、高专学生;中级适用于本科学历的学生;高级适用于本科以上学历的学生。

（摘自 2004 年 7 月 29 日　新闻晨报）

提示:

秘书作为一种社会职业,它能够为人们的就业提供一种机会。那么,想要从事秘书职业的人们应具备什么样的职业能力和任职资格呢? 这就需要有一整套与秘书工作社会化发展相适应的规范统一的秘书职业能力鉴定标准和评价体系,为用人单位挑选合格秘书人才提供客观标准。通过本章学习,着重了解国内外秘书职业化总体情况,熟悉我国秘书职业资格鉴定的基本内容和要求。从而为学生顺利通过秘书国家职业资格鉴定打好基础。

第一单元　秘书职业化与准入机制

秘书工作的职业化,是指在组织上制度上建立秘书的分级分类体系,明确各类秘书的职责范围。通过专业教育手段培养从业人员,以规范的考核评定秘书的就业资格和工作水平,实现秘书工作的专业化管理。秘书工作的职业化是现代社会职业分工的一个结果,又是现实秘书工作向深度发展的必然趋势。目前大多数发达国家秘书工作的职业化程度都很高,并具备一些共同的特点:一是秘书工作职责明确,职业定位清楚,在社会上被看作是一项不可缺少的职业。二是这些国家人们普遍认为从事秘书工作的人员必须是具备相应的秘书职业技能的专业人员。美、英、日等国还在全国范围内举行各种名目和级别的秘书职业技能考试,考试合格者可以获得证明其相应秘书水平的证书,作为雇主选聘秘书时重要的参考依据。三是秘书教育职业化。与社会发展需要相适应,具有各种层次的秘书教育和培训,学习内容注重实际应用。通过种种职业化措施。在这些国家中秘书工作质量和效率都得到了可靠的保证。从而既在最大程度上满足了雇主的需要,也使秘书成为一门专业化程度很高的职业。

我国国家劳动和社会保障部 1997 年颁发并试行《国家职业技能标准(秘书)》和《国家职业技能鉴定规范(秘书)》,之后又于 1999 年试行修订的《国家职业标准(秘书)》,2003 年再次修订并颁发《秘书国家职业标准》。六年中三颁标准,三改名称,显示了国家有关部门对秘书职业标准的重视,也反映出秘书职业标准不断成熟与完善的过程。新《标准》的制定遵循了有关技术规程的要求,既保证了《标准》体例的规范化,又体现了以职业活动为导向、以职业技能为核心的特点,同时也使其具有根据科技发展进行调整的灵活性和实用性,符合培训、鉴定和就业工作的需要。这项工作的开展,适应了秘书工作社会化发展的需要,适应了社会主义市场经济发展对不同类型、不同层次秘书职业技能要求的变化,将推动秘书专业教育的改革与发展,标志着我国秘书职业的专业化、规范化管理进入了一个新时期。改革开放以前,我国的秘书工作主要存在于各级党政机关、企事业单位,秘书人员主要从本单位干部职工中选拔和任命。改革开放以后,随着社会主义市场经济体制的确立,乡镇企业、三资企业、私营企业、各类公司、技术贸易中心、中介机构等新的社会生产部门不断产生。这些新的社会机构需要大量的管理人才与秘书人才,这就大大拓宽了秘书工作的领域,打破了过去秘书工作主要存在于国家行政部门、企事业单位的单一格局,大大加快了秘书工作社会化的进程。秘书虽不属于某一行业,但又为任何一个行业所必需。

秘书工作的社会化,打破了过去秘书人员从单位内部选拔产生的传统模式,用人单位开始面向社会广泛招聘秘书,使得成千上万的人走上了各行各业的秘书岗位,从事秘书职业,为各级、各类、各行、各业的领导、经理、主管们提供有效的管理辅助服务,同时也为自身的生存谋得了新的空间。这足以证明:第一,社会需要秘书职业;第二,秘书作为一种社会职业,它能够为人们的就业提供一种机会。那么,想要从事秘书职业的人们应具备什么样的职业能力和任职资格呢? 这就需要有一整套与秘书工作社会化发展相适应的规范统一的秘书职业能力鉴定标准和评价体系,为用人单位挑选合格秘书人才提供客观标准。

资本主义国家秘书工作的社会化进程比我们要早,职业技能标准的界定,人员的选拔考核、管理工作比我们起步要早,社会化、专业化程度比我们要高。比如,美国从 1951 年开始就实行专业秘书证书制度,帮助用人单位挑选合格的秘书。(美国全国秘书协会 1981 年 4 月改为"国际职业秘书协会",每年 5 月的第一个星期五、六两天,在 750 个考试中心举办"特许职业秘书考试",考生要考6门课,即企业行为科学、企业法、经济与管理、会计学、秘书技能、办公室工作程序。另外,美国劳工部对秘书实行不同形式的职位分类(美国的秘书职业大类共包括41个职业种类,分14个工资等级),并用职位说明书的形式把相应的工作内容确定下来。日本自1979年开始实行一种简称CBS的考试,对秘书进行标准化的知识、技能、日语和英语的审查。经过5月和7月两次考试,合格者可取得CBS资格。经日本文部省承认的秘书实务技能检测协会负责实行的秘书技能测验分三级、二级、一级三种资格,在就职中通用。

我国由于长期以来商业经济不发达,秘书工作社会化进程相当缓慢,秘书一直没有成为一种独立的社会职业,秘书人员主要由领导从单位干部、工人中选拔和从高校毕业生"指令性"分配。选拔的秘书经验丰富,但缺乏系统的专业知识;从学校毕业的秘书有理论知识,但缺乏实际工作经验,这无疑影响了我国秘书职业素质的提高,乃至影响了整个秘书工作质量的提高。秘书工作的社会化,使得秘书职业成为一种可供选择的社会职业。用人单位面向社会公开招聘秘书,改变了传统的秘书任用方式,同时也把秘书岗位职业能力要求提上了议事日程。因此,制定我国秘书职业技能标准,开展秘书职业技能鉴定工作,建立科学规范的秘书职业管理体系就显得非常重要了。

同时,秘书职业技能鉴定工作的开展有利于促进秘书专业教育的改革与发展。我国秘书专业教育兴起于20世纪80年代初期,20多年来为社会培养了一大批适应市场经济发展需要的秘书人才,显示了秘书专业教育的强大优势。随着市场经济的深入发展、信息高速公路的开通、知识经济时代的到来,人们的工作方式、思维方式,社会组织的结构正在发生着深刻的变革。人们已经越来越深刻地认识到,一个国家国力的强弱取决于劳动者素质的高低,取决于各类人才的质量和数量。当社会的进步和发展呈现出对秘书需求由追求数量到注重质量的变化时,国家劳动部顺应社会发展的需要,制定并颁发实施《国家职业技能标准(秘书)》和《国家职业技能鉴定规范(秘书)》,这为促进秘书专业教育的改革与发展提供了极好的机遇。适应了我国社会主义市场经济发展的需要,有利于秘书构建复合型知识结构,提高整体素质。同时,也对秘书专业教育提出了新的挑战,即要求秘书专业教育由过去偏重于理论知识教育、以培养行政秘书为主向注重理论与实际结合、重视能力与素质教育转变。

目前在我国要真正实施秘书国家职业资格认证制度还是相当困难的。我国已引进了"剑桥办公管理国际证书"(原名剑桥秘书)、"LCCIEB(伦敦工商会考试局)秘书证书"等国外秘书资格认证项目,这表明秘书职业资格的认证已经逐步与国际接轨。

第二单元 秘书职业资格认证

一、秘书的职业描述

秘书职业主要是指从事办公室程序性工作、协助领导处理行政事务,并为领导决策及其实施提供服务的人员。它是一种具有综合性和辅助性特点的职业,包含了从企业基础文书、专职文秘到高级行政助理等一个完整的行政辅助人员体系。它要求从业人员具备较强的文字和语言沟通能力,综合协调与合作能力,逻辑思维和分析能力等。秘书职业是劳动和社会保障部实行就业准入制度的职业之一。

二、秘书职业等级

按国家标准划分为四个等级,即国家职业资格五级、国家职业资格四级、国家职业资格三级、国家职业资格二级。

三、国家职业资格报考条件

1. 国家职业资格五级秘书（具备以下条件之一者）

（1）经五级秘书正规培训达规定标准学时数,并取得结业证书。

（2）在本职业连续工作2年以上。

2. 国家职业资格四级秘书（具备以下条件之一者）

（1）取得初级秘书职业资格证书,连续从事本职业工作2年以上,经四级秘书正规培训达规定标准学时数,并取得结业证书。

（2）取得五级秘书职业资格证书,连续从事本职业工作3年以上。

（3）连续从事本职业工作4年以上。

（4）取得经劳动和社会保障部门审核认定、以四级秘书技能为培养目标的中等以上职业学校本职业（专业）毕业证书。

3. 国家职业资格三级秘书（具备以下条件之一者）

（1）取得四级秘书职业资格证书,连续从事本职业工作4年以上并经三级秘书正规培训达规定标准学时数,并取得结业证书。

（2）取得四级秘书职业资格证书,连续从事本职业工作5年以上。

（3）取得大学本科毕业证书,并连续从事本职业工作2年以上。

4. 国家职业资格二级秘书（具备以下条件之一者）

（1）取得三级秘书职业资格证书,连续从事本职业工作4年以上并经二级秘书正规培训达规定标准学时数,并取得结业证书。

（2）取得三级秘书职业资格证书,连续从事本职业工作6年以上。

（3）取得大学本科毕业证书,并连续从事本职业工作4年以上。

四、秘书证书颁发

鉴定合格者按照有关规定统一核发《中华人民共和国职业资格证书》,并实行统一编号登记管理和网上注册。

【知识链接】

秘书国家职业标准

（人力资源和社会保障部职业技能鉴定中心）

1.职业概况

1.1　职业名称

秘书。

1.2　职业定义

从事办公室程序性工作、协助上司处理政务及日常事务并为决策及实施提供服务的人员。

1.3　职业等级

本职业共设四个等级,分别为:五级秘书(国家职业资格五级,原初级)、四级秘书(国家职业资格四级,原中级)、三级秘书(国家职业资格三级,原高级)、二级秘书(国家职业资格二级)。

1.4　职业环境

室内,常温。

1.5　职业能力特征

具备文字与评议沟通能力、综合协调与合作能力、逻辑思维与分析能力等。

1.6　基本文化程度

高中毕业(或同等学力)。

1.7　培训要求

1.7.1　培训期限

全日制职业学校教育,根据其培养目标和教学计划确定。晋级培训期限:五级秘书不少于220标准学时;四级秘书不少于200标准学时;三级秘书不少于200标准学时;二级秘书不少于150学时。

1.7.2　培训教师

应具有本职业2年以上培训经验。培训五级秘书、四级秘书的教师应具有三级秘书及以上职业资格证书或相关专业中级及以上专业技术职务任职资格;培训三级秘书的教师应具有二级秘书职业资格证书或相关专业中级及以上专业技术职务任职资格;培训二级秘书的教师应具有二级秘书资格证书3年以上或相关专业高级专业技术职务任职资格。

1.7.3　培训场地

在标准教室内。

1.7.4　培训设备

电视机、VCD机、录音机、录像机、投影仪。

1.8　鉴定要求

1.8.1　适用对象

从事或准备从事本职业的人员。

1.8.2　申报条件

——五级秘书(具备以下条件之一者)

(1)经五级正规培训达规定标准学时数,并取得结业证书。

(2)在本职业连续见习工作2年以上。

——四级秘书(具备以下条件之一者)

(1)取得五级秘书职业资格证书,连续从事本职业工作2年以上,经四级秘书正规培训达规定标准学时数,并取得结业证书。

(2)取得五级秘书职业资格证书,连续从事本职业工作3年以上。

(3)连续从事本职业工作4年以上。

(4)取得经劳动和社会保障行政部门审核认定的、以四级秘书技能为培养目标的中等以上职业学校本职业(专业)毕业证书。

——三级秘书(具备以下条件之一者)

(1)取得四级秘书职业资格证书,连续从事本职业工作4年以上,经三级秘书正规培训达规定标准学时数,并取得结业证书。

(2)取得四级秘书资格证书,并连续从事本职业工作5年以上。

(3)取得大学本科毕业证书,并连续从事本职业工作2年以上。

——二级秘书(具备以下条件之一者)

(1)取得三级秘书职业资格证书,连续从事本职业工作4年以上,经二级秘书正规培训达规定标准学时数,并取得结业证书。

(2)取得三级秘书职业资格证书,连续从事本职业工作6年以上。

(3)取得大学本科毕业证书,并连续从事本职业工作4年以上。

1.8.3　鉴定方式

项　　目	时　　间	考核内容	题型与考核方式
(1)	8:30—9:00	职业道德	标准化试卷
(2)	9:00—9:40	秘书专业	标准化试卷
	10:10—11:10		情景录像笔答
	11:10—12:00		工作实务笔答
(3)	14:00—15:30	秘书英语(涉外秘书)	听力、选择、写作等

1.8.4　考评人员与考生配比

考评人员与考生配比为1:20;每个标准教室不少于2名考评人员。

1.8.5 鉴定时间

职业道德:标准化试卷:30 min。

秘书专业:标准化试卷:40 min。

情景录像笔答:60 min。

工作实务笔答:50 min。

秘书英语(涉外秘书):笔答:90 min。

1.8.6 鉴定场所设备

考试在具备电视机、录音机、录像机、VCD面和投影仪等标准教室进行。

2. 基本要求

2.1 职业道德

2.1.1 职业道德基本知识

(1)职业道德规范概述及其价值。

(2)职业道德规范。

1)文明礼貌。

2)爱岗敬业。

3)诚实守信。

4)办事公道。

5)勤劳节俭。

6)遵纪守法。

7)团结互助。

8)开拓创新。

(3)《公民道德建设实施纲要》。

2.1.2 职业守则

(1)谦虚谨慎,文明礼貌。

(2)办事公道,热情服务。

(3)实事求是,讲究时效。

(4)兢兢业业,甘当无名英雄。

(5)忠于职守,自觉履行各项职责。

(6)钻研业务,掌握秘书工作各项技能。

(7)奉公守法,不假借上司名义以权谋私。

2.2 基础知识

2.2.1 文书基础

(1)公务文书的含义与制发。

(2)公文格式。

(3)文种辨析与拟写。

(4)文书拟写基础知识。

2.2.2　办公自动化知识

(1)计算机基础知识。

(2)Windows窗口操作系统。

(3)办公室常用设备。

(4)计算机网络常识。

2.2.3　速记基础

(1)速记概述。

(2)汉字速记。

(3)拼音速记。

2.2.4　法律与法规

(1)公司法相关内容。

(2)外商投资企业法相关内容。

(3)合同法的相关内容。

(4)劳动法的相关内容。

(5)知识产权法相关内容。

(6)世界贸易组织法相关内容。

2.2.5　企业管理基础

(1)企业管理常识。

(2)财税常识。

(3)金融常识。

(涉外秘书外语要求另行规定)

3.工作要求

本标准对国家职业资格五级秘书、四级秘书、三级秘书和二级秘书的能力要求依次递进,高级别涵盖低级别的要求。

3.1　五级秘书(原初级)

职业功能	工作内容	能力要求	相关知识
一、商业沟通	(一)商务礼仪	1.能够展示规范姿态和表情 2.能够得体着装 3.能够规范地介绍、握手、接递名片、问候及引导客人	1.仪容、仪表、仪态常识 2.职业着装常识 3.介绍、握手、使用名片、问候及引导客人的礼仪要求
	(二)接待	能够做好日常接待工作	日常接待工作的内容和程序
	(三)沟通	1.能够正确地倾听和有效地提问 2.能自信地提出要求和恰当拒绝 3.能与客户进行有效沟通	1.沟通的概念 2.客户的概念 3.有效沟通的七个原则

续表

职业功能	工作内容	能力要求	相关知识
二、办公室事务和管理	（一）办公环境的维护和管理	1. 能够维护责任区的工作条件，保持工作环境整洁 2. 能够识别办公场所及常用设备的隐患	1. 责任区工作环境的基本要求 2. 常见办公场所及设备隐患
	（二）日常办公室事务	1. 能够处理文件，收发邮件 2. 能够正确接听、拨打电话及处理通话中出现的问题	1. 文件处理及邮件收发的程序 2. 电话机的功能和注意事项 3. 电话沟通的方法
	（三）办公用品的发放和管理	1. 能够使用常用办公用品 2. 能够发放办公用品	1. 常用办公用品的性能、规格的用途 2. 办公用品发放程序
	（四）办公效率和时间管理	1. 能够做好自己的日常工作并按时完成上司交办的工作 2. 能够协调处理日常事务性工作	1. 时间管理的基本方法 2. 工作日志的编写方法 3. 协调管理简单事务工作的方法
三、常用事务文书	常用事务文书的拟写	1. 能够拟写简单事务文书 2. 能够拟写礼仪文书：邀请信、感谢信、贺信、请柬	1. 事务文书基本格式 2. 邀请信、感谢信、贺信、请柬的写作要求
四、会议与商务活动	（一）会议筹备	1. 能够按要求发送会议通知，制发会议证件，发放会议文件资料、用品 2. 能够预订会议室 3. 能够做好接站、报到工作 4. 能够做好签到及座位引导工作	1. 会议的构成要素和常见的会议种类 2. 会议通知、会议证件及会议资料的基本要求 3. 会议室预订知识 4. 会议接待工作程序
	（二）会议的善后工作	1. 能够安排与会人员返程 2. 能够清退会议文件资料 3. 能够整理会议室	1. 与会人员返程工作的注意事项 2. 清退会议文件资料的基本要求 3. 整理会议室的注意事项
	（三）商务活动	1. 能够做好会见与会谈的准备 2. 能够完成开放参观活动的准备，并做好接待	1. 会见与会谈准备工作的基本要求 2. 开放参观活动的准备内容与接待要求
	（四）商务旅行	能够完成出差旅行的一般准备工作	1. 常见的商务旅行类型 2. 旅行社服务项目

职业功能	工作内容	能力要求	相关知识
五、信息与档案	(一)信息管理	1. 能够分辨信息的种类 2. 能够准确地收集信息	1. 信息的基本知识 2. 信息收集的基本知识
	(二)档案收集	能够对文件资料等进行立卷归档	1. 档案的概念、作用和种类 2. 立卷归档的基本要求

3.2　四级秘书(原中级)

职业功能	工作内容	能力要求	相关知识
一、商务沟通	(一)接待	1. 能够区分接待对象,确认接待规格 2. 能够拟订接待计划	1. 区分接待规格的原则 2. 接待计划的基本要求
	(二)沟通	1. 能够实现双向沟通 2. 能够应对沟通中的冲突	1. 横向沟通基本知识 2. 纵向沟通基本知识 3. 冲突产生的原因
二、办公室事务和管理	(一)办公环境的维护和管理	1. 能够进行安全检查及其防范,并对办公室环境提出改进建议 2. 能够按要求做好保密工作	1. 办公区域建设及办公环境安全的基本要求 2. 保密工作措施
	(二)日常办公室事务	1. 能够安排值班工作,并编制值班表 2. 能够管理零用现金和履行报销的手续 3. 能够按规定进行文书处理 4. 能够管理印章及介绍信	1. 值班工作的内容及值班管理制度 2. 现金管理和报销的知识 3. 文书形成与文书处理的一般程序 4. 印章及介绍信的管理要求
	(三)办公用品的发放和管理	1. 能够办理办公设备和办公用品的进出手续 2. 能够进行库存管理	1. 办公设备和办公用品进出基本要求 2. 库存管理的基本知识
	(四)办公效率和时间管理	1. 能够编制工作时间表 2. 能够管理自己的工作日志 3. 能够根据上司要求,安排并管理上司的工作日志	1. 时间表的基本内容和要求 2. 工作日志的基本内容和要求
三、常用事务文书	常用事务文书的拟写	1. 能够拟写会议记录 2. 能够拟写双方或多方单位业务的合作意向书 3. 能够拟写商务文书(订货单、产品说明书) 4. 能够拟写简报	1. 会议记录的写作要求 2. 意向书的写作要求 3. 订货单、产品说明书的写作要求 4. 简报的写作要求

续表

职业功能	工作内容	能力要求	相关知识
四、会议与商务活动	(一)会议筹备	1. 能够拟订会议议程、日程 2. 能够选择会议地点	1. 会议议程、日程的内容 2. 会议地点选择要求
	(二)会议中的服务	1. 能够做好会议记录 2. 能够做好会议中的信息沟通 3. 能够做好会议值班、保卫工作	1. 信息沟通的基本要求 2. 值班保卫工作内容
	(三)会议的善后工作	1. 能够做好会议文件资料的收集整理 2. 能够做好会议经费结算工作	1. 会议文件资料收集整理的要求 2. 会议经费结算的方法
	(四)商务活动	1. 能够拟订开放参观活动的方案 2. 能够安排宴请活动	1. 开放参观活动的注意事项 2. 宴请常识
	(五)商务旅行	1. 能够拟订商务旅行计划 2. 能够完成国外商务旅行的准备工作	1. 旅行计划与日程安排表的内容 2. 出国旅行常识
五、信息与档案	(一)信息管理	1. 能够对信息进行系统整理 2. 能够对信息进行有效传递 3. 能够对信息进行有序存储	1. 信息工作程序 2. 信息整理、传递、存储的基本知识
	(二)档案管理	1. 能够对档案(包括电子档案)进行分类、检索 2. 能够根据档案价值划分保管期限并进行安全保管	1. 档案分类、检索知识 2. 划分档案保管期限 3. 档案保管的基本要求

3.3　三级秘书(原高级)

职业功能	工作内容	能力要求	相关知识
一、商务沟通	(一)商务礼仪	能够进行涉外接待	1. 涉外接待礼仪 2. 涉外交往常识
	(二)接待	1. 能够拟订涉外接待工作计划 2. 能够正确安排礼宾次序 3. 能够指导安排涉外宴请	1. 外事工作的原则及要求 2. 迎送外宾的要求 3. 涉外宴请常识
	(三)沟通	能够选择、运用有效的网络沟通工具,完成内、外部的沟通	网络沟通的特点和形式

职业功能	工作内容	能力要求	相关知识
二、办公室事务和管理	(一)办公环境的管理	1. 能够按照需求设置办公环境 2. 能够实施办公环境的安全管理 3. 能够应对办公环境中出现的紧急情况	1. 办公环境和办公布局设置要求 2. 办公室人、财、物、信息的安全管理要求 3. 常见的紧急情况应对知识和方法
	(二)办公室事务管理	1. 能够提出改进办公室事务流程的建议 2. 能够审核文稿	1. 办公室事务工作流程改进和基本要求 2. 文稿审核的方法及相关知识
	(三)办公用品的采购与管理	1. 能够选择办公设备和办公用品的供应商 2. 能够进行库存监督 3. 能够完成办公设备、办公用品的采购工作	1. 办公设备和办公用品供应商选择的基本原则 2. 办公设备和办公用品收发及库存管理的监督要求 3. 采购程序及步骤
	(四)办公效率和时间管理	1. 能够拟订和实施办公室工作计划 2. 能够建立承办周期制度	1. 制定和实施办公室工作计划的基本要求 2. 日常办公事务承办周期的要求
三、常用事务文书	常用事务文书的拟写	1. 能够拟写市场调查报告 2. 能够拟写述职报告 3. 能够拟写计划、总结 4. 能够拟写招标书、投标书	1. 市场调查报告、述职报告的写作要求 2. 计划、总结的写作要求 3. 招标书、投标书的写作要求

续表

职业功能	工作内容	能力要求	相关知识
四、会议与商务活动	（一）会议筹备	1. 能够拟订会议的筹备方案 2. 能够提出会议预算	1. 会议方案的内容 2. 会务机构的分工 3. 会议预算方案的内容 4. 电话会议及视频会议知识
	（二）会议协调	1. 能够做好会务协调 2. 能够辅助引导会议按计划进展	1. 会议协调的基本要求 2. 引导会议进程的方法
	（三）会议的善后工作	能够做好会议的总结工作	会议总结工作的内容与要求
	（四）商务活动	1. 能够组织签字仪式的准备工作 2. 能够完成典礼仪式的准备与服务 3. 能够组织信息发布会	1. 签字仪式的程序 2. 典礼的程序 3. 信息发布会的程序
	（五）商务旅行	能够拟订大型团队旅行计划并组织实施	大型团队旅行活动的安排要求
五、信息与档案	（一）信息管理	1. 能够进行信息的开发 2. 能够进行信息的利用 3. 能够利用信息反馈指导工作	1. 信息开发的基本要求 2. 信息利用的基本要点 3. 信息反馈的目的及特点
	（二）档案管理	能够有效利用档案	1. 档案利用的概念、意义和方法 2. 档案深层次开发的概念

3.4 二级秘书

职业功能	工作内容	能力要求	相关知识
一、商务沟通	（一）商务谈判	1. 能够运用商务谈判常识协助主谈者准备谈判 2. 能够提出有效建议 3. 能够运用谈判技巧,避免陷入误区	1. 谈判的特征、要素和种类 2. 谈判的原则和基本过程
	（二）沟通	1. 能够组织和引导团队进行有效沟通 2. 能够解决跨文化沟通中的实际问题	1. 团队的含义及高效团队的特征 2. 团队沟通的有效策略 3. 跨文化沟通的障碍

续表

职业功能	工作内容	能力要求	相关知识
二、办公室管理	(一)办公模式与安全运营	1. 能够根据不同需求选择办公模式 2. 能够建立并推行安全运营机制	1. 不同办公模式的特点及选择方法 2. 组织安全运营的法律要求
	(二)团队管理	能够管理团队,激发效能	团队管理的基本方法
	(三)办公资源管理	1. 能够提出大型或批量办公设备的预算 2. 能够调配和利用办公资源	1. 采购大型办公设备的程序和要求 2. 政府采购与招投标程序 3. 资源的调配与合理利用的基本要求
	(四)办公效率和目标管理	1. 能够根据组织目标,提出行政部门的工作计划 2. 能够监督推进各项目标的完成	1. 拟订工作计划的方法 2. 目标管理要点
三、常用事务文书	常用事务文书的拟写	1. 能够拟写合同 2. 能够拟写可行性研究报告	1. 合同的写作要求 2. 可行性研究报告的写作要求
四、会议开发商务活动	(一)会议筹备	能够审核大型会议的预案	大型会议预案的审核内容
	(二)会议中的管理	1. 能够在会议的主持中进行有效交流 2. 能够引导会议决议的形成	1. 主持会议的技巧与要求 2. 形成会议决议的技巧
	(三)会议的善后工作	能够进行会议效果评估	会议效果评估要求及方法
	(四)商务活动	1. 能够组织协调大型商务活动 2. 能够做好商务谈判的辅助工作	1. 大型商务活动的程序与内容 2. 商务谈判辅助工作的内容
五、信息与档案	(一)信息管理	1. 能够利用信息辅助决策 2. 能够科学地管理信息资源	1. 信息决策服务的基本要求 2. 信息资源管理的基本要点
	(二)档案管理	1. 能够提出本组织档案管理模式建议 2. 能够拟订本组织的档案管理规定	1. 不同档案管理模式的特点 2. 档案管理规定的内容

4. 比重表

4.1　理论知识

项　目		五级秘书(%)	四级秘书(%)	三级秘书(%)	二级秘书(%)
基本要求	职业道德	20	20	20	20
	基础知识	30	30	15	15
商务沟通	商务礼仪	5	—	6	—
	商务谈判	—	—	—	5
	接待	5	4	3	—
	沟通	4	4	5	5
办公室事务和管理	办公环境的维护和管理	5	4	—	—
	办公环境的管理	—	—	6	—
	办公模式与安全运营	—	—	—	6
	团队管理	—	—	—	6
	日常办公室事务	3	4	—	—
	办公室事务管理	—	—	4	—
	办公用品的发放和管理	4	5	—	—
	办公用品的采购与管理	—	—	5	—
	办公资源管理	—	—	—	5
	办公效率和时间管理	4	3	5	—
	办公效率和项目管理	—	—	—	6
常用事务文书拟写	常用事务文书的拟写	5	5	5	5
会议与商务活动	会议筹备	2	4	5	6
	会议中的服务	—	3	—	—
	会议协调	—	—	5	—
	会议中的管理	—	—	—	5
	会议的善后工作	2	4	3	4
	商务活动	3	3	4	4
	商务旅行	3	3	2	—
信息与档案	信息管理	4	3	5	5
	档案收集	1	—	—	—
	档案管理	—	1	2	2
合　计		100	100	100	100

4.2 专业能力

项　目		五级秘书(%)	四级秘书(%)	三级秘书(%)	二级秘书(%)
商务沟通	商务礼仪	9	—	5	—
	商务谈判	—	—	—	6
	接待	9	5	6	—
	沟通	8	5	6	8
办公室事务和管理	办公环境的维护和管理	7	7	—	—
	办公环境的管理	—	—	8	—
	办公模式与安全运营	—	—	—	9
	团队管理	—	—	—	7
	日常办公室事务	9	9	—	—
	办公室事务管理	—	—	6	—
	办公用品的发放和管理	7	8	—	—
	办公用品的采购与管理	—	—	7	—
	办公资源管理	—	—	—	9
	办公效率和时间管理	7	7	7	—
	办公效率和项目管理	—	—	—	7
常用事务文书拟写	常用事务文书的拟写	9	12	12	12
会议与商务活动	会议筹备	8	9	8	8
	会议中的服务	—	5	—	—
	会议协调	—	—	7	—
	会议中的管理	—	—	—	8
	会议的善后工作	4	6	4	6
	商务活动	6	7	7	6
	商务旅行	7	8	6	—
信息与档案	信息管理	6	7	6	8
	档案收集	4	—	—	—
	档案管理	—	5	5	6
合　计		100	100	100	100

第二部分 秘书职业生涯设计

【知识目标】

　　熟悉秘书职业生涯规划的重要性。

　　了解秘书职业生涯发展规律。

【能力目标】

　　能够从容应对秘书岗位应聘。

　　熟悉职业生涯设计的一般技巧和基本技能。

【案例导入】

应届大学生招聘案例

　　1.项目背景　以往每年的应届大学生招聘,总是成为中国银行××分行相关领导头疼的一件事。一方面,用人指标是有限的,可照顾人情是无限的。各方利益相关者的"条子"就是厚厚的一打儿,用谁不用谁呢? 领导们总是在为难中做决定。另一方面,怎样运用一系列科学的、专业化的人才选拔方法,招聘到所需要的人才呢? 虽然银行方面也非常希望通过科学的方法进行人才的选聘,但是苦于没有专业化的人力资源管理梯队,也没有一套行之有效的专业化人才选拔工具。到头来,银行每年进来不少人,可真正满足企业发展需求的人才并不多。这种托人情、走关系、亲戚繁殖等僵化的用人方式使银行在选人方面不能适应市场经济的要求,不能体现出公平公正公开的市场经济原则,也不能应对中国银行全球化竞争这种新形势下的人才策略。

　　2.关键问题　目前国内企业在招聘中普遍存在的问题大致可归纳为三方面:一是规划性的缺陷;二是科学性的不足;三是专业性的差距。无论是规划性的问题还是科学性的问题,实质上也都是人力资源部门和企业管理者对于专业性的把握不足所导致的。

　　3.解决方案　合易人力资源管理咨询机构根据银行近期及未来人才战略的要求,界定了××××届毕业生的基本要求,在相关的大专院校及网站上发布了招聘广告,收集了大量的应届学生简历。咨询公司依据银行的具体要求,设计了严谨的招聘方案及程序,主要包括笔试、面试和心理测评的方案及程序。即对一个应聘大学生来讲,要想获得银行的入场券,必须闯过三道关:首先是笔试关,其次是面试关,最后是心理测评关。

　　笔试题设计了一套职业能力倾向测验,着重测试应试学生的职业能力倾向,它能有效测量出应试人在职业领域中的某种潜能,有助于银行预测应试人在其职业领域中成功的可能性,有效筛除在该职业领域中没有成功可能性的应试人。因此笔试能够保证银行招聘到职业能力倾向较高的人才。

面试设计采用了结构严谨、偏差小的标准化面试方案——结构化面试:根据制定的评价指标,运用特定的问题、评价方法和评价标准,严格遵循特定程序,通过面试官与应聘者面对面地言语交流,对应聘者进行评价的标准化过程。

运用专业的心理测评工具,通过对应聘学生进行心理测评,协助银行进行人才选拔,帮助银行对录用的应试人实施有效管理,并为其建立职业生涯规划奠定基础。

4.运行效果 对每位参加招聘的大学生都进行了分析,并运用生动的图表,直观地显示出每个应聘学生的各项成绩及排名,以及他们各自的特点、优劣势等,从专业的角度,对每个应聘学生的面试结果进行了量化,使每位应聘人员的应聘成绩一目了然,获得了银行方面的交口称赞。这样的面试结果,给银行领导的用人决策提供了科学的依据。

此次招聘过程极大地推动了中国银行××分行在人力资源招聘管理上的改进,为银行建立起有效的、科学的、规范化的用人机制奠定了基础,实现了银行进行用人机制改革的初衷,也是中国银行××分行在人力资源管理上的创新。

(摘自"网上办公室",http://wr.cccv.cn/heyeezixun/case200872916457836.htm)

提示:

秘书作为一种规范的社会职业,人们对秘书人员的要求日益提高。秘书专业学生从参与社会竞聘到走上秘书岗位,再到秘书工作上的全面发展,都将经受严峻的考验。提高秘书的自我设计能力,为未来走上秘书岗位并成为出色的秘书工作人员,是每位秘书专业学生的努力方向和奋斗目标。本项目重点介绍秘书岗位应聘和自我设计的基本技巧与未来发展过程的有关实践指导。

第一单元 秘书岗位应聘

一、应聘前要做哪些准备

招聘单位的选择,实际也是一种准备,不过,这里所谈的准备主要是针对招聘单位的资格审查和面试而要做的准备。

1.**资格审查材料的准备** 招聘单位要审查的材料包括工作证、身份证、学历证明、学位证书、技术职务证书等。这些比较好准备,只需备齐带上即可,而求职申请信(自荐信)和个人简历表则是事先要费一番工夫来准备的。

(1)求职申请信和个人简历的作用。这两份材料,不仅反映了一个申请者的语言表达水平,而且是申请者的智能、心理等各项素质的综合体现。所以,结构清晰、措辞得体、简洁全面的申请和简历,对于求职的成功是至关重要的。

求职申请和个人简历,一般不用单位标签纸,而用白纸打印或誊写,不得出错或涂改,一般不用复印件,以免给人以不礼貌的印象。

(2)求职申请和个人简历的写作。求职申请分应征信和自荐信两种。应征信在第一段中需说明想申请的具体职务及招聘广告的出处和日期。自荐信除了写明申请的具体职务外,还应说明你对该企业感兴趣的原因,然后尽量充分阐明你与秘书工作相关的特长。在这两种信中提到自己的特长时,可说明其熟练程度或附一证书,紧接着可充分说明你对申请工作的资格和能力,例如写上你受过的相关教育,或相关工作经历,或受到的相关奖励等。整封信的语气应真诚、坦率、充满自信。

个人简历不是个人历史的简单回顾,而是侧重于自己申请工作的专业教育、专业经历和成果的展示。简历要求重点突出,内容真实,详而不繁。简历没有固定格式,一般包括:

①本人身份:姓名、性别、民族、出生年月、婚姻状况、家庭住址及电话等。

②接受教育情况:从中学起,时间、学校、系、专业。

③工作经历:按时间顺序,从现在到过去,工作单位、职务等。如无工作经历,相关的非固定工作或社会活动,亦可写进简历。

④与所申请工作的相关专长,以增强你的竞争力。

⑤证明人:最好是社会地位较高的人。亦可写"根据需要提供证明人"。

2. 注意事项　简历中无须包括:

①离开原工作的理由;

②渴望得到的工资;

③照片。

二、选择应聘单位的技巧

1. **要善于辨别真伪**　目前,改革开放的形势发展很快,经济体制尚不完善,各项制度尚不配套,可能出现某些制度上、政策上的空子,给一些投机者以可乘之机。于是,在社会上假冒伪劣产品充斥市场的同时,也时有欺骗性招聘广告出现,借以骗取钱财,有的甚至"挂羊头卖狗肉",去干见不得人的勾当。所以,想通过招聘广告谋求企业秘书之职的人,首先要学会辨别招聘广告的真伪:一要弄清招聘单位的有无;二要弄清招聘单位情况的虚实;三要弄清招聘岗位、职务的虚实及所需人数的多少;四要弄清是真招还是假招,即是真想广纳贤才,还是早已内定人选,而招聘广告只是个幌子,用来掩人耳目或是借机骗取钱财而已。

那么,我们怎样去识别真伪呢?

可以采取以下几种方法来了解情况,探听虚实,辨别真假:

(1)电话探询法。通过电话策略询问情况,从逻辑上加以推断,初步判定其虚实。

(2)熟人了解法。通过各种关系找到熟人,了解情况,或直接通过熟人介绍,去招聘单位了解情况。

(3)正式调查法。通过招聘广告,找到其有关人事主管部门,正式调查其情况。这种方法最为可靠。

（4）自我判别法。根据以下几点来加以判别，即是否有确切的单位、地址、电话、联系人；是否收费，如果收费，那么收费是否合理；其招聘要求是否具体、合理，其情况介绍是否有漏洞或矛盾之处等。

2. 选定符合自己意愿的单位　在众多的招聘单位中选择自己中意的单位，要注意如下几点：

（1）要从实际出发，客观地分析自己和竞争者的情况以及招聘单位的要求，要选择那些要求较具体的单位，因为那些在要求上仅仅是"软指标"的单位，"择优录用"会使那些要求向上浮动。所以应聘者要根据招聘的具体职位，加以权衡，不能好高骛远，一厢情愿。

（2）确定重点目标，不能面面俱到。一个企业也和一个人一样，不可能是十全十美的，不可能事事处处都符合自己的意愿，我们必须确定一个重点目标，实现了这个目标即可。例如，一个企业有坐落地址、行业性质、业务范围、规范、特色、效益和所聘岗位、职务等情况，其中，你追求的主要目标是岗位、职务和效益，大体符合就行，其他情况不尽如人意，也不要紧。

（3）抓住机遇，当机立断。公开招聘，就有个竞争的问题，在条件相当的情况下，勇者胜，先者胜，果断者胜。

（4）以诚信为本，有献身企业的精神。当你看中一个企业，就要把它看做你的前途和事业，就要决心为之奋斗和献身，从这点出发，你的行为必定感动招聘单位，你必定成功。

三、如何参加企业面试

1. 面试前　获得面试机是掌握自己命运的重要一步。人生成功与否，一靠努力，二靠机会。机会来临就应紧紧抓住，认真对待，充分利用。面试就是如此。

参加面试前，应尽可能设法了解对方的情况。根据对方企业的特点，进行应对。主考官往往带有很强的职业色彩，而招聘高级秘书，往往是领导本人直接对你进行面试，事先做些心理准备是很有必要的，它能保证你的临场发挥，气定神闲。因为作为高级秘书人选，在陌生人面前的大气成熟是必须具备的条件。

参加面试应按通知提前10分钟到场，借此稳定一下自己的情绪。在自然放松的前提下，熟悉与调节好自己的临场状态，使之适应即将面临的面试。

参加面试时，你应穿着合适得体的服装，简单修饰一下自己的仪容。应聘高级秘书的女性，形象宜清丽淳朴中透出经验与成熟，千万不要浓妆艳抹，因为没有一个领导会喜欢在自己的办公室内放个花枝招展的花瓶。记住，你是去做高级助手，不是去展览。

2. 面试期间　站在考官面前，你应保持轻松自信的神态。考官由于其工作特点和经验，看人的眼光往往超出一般人，相当敏锐，如果你不能在2秒钟内让他对你产生兴趣和好感，那么你纵使有再多解释也无济于事，所以你给对方的第一印象是极为重要的。

初次见面，有些考官出于礼貌会和你握手，这时你也应友好地握住对方的手，稍稍用些力，因为这会使对方感到你是一个坚定友好且比较成熟自信的人。

面试时,应坐在考官指定的座位上,姿态应优雅大方,面带平和安详的微笑,轻握手掌,放在膝上,身体稍稍前倾,目光应放在考官的额头和眉心之间,这样既不会与对方目光冲突以免有挑战的感觉,又能使对方知道你在认真注意他,如果对方目光仔细盯着你时,你也可以借此避免逼视造成的尴尬和拘谨。

面试一般都采用较随便的谈话方式进行提问,由于考官每天接待很多人,如果你的回答不够出色,是不会引起他的重视的。因此,选择有个性的、独特角度的回答,可以加深他对你的印象,而千万不要用"是"或"不是"简单回答。

3.面试注意事项 考官如果请你提问时,你涉及的话题最好与职业无关,譬如工作内容、企业对员工的要求、晋级制度等,尽量不谈或少谈待遇问题,否则容易令对方反感。

回答要语调自然,态度平和,用词简洁明了,条理清晰,实事求是。

不要头头是道,夸夸其谈,也不要过分谈论自己。

不要议论过去领导或企业的是非。

不要去反问考官。

不要谈论你的家庭和恋人,也不要炫耀你的社会关系。

不要使用性的魅力。

4.面试结束 如果考官在看表,或者目光开始离开你,说明你的面试已结束,你应站起身礼貌地表示告别。除非你很优秀,使考官当场决定录用你,一般他都不会马上表态。他会职业性地和你握手告别,这时你应礼貌地再说:"打搅您了!"也许,就凭这句客气话,会让对方深切感到你是一个有教养有分寸,知趣得体的人,从而帮助他最终确定选择你。

【实训】 秘书衣着打扮、言谈举止实践训练

一、训练目标

通过实训,熟悉秘书一般公众场合衣着打扮、言谈举止的基本要求。

二、训练方案与要求

(一)训练程序

1.分组(5人左右)进行演示(设置模拟场景:接待—服务—会谈)。

2.教师分析秘书衣着打扮、言谈举止要点。

3.自我设计个人形象。现场演示,接受评价(选代表)。

4.评出最佳形象设计和举止高雅奖。

5.教师总结分析。

(二)训练要求

1.熟悉公众场合衣着打扮基本要求。

2.熟悉秘书言谈举止基本规范。

3.完成实践体会一篇。

第二单元　秘书职业生涯发展规划

一、怎样不损害领导利益

领导是单位中的重要人物,他掌握着你在单位里的前途,对你的情绪也会产生直接或间接的影响。领导对于秘书的表现和态度非常敏感。作为秘书,你不可把领导看得太低,也不要对他有过高的期望。

端正了自己的态度后,为了达到升职的目的,你首先必须使自己的一切行为都要符合领导的利益,这是至关重要的。否则,你就会使领导感到厌恶,他绝不会对你有什么好印象。作为一名秘书,怎样做才不至于损害领导的利益呢? 以下几点是应该注意的事项:

1. 别把自己捧得太高　为了突出个人才能和潜质,因此在领导面前有意无意地自夸几句,这样做不仅不能使领导惊叹和赞赏,反而使他对你失去了安全感。因此,千万不能在领导面前自夸自耀,显得神通广大,而应当谦虚谨慎,戒骄戒躁,让领导自己去感觉和发现你的才能。

适当的自我推销固然是必要的,但关键在于"适当"这两个字,假如掌握不好推销的火候,做过了头,反而会起到相反的作用。

2. 灵活对待薪酬　在领导面前,你不要表现一副"我不在乎金钱"的样子,这会使领导感到你是一个很难驾驭的人,从而对你不重用。但是,你也不能对薪酬的数目多少过于在意,这会使领导感到你只是为了金钱而工作,而没有个人对工作应有的热诚。这也不能,那也不能,似乎让人感到无所适从,处处都埋着危险。事实上,只要记着以下做法,就能轻而易举地达到对薪酬态度的不收不放地步:

(1)不要给人以赚钱买花戴的印象。你不妨偶然吃几次盒饭,给人以经济拮据的印象,但不要强调自己的经济状况。

(2)无论何时不应和领导讨论有关加薪幅度的问题。如果领导问你想加多少,那说明你在单位里一定是个吃重的角色,他很看重你。这里,送你一个屡试不爽的答案:"从加多少薪上,我可以得知公司方面对我的表现的满意程度,所以我自己也很想知道我可以加多少"。

(3)不加入公司的评价领导活动,除非这项行动是由领导本人发起的,而且是对大家有益的。如果遇到有关对公司的意见或对加薪幅度不满的书面建议,你最好不要参与意见,而应顾左右而言他,低调处理事情。

3. 让领导知道你效忠于他　无论在工作还是生活中,凡事你都要让他出风头,把他推向前台,使他成为众人注目的焦点和风云人物。要记住,时刻保持对领导应有的效忠程度,不要在得志时,便放浪形骸,连领导的尊严也不顾了。必须懂得用毕恭毕敬的态度来对待领导,在领导面前,保持高水平的谦虚,将会使你一生踏着青云路。无论任何时候,你都要让领导感觉到你的存在,感觉到你对他的利益有帮助,从而让他确认你的忠心价值。

能够做到这一点,你便已经踏上升职和加薪的第一段坦途了。

二、向领导推销自我的技巧

在领导面前表现自己,适当的自我推销是必不可少的,但一定要注意方法。

1. 推出自信的你　一般领导都有察言观色的本领,如秘书的自信不足,便不会获得重要的工作。因此,与领导谈话时要视线集中和直视他,面部肌肉自然、微笑和镇定。许多秘书在和领导谈话时,无论所谈的是什么话题,都会不自然地紧张起来。首先是声音突然比平日高或低;面部肌肉不听使唤,变得似笑非笑;身体语言太多,为了保持镇定而不自觉地摇动身体,并运用太多的手语;不知你是否有这样的体会。这一切表现,在领导看来,都缺乏自信心。表现自然会让你的领导感到舒服,不会因为和你交谈而感到尴尬。所以,你要推销自己的自信,领导才会因此而交重任给你表现的机会。

2. 推出对外关系良好的你　你需有良好的人际关系。如果公司的大客户向你的领导赞赏你,那么你的领导绝对会注意你。因此,别小看任何接触的人物,对方很可能对自己的前途有利。

3. 推出有独到见解的你　领导对一般见解听得太多太多,很想听独特的见解。尝试用不同的角度看事物,得出不同的见解,再加以整理和分析,必然使你的领导赏心悦目。但切忌过分标新立异,这样会令人生厌。

4. 推出坚强的你　也许你自知才干只属于一般水平,做到秘书已经实属不易,但又不甘于此,怎么办? 向领导推销什么? 有的,那就是超过一般人的坚强。

如果你是男性,绝不要因任何事而动怒,甚至不提及已经过去的不愉快的事情;如果你是女性,表现方式是永远不在人前露出戚容,不轻易沮丧,这足以让不少人所服。

懂得推销自我的人才能获得幸运之神的青睐,不要以为只有求职时才需自我推销,在任职时更需自我推销。

三、如何创造和把握升迁的机会

为自己创造升迁机会之前,必须先做好一些必要的热身工作:

1. 让领导依赖你　多花些时间搜集有关工作的资料,多找些机会与领导接触。久而久之,领导已经习惯于依赖你的工作,你就奏响了获得晋升的前奏。

2. 发挥各方面的才能　别老是专注于一项工作的专长。否则,领导为了怕找不到合适人选替代你的位置,就不会考虑到有关你的升迁问题。虽然专心投入工作是获得领导赏识的主要条件,但除了做好本身的工作外,也要让他知道,你具备各个方面的才能。在其他同事放长假时,你可以主动提出替同事处理事情。这样做,一则可以从中学到更多的东西,二则证明你对公司有归属感。

3. 与领导建立友谊　这是不容易做到的。特别是异性之间,太过亲密反而会使同事产生误会,从而对前途有害。不过,你不要奢望领导会对你付出真正的友谊,他只是需要感到你的友善罢了。然而,能够达到这一目的,也就足够了。

4.了解单位的制度　先了解单位的晋升制度,才能有明确的为之奋斗的目标。一般来说,单位的晋升制度有以下几种:

第一种:选举晋升。人事关系的因素较大。

第二种:学历晋升。领导深信,学历高的秘书会为公司带来更大的利益。

第三种:交叉晋升。是指由一个部门升级到另一个部门。

第四种:超越晋升。是指由于贡献特大,从而获得较大幅度的提升。

以上所列,是带有普遍性的大多数单位中的晋升制度。每一家公司都有其晋升制度。如果你所在的单位是以循序渐进的方式晋升的话,那就很不走运了。尽管你很有才干,也得熬上多年,才能期望得到一个较大的晋升机会。对于一个有才干的秘书来说,在这种晋升制度的环境下工作,才能会得不到充分发挥。

因此,积极进取和自信的人,应选择可以超越晋升和交叉晋升的公司,挑战性比较大,个人的发展前途也比较光明。在一个理想的环境之下,遇到公司有高职位的空缺,如果你对这个职位有兴趣的话,可以参考下列程序进行操作,这对你获得晋升会大有裨益。

(1)了解该职位谁有资格胜任。所谓知己知彼,百战百胜。虽然了解别人并不一定必胜,但是最低限度,你能由此知道,需要拥有什么条件才能获得晋升,从而为了下一次晋升机会作好准备,打下基础。

(2)不妨让领导知道,你对该职位有兴趣,而且提出具体的建议,证明你有足够的资格胜任那个位子,对公司做出更大贡献。这似乎有点令人难为情。实际上,不少领导为了选择合适人选大伤脑筋,而你这样做是在给他解决难题。正如毛遂自荐那样,也需要具备一定的自我推销能力。中国人的过分含蓄和谦虚,在现代社会是吃不开的,往往会成为前途的绊脚石。

(3)让领导知道你将对公司做出贡献,而不是考虑在晋升后能得到什么报酬。这一点很重要。领导最担心和讨厌那种一味追求个人私利的人,他们觉得这种人过于自我钻营,实际上也是华而不实,没有多少能力。假如把这种人提升到较高职位的话,只会给公司带来不利影响。因此,你应该让领导感到你并不是那种单纯追名逐利的自私之辈,而是有很强的事业心和责任感。让他觉得你之所以想得到较高职位,是为公司的前途和利益着想,是为了实现自己的事业心。

(4)尽管晋升的人选最终落在了别的同事身上,你也不要因此沮丧和不合作。你的每一个表现,都看在别人的眼中。因此,你要表现出大将风度,不以一城一池之得失而或喜或悲,应把眼光放长远些,为下一个晋升机会的来临做好准备。

【实训】　求职应聘实践

一、训练目标

通过实训,熟悉求职应聘的一般程序,掌握求职书设计的基本要求。

二、训练方案与要求

（一）实训组织

1.以班为单位,到当地人才市场现场体会、实践。

2.以调查的形式熟悉求职应聘的一般程序。

3.注意现场应聘人员的求职书:形式、内容等。

（二）实训要求

1.熟悉求职应聘的一般程序。

2.设计一份求职书。

3.熟悉竞聘的一般技巧。

4.设计求职书一份。

（三）课外实践

1.熟悉秘书自我设计的基本内容。

2.熟悉秘书自我设计过程中常用的技巧。

3.参加一次班级普通话或演讲比赛。

参考文献

[1] 杨群欢. 秘书理论与实务教程[M]. 杭州:浙江大学出版社,2009.

[2] 张小慰,冯俊伶. 秘书工作综合流程解析[M]. 北京:北京大学出版社,2005.

[3] 陆瑜芳. 秘书学概论[M]. 上海:复旦大学出版社,2008.

[4] 胡鸿杰. 办公室事务管理[M]. 北京:中国人民大学出版社,2008.

[5] 杨树森. 秘书实务[M]. 合肥:安徽大学出版社,2006.

[6] 卢斌,刘永成. 信息工作与调查研究[M]. 北京:高等教育出版社,2001.

[7] 王励,王瑞成. 秘书理论与实务[M]. 北京:科学出版社,2008.

[8] 杜骁. 全方位秘书实务图解手册[M]. 广州:广东经济出版社,2001.

[9] 玛丽·爱伦·伽菲. 商务沟通过程与结果[M]. 柳治国,逄艳红,高鹏,译. 大连:东北
    财经大学出版社,2001.

[10] 吕世平. 商务秘书理论与实务[M]. 北京:中国水利水电出版社,2006.

[11] 陆予圻,朱小怡,范明辉. 秘书文档管理[M]. 上海:复旦大学出版社,2007.

[12] 张再欣. 秘书理论与实务[M]. 北京:清华大学出版社,2008.

[13] 石咏琦. 五星级秘书[M]. 北京:北京大学出版社,2007.

[14] 汪溢,张桂杰. 秘书文档管理[M]. 大连:大连理工大学出版社,2006.

[15] 郭冬. 秘书写作[M]. 北京:高等教育出版社,2007.

[16] 范巧燕. 企业档案管理[M]. 北京:经济管理出版社,2008.

[17] 樊丽丽. 企业常用业务文件写作范本[M]. 长沙:中国经济出版社,2009.

[18] 刘淑萍. 应用写作教程[M]. 北京:科学出版社,2007.

[19] 中国就业培训技术指导中心. 国家职业资格培训教程三级秘书[M]. 北京:中央广播
    电视大学出版社,2006.

[20] 中国就业培训技术指导中心. 国家职业资格培训教程四级秘书[M]. 北京:中央广播
    电视大学出版社,2006.

[21] 侯诗华. 撰写企业工作总结的几点体会[J]. 武钢政工,2007:3.

[22] 杨群欢. 秘书职业化——当代秘书与职业准入机制研究[M]. 长春:吉林大学出版
    社,2007.

[23] 廖金泽. 公司秘书手册[M]. 深圳:海天出版社,2003.

[24] 李宏飞. 职业化——21世纪第一竞争力[M]. 北京:新华出版社,2007.

[25] 陈嫦盛. 秘书沟通[M]. 深圳:海天出版社,2007.

［26］杜骁.全方位秘书实务——图解手册［M］.广州:广东经济出版社,2003.

［27］杨蓓蕾.现代秘书工作导引［M］.上海:同济大学出版社,2004.

［28］赵锁龙.管理秘书实务［M］.北京:中国人民大学出版社,2004.

［29］杨群欢.秘书理论与实务［M］.北京:中国财政经济出版社,2005.

［30］杨群欢.秘书实务实践教程［M］.北京:中国商业出版社,2004.

［31］石咏琦.谈天才秘书［M］.北京:北岳文艺出版社,2003.

［32］张知渔,徐娟.职场过三关［M］.北京:中国城市出版社,2006.

［33］张浩.新编秘书工作必读［M］.北京:光明日报出版社,2001.

［34］李明伦.秘书辅助方略［M］.太原:书海出版社,2001.

［35］蔡超,杨锋.现代秘书实务［M］.广州:暨南大学出版社,2006.